suhrkamp taschenbuch
wissenschaft 2101

Die Wittgenstein-Schülerin Elizabeth Anscombe zählt zu den einflussreichsten Philosophinnen des 20. Jahrhunderts. Mit der Monographie *Absicht* begründete sie die analytische Handlungstheorie, viele ihrer Abhandlungen gelten als Klassiker, aber nur wenige liegen bislang in deutscher Übersetzung vor. Der vorliegende Band füllt diese Lücke: Er versammelt zwölf von Anscombes wichtigsten Aufsätzen, die thematisch von der praktischen Philosophie über die Metaphysik und die Philosophie des Geistes bis hin zu Aristoteles- und Wittgenstein-Interpretationen reichen, also das ganze Spektrum ihres Denkens repräsentieren. Die Anmerkungen und die Lektürehilfe der Herausgeber sowie das Nachwort von Anselm W. Müller erschließen die Texte und bieten zusätzliche Einblicke in das facettenreiche Werk dieser herausragenden Denkerin.

Gertrude Elizabeth Margaret Anscombe (1919-2001) lehrte an der Cambridge University. Im Suhrkamp Verlag liegt vor: *Absicht* (stw 1978).

Katharina Nieswandt und Ulf Hlobil promovieren derzeit an der University of Pittsburgh.

Anselm W. Müller ist Professor für Philosophie an der University of Chicago.

G.E.M. Anscombe
Aufsätze

Herausgegeben und
aus dem Englischen übersetzt
von Katharina Nieswandt
und Ulf Hlobil
Mit einem Nachwort
von Anselm W. Müller

Suhrkamp

Bibliografische Information der Deutschen Nationalbibliothek
Die Deutsche Nationalbibliothek verzeichnet diese Publikation
in der Deutschen Nationalbibliografie; detaillierte bibliografische Daten
sind im Internet über http://dnb.d-nb.de abrufbar.

suhrkamp taschenbuch wissenschaft 2101
Erste Auflage 2014

Umschlag nach Entwürfen
von Willy Fleckhaus und Rolf Staudt
Druck: Druckhaus Nomos, Sinzheim
Printed in Germany
ISBN 978-3-518-29701-8

Inhalt

I Praktische Philosophie

1. Nackte Tatsachen

Laut Hume könnte ich meinem Gemüsehändler erklären: »Die Wahrheit einer Behauptung besteht darin, dass sie mit etwas übereinstimmt: entweder in der Übereinstimmung mit Beziehungen zwischen Vorstellungen – wie etwa der, dass zwanzig Schillinge ein Pfund ergeben – oder in der Übereinstimmung mit Tatsachen – wie der, dass Sie mir einen Viertelzentner Kartoffeln geliefert haben. Folglich lässt sich der Begriff der Wahrheit überhaupt nicht auf Behauptungen wie die anwenden, dass ich Ihnen soundso viel für die Kartoffeln schulde. Man darf nicht einfach von einem ›Sein‹ – wie etwa der Tatsache, dass ich die Kartoffeln bestellt hatte und dass Sie mir diese Kartoffeln samt einer Rechnung geliefert haben – auf ein ›Schulden‹ schließen.«[1]

Besteht meine Schuld beim Gemüsehändler in diesem Fall in irgendwelchen Tatsachen, die über die genannten hinausgehen? Nein. Nun könnte jemand sagen wollen: Sie besteht in den genannten Tatsachen im Kontext unserer Institutionen. In gewissem Sinne stimmt das. Aber wir müssen darauf achten, die ›Klammern‹ in unserer Analyse richtig zu setzen. Wir dürfen nämlich nicht sagen: Sie besteht in jenen-Tatsachen-im-Kontext-unserer-Institutionen, sondern es muss heißen: Sie besteht in jenen Tatsachen – im

1 *A. d. Ü.:* Hume definiert Wahrheit wie folgt: »Wahrheit [...] aber besteht in der Übereinstimmung [...] entweder mit den *wirklichen* Beziehungen der Vorstellungen oder mit dem *wirklichen* Dasein und den Tatsachen.« Und er folgert: »Was also einer solchen Übereinstimmung oder Nichtübereinstimmung überhaupt nicht fähig ist, kann weder wahr noch falsch [...] sein. Nun sind augenscheinlich unsere Affekte, unsere Wollungen und unsere Handlungen einer solchen Übereinstimmung nicht fähig [...]. Man kann also unmöglich von ihnen sagen, daß sie richtig oder falsch sind, der Vernunft entsprechen oder ihr widersprechen. [...] Handlungen können lobenswert oder tadelnswert, nicht aber vernünftig oder unvernünftig sein.« Siehe *Traktat über die menschliche Natur* (übersetzt von Theodor Lipps), Hamburg, Leipzig 1906, 3.1.1, Absatz 9, Herv. i. O. Der Abschnitt endet mit jener Schlussfolgerung, die als »Humesches Gesetz« oder – durch Assoziation mit einer Auffassung George E. Moores – als These vom »naturalistischen Fehlschluss« bekannt wurde: Normative Urteile können nicht aus Tatsachenurteilen abgeleitet werden. Daraus, dass irgendetwas der Fall *ist*, kann niemals geschlossen werden, dass etwas anderes der Fall sein *sollte*.

Kontext unserer Institutionen. Oder auch: Im Kontext unserer Institutionen besteht sie in jenen Tatsachen. Denn die Aussage, dass ich dem Gemüsehändler etwas schulde, enthält ebenso wenig eine Beschreibung unserer Institutionen, wie etwa die Aussage, dass ich jemandem einen Schilling gegeben habe, eine Beschreibung der Institution des Geldes und unserer Landeswährung enthält. Andererseits kann sie aber nur vor dem Hintergrund solcher oder zumindest sehr ähnlicher Institutionen überhaupt die *Art* von Aussage sein, die sie ist.

Doch selbst wenn dieser Hintergrund gegeben ist, bedeuten die genannten Tatsachen nicht notwendigerweise, dass ich dem Gemüsehändler die und die Summe schulde. Der Vorgang hätte z. B. auch gestellt sein können, etwa im Rahmen von Dreharbeiten. Dann habe ich zwar vielleicht zu dem Händler gesagt: »Liefern Sie mir diese Menge Kartoffeln«, und er hat sie samt Rechnung geliefert – aber dieser ganze Ablauf war kein wirklicher Verkauf, sondern nur eine Inszenierung, und zwar selbst dann, wenn ich am Ende die Kartoffeln tatsächlich esse (und das nicht als Teil des Films). Denn vielleicht hat der Gemüsehändler ja gesagt, ich könne sie behalten; oder er hat zwar nichts gesagt, aber weil es ihm gleichgültig ist, stellt sich die Frage nie. Folglich ist die Tatsache, dass etwas im Rahmen einer Gesellschaft mit gewissen Institutionen getan wird, in deren Kontext dieses Geschehen normalerweise einen bestimmten Vorgang darstellt, an sich noch kein endgültiger Beweis dafür, dass ein solcher Vorgang stattgefunden hat.

Besteht der Unterschied vielleicht in der *Absicht*? Nicht, wenn wir Absichten für etwas rein Innerliches halten. Folgendes stimmt aber auf jeden Fall: Was für gewöhnlich einen Vorgang einer bestimmten Art ausmacht, *ist* einfach ein so gearteter Vorgang, es sei denn, ein außergewöhnlicher Kontext verleiht ihm einen anderen Charakter. Solch ein außergewöhnlicher Kontext kann aber beispielsweise nicht darin bestehen, dass ich plötzlich meinen gesamten Besitz verliere und ins Gefängnis geworfen werde (meinetwegen unschuldig), so dass ich den Händler nicht bezahlen kann. Denn auch unter diesen Umständen könnte man noch sagen, dass ich ihm das Geld schulde. Normalerweise besteht keine Veranlassung, zu überprüfen, ob ein außergewöhnlicher Kontext vorliegt, nur um sicherzustellen, dass nichts vorliegt, was einen grundlegenden Unterschied machen würde. Denn normalerweise ist der Kontext nicht außergewöhnlich; und falls doch, dann ist das meistens offensichtlich – wenn auch nicht immer, weshalb man sich tatsächlich stets täuschen kann. Aber es ist prinzipiell unmöglich, diese Ausnahmen schon im Voraus auszuschließen. Denn theoretisch kann man sich immer noch einen weiteren außergewöhnlichen Kontext für jeden außergewöhnlichen Kontext vorstellen, der *diese* Ausnahme dann wiederum in ein neues Licht rücken würde.

Kehren wir noch einmal zu dem Vorschlag von oben zurück, der besagte: »Dem Gemüsehändler etwas zu schulden besteht in jenen Tatsachen im Kontext unserer Institutionen.« Uns sollte hierbei auffallen, dass genau dasselbe auch für diese Tatsachen selbst gilt – so wie wir sie beschrieben haben. Denn nur im Kontext unserer Institutionen kann eine Menge von Ereignissen überhaupt das Bestellen und Liefern von Kartoffeln sein, und nur in diesem Kontext kann etwas als eine Rechnung gelten.

Wenn nun aber meine Schuld beim Gemüsehändler hier nicht in einer weiteren Tatsache besteht, die über die bereits genannten Tatsachen hinausgeht, dann sind wir anscheinend gezwungen, eine der folgenden zwei Positionen einzunehmen: Entweder (a) die Behauptung, dass ich dem Händler etwas schulde, besagt lediglich, dass irgendwelche *derartigen* Tatsachen vorliegen. Oder (b) die Behauptung, dass ich dem Händler etwas schulde, fügt etwas zu dieser Tatsachenbehauptung hinzu, das selbst keine Behauptung über Tatsachen ist.

Die entsprechende Position müssten wir dann aber auch hinsichtlich der Beschreibung eines Vorgangs wie »Der Gemüsehändler beliefert mich mit Kartoffeln« vertreten. Und in diesem Fall ist sicher keine der beiden Positionen richtig.

Der Händler liefert mir also einen Viertelzentner Kartoffeln, d. h., (1) er bringt diese Menge an Kartoffeln zu meinem Haus und (2) lässt sie dort liegen. Aber nicht jede Handlung, die darin bestünde, Kartoffeln vor meinem Haus abzulegen, würde als ein mich *Beliefern* gelten. Wenn kurz darauf jemand im Auftrag des Gemüsehändlers die Kartoffeln wieder mitnähme, dann würde man nicht sagen, dass der Gemüsehändler mich beliefert hat. »*Wann* fand denn die Lieferung statt?«, könnte man fragen. Offensichtlich als er die Kartoffeln ablegte; es wäre völlig absurd, hinzuzufügen: »Und auch dann, als er sie *nicht* wieder abholen ließ.«

Es kann unmöglich eine vollständige Beschreibung *all* jener

Umstände geben, die theoretisch verhindern könnten, dass man eine Handlung, die darin besteht, einen Viertelzentner Kartoffeln vor meinem Haus abzulegen, beschreiben kann als »mir einen Viertelzentner Kartoffeln liefern«. Gäbe es eine solche vollständige Beschreibung, dann könnte man sagen, dass »mir einen Viertelzentner Kartoffeln liefern« *bedeute*: Ablegen der Kartoffeln vor meinem Haus ohne Eintreten der genannten Umstände (nämlich: ...). So wie die Dinge stehen, können wir aber höchstens sagen, dass es bedeutet, »die Kartoffeln abzulegen ... unter der Voraussetzung, dass keiner jener Umstände eintritt, die verhindern würden, dass man die entsprechende Handlung als das Liefern von Kartoffeln beschreiben darf« – was wohl kaum als Erklärung durchgeht. Ich kann aber sehr wohl wissen, dass der Gemüsehändler mir Kartoffeln geliefert hat; und auf die Frage, worin das denn bestand, würde ich sagen, dass es schlicht darin bestand, dass ich sie bestellt hatte und er sie vor meinem Haus abgelegt hat.

Jede Beschreibung setzt den Kontext einer üblichen Verfahrensweise voraus, doch dieser Kontext selbst ist noch nicht einmal implizit Teil der Beschreibung. Zwar können außergewöhnliche Umstände einen Unterschied machen, aber man zieht sie nicht grundlos in Betracht.

Verglichen mit dem Liefern von Kartoffeln an mich lassen sich der Transport und das Ablegen eines Viertelzentners Kartoffeln vor meinem Haus als eine »nackte Tatsache« bezeichnen. Aber verglichen mit der Tatsache, dass ich dem Händler die und die Summe Geld schulde, ist es wiederum eine »nackte Tatsache«, dass er mir Kartoffeln geliefert hat. Bezüglich vieler Beschreibungen angeblicher Ereignisse und Sachverhalte lässt sich fragen, worin dabei die »nackten Tatsachen« bestehen. Damit meint man dann die Tatsachen, aufgrund deren die und die Beschreibung in einem entsprechenden Kontext wahr oder falsch ist und die »nackter« sind als jene in Frage stehende Tatsache, die der Gegenstand der Beschreibung ist. Ich sehe hier davon ab, zu fragen, ob es irgendwelche Tatsachen gibt, die »nackt« sind verglichen mit dem Zurücklassen eines Viertelzentners Kartoffeln vor meinem Haus. Man könnte sich aber Tatsachen vorstellen, mit denen verglichen meine Schuld in der und der Höhe beim Gemüsehändler »nackt« ist – z. B. die Tatsache, dass ich zahlungsfähig bin.

Wir sind nun in der Lage, einige der Beziehungen festzuhalten, die zumindest manchmal zwischen einer Beschreibung *A* und Beschreibungen – z. B. der Beschreibung *xyz* – von Tatsachen bestehen, die im Vergleich zu der durch *A* beschriebenen Tatsache nackt sind.

(1) Es gibt einen *Bereich* von unterschiedlichen Mengen von Beschreibungen wie *xyz*, so dass eine der diesen Bereich bildenden Mengen wahr sein muss, wenn *A* wahr ist. Doch dieser Bereich kann immer nur ungefähr angegeben werden, und zwar indem man unterschiedliche Beispiele gibt.

(2) Damit die Beschreibung *A* in einer Sprache vorkommen kann, muss es einen Kontext geben, den ich als »die Institution im Hintergrund von *A*« bezeichnen will. Dieser Kontext kann eine Voraussetzung für Elemente in *xyz* bilden oder auch nicht. So setzt z. B. die Beschreibung »eine Rechnung schicken« die Institution des Kaufens und Verkaufens voraus, und dasselbe gilt für »jemandem Geld für gelieferte Waren schulden«, aber es gilt nicht für die Beschreibung »jemandem Kartoffeln vorbeibringen«.

(3) *A* ist selbst keine Beschreibung der Institution im Hintergrund von *A*.

(4) Wenn aus dem Bereich der Mengen an Beschreibungen, die *A* wahr machen können, eine Menge wahr ist und wenn die Institution im Hintergrund von *A* existiert, dann trifft »unter gewöhnlichen Umständen« *A* zu. Die Bedeutung von »unter gewöhnlichen Umständen« kann man aber nur grob angeben, und zwar indem man Beispiele außergewöhnlicher Umstände nennt, unter denen *A* nicht zutreffen würde.

(5) Zu behaupten, dass *A* wahr ist, ist nicht dasselbe, wie zu behaupten, dass die Umstände »gewöhnlich« waren. Doch wenn man aufgefordert wird, *A* zu rechtfertigen, dann ist unter gewöhnlichen Umständen die Wahrheit der Beschreibung *xyz* eine angemessene Rechtfertigung; *A* wird nicht durch irgendwelche zusätzlichen Tatsachen als wahr erwiesen.

(6) Wenn aus *A* eine andere Beschreibung *B* folgt, dann gilt zwar nicht immer, dass *B* auch aus *xyz* folgt, doch *B* folgt, sofern die Umstände gewöhnlich sind – bezogen auf Beschreibungen wie *A*. Aus »Er hat mir Kartoffeln geliefert« etwa folgt »Die Kartoffeln sind in meinen Besitz gelangt«. Und unter gewöhnlichen Umständen ist »Er hat die Kartoffeln zu meinem Haus bringen und dort ablegen lassen« eine angemessene Rechtfertigung für die Behaup-

tung »Er hat mir Kartoffeln geliefert«. Auf die Frage, worin denn dieses Liefern von Kartoffeln bestand, wüsste man im Normalfall keine zusätzlichen Tatsachen anzuführen, auf die man sich berufen könnte. (Man *kann nicht* alles aufzählen, was *nicht* der Fall war, aber einen Unterschied gemacht hätte, wenn es der Fall gewesen wäre.) Zwar folgt aus »Er hat Kartoffeln zu meinem Haus befördern und dort ablegen lassen« *nicht* »Die Kartoffeln sind in meinen Besitz gelangt«. Doch aus »Er hat die Kartoffeln zu meinem Haus befördern und dort ablegen lassen, und die Umstände waren, was den Empfang von Waren betrifft, ganz gewöhnliche Umstände« folgt durchaus »Die Kartoffeln sind in meinen Besitz gelangt«.

2. Praktisches Schlussfolgern

> Die Logik interessiert sich [...] nur für den *unbehaupteten* Satz.
>
> (Wittgenstein)[1]

In diesem Aufsatz beschäftige ich mich kritisch mit folgendem Abschnitt aus einem Text Georg Henrik von Wrights:

> Nun können wir klarer erkennen, was es für einen praktischen Schluss heißt, logisch gültig zu sein. Gegeben seien z. B. folgende Prämissen:
>
> *X* beabsichtigt, *E* zu verwirklichen.
>
> Er denkt, dass *E* nicht verwirklicht werden kann, es sei denn, er tut sofort *A*.
>
> Wenn wir (aufgrund einer Hypothese oder aufgrund von Nachforschungen) ausschließen, dass irgendetwas ihn daran hindert, dann ist das, was er tut (welchen Anschein es auch erwecken mag), entweder eine Weise, *A* zu tun, oder es ist zumindest ein erfolgloser Versuch, *A* zu tun. Jede Beschreibung, die damit logisch unvereinbar ist, ist auch mit den Prämissen logisch unvereinbar. Wenn wir die Prämissen akzeptieren, dann müssen wir also sein Verhalten dementsprechend verstehen – es sei denn, wir haben Grund zu der Annahme, dass direkt zu Beginn der Handlung etwas dazwischengekommen ist.[2]

1 *A. d. Ü.:* Wörtlich heißt es bei Wittgenstein: »Urteil, Frage und Befehl stehen allesamt auf derselben Ebene. Die Logik interessiert sich in ihnen nur für den unbehaupteten Satz.« Siehe »Aufzeichnungen über Logik« (übersetzt von Joachim Schulte), in: Ludwig Wittgenstein, *Tractatus logico-philosophicus* (u. a.) (*Werkausgabe*, Band 1), Frankfurt/M. 1997, S. 192; bzw. in: Georg Henrik von Wright, Universitetet i Bergen (Wittgensteinarkivet) und Oxford University Press (Hg.), *Wittgenstein's Nachlass. The Bergen Electronic Edition*, Oxford 1998-2000, item 201a1, S. A6.

2 Georg Henrik von Wright, »On So-called Practical Inference«, in: *Acta Sociologica* 15 (1972), S. 39-53, hier S. 49.

I

Wenn es praktische Schlussfolgerungen gibt, dann müssen solche Schlussfolgerungen auch gültig sein können. Gültigkeit hängt aber mit Notwendigkeit zusammen. Das scheint der Grund zu sein, warum von Wright ausschließlich Schlussfolgerungen beachtet, deren Formulierung ein »Es sei denn« enthält. So kommt er dazu, die schematische Darstellung eines praktischen Schlusses – in der ersten Person – folgendermaßen zu formulieren:

Ich will *E* erreichen.

Ich werde *E* nicht erreichen, es sei denn, ich tue *A*.[3]

Nehmen wir an, dass ich das angegebene Ziel sowie die genannte Überzeugung habe und dass ich außerdem auch *A* tue.

> Was für eine Verbindung zeigt sich dabei zwischen dem Wunsch und der Überzeugung einerseits und der Handlung andererseits? Sollen wir sagen, dass das Wollen und das Überzeugtsein mich veranlassen zu handeln? Wenn ja, ist das eine Form von kausaler Wirksamkeit? Oder handelt es sich hier vielmehr um einen logischen Zwang?[4]

Donald Davidson entscheidet sich hier für die »kausale Wirksamkeit«. Denn er erkennt, dass zwischen einen Grund haben einerseits und tatsächlich aus genau diesem Grund handeln andererseits ein Unterschied besteht.[5] Ich handle, weil … Wir müssen erklären, was dieses »weil« bedeutet. Davidson geht davon aus, dass dieses psychologische »weil« ein ganz normales »*weil*« ist, bei dem der *Weil*-Satz einen psychischen Zustand beschreibt. Doch diesem Ansatz fehlt es an Klarsicht. Es ist zwar richtig, dass ich nicht nur einen Grund haben muss, der Grund muss auch »als mein Grund wirksam werden«, d. h., mein Tun muss das entsprechende Ziel *verfolgen*, und zwar *aufgrund* der entsprechenden Überzeugung. Aber nicht *jedes* Tun, das durch einen Wunsch verursacht wird, verfolgt

3 *A. d. Ü.:* Von Wright führt dieses Schema selbst so an; siehe ebd., S. 41.

4 Ebd., S. 40.

5 *A. d. Ü.:* Anscombe hat hier vor allem Davidsons Aufsatz »Handlungen, Gründe, Ursachen« im Auge, in: Donald Davidson, *Handlung und Ereignis* (übersetzt von Joachim Schulte), Frankfurt/M. 1985, S. 19-42.

auch diesen Wunsch, und nicht *jedes* Tun, das durch eine Überzeugung verursacht wird, geschieht aufgrund dieser Überzeugung. Davidson erkennt, dass, selbst wenn die Beschreibung dessen, was laut der Überzeugung getan werden müsste, sich mit der Beschreibung dessen deckt, was wirklich *getan* wurde, und selbst wenn die Tat durch diese Überzeugung und den Wunsch verursacht wurde, dies noch nicht garantiert, dass man durch die Tat den *Wunsch verfolgt hat* und dass man die Tat *aufgrund der Überzeugung* ausgeführt hat. Er spricht dabei von einer »falschen« oder einer »abweichenden« Kausalverbindung.[6] Doch ich behaupte, dass jede erkennbare Kausalverbindung »falsch« wäre und dass Davidson die »richtige« Kausalverbindung einfach postulieren muss, wobei er sich in der bequemen Sicherheit wiegen kann, dass man diese niemals finden wird. Denn auch wenn eine Kausalverbindung gefunden würde, könnten wir immer noch fragen: »Aber wurde die Tat auch um des Zieles willen getan und im Lichte der angenommenen Tatsachen?«

Ich vermute, dass dieser Mangel an Klarsicht sich aus jenem Standardansatz ergibt, der zuerst Handlungen von bloßen Geschehnissen unterscheidet, um dann anschließend ausschließlich über Handlungen zu sprechen. Damit wird das, worüber wir uns Gedanken machen, schon von vornherein als eine Handlung in einem strengen Sinne beschrieben und nicht als irgendetwas, das wir tun – wie wenn wir unfreiwillig eine bestimmte Geste machen. Auch so eine Geste kann beispielsweise dadurch verursacht werden, dass man etwas bemerkt (also durch den Beginn einer Überzeugung), während man einen bestimmten Wunsch hegt. Ein Tun wird nicht schon dadurch zu einer absichtlichen Handlung, dass es durch eine Überzeugung und einen Wunsch verursacht wurde – selbst wenn die Beschreibungen, die im Inhalt der Überzeugung und des Wunsches auftauchen, zu diesem Tun passen.

Von Wright hegt keine Sympathie für solche Erklärungen mit-

6 *A. d. Ü.:* Davidson selbst gibt folgendes viel besprochene Beispiel: Ein Bergsteiger hält einen anderen am Seil. Er hat den *Wunsch*, sich selbst in Sicherheit zu bringen, und er ist *überzeugt*, diesen Wunsch durch Loslassen des Seils verwirklichen zu können. Sein Wunsch und seine Überzeugung haben vielleicht zur Folge, dass er aus purer Nervosität tatsächlich loslässt und so sein Ziel erreicht. In diesem Fall hätten sein Wunsch und seine Überzeugung die Handlung verursacht, aber eben nicht »in der richtigen Weise«, also nicht so, dass sie als deren Gründe gelten könnten. Siehe »Handlungsfreiheit«, in: *Handlung und Ereignis* (wie Anm. 5), S. 99-124, hier S. 121.

tels kausaler Wirksamkeit. Er fühlt sich vielmehr zu der zweiten von ihm genannten Alternative hingezogen: dem logischen Zwang. Dabei ergeben sich gewisse Schwierigkeiten, die ihn dazu bringen, das obige, erstpersonale Schlussschema so abzuwandeln, dass er »wollen« durch »beabsichtigen« ersetzt und die Formulierung in der ersten Person durch eine Formulierung in der dritten Person (deren zweiter Prämisse »Er denkt« vorangestellt wird). Aber dann bleibt immer noch ein zeitlicher Abstand zwischen dem Denken der Prämissen und der Handlung. Von Wright schließt diesen Abstand, indem er ein »sofort« hinzufügt, das im engen Sinne zu verstehen ist. Dann muss er noch ausschließen, dass die Handlung zum Zeitpunkt ihrer geplanten Ausführung verhindert wird. Aber damit handelt er sich ein recht merkwürdiges Problem ein, was die »sofortige« Anwendung praktischer Argumente betrifft. »Können manche Handlungen allein aufgrund dessen erklärt werden, was *jetzt gerade* der Fall ist? Und gibt es Handlungen, die gleichzeitig mit der Konstruktion ihrer Rechtfertigung stattfinden?« Von Wright verneint das. Aber er sagt uns nicht, warum.

Er *scheint* sich die Anwendung praktischer Schlüsse so vorzustellen, dass man von einem Argument *Gebrauch macht*. Nun kann man wohl kaum von einem Argument Gebrauch machen, das man nicht – innerlich oder öffentlich – vorbringt. Doch ein solches Vorbringen braucht Zeit. Wenn ich *A* »sofort« tue, dann habe ich zu so etwas keine Zeit. Wenn ich hingegen Zeit habe, das Argument oder die Überlegung vorzubringen, dann beziehen diese sich entweder auf die Zukunft, oder ich rechtfertige eine bereits ausgeführte Handlung im Nachhinein. Das aber heißt, dass ich zu meiner Handlung nicht so kommen kann, wie man zu einer Konklusion *kommt*. (Hier interpretiere ich – wohlwollend, wie ich hoffe.)

Das bringt uns zu folgender interessanter Frage: Ist Schlussfolgern ein Vorgang? Ist »schlussfolgern« ein psychologisches Verb? Ist »überlegen« ein psychologisches Verb? Falls dem so wäre, dann wäre es doch recht seltsam, dass man Schlussfolgern und Überlegen nicht auf den üblichen Listen mentaler Phänomene findet. Bernard Williams hat einmal gesagt, Schlussfolgern müsse etwas sein, das man ausführen kann. Doch was stellt man sich unter dem Ausführen einer Schlussfolgerung vor? Wohl kaum das Aufstellen eines Arguments. Man stellt sich eher vor, dass man zunächst einen Gedanken denkt und dann einen anderen, von dem man erkennt, dass er aus dem ersten folgt. Gibt es zusätzlich zu dem Erfassen, dass der zweite Gedanke aus dem ersten folgt, noch ein Ziehen des Schlusses? Wohl kaum. Es spielt auch keine Rolle, dass ich »den zweiten Gedanken nicht gehabt hätte, wenn ich den ersten nicht gehabt hätte«. Das mag zwar in bestimmten Fällen so sein, aber man wird wohl kaum sagen: »Wenn der zweite Gedanke einfach so im Geist auftaucht, dann ist das kein Folgern – selbst wenn man erkennt, dass der zweite aus dem ersten folgt, und ein ›also‹ hinzufügt!« Selbst das »also« muss man nicht hinzufügen. Falls Schlussfolgern ein geistiger Akt ist, so besteht er vermutlich darin, »den zweiten Gedanken unter dem Blickwinkel einer ›Also‹-Beziehung zum ersten Gedanken zu betrachten«. Wie kommt es dann aber, dass, wenn wir eine Schlussfolgerung bewerten oder kritisieren, wir uns überhaupt nicht dafür interessieren, ob so etwas im Geiste der betreffenden Person vorgegangen ist, ob sie also ein Erlebnis hatte, das sich wie eben geschildert beschreiben lässt? Eben weil das unerheblich ist, scheint es unnatürlich, Schlussfolgern als etwas zu klassifizieren, das im Geist vor sich geht, oder »schlussfolgern« ein psychologisches Verb zu nennen.

Von Wrights Bemerkung zur gleichzeitigen Konstruktion der Rechtfertigung findet sich in einem Abschnitt, in dem er folgende Frage aufwirft: »Welchen Gebrauch machen wir von den Argumenten, die ich hier als praktische Schlüsse bezeichne?« Diese Frage kann in diesem Zusammenhang durchaus gerechtfertigt erscheinen. Sowohl die Konstruktion als auch das Vorbringen oder Durchgehen eines Arguments benötigen Zeit; daher kann es keine »sofortige« Umsetzung eines Arguments in Handlungen geben. Aber von Wright scheint hier etwas Tiefergehendes sagen zu wollen. Hat er vielleicht nicht alle »Gebrauchsweisen« solcher Argumente berücksichtigt?

Wie alles, was den Namen »Schlussfolgern« verdient, zeichnet sich praktisches Schlussfolgern dadurch aus, dass es gültig sein kann. Die Gültigkeit einer Schlussfolgerung wird gemeinhin als eine formale Eigenschaft verstanden. Das Erfassen von Gültigkeit hängt mit der Bewertung von Gründen *als* Gründe zusammen. Daher kann man solche Argumente nicht nur verwenden, um zu einer Konklusion zu kommen oder um eine Handlung zu erklären oder zu rechtfertigen, sondern auch (und dieser Gebrauch wird bei von Wright nicht erwähnt), um eine Handlung hinsichtlich ihrer

Gründe zu bewerten. Kann man also »sofort« aus einem bestimmten Grund handeln – beispielsweise wenn man sich sofort hinter einer Säule versteckt, sobald man sieht, dass eine bestimmte Person das Gebäude betritt? Wenn dem so ist, dann braucht es zwar tatsächlich Zeit, Gründe vorzubringen – also die formale Verbindung zwischen der Beschreibung der Handlung und jenen Gedanken darzulegen, welche die Gründe wiedergeben. Doch das derart Beschriebene selbst passiert in einem einzigen Augenblick.

Von Wrights Untersuchungen führen ihn zu dem merkwürdigen Ergebnis, dass praktische Schlüsse zwar gültig sein können, genau in diesem Fall aber nicht als Argumente, d. h. als Schlussfolgerungen, verwendet werden können. Ihm zufolge werden praktische Schlüsse zum *Verständnis* von Handlungen gebraucht. Wenn praktische Schlüsse als Argumente gebraucht werden, haben sie wegen des zeitlichen Abstands zur Handlung keine Gültigkeit, denn: »Der zeitliche Abstand zerstört die logische Verbindung zwischen der Absicht und den epistemischen Einstellungen einerseits und der Handlung andererseits.«[7] Doch wenn wir den zeitlichen Abstand vernachlässigen, so »vernachlässigen wir auch das, was für Argumente oder Schlussfolgerungen charakteristisch ist«[8] – zugunsten der Untersuchung der uns interessierenden logischen Verbindung.

II

Nehmen wir an, praktisches Schließen gibt es wirklich. Dann ist es sicherlich nicht so, dass es bei allen praktischen Schlussfolgerungen nur ein einziges Mittel zum jeweiligen Ziel gibt. Es lassen sich also wohl nicht alle praktischen Schlussfolgerungen mit der Wendung »es sei denn« formulieren, also als:

> Ich will *E* erreichen.
>
> Ich werde *E* nicht erreichen, *es sei denn*, ich tue *A*.
>
> Aufgrund dieser Überlegungen handle ich: Ich tue *A*.

7 Von Wright, »On So-called Practical Inference« (wie Anm. 2), S. 50.
8 Ebd., S. 50.

Praktische Schlussfolgerungen können auch von Überlegungen ausgehen, die lediglich *ein* mögliches Mittel betreffen. Dann müsste man sie durch »Wenn«-Formulierungen wie die folgende ausdrücken:

Ich will *E* erreichen.

Wenn ich *A* tue, werde ich *E* erreichen.

Ich hatte oben bereits die Vermutung geäußert, dass von Wright praktische Schlüsse dieser zweiten Art nicht beachtet, weil sie nicht einmal den Anschein erwecken, dass ihre Prämissen die Handlung notwendig machen. Bei der ersten Art, jenen der »Es-sei-denn«-Form, ist die Handlung erforderlich, sofern der Wunsch nicht unerfüllt bleiben soll. Doch wie schon erwähnt, ergibt sich trotzdem das Problem, dass unklar bleibt, inwiefern es notwendigerweise *wahr ist, dass die Handlung ausgeführt wird.* Gerade darauf beruht aber, soweit ich sehen kann, von Wrights Erklärung der Gültigkeit solcher Schlussfolgerungen. Von Wright will hier einen »logischen Zwang« entdeckt haben.

Er bezieht sich dabei auf meine eigene Behauptung, dass die Konklusion eines praktischen Syllogismus durch diesen nicht notwendig gemacht wird; und vielleicht denkt er, ich hätte das aufgrund der soeben ausgeführten Schwierigkeiten gesagt. In Wirklichkeit wollte ich aber einen ganz anderen Gedanken über das Verhältnis zwischen Prämissen und Konklusion vertreten, nämlich: Die Prämissen zeigen, wozu die Handlung gut ist, welchen Nutzen sie hat.

Wenn jemand aufgrund bestimmter Prämissen handelt, so zeigt das, dass er etwas erreichen (oder vermeiden) will, was die erste Prämisse benennt. In »On So-called Practical Inference« schreibt von Wright: »Anscombe zufolge gibt die erste Prämisse etwas an [...], das gewollt wird«; und er behauptet, dass dies nicht mit Aristoteles' Version des praktischen Schlusses übereinstimme, bei der »ein bestimmter Gegenstand oder eine Handlung unter ein allgemeines Prinzip oder eine Regel hinsichtlich dessen, was gut für uns ist oder was unsere Pflicht ist, subsumiert wird«.[9] Er kontrastiert das mit Schlüssen, in denen die erste Prämisse das Ziel einer Hand-

9 Ebd., S. 39 f.

lung angibt und die zweite ein Mittel zur Verwirklichung dieses Ziels.

Von Wright scheint zu denken, »das Ziel einer Handlung angeben« oder »etwas Gewolltes angeben« bestehe darin, zu sagen, dass ein bestimmtes Ziel gewollt wird. Ansonsten hätte er wohl kaum die bekannten aristotelischen Schlussmuster mit einem Muster kontrastiert, »in dem ein Ziel der Handlung gewollt wird«.

Reines Wasser ist gesund.

Das hier ist reines Wasser.

– und darauf folgt das Trinken des Wassers. Das wäre ein Beispiel für eines der häufigsten Schlussmuster bei Aristoteles. Dabei wird angegeben, dass etwas gesund ist, und es zeigt sich, dass die betreffende Person dieses Etwas will, und zwar zeigt sich das darin, dass sie entsprechend handelt und dass die angeführten Aussagen dabei ihre Gründe zu trinken wiedergeben. Ich halte es für falsch, so eine Prämisse als »allgemeine Regel darüber, was gut für uns ist«, zu bezeichnen. Sie ist eine allgemeine *Aussage* darüber, was gut für uns ist – keine Regel.

Es stimmt, dass bei Aristoteles die erste Prämisse solcher Schlussmuster immer ein »allgemeines Prinzip« ist. Aber »Prinzip« heißt hier einfach »Ausgangspunkt«. Ihre Allgemeinheit ist in der Tat wichtig, und ich werde darauf zurückkommen. Aber ein Ziel, über das man nachdenkt, kann auch in etwas ganz Bestimmtem bestehen; man muss keine allgemeinen Betrachtungen über die Art dieses Zieles anstellen. Doch wenden wir uns zunächst kurz der Frage zu, ob das Wollen oder Beabsichtigen des Ziels in den Prämissen auftauchen muss.

So wie ich die Sache darstelle, taucht »Ich will« überhaupt nicht in den Prämissen auf, es sei denn so eingebettet wie in folgendem Beispiel. (Den Anstoß zu diesen Überlegungen und das Beispiel verdanke ich Anselm Müller.)

Will jemand seine Eltern töten, dann kann ihm ein Psychiater helfen, dieses Problem zu bewältigen.[10]

10 Das wäre die aristotelische allgemeine Prämisse, die aber in von Wrights Beispielen nicht auftaucht. Man kann sie stets leicht hinzufügen, z. B. indem man sagt:

Ich will meine Eltern töten.

Suche ich einen Psychiater auf, dann kann er mir helfen, dieses Problem zu bewältigen.

N. N. ist ein Psychiater.

Also werde ich N. N. aufsuchen.

Hier ist der Wille, meine Eltern zu töten, eine der relevanten Tatsachen. Doch dieser Wille ist sozusagen nicht die treibende Kraft hinter der Handlung, die aufgrund der Prämissen ausgeführt wird. Die treibende Kraft ist natürlich der Wille, das Problem – dass ich meine Eltern töten will – zu bewältigen. Wenn man aufgrund dieser Überlegung zu der genannten Entscheidung kommt, dann *zeigt* das, dass man dieses Problem bewältigen *will*. Und es ist offensichtlich, dass die erste dieser Willensäußerungen eine ganz andere Rolle spielt als die zweite.

Kennt man die Prämissen, nicht aber das Ziel des Handelnden, der sie sich zu seinen Gründen macht, dann kann einen die Konklusion durchaus überraschen. Sie kann das Gegenteil dessen sein, was man zunächst erwarten würde. In unserem Fall könnte sie beispielsweise lauten: »Also werde ich es vermeiden, N. N. aufzusuchen.« Hier schiene das pervers und sinnlos, denn warum sollte man die Sache dann so ausführlich bedenken, dass man N. N. herausgreift und über ihn als Einzelnen nachdenkt, wo doch wohl kaum die Gefahr besteht, dass man ihn unabsichtlich aufsucht? Doch allgemein gilt, dass identische Erwägungen zu entgegengesetzten Handlungen führen können. Hier ist ein Beispiel:

Starke Alkaloide sind für Menschen tödliche Gifte.

Nikotin ist ein starkes Alkaloid.

In dieser Flasche befindet sich Nikotin.

»Ungeheizte Hütten in kalten Regionen sind für den Menschen unbewohnbar« oder »Ungeheizte Hütten sind nur bewohnbar, wenn sie geheizt werden«. Aber Formulierungen mit »wenn« scheinen diese allgemeine Prämisse überflüssig zu machen und umgekehrt. (Siehe unten, Abschnitt IV.)

Diese Überlegung kann jemanden veranlassen, eine tödliche Dosis zu vermeiden; sie kann ihn aber auch veranlassen, die ganze Flasche auszutrinken, um sich umzubringen.

Es ist also durchaus sinnvoll, das Handlungsziel anzugeben, wenn man ein praktisches Schlussmuster untersucht. Dazu kommt noch Folgendes: Wenn man das Ziel kennt, weiß man auch, welche Handlung aus den Prämissen resultieren sollte. Wenn man aber das Ziel nicht kennt, kann (1) die Konklusion *ebenso gut* positiv wie negativ sein. Aristoteles – so könnten wir sagen – hat vorausgesetzt, dass wir eine Vorliebe für die Gesundheit und das der Gesundheit Zuträgliche haben, für das Leben und für alles, was wir *qua* Lebewesen tun sollten oder müssen. Welch gänzlich haltlose Annahme! (2) Außerdem wissen wir ohne das Ziel nicht, wann eine Überlegung abgeschlossen ist und eine Entscheidung getroffen werden sollte. Beispielsweise haben wir in der soeben genannten Schlussfolgerung eine Prämisse ausgelassen, nämlich: »Ich bin ein Mensch.« Aristoteles bemerkt an einer Stelle, dass diese Prämisse selten formuliert wird, selbst von Leuten, die diese praktische Schlussfolgerung ausführlich durchgehen, obwohl diese Prämisse doch »streng genommen« zur Schlussfolgerung gehört. Diese Prämisse durch »N. N. ist ein Mensch« zu ersetzen kann der gesamten Überlegung einen ganz anderen Charakter geben! Das führte dazu, dass wir auch unsere Vermutung darüber fallen ließen, wozu die gesamte Überlegung dient. Unsere Ansicht darüber, wo die Überlegung hinführen sollte, hängt demnach von dieser Vermutung ab.

Wir müssen das Ziel also angeben. Der richtige Weg, das zu tun, ist aber nicht, eine weitere Prämisse zu formulieren.

Ein Paradebeispiel praktischen Nachdenkens, so wie wir es hier betrachten, bietet die Suche nach geometrischen Konstruktionen. Bei Euklid wird uns stets lediglich das Problem vorgestellt, darauf folgt die Konstruktion und dann der Beweis, dass diese Konstruktion das Verlangte tatsächlich leistet. Das ist platzsparend, erklärt aber nicht, wie man die Konstruktion findet.

Für Letzteres würden wir mit einer Formulierung des Problems beginnen, z. B.: *Finde den Mittelpunkt eines gegebenen Kreises!* Nun könnten uns folgende Überlegungen zu Euklids Konstruktion führen:

> Wenn wir auf einem Durchmesser die Mittelsenkrechte konstruieren, dann ergibt sich daraus auch der Mittelpunkt des Kreises.
>
> Wenn wir die Mittelsenkrechte auf einer Sehne des Kreises konstruieren und sie bis zur Kreislinie verlängern, dann ergibt das einen Durchmesser des Kreises.

Wir sind in der Lage, eine Sehne einzuzeichnen, und wir können auch auf jeder gegebenen Linie die Mittelsenkrechte konstruieren. Also ziehen wir die Konklusion, indem wir zunächst eine Sehne einzeichnen, dann deren Mittelsenkrechte konstruieren und anschließend die Mittelsenkrechte des dadurch entstandenen Durchmessers konstruieren.

Dieses Beispiel unterscheidet sich von den meisten Beispielen des Aristoteles. Es hat folgende Form:

> Ziel: Dass *p*.
>
> Wenn *q*, dann *p*.
>
> Wenn *r*, dann *q*.

Und wenn *r* etwas ist, das wir tun können – oder vielmehr etwas, das wir unmittelbar wahr machen können –, dann handeln wir. Auch bei Aristoteles findet sich aber eine Stelle, wo er ein ähnliches Schlussmuster skizziert:

> Die Gesundheit entsteht nun durch folgenden Gedankengang: Da das-und-das Gesundheit ist, so muss, wenn jemand gesund werden soll, dies-und-jenes vorhanden sein, z. B. Gleichmaß. Wenn aber dies-und-jenes vorhanden sein soll, dann muss Wärme vorhanden sein. Und so schreitet man im Denken fort, bis man zuletzt zu etwas kommt, das man selbst hervorbringen kann.[11]

Das Letzte, zu dem man bei Aristoteles kommt, ist beispielsweise das Reiben. »Bei der Behandlung ist der Ausgangspunkt etwa das Erwärmen, und dies wird durch Reibung hervorgebracht.« Mit »Ausgangspunkt« ist hier zweifellos dasjenige gemeint, von dem der

11 *Metaphysik* 1032b7-10. [*A. d. Ü.:* Diese Übersetzung orientiert sich an der von Hermann Bonitz in: *Aristoteles Metaphysik. Griechisch-Deutsch*, Hamburg 1989.]

Arzt bei seiner Überlegung ausgeht; er überlegt sich, wie man es hervorbringen kann.[12]

In unserem Beispiel aus der Geometrie ist die Konstruktion des Durchmessers nicht die einzige Weise, den Mittelpunkt eines Kreises zu konstruieren. In Aristoteles' Beispiel hingegen ist das »Gleichmaß« notwendig für die Genesung des Kranken, und die Wärme wiederum ist notwendig für das Gleichmaß. Reibung jedoch ist lediglich *eine* Weise, Wärme zu erzeugen. Und entscheidend ist doch sicherlich, ob das Mittel das Ziel verwirklicht, und nicht, ob es das einzige Mittel ist.

Es besteht offensichtlich eine Entsprechung zwischen den Prämissen in den gängigeren aristotelischen Schlüssen und Prämissen der Form »Wenn … dann«. »Dies-und-jenes ist gesund« ist eine typisch aristotelische Prämisse. Folgende Gegenüberstellung verdeutlicht, wie solche Prämissen als Wenn-dann-Aussagen formuliert werden können (auch wenn dadurch die Formulierungen etwas umständlich werden). Ich verwende »*X*« anstelle von »dies-und-jenes«.

Gesund zu sein heißt, *X* zu sein.	Nur wenn der Patient *X* ist, ist er gesund.
Nur was im Gleichmaß ist, ist auch *X*.	Nur wenn er im Gleichmaß ist, ist er *X*.
Nur durch Erwärmen kommt das, was nicht im Gleichmaß ist, ins Gleichmaß.	Nur wenn er erwärmt wird, kommt er ins Gleichmaß.
Etwas zu reiben erwärmt es.	Wenn man ihn reibt, erwärmt ihn das.

Auf ähnliche Weise könnten wir auch unsere Aussagen in dem Geometriebeispiel durch entsprechende Rechtfertigungen ergänzen. »Der Mittelpunkt eines Kreises ist der Mittelpunkt jedes seiner Durchmesser.« »Die Mittelsenkrechte über einer Sehne, verlängert bis zur Kreislinie, ist ein Durchmesser.« Auch diese Sätze hätten die Prämissen sein können, aufgrund deren jemand handelt (und eine Sehne konstruiert usw.). Und auch Aristoteles' »Fleischspeisen«-Syllogismus kann mit Wenn und dann-Aussagen formuliert werden:

12 Siehe ebd. 1032b25-6.

Leichte Fleischspeisen sind einem Soundso zuträglich.	
Ich bin ein Soundso.	Wenn ich leichte Fleischspeisen esse, esse ich etwas, das mir zuträglich ist.
Fleischspeisen dieser-und-jener Art sind leicht.	Wenn ich dies-und-jenes esse, dann esse ich eine leichte Fleischspeise.
Das hier ist eine Fleischspeise von dieser-und-jener Art.	Wenn ich das hier esse, dann esse ich ein Dies-und-jenes.

Es gibt einen interessanten Unterschied zwischen diesen beiden Schlussmustern. Ich habe behauptet, dass die erste Prämisse nicht angibt, *dass* man etwas will, sondern etwas angibt, was man will. Wenn wir das auf die linke Seite anwenden, so besagt die Prämisse, dass das Gewollte (für eine Person, die aus diesen Gründen handelt) etwas ist, was einer bestimmten Art von Lebewesen zuträglich ist – einer Art, welcher der Handelnde angehört. Wenn wir es auch auf die rechte Seite anwenden, besagt die Prämisse, dass das Gewollte im Essen von etwas besteht, was dem Handelnden zuträglich ist.

Wir könnten versuchen, diesen augenscheinlichen Unterschied zu beseitigen, indem wir die rechte Seite folgendermaßen umformulieren:

> Wenn ein Soundso eine leichte Fleischspeise isst, dann isst er etwas, was ihm zuträglich ist.
>
> Wenn ein Soundso dies-und-jenes isst, dann isst er eine leichte Fleischspeise.
>
> Wenn ich das hier esse, dann isst ein Soundso ein Dies-und-jenes.

Hier scheint es das ziemlich abstrakte und unpersönliche Ziel des Handelnden zu sein, dass ein Lebewesen einer bestimmten Art eine ihm zuträgliche Speisen esse. Aber das entspricht nicht dem, was durch die linke Seite nahegelegt wird – zusammen mit dem Kommentar, dass, wenn das die Prämissen einer praktischen Schlussfolgerung sind, das Gewollte etwas ist, was einer bestimmten Art von Lebewesen zuträglich ist. Ich werde hierauf zurückkommen, wenn ich die Allgemeinheit der ersten Prämisse bei Aristoteles bespreche.

Im Moment reicht es aus, darauf hinzuweisen, dass die Überlegungen auf der rechten Seite diejenigen auf der linken rechtfertigen (beweisen) – genau wie in unserem Geometriebeispiel – und dass es absurd wäre, das eben genannte abstrakte Ziel zu verfolgen. Damit will ich nicht sagen, dass alle Ziele sich darauf beziehen müssen, dass man selbst etwas tut oder hat. Es gibt mögliche Ziele, die nicht beinhalten, dass der Handelnde etwas tut oder hat: z. B. das Ziel, dass es im Gefängnis anständiges Essen gibt, dass sich in jedem Hotelzimmer eine Bibel findet oder dass es zu Silvester ein Feuerwerk gibt. Doch in dem besprochenen Fall wäre es absurd, das abstrakte Ziel zu verfolgen. Zwar kann es tatsächlich vorkommen, dass man etwas tut, damit *irgendjemand* aus einer Gruppe, der man selbst angehört, etwas Bestimmtes getan hat; doch Aristoteles' »Fleischspeisen«-Syllogismus ist ganz offensichtlich kein solcher Fall.

III

Ich habe im vorangegangenen Abschnitt nicht gezeigt, was praktisches Überlegen ist; aber ich habe Beispiele von praktischen Gedankengängen angeführt und gezeigt, wie groß der Unterschied zwischen ihnen und Gedankengängen ist, die auf die Wahrheit einer Konklusion zielen. Praktische Gründe können eine Handlung »verlangen«, indem sie zeigen, dass nur durch ein ganz bestimmtes Mittel das Ziel erreicht werden kann. Aber daneben gibt es auch Gründe, die lediglich zeigen, dass diese Handlung *ein* Mittel zur Erreichung des Ziels ist. In dem einzigen Sinn, in dem praktische Gründe ihre Konklusion (nämlich die Handlung) also notwendig machen können, müssen sie das nicht tun und können dabei trotzdem Gründe für die Handlung sein.

Das lässt einen fragen, warum man so etwas eine »Schlussfolgerung« nennen sollte. Eine Schlussfolgerung ist eine Sache der Logik. Wo es Schlussfolgerungen gibt, da muss es auch Gültigkeit geben. Bei Schlussfolgerungen müssen die Konklusionen irgendwie aus den Prämissen *folgen können*. Aber wie kann eine Handlung logisch aus Prämissen folgen? *Kann* es überhaupt sein, dass es logisch *notwendig* ist, dass man etwas Bestimmtes tut, wenn man bestimmte Gedanken denkt? Das scheint keinen Sinn zu ergeben.

Von Wright versucht, so gut er kann, diese Vorstellung sinnvoll erscheinen zu lassen; aber seine Versuche scheitern. Dasjenige, wodurch er sicherstellen will, dass man hier von einer logischen Notwendigkeit reden kann, macht auch sein Scheitern unvermeidlich, nämlich: die Formulierung in der dritten Person. Die logisch notwendige Konklusion, qualifiziert durch verschiedene Einschränkungen, ist dabei nicht mehr ein Tun selbst, sondern bloß noch die Wahrheit des Satzes, dass der Handelnde etwas tut. Aber hierdurch degeneriert die praktische Schlussfolgerung zu einer theoretischen Schlussfolgerung – die zudem seltsamerweise ungültig ist, wenn wirklich etwas gefolgert wird.

Der von mir vorgestellte Ansatz ist ganz anders; dennoch bleibt die Frage: Inwiefern handelt es sich hier überhaupt um Schlussfolgerungen? Man spricht natürlich von *Gründen* für Handlungen, so wie man das auch bei Überzeugungen tut, und man sagt manchmal: »Und daher werde ich ...« oder: »Also werde ich ...«, und wir verstehen diese Ausdrücke. Aber ist das nicht bloß ein falscher Anschein, der durch den Gebrauch bestimmter Worte hervorgerufen wird? Die Tatsache, dass die »Konklusion« in vielen Fällen nicht notwendig ist, ist durchaus bemerkenswert. Ich esse *das hier*, damit ich *etwas* esse, das mir zuträglich ist. Anders ausgedrückt: Entweder *A* oder *B* führen zum Ziel, also tue ich *A*.

Einige Philosophen haben versucht, eine Theorie des »Schlussfolgerns mit Imperativen« aufzustellen. Sie verstehen praktisches Schlussfolgern als Schlussfolgern von Befehlen auf andere Befehle oder von Befehlen auf etwas, das man tun muss, um sie auszuführen (wobei Letzteres als ein »abgeleiteter« Befehl verstanden wird, den man sich selbst gibt, wenn man den Befehl aus der Prämisse ausführen will). Das ist für unser Thema durchaus relevant. Wenn jemand das Ziel hat, einen Befehl zu befolgen, aber der Befehl ihm nichts befiehlt, was er unmittelbar tun kann, dann ergibt sich eine Gelegenheit, praktisch zu schließen: Er muss etwas finden, wodurch er den Befehl ausführen würde. Die Vorstellung ist nun, dass es sich hier um einen Gedankengang von einem allgemeinen Befehl zu einem speziellen Befehl handelt oder von dem Befehl, einen bestimmten Endzustand herzustellen, zu einem Befehl, etwas darauf Gerichtetes zu tun.

Richard M. Hare nimmt an, dass das Schlussfolgern mit Imperativen genauso funktioniert wie das gewöhnliche Schlussfolgern.[13] Wenn ein Satz aus einem anderen folgt, dann gilt dies auch für die entsprechenden Imperative. Aus dem Imperativ *p!* und dem Satz *Wenn p, dann q* folgt beispielsweise der Imperativ *q!*.

Für Anthony Kenny hingegen ist es wichtig, dass viele aristotelische Schlussfolgerungen »nicht notwendig« sind. Er schlägt deshalb eine »Logik des Zureichens« vor.[14] Wenn man dieser Logik folgt, kann man von »Bring jemanden um!« dazu kommen, eine bestimmte Person umzubringen, von einem disjunktiven Befehl kann man zum Befolgen eines Disjunktes kommen, und von der Forderung »*q!*« und der Information »Wenn *p*, dann *q*« kann man zu der Entscheidung gelangen, *p* herbeizuführen. Diese Folgerungen wären im Rahmen der Aussagenlogik Fehlschlüsse. Kenny schlägt eine Logik vor, die das Spiegelbild der üblichen Logik ist. Wenn man Kennys Vorschlag folgt, geht man von einer Prämisse aus, die einer Konklusion in der üblichen Logik entspricht, formuliert diese allerdings in der Form »Fiat *p!*«; und von dieser kommt man zu einer Konklusion – ebenfalls in der Fiat-Form[15] –, die, wenn sie im Indikativ formuliert wäre, in der üblichen Logik als Prämisse für den umgekehrten Schluss dienen könnte. Um zu überprüfen, ob eine Schlussfolgerung nach der »Logik des Zureichens« gültig ist, überprüft man einfach, ob die umgekehrte Schlussfolgerung gültig ist, wenn man die Fiats durch entsprechende Aussagen im Indikativ ersetzt.

Hares »Schlussfolgerungen mit Imperativen« erlauben natürlich solche Schlüsse wie die eben besprochenen nicht. Alf Ross hat auch bereits darauf hingewiesen, dass Hares »Logik« die Schlussfolgerung von *p!* auf (*p oder q*)*!* erlaubt.[16] Kennys System hingegen erlaubt viele plausible Folgerungen, nicht aber den Schluss von »Töte alle!« auf »Töte Schmitt!«. Es wurde dem System vorgeworfen,

13 *A. d. Ü.:* Richard Mervyn Hare vertritt diese Ansicht z. B. in *The Language of Morals* (Oxford 1952, Kapitel 2) und in »Some Alleged Differences Between Imperatives and Indicatives«, in: *Mind* 76 (1967), S. 309-326.

14 *A. d. Ü.:* Vgl. Anthony John Patrick Kenny, »Practical Inference«, in: *Analysis* 26 (1966), S. 65-75.

15 Das »Fiat« hat hier einen besonderen Sinn. Es soll nicht heißen, dass die Konklusion tatsächlich erfüllt oder verwirklicht werden muss. Vielmehr wird dem Satz die Fiat-Form gegeben, um anzudeuten, dass er nicht behauptet oder angenommen wird, sondern als etwas hingestellt wird, was man wahr machen könnte.

16 *A. d. Ü.:* Siehe »Imperatives and Logic«, in: *Philosophy of Science* 11 (1944), S. 30-46, hier S. 38. Ross bezieht sich dabei aber nicht auf Hare (der seinen ersten Aufsatz zu diesem Thema erst 1949 veröffentlichte).

dass es den Schluss von »Töte Schmitt!« auf »Töte alle!« zulässt; aber das ist nicht so absurd, wie es zunächst scheinen mag. Man kann sich entscheiden, alle, die an einem bestimmten Ort sind, umzubringen, nur um damit auch einige bestimmte Personen zu töten, auf die man es tatsächlich abgesehen hat. Die Briten wollten beispielsweise im Zweiten Weltkrieg einige deutsche Soldaten auf einer niederländischen Insel töten. Sie entschieden sich, die Deiche zu bombardieren, damit alle auf der Insel ertränken. (Die Niederländer waren ihre Verbündeten.)[17]

Bemerkenswerter- und komischerweise schließt Kennys »Logik« genau jene Schlussmuster aus, auf die sich von Wright konzentriert. Wenn wir das Ziel durch ein »Fiat« ausdrücken und annehmen, dass das Ziel nicht erreicht wird, es sei denn, man tut dies-und-jenes, dann scheint es doch offensichtlich, dass man hieraus schlussfolgern kann, dies-und-jenes zu tun – sofern es denn überhaupt Schlussfolgerungen gibt, durch die man einen Befehl oder eine Entscheidung ableiten kann. Auch scheint es absurd, dass *(p und q)!* aus *p!* folgt – für jedes *beliebige q*. Manchmal kann man tatsächlich etwas erreichen, indem man außerdem noch etwas anderes tut. Aber die Forderung, beliebige Konjunkte zuzulassen, ist künstlich und leer; sie zeigt, dass mit dieser Theorie etwas nicht stimmt. Darin ähnelt der Schluss jenem Schluss von *p!* auf *(p oder q)!* in Hares System.

Kennys Ansatz enthält einen wertvollen Hinweis: Laut seinem Vorschlag kann man von etwas, was in einer Schlussfolgerung bezüglich Tatsachen eine Konklusion wäre, zu etwas kommen, was in einer praktischen Schlussfolgerung die Prämisse wäre (bzw. die Konjunktion der Prämissen). Das gilt insbesondere dann, wenn die Konklusion etwas ist, das man herbeiführen möchte, und die Prämisse(n) Wahrheitsbedingungen der Konklusion angeben, die man herbeiführen kann, oder wenn die Prämisse(n) Mittel zur Herstellung solcher Wahrheitsbedingungen nennen. Eine Wahrheitsbedingung ist ein Umstand oder eine ganze Reihe von Um-

17 Alf Ross verrät in seiner Zurückweisung von Kennys Ideen eine gewisse Unschuld: »Aus Plan *B* (Überbevölkerung zu vermeiden) können wir Plan *A* folgern (die Hälfte der Bevölkerung umzubringen); aber diese Schlussfolgerung ist wohl kaum von praktischem Interesse.« Wir *hoffen*, dass sie es nicht ist. [*A. d. Ü.:* Auch hier handelt es sich nicht um eine direkte Entgegnung; Kennys Aufsatz wurde erst 1966 veröffentlicht.]

ständen, bei deren Vorliegen die entsprechende Aussage wahr ist. Die Bedingungen, unter denen ein Befehl als ausgeführt gelten kann – seine Ausführungsbedingungen –, sind auch die Bedingungen, unter denen die entsprechende Aussage wahr ist. Eine Aussage impliziert, dass *eine* (irgendeine) ihrer Wahrheitsbedingungen vorliegt; aber normalerweise folgt aus einer Aussage nicht, dass eine ganz bestimmte Wahrheitsbedingung vorliegt. Bei Wahrheitsbedingungen in Form von Konjunktionen kommt es vor, dass aus der Wahrheit der Aussage die Wahrheit eines der Konjunktionsglieder folgt; aber im Allgemeinen ist das nicht der Fall.

Wenn man sich überlegt, wie man einen Befehl ausführen kann, sucht man vielleicht nach Ausführungsbedingungen, die man unmittelbar herbeiführen kann. Möglicherweise sucht man auch nach herbeiführbaren Bedingungen, deren Abwesenheit impliziert, dass der Befehl nicht ausgeführt wurde. Wenn es so eine Bedingung gibt, dann folgt ihr Vorliegen aus der Aussage, die dem ursprünglichen Befehl entspricht. Aber vielleicht gibt es keine besondere Bedingung dieser Art. In so einem Fall kann man folglich nicht nach etwas suchen – und schon gar nicht nach allem –, was notwendigerweise wahr gemacht würde, wenn der ursprüngliche Befehl ausgeführt würde.

Folgendes Beispiel veranschaulicht das. Stellen wir uns vor, ein Beamter einer Besatzungsmacht gibt folgenden Befehl: »Bringt mir alle Mitglieder irgendeines dieser Ausschüsse!« Von diesen Ausschüssen gibt es mehr als ein Dutzend. Der Befehl wurde befolgt, wenn alle Mitglieder irgendeines solchen Ausschusses herbeigeschafft worden sind. Aber es gibt keinen bestimmten Ausschuss, der herangeschafft werden muss. Gibt es allerdings jemanden, der in jedem Ausschuss Mitglied ist, dann wird der Befehl nicht ausgeführt, falls man diese Person nicht herbeibringt. Nehmen wir an, so jemanden gibt es. Derjenige, der den Befehl ausführt, holt diese Person zuerst ab; dann holt er nach und nach andere Personen, bis er sich sicher ist, eine Gruppe beisammenzuhaben, die einen Ausschuss bildet. Vielleicht hat er es nicht auf einen bestimmten Ausschuss abgesehen, sondern überlässt es dem Zufall, welchen Ausschuss er zusammenbringt. In einem Moment hat er Gelegenheit, eine bestimmte Person abzuholen, dann hat er die Wahl zwischen zwei anderen, als Nächstes läuft ihm ein Dritter über den Weg. Dabei überlegt er stets, inwiefern die nächsten möglichen Schritte zum Erreichen seines Ziels beitragen würden, und handelt dementsprechend.

Dieses Beispiel illustriert die Beziehung zwischen praktischem Schlussfolgern und Schlussfolgern mit Imperativen. Wenn jemand einen Befehl ausführen will, dann hat er ein Ziel, nämlich das, was laut dem Befehl der Fall sein soll, herbeizuführen.

Aber gemäß diesen Überlegungen scheinen nunmehr alle Schlussfolgerungen gewöhnliche »theoretische« Schlussfolgerungen zu sein. Eine Schlussfolgerung kann etwa von den Wahrheitsbedingungen dafür, dass ein Ziel erreicht ist, ausgehen. »Wenn er das macht, dann ergibt sich folgende Situation, welche diese-und-jene Relevanz für das Erreichen des Ziels hat.« Solche Konditionale und die entsprechenden Aussagen über die Relevanz werden wiederum durch »gewöhnliche« Schlussfolgerungen aus Tatsachen begründet. Man versucht, Wahrheitsbedingungen zu finden, die man herbeiführen kann, die man wahr machen kann (oder verfügbare Mittel, um Wahrheitsbedingungen wahr zu machen, die man nicht unmittelbar herbeiführen kann). Man handelt entsprechend, wenn man solche Bedingungen findet oder wenn man Konjunktionsglieder einer möglichen Wahrheitsbedingung findet, die man herbeiführen kann. Sind nicht all das »gewöhnliche« Schlussfolgerungen, d. h. Schlussfolgerungen von Prämissen auf die Wahrheit einer Konklusion?

Nehmen wir an, unser Befehl steht am Anfang einer Überlegung, ist aber in der Form eines »Fiat« formuliert (»Es sei der Fall, dass …«), und derjenige, der den Befehl ausführt, akzeptiert dieses Fiat:

> Fiat: Ein Ausschuss wird zu *X* gebracht.

Nun überlegt der Ausführende wie folgt:

> Wenn ich alle Mitglieder eines Ausschusses zusammenbringe, kann ich sie zu *X* bringen.

Und daraufhin akzeptiert er ein neues Fiat:

> ∴ Fiat: Ich bringe alle Mitglieder eines Ausschusses zusammen.

Und er überlegt weiter:

> Nur wenn ich *A* herbringe, werde ich alle Mitglieder eines Ausschusses zusammenbringen.

Und er kann *A* abholen; also tut er das. Wir können seine Handlung in Worte fassen:

> ∴ Lass mich *A* abholen. (Oder: Ich werde also *A* abholen.)

Und er überlegt weiter:

> Wenn ich die Leute, die in dieser Bar sind, zusammenbringe, dann bringe ich mehrere Mitglieder einiger Ausschüsse zusammen.
>
> Wenn ich mehrere Mitglieder einiger Ausschüsse zusammenbringe, kann man vielleicht aus diesen Leuten zusammen mit *A* die Mitglieder eines ganzen Ausschusses auswählen.

Und er kann alle Leute zusammenbringen, die in der Bar sind; also tut er das. Wir können das folgendermaßen in Worte fassen:

> ∴ Lass mich alle Leute zusammenbringen, die in der Bar sind. (Oder: Ich werde also alle Leute zusammenbringen, die in der Bar sind.)

Dann bemerkt er, dass er noch immer nicht alle Mitglieder irgendeines Ausschusses beisammenhat. Und so überlegt er:

> Wenn ich entweder *B* und *C* abhole oder *D* oder *E* und *F* oder *G* und *H*, dann habe ich einen ganzen Ausschuss beisammen.

Nun bietet sich ihm die Gelegenheit, *B*, *C* und *G* abzuholen. Wenn wir seine Handlung wieder in Worte fassen, können wir sagen:

> ∴ Lass mich *B*, *C* und *G* abholen. (Oder: Ich werde also *B*, *C* und *G* abholen.)

Oder: ∴ Lass mich *B* und *C* abholen. (Oder: Ich werde also *B* und *C* abholen.)

Oder: ∴ Lass mich *G* abholen. (Oder: Ich werde also *G* abholen.)

In welcher Beziehung steht nun das erste zum zweiten Fiat? Und wie verhält sich das zweite Fiat zu den Handlungen (oder ihrer sprachlichen Formulierung)? Sofern der Handelnde keinen Fehler macht, zeigen sich diese Beziehungen in seinen Überlegungen – und zwar in den Konditionalen, die ich oben mit den Worten »Er überlegt« eingeleitet habe.

Was bedeutet aber das »also« in diesem Zusammenhang? »Also« soll eine Überlegung anzeigen! Aber was wir eine *Überlegung* des Handelnden genannt haben, ist einfach das, was er sich gedacht hat. Und das sind schlicht bestimmte Wahrheiten (bzw. Falschheiten, falls er einen Fehler gemacht hat). Falls diese selbst wiederum Konklusionen von Überlegungen waren, so haben wir diese Überlegungen nicht mit angegeben. Wäre es also nicht vielleicht richtiger gewesen, anstelle von »Er überlegt: …« zu sagen »Er überlegt: … (∴) …«? In der Tat haben wir ja den Ausdruck »also« gebraucht. Es ist aber genau dieser Gebrauch von »also«, den wir nicht verstehen. Die folgenden Verwendungen von »also« verstehen wir bereits problemlos:

(*a*) Ich hole *B* und *C* ab.

∴ Ich habe einen vollständigen Ausschuss zusammengebracht.

(*b*) Ich bringe alle Mitglieder eines Ausschusses zusammen.

∴ Ich kann alle Mitglieder eines Ausschusses zu *X* bringen.

(*c*) *A* wird nicht abgeholt.

∴ Ich bringe keinen vollständigen Ausschuss zusammen.

(*d*) *A* wird nicht abgeholt.

∴ Es ist nicht möglich, einen vollständigen Ausschuss zu *X* zu bringen.

Oben haben wir »also« aber wie folgt gebraucht:

(a^1) Lass mich einen ganzen Ausschuss zusammenbringen.

∴ Lass mich *B* und *C* abholen.

(b^1) Lass mich einen Ausschuss zu *X* bringen.

∴ Lass mich alle Mitglieder eines Ausschusses zusammenbringen.

(c^1) Lass mich einen vollständigen Ausschuss zusammenbringen.

∴ Lass mich *A* abholen.

(d^1) Lass mich einen vollständigen Ausschuss zu *X* bringen.

∴ Lass mich *A* abholen.

Als Erstes sollten wir hier Folgendes beachten: Dasjenige, was ich implizit als »Überlegungen« bezeichnet habe, indem ich »Er überlegt« davorgesetzt habe, sind Gedanken, die bei den sich entsprechenden Fällen dieser zwei Listen die gleichen wären. Damit meine ich Folgendes: Die gleichen Konditionale verbinden die »Prämisse« und die »Konklusion« in *a* und a^1, in *b* und b^1, in *c* und c^1 sowie in *d* und d^1.

Im Fall von *a* und a^1 lautet das Konditional:

Wenn ich *B* und *C* abhole, bekomme ich, zusammen mit denen, die ich schon habe, einen vollständigen Ausschuss zusammen.

Im Fall von *b* und b^1 lautet das Konditional:

Wenn ich alle Mitglieder eines Ausschusses zusammenbringe, dann kann ich einen vollständigen Ausschuss zu *X* bringen.

Und so weiter. Wenn man den Schritt von der Prämisse zur Konklusion als inkorrekt kritisieren will, so geht man in beiden Fällen – beim »Fiat«-Schlussmuster und beim »gewöhnlichen« Schlussmuster – genau gleich vor. Zum Beispiel könnte man sagen: »Warum denkst du, dass, wenn du diese-und-jene Leute zusammenbringst, du sie auch zu *X* bringen kannst?«

Außerdem ist anzumerken, dass die »Überlegungen«, die wir anscheinend verstehen und die in »gewöhnlichen« Schlussfolgerungen bestehen, rein hypothetische Überlegungen waren. Die Prämissen wurden nicht behauptet, sie bezogen sich auf etwas Zukünftiges, das lediglich als wahr angenommen wurde.

Diese Beobachtungen zeigen, in welchem Verhältnis die »Fiats« sowohl zueinander als auch zu den Entscheidungen stehen. Wo solche Verhältnisse vorliegen, da gibt es auch ein praktisches »Also«.

Es ist hier aber wichtig, zu erkennen, dass dem Übergang

Fiat *q!*

∴ Fiat *p!*

Oder: ∴ Ich werde *p* wahr machen.

nicht eines, sondern vier hypothetische Schlussmuster entsprechen:

p wird der Fall sein	~ (*p* wird der Fall sein)	*p* wird der Fall sein	~ (*p* wird der Fall sein)
∴ *q* wird der Fall sein	∴ *q* wird nicht der Fall sein	∴ *q* wird möglich sein	∴ *q* wird nicht möglich sein

Das Konditional »Wenn *p* der Fall sein wird, dann wird auch *q* der Fall sein« beweist die Richtigkeit der Schlussfolgerungen »*p* wird der Fall sein, ∴ *q* wird der Fall sein« (und Entsprechendes gilt für die anderen Fälle). So ein Konditional kann wahr sein, entweder weil *p* eine Wahrheitsbedingung von *q* ist (oder Teil einer solchen) oder weil das Eintreten von *p* die Wahrheit von *q* mit sich bringt oder zumindest einen Teil der Wahrheitsbedingung von *q* wahr macht. Daran ist nichts auszusetzen. Derjenige, der einen Befehl ausführt, macht in seinen Überlegungen keinen Unterschied zwischen Ausführungsbedingungen und Weisen, die Wahrheit von

Ausführungsbedingungen herbeizuführen. (Wenn wir beim »gewöhnlichen« Schlussfolgern »Wenn *p*, dann *q*« gebrauchen, beispielsweise in einem *Modus-Ponens*-Schluss, dann müssen wir uns schließlich auch nicht fragen, ob *p* eine Wahrheitsbedingung von *q* ist oder ob *q* aus einem anderen Grund ein Resultat von *p* ist.)

Das erlaubt uns, zu klären, inwiefern es eine besondere »Form« des praktischen Schlussfolgerns gibt oder auch nicht. Wir können eine Schlussfolgerung wiedergeben, indem wir einige Konditionalaussagen angeben.

Wenn *p*, dann *q*.

Wenn *q*, dann *r*.

Nun stellt sich aber die Frage, wozu solche Aussagen gut sind (falls sie überhaupt zu etwas gut sind). Man kann sie z. B. folgendermaßen gebrauchen: Wir sind berechtigt, *p* zu behaupten, und damit können wir nun auch *r* behaupten. Oder: Wir wollen *r* erreichen und entscheiden uns dazu, *p* wahr zu machen – was wir unmittelbar tun können. In beiden Fällen können wir uns auf die angegebenen Konditionalaussagen beziehen. Wenn wir die Sache auf diese Weise betrachten, dann gibt es keine besondere Form praktischen Schlussfolgerns. Wir haben es einfach mit Aussagen zu tun, die in beiden Fällen in der gleichen Beziehung zueinander stehen. Der Unterschied besteht lediglich in dem unterschiedlichen Gebrauch, den man von ihnen macht.

Es gibt natürlich noch andere Weisen, auf die man diese Aussagen gebrauchen kann. Die hypothetischen Aussagen können auch gebraucht werden, um jemandem zu drohen oder jemanden zu warnen. Aber wir interessieren uns nur für Fälle, in denen der erste und der letzte Teilsatz aus dem hypothetischen Zusammenhang herausgenommen werden und wo der hypothetische Satz gebraucht wird, um zwischen diesen Sätzen zu vermitteln. In den Fällen, die wir uns angesehen haben, werden die herausgenommenen Teilsätze entweder behauptet oder zum Thema eines Fiats gemacht.

Aber es gibt noch weitere Gebrauchsweisen solcher Konditionale. Zum Beispiel gebraucht man sie in Erklärungen. Nehmen wir an, *r* ist gegeben, und nun legen die hypothetischen Aussagen nahe, dass *p*. Nehmen wir zusätzlich an, dass wir die Wahrheit von *p* überprüfen können. Wenn sich nun *p* als wahr herausstellt, dann kann das vielleicht *r* erklären.

Die hypothetischen Aussagen können nur dann *praktisch* gebraucht werden, wenn es darin um etwas geht, »was auch anders sein könnte«,[18] also um etwas, das so ausgehen kann oder auch anders, um zukünftige Sachverhalte also, die wir durch Handeln beeinflussen können. In diesen Fällen vermittelt die hypothetische Aussage zwischen dem Wollen eines Ziels und der Entscheidung für eine Handlung.

In diesem Zusammenhang ist ein Abschnitt aus von Wrights »On So-called Practical Inference« relevant:

> Wir sagen, dass die Konklusion der Schlussfolgerung in der ersten Person die Festlegung einer Absicht ist. Diese Absicht wird möglicherweise erst gebildet, wenn man sich einer praktischen Notwendigkeit hinsichtlich der Verfolgung eines bestimmten Ziels bewusst wird. Die Absicht kann sich also herausbilden, nachdem man schon eine erste Absicht gefasst hat. Wir können hier von einer *primären* und einer *sekundären* Absicht sprechen.
>
> Die Verbindung zwischen diesen beiden Absichten ist eine Art von logisch notwendiger Verbindung. Die zweite (epistemische) Prämisse »vermittelt« sozusagen zwischen der primären Absicht in der ersten Prämisse und der sekundären Absicht in der Konklusion. Man könnte hier auch von einem Übergang oder einer *Übertragung der Absicht* reden. Der »Wille«, das Ziel zu erreichen, wird auf (eines der) Mittel übertragen, die für das Erreichen des Ziels notwendig scheinen.[19]

Ich habe oben Beispiele ausgewählt, bei denen die gewählten Mittel keine notwendigen sind und der Handelnde das auch nicht denkt. Trotzdem kann es in solchen Fällen eine »Übertragung der Absicht« geben. Von Wright sieht eine »Art von logisch notwendiger Verbindung« zwischen der primären und der sekundären Absicht. Und warum sollten wir nicht sagen, dass es eine logische Verbindung gibt – die aber, man beachte, nicht darin besteht, dass »etwas logisch notwendig gemacht wird«? Diese Verbindung bestünde in

18 *A. d. Ü.:* Anscombe spielt hier auf Aristoteles' Ansicht in der *Nikomachischen Ethik* (*EN*) an (etwa in *EN* 1112a19-31), dass man nur über kontingente Sachverhalte praktisch nachdenken kann (weshalb solche Überlegungen z. B. niemals zu wissenschaftlichen Erkenntnissen führen).

19 Von Wright, »On So-called Practical Inference« (wie Anm. 2), S. 45.

dem Wahrheitszusammenhang zwischen p, $p \supset q$ und q einerseits und (1) der Übertragung der Überzeugung von p auf q sowie (2) der Übertragung der Absicht von Fiat $q!$ auf Fiat $p!$ andererseits. Die *logische Notwendigkeit* allerdings liegt hier nur in dem Wahrheitszusammenhang zwischen p, $p \supset q$ und q; dieser Wahrheitszusammenhang ist beiderlei Schlussfolgerungen gemeinsam.

»Aber die logische Notwendigkeit rechtfertigt die Schlussfolgerung von der Behauptung p auf die Behauptung q, und ihr Erfassen erzwingt die entsprechende Überzeugung.« Hier zeigt sich eine Verwirrung. Die Rechtfertigung ist einfach p und $p \supset q$. Wo es eine solche Rechtfertigung gibt, reden wir von einer »logischen Notwendigkeit«, nicht von einer Notwendigkeit, überzeugt zu sein – denn wie sollte man eine Überzeugung überhaupt erzwingen können? In manchen Fällen geht das vielleicht durch persönliche Ausstrahlung oder indem man sich den anderen zur Brust nimmt; aber um solche Fälle geht es hier nicht. Manchmal *fühlt* man sich gezwungen, aber auch um so etwas geht es hier nicht. Die in Frage stehende Behauptung ist ja, dass die Überzeugung »logisch« erzwungen wird. Was könnte das heißen, außer dass es eine »logische Notwendigkeit« gibt, einen Wahrheitszusammenhang? Es soll sich ja aber gerade nicht um *diese* Notwendigkeit handeln, sondern um einen Zwang, der durch das Erfassen dieser Notwendigkeit entsteht. Wiederum anders ausgedrückt: Wenn es sich hier um ein Gefühl handelt, vielleicht sogar um ein so starkes Gefühl, dass es dadurch unmöglich wird, nicht die entsprechende Überzeugung zu hegen, dann ist das noch kein »logischer« Zwang. Und dasselbe gilt von jedem anderen »Zustand des Subjekts«. Sobald wir von »logischem« Zwang reden, können wir gar nichts anderes meinen als die »Notwendigkeit« des Wahrheitszusammenhangs.

(Von Wright würde an dieser Stelle zu einer Beschreibung aus der Dritte-Person-Perspektive wechseln: »X glaubt, dass p; und ist sich dessen bewusst; und glaubt gleichzeitig und ebenfalls bewusst, dass $p \supset q$; und er stellt sich bewusst die Frage, ob q« *impliziert*, »X glaubt, dass q«. Aber woher wissen wir das? Wir wissen das auf dieselbe Weise, wie wir wissen: »Verrat zahlt sich niemals aus.«[20] Wenn X nicht

20 *A. d. Ü.:* Anscombe spielt hier auf einen in der englischsprachigen Welt sehr bekannten Ausspruch von Sir John Harington (1561-1612) an: »Verrat zahlt sich niemals aus. Warum? Wenn er sich auszahlt, dann traut sich keiner, ihn Verrat

glaubt, dass *q*, dann *sagen* wir in diesem Fall einfach nicht, dass die anderen drei Dinge wahrheitsgemäß von ihm behauptet *werden können*.)

Ich schließe hieraus, dass die Übertragung von Absicht und die Übertragung von Überzeugung von gleicher Art sind. So etwas wie eine »logische« Übertragung – in dem Sinne, dass die »Notwendigkeit« des Wahrheitszusammenhangs eine Entsprechung in einem »logischen Zwang« fände, in einen bestimmten psychischen Zustand überzugehen, sofern man sich in einem bestimmten anderen psychischen Zustand befindet – gibt es nicht. Des Weiteren schließe ich hieraus, dass die Frage, wie eine Handlung oder eine Entscheidung »logisch erzwungen« werden kann, überhaupt kein echtes Problem darstellt. Das wird durch die Annahme verschleiert, dass es so etwas bei Überzeugungen gebe und dass es zumindest dort unproblematisch sei – eine scheinbar weit verbreitete und selten kritisierte Annahme.

Trotzdem können wir nicht *einfach* sagen: Eine praktische Schlussfolgerung ist eine Schlussfolgerung, ein Übergang, in der Richtung von *q* (Fiat *q!*) zu *p* (Fiat *p!*), wenn z. B. der Wahrheitszusammenhang zwischen p, $p \supset q$ und *q* gegeben ist. Denn damit würden wir etwas Wichtiges unerwähnt lassen. Wir haben festgestellt, dass bei der Umformung von Sätzen zu Fiats deren Thema auf zukünftige Sachverhalte, die wir durch unsere Handlungen beeinflussen können, eingeschränkt ist. Aber wir haben auch festgestellt, dass nicht jede Wahrheitsbedingung, die man herbeiführen kann, praktisch relevant ist. Zum Beispiel kann $p \& q$ einfach deshalb eine Bedingung sein, unter der *r* wahr ist, weil *p* allein schon eine Wahrheitsbedingung von *r* ist. Wenn man $p \& q$ gemeinsam herbeiführen kann, dann könnte das für jemanden, der *r* herbeiführen möchte, die Konklusion einer praktischen Schlussfolgerung sein – wenn es auch vielleicht eine abstruse Konklusion ist (wie etwa wenn einer sein Haus abbrennt, um ein Schwein zu braten). Aber wie verhält es sich, wenn man $p \& q$ nur getrennt herbeiführen kann?

In so einem Fall kann »Wenn $p \& q$, dann *r*« trotzdem noch praktisch relevant sein; dadurch erfahren wir nämlich, dass das Herbeiführen von *q* zusätzlich zu *p* nicht das Herbeiführen von *r*

zu nennen.« (Original: »Treason doth never prosper: what's the reason? Why, if it prosper, none dare call it treason.«)

beeinträchtigt. Jemand in einer entsprechenden Situation könnte z. B. sagen: »Wenn *p*, dann *r*; und wenn *p* und *q*, dann immer noch *r*.« So eine Überlegung könnte beispielsweise wichtig für ihn sein, weil er aus unabhängigen Gründen auch *q* herbeiführen möchte. (Oder weil ein anderer das möchte.) Aber es gibt hier keine durch $(p \& q) \supset r$ vermittelte »Absichtsübertragung« von der primären Absicht, dass *r*, auf eine sekundäre Absicht, dass *p* und dass *q*. Das heißt, der Wahrheitszusammenhang zwischen $(p \& q)$ und $(p \& q) \supset r$ »vermittelt« nicht so einen psychischen Übergang.

Wir können für die Einschränkung der praktischen Relevanz auf herbeiführbare Wahrheitsbedingungen keine *logischen* Bedingungen aufstellen. Zum Beispiel können wir nicht sagen, dass $p \& q$ keine relevante, herbeiführbare Wahrheitsbedingung von *r* ist, wenn $p \& {\sim}q$ ebenfalls eine herbeiführbare Wahrheitsbedingung von *r* ist. Denn auch in einem solchen Fall könnte es sein, dass das Herbeiführen von *p & q eine Weise* ist, *r* herbeizuführen. Ein Beispiel dafür wäre etwa das folgende: Ich lade ein Ehepaar zum Abendessen ein; ich bin eigentlich nur daran interessiert, die Frau zu treffen, und ich könnte auch nur sie allein einladen, aber aus irgendeinem Grund (oder auch aus keinem Grund) entscheide ich mich zu der gemeinsamen Einladung als mein Mittel, sie zu treffen.

Hier geht es um eine Frage, die außerhalb der uns hier beschäftigenden Logik liegt, nämlich, ob es »*eine* Handlung« gibt, durch die man $p \& q$ – und also auch *r* – herbeiführen kann. Aber was als »*eine* Handlung« gilt, kann sich von Kontext zu Kontext ändern und von dem Blickwinkel abhängen, unter dem man die Sache betrachtet.

Damit haben wir angegeben, in welchem Sinn es *keine* besondere »Form« des praktischen Schlussfolgerns gibt. Die relevanten Aussagen und deren logische Beziehungen sind beim theoretischen und beim praktischen Schlussfolgern genau dieselben. Mit »Aussagen« meine ich hier die hypothetischen Sätze, die wir untersucht haben, sowie jede zusätzliche Aussage, die durch sie als wahr erwiesen wird. Der Unterschied zwischen praktischem und theoretischem Schlussfolgern besteht hauptsächlich in dem unterschiedlichen Gebrauch, den man von diesen Aussagen macht. Wenn man also logisch wahre Konditionale angeben will, welche die logisch notwendige Verbindung angeben, auf der die Schlussfolgerung »beruht«, so sind das bei praktischen Schlussfolgerungen und bei den entsprechenden »theoretischen« Schlussfolgerungen genau dieselben Konditionale.

Oben hatte ich Aristoteles für seine Aussage kritisiert, dass das praktische Schlussfolgern dem theoretischen »genau gleiche«. Ich habe dem entgegengehalten, dass es *eine ganz andere Form* des Schlussfolgerns sei. Ich habe bei ihm also etwas wiedergutzumachen.[21] Ich glaube, Aristoteles hätte Schwierigkeiten gehabt, der gegenwärtigen Debatte darüber, »ob es praktisches Schlussfolgern (oder Schlussfolgern mit Imperativen) gibt«, zu folgen. Er wäre wohl gar nicht versucht gewesen, bestimmte Fehler zu begehen, die wir Heutigen nur schwer vermeiden können.

Einer dieser Fehler gründet in der Vorstellung, dass man einen logischen Schritt vollziehen kann, einen Geistesakt, durch den man einen Schritt von den Prämissen zur Konklusion macht – und zwar einen Schritt *in der Logik*, eine *Bewegung* in dem ganz besonderen, *reinen* Medium der Logik. Alle an der Debatte Beteiligten scheinen sich darin einig zu sein, dass es so einen »Schritt« zwischen Behauptungen oder Annahmen gibt; aber manche denken, dass sie so einen »Schritt« auch beim praktischen Schlussfolgern ausmachen können, während andere diesen »Schritt« dort nicht entdecken können. Aber so einen »Schritt« gibt es überhaupt nicht, in keinem der beiden Fälle!

In gewisser Weise gibt es aber dennoch eine besondere ›Form‹ des praktischen Schlussfolgerns, nämlich wenn wir mit »Form« lediglich meinen, dass (1) manche Sätze als Quasi-Imperative wiedergegeben werden und (2) das Material auf eine bestimmte Weise angeordnet wird. Was ist der Ausgangspunkt und was der Schlusspunkt? Der Ausgangspunkt einer praktischen Schlussfolgerung ist das, was man will. Wenn wir die Schlussfolgerung wiedergeben, sollten wir damit beginnen. Als Nächstes kommen einige Aussagen (auf die ich oben den Begriff »Prämisse« beschränkt habe), und schließlich kommt die Entscheidung (die wir, wie oben, in Worte fassen):

21 *A. d. Ü.:* Es ist nicht klar, welche Stelle Anscombe hier meint. Eine Möglichkeit ist, dass sie sich auf ihre Kritik an von Wrights These bezieht, dass der praktische Schluss seine Konklusion notwendig mache – eine These, die sie in anderen Aufsätzen auch Aristoteles zuschreibt (etwa in Aufsatz 11 im vorliegenden Band: »Denken und Handeln bei Aristoteles«, unten S. 310).

Gewollt: Dass *p*. (Oder: Es sei der Fall, dass *p*.)

Wenn *q*, dann *p*.

Wenn *r*, dann *q*.

Entscheidung: *r!*

Beim theoretischen Schlussfolgern hingegen ist der Ausgangspunkt etwas, was behauptet oder angenommen wird.

r. (Oder: Nimm an, dass *r*.)

Wenn *r*, dann *q*.

Wenn *q*, dann *p*.

p.

Der Unterschied im Modus der Verben und in der Reihenfolge, in der das gleiche Material angeordnet ist, macht – so kann man sagen – einen Unterschied in der Form. Aber damit hat es sich auch schon. Mit gleichem Recht könnten wir die oben angesprochene Suche nach einer Erklärung eine »besondere Form des Schlussfolgerns« nennen. Die Anordnung ist genau dieselbe wie bei der praktischen Schlussfolgerung. Der Modus ist derselbe wie bei der theoretischen Schlussfolgerung, und die Überlegung mündet in eine Hypothese, die es zu untersuchen gilt.

Gegeben: *p*.

Wenn *q*, dann *p*.

Wenn *r*, dann *q*.

Untersuche: *r*. (Ist *r* wahr?)

In folgendem Beispiel versuchen wir entweder, etwas herbeizuführen, oder, es zu erklären (weil es uns als eine bemerkenswerte Tatsache erscheint):

Zu erreichen:	Spektakuläres Pflanzen-wachstum	*Zu erklären:*	Spektakuläres Pflanzen-wachstum

Wenn die Pflanzen diese bestimmten Nährstoffe aufnehmen, dann führt das zu spektakulärem Pflanzenwachstum.

Wenn diese Nährstoffe im Boden sind, dann nehmen die Pflanzen sie auf.

Konklusion:	Die Nährstoffe in den Boden bringen.	*Konklusion:*	Untersuchen, ob die Nährstoffe im Boden sind.

Diese Anwendungen des Wahrheitszusammenhangs unterscheiden sich beide von jenem ›theoretischen‹ Gebrauch, der auf eine wahre Konklusion zielt:

> *Prämisse*: In diesem Boden befinden sich diese bestimmten Nährstoffe.
>
> Wenn diese Nährstoffe im Boden sind, dann nehmen die Pflanzen sie auf.
>
> Wenn die Pflanzen diese bestimmten Nährstoffe aufnehmen, dann führt das zu spektakulärem Pflanzenwachstum.
>
> *Konklusion*: Es wird zu spektakulärem Pflanzenwachstum kommen.

Wenn wir sowohl die Gemeinsamkeiten als auch die Unterschiede dieser drei Schlussmuster erkennen, dann macht es keinen Unterschied, ob wir sie als unterschiedliche Arten von Schlussfolgerungen bezeichnen oder nicht.

Folgendes spricht allerdings für die Gegner der Idee praktischen Schlussfolgerns: Obwohl es so etwas wie die Gültigkeit einer praktischen Schlussfolgerung gibt, ist das keine rein formale Eigenschaft. Damit meine ich, dass sich die Gültigkeit nicht durch den Gebrauch von schematischen Buchstaben wiedergeben lässt, so dass jede Einsetzung für die schematischen Buchstaben eine gültige Schlussfolgerung ergibt. Vielleicht kann man die Einschränkung des Themas auf zukünftige, kontingente Sachverhalte formal erfassen. Aber die oben genannte Einschränkung von Schlussfolgerungen mit der Konklusion, *p und q herbeizuführen*, kann, soweit ich sehe, nicht formal erfasst werden.

Man kann die Übertragung von Überzeugung in einem metaphorischen Sinne »logisch« nennen, wenn *r* aus *p und q* folgt und man glaubt, dass *r*, »weil *p und q*«. Wenn eine entsprechende Verbindung zwischen der Wahrheit der Sätze besteht, ist jede derartige Überzeugung in diesem metaphorischen Sinn »logisch übertragen«. Im Fall des praktischen Schließens kann man nicht in einem parallelen Sinn von einer »logischen Übertragung« sprechen; das wäre leer und zwecklos, weil man damit nicht die Vorstellung einer »Übertragung der Absicht« wiedergäbe. So eine Übertragung gibt es, aber sie findet nicht statt, wenn *p* für die Verwirklichung des Ziels relevant ist und man einfach ein beliebiges *q* dazufügt, dessen Wahrheit durch eine zusätzliche Handlung herbeigeführt werden müsste.

In einem älteren Aufsatz zum praktischen Schlussfolgern – erschienen 1963 in der *Philosophical Review* – erwähnt von Wright ein Schlussmuster, bei dem die zweite Prämisse besagt, dass das Ziel nicht erreicht wird, es sei denn, jemand anderes – nennen wir ihn *X* – tut etwas Bestimmtes. Unter den von ihm gemachten Voraussetzungen kann von Wright keine Theorie des Schlussfolgerns ausbuchstabieren, der zufolge die Konklusion in einem solchen Fall eine Handlung von *X* ist; für ihn »muss derjenige, der das Ziel verfolgt, derselbe sein wie der, für den die praktische Notwendigkeit besteht«.[22]

Dagegen spricht jedoch, dass es solche Schlussmuster wirklich gibt. Wenn die Überlegungen von *Y*, deren Zweck in der ersten Prämisse genannt wird, dazu führen, dass die andere Person tut, was notwendig ist, dann erfüllt so ein Schlussmuster durchaus einen Zweck (und ist nicht überflüssig). Das passiert etwa, wenn *Y* den *X* zu der entsprechenden Handlung zwingt! In diesem Fall ist der Endpunkt der Überlegung aber die Handlung von *Y*, die *X*

22 Georg Henrik von Wright, »Practical Inference«, in: *Philosophical Review* 72 (1963), S. 159-179, hier S. 163.

dazu bringt, die Handlung *A* zu tun. *X'* Handlung kann auch ein Ausdruck von Freundschaft sein, oder es kann sich in ihr ein Autoritätsverhältnis zeigen oder eine Zusammenarbeit. In all diesen Fällen können wir *X'* Handlung (ohne dass sie in Worte gefasst sein muss) als Konklusion ansehen. Zumindest können wir das insoweit und in dem Sinn tun, wie wir das auch in Fällen tun können, in denen die handelnde Person mit derjenigen identisch ist, deren Zwecke verfolgt werden.

Wenn die Überlegung mit der Äußerung eines Befehls endet, so muss *X* natürlich nicht selbst die Konklusion ziehen; er bekommt sie einfach vorgesetzt. Das ist nicht der Fall, der uns hier interessiert; wir sind an Fällen interessiert, in denen *X* den Schluss selbst zieht. Wenn das »Schließen mit Imperativen« diskutiert wird, denkt man gemeinhin an Fälle, in denen das Schlussfolgern bei jemandem liegt, der die Befehle anderer ausführen muss. Ich habe solche Fälle als Gelegenheiten für praktisches Schlussfolgern beschrieben, indem ich angenommen habe, dass die entsprechende Person das Ziel hat, den Befehl auszuführen. Aber woran denken die Leute, wenn sie diskutieren, ob »Tu *r!*« aus »Tu *r* oder *q!*« folgt oder vielleicht umgekehrt? Mir scheint, dass entweder angenommen wird, dass der Ausgangsbefehl akzeptiert wird, so dass derjenige, der ihn akzeptiert, sich sozusagen selbst den Befehl gibt und dann abgeleitete Befehle daraus »schlussfolgert«. Oder es wird angenommen, dass der Befehlsempfänger die abgeleiteten Befehle demjenigen zuschreibt, der den ursprünglichen Befehl gegeben hat. Gemäß beiden Betrachtungsweisen liegt das angenommene oder angebliche Schlussfolgern, das zu den abgeleiteten Befehlen führt, bei jemandem, der den ersten Befehl ernst nimmt.

Kommen wir damit nun zu von Wrights Formulierung in der ersten Person zurück, und nehmen wir an, ich sage zu Ihnen:

> Ich will, dass N. N. diese Nachricht um spätestens vier Uhr erhält. Ich kann sie ihm nicht bis vier Uhr zukommen lassen, es sei denn, Sie bringen sie ihm.

Und nehmen wir zusätzlich an, dass ich Ihnen damit, ohne ein weiteres Wort zu sagen, die Nachricht übergebe, woraufhin Sie N. N. die Nachricht bringen. (So läuft das in unserer Beziehung.) Hier handeln *Sie* aufgrund *meiner* Gründe. Ich gebe die Prämissen an (gemäß von Wrights Ansicht zu solchen Prämissen), und Sie ziehen die Konklusion.

Wenn es sich hier um ›theoretisches‹ Schließen handelte – also um ein Schließen auf die Wahrheit einer Konklusion –, dann könnten Sie die ›Konklusion ziehen‹, ohne sie zu glauben. Ich behaupte etwas, und Sie äußern einen Satz, der daraus folgt. Wenn Sie glauben, was ich gesagt habe, und sich über die Folgerungsbeziehung im Klaren sind, werden Sie höchstwahrscheinlich auch die Konklusion glauben. Aber vielleicht glauben Sie mir auch nicht. Trotzdem können Sie zu der Konklusion gelangen, und zwar als der Konklusion eines Schlusses aus den gegebenen Prämissen, und dabei müssen Sie die Konklusion weder behaupten noch glauben.

Wie steht es im Fall der Handlung? Gemäß unserer Betrachtungsweise besteht das Ziehen der Konklusion eines praktischen Schlusses in der Handlung. Dabei *führen* Sie meinen Willen *aus*. Aber was ist Ihr eigenes Ziel dabei?

Vielleicht wollen Sie, dass meine Ziele verwirklicht werden. Falls das der Fall ist, können wir die Sache darstellen, indem wir *Ihre* ›Handlungsgründe‹ folgendermaßen wiedergeben:

> Ich will, dass dasjenige passiert, wovon sie will, dass es passiert.
>
> Wenn ich *A* nicht tue, wird nicht passieren, was sie will.

Also ... Aber kann es denn nicht sein, dass Sie bei der ganzen Sache gar kein eigenes Ziel verfolgen? Dass Sie sich wie ein Werkzeug verhalten? Wenn man Sie nach Ihren Gründen fragt, verweisen Sie auf *meine* Gründe, so wie man auch auf seine Befehle verweisen kann.

In so einem Fall sprechen Sie als jemand, der eine bestimmte Rolle bei der Sache spielt, ohne dass seine eigenen Ziele dabei relevant sind.

Müssen Sie dabei glauben, dass die zweite Prämisse wahr ist? Nein! Sie handeln einfach, wenn auch vielleicht etwas hölzern oder sozusagen ironisch. Sklaven und andere Untergebene handeln bestimmt oft auf eine solche Weise.

Nicht darauf abzuzielen, worauf der lenkende Wille abzielt, seine Prämissen nicht für wahr zu halten und dennoch die Konklusion zu ziehen, indem man handelt – *das ist es*, was dem Ziehen eines theoretischen Schlusses entspricht, wenn man weder die Prämissen noch die Konklusion glaubt.

Wir mussten bei diesem Gedankengang zwischen dem unterscheiden, was jemand vorhat, und dem, worauf er abzielt. In dem von uns vorgestellten Fall hat der Handelnde Folgendes vor: ein ausführendes Organ zu sein – ein Instrument, so etwas wie ein vernunftbegabtes Werkzeug – und als Untergebener *auf diese Weise* zu handeln. Aber das sagt uns nicht, worauf er abzielt, wenn er denn überhaupt auf etwas abzielt; d. h., es zeigt sich darin nicht, *zu welchem Zweck* er handelt. Man mag einwenden, dass er das Ziel hat, »als ein Untergebener zu handeln«. Zweifellos wäre das ein Ziel, das er um weiterer Zwecke willen anstrebt, vielleicht um sich über die Runden zu bringen und um keine Schwierigkeiten zu bekommen. Das kann durchaus der Fall sein. Dann handelt die Person nicht einfach als ein Untergebener, sie denkt auch, dass sie das tun sollte, um nicht in Schwierigkeiten zu geraten. Aber es wäre falsch, zu denken, dass das immer der Fall sein müsse. Es besteht eine direkte Verbindung zwischen dem Zustellen der Nachricht und dem Ziel, nicht in Schwierigkeiten zu geraten. Das Mittel, als ein Untergebener zu handeln, wird bei dem Schluss nicht als ein Mittelbegriff benötigt. Dass die Person in meiner Beschreibung als ein Untergebener handelt, ist eine wahre Beschreibung oder Zusammenfassung davon, dass sie gemäß dem Willen ihres Herrn oder Vorgesetzten handelt. Auch wenn ihr ›Bewusstsein nicht aufgeklärt genug‹ ist, um sich dieser Tatsache bewusst zu sein.

An dieser Stelle kann ich nun endlich meinen Einwand gegen von Wrights Idee formulieren, dass das Wollen und die Überzeugung – die psychischen Tatsachen des Überzeugtseins und des Wollens – in den Prämissen auftauchen. Das ist genauso falsch, wie es falsch wäre, eine theoretische Schlussfolgerung mit Aussagen über Überzeugungen wiederzugeben. Man kann zwar dafür argumentieren, dass »*A* glaubt, dass *p* und dass, wenn *p*, dann *q*« »*A* glaubt, dass *q*« impliziert. Ich habe bereits darauf hingewiesen, dass diese Aussage eigentlich ihren Inhalt verliert, wenn man all die Nebensätze hinzufügt, die nötig wären, um sicherzustellen, dass sie auch tatsächlich wahr ist.[23] Man betrachtet dann einfach das Fehlen der Überzeugung, dass *q*, als ein Kriterium dafür, dass die Aussage über

23 *A. d. Ü.:* Siehe oben, S. 40 f.

die Überzeugung hinsichtlich der Konjunktion falsch ist: In so einem Fall *sagt* man dann einfach nicht, dass der Betreffende »wirklich« glaubt, dass *p* und dass, wenn *p*, dann *q*. Ähnliches gilt von der Aussage »*X* beabsichtigt, *E* zu erreichen, und glaubt, dass er es nicht erreichen wird, wenn er *A* nicht tut« – wenn er *A* nicht jetzt tut. Vielleicht ist dieser Einwand jedoch nicht besonders beeindruckend. Denn wenn *q* aus *p* folgt, dann folgt *nicht-p* natürlich auch aus *nicht-q*, und man könnte unsicher sein, welches Gewicht man hier dem Begriff eines Kriteriums geben sollte.

Aber es lässt sich hier ein klarerer Einwand formulieren. Niemand wird geneigt sein, die Gültigkeit von »*p*; wenn *p*, dann *q*; also *q*« dadurch zu erklären, dass aus »*X* glaubt, dass *p* und dass, wenn *p*, dann *q*« folgt »*X* glaubt, dass *q*«. Es ist jedem klar, dass es genau andersherum ist.

Überzeugung ist ein sehr schwieriges Thema, weil es sehr schwierig ist, die psychologischen und die logischen Aspekte im Blick zu behalten und richtig zu verbinden. Überzeugungen sind psychische Dispositionen, Teile der Biografie eines Geistes. Aber eine Überzeugung – im Sinne des Überzeugtseins – steht auch in einer internen Beziehung zu jener Aussage, von der man überzeugt ist. Diese bezieht sich in den meisten Fällen nicht auf etwas Psychisches; ihre Bedeutung und Wahrheit sind nichts, wovon wir eine psychologische Erklärung geben sollten. Wir können vielleicht folgende Erklärung geben: Aussagen sind dasjenige, womit wir in Schlussfolgerungskalkülen operieren, beispielsweise im Kalkül der Wahrheitsfunktionen. Wir können dann auch das Benutzen dieses Kalküls vorführen. Der Kalkül ist sicherlich dafür da, um von einer Überzeugung zu anderen Überzeugungen zu gelangen. Aber wir erzeugen die größte Verwirrung, wenn wir in unserer Beschreibung der Gültigkeit von Schlussfolgerungen von Überzeugung reden. Wenn wir Schlussmuster wiedergeben, dann verwenden wir Aussagen als deren Bestandteile (oder Variablen für solche Aussagen).

Genau dasselbe gilt auch für praktische Schlussmuster. Ich habe dafür argumentiert, dass die *logischen Tatsachen* hierbei genau dieselben sind wie beim theoretischen Schlussfolgern, z. B. der Wahrheitszusammenhang zwischen *p*; wenn *p*, dann *q*; und *q*; oder derjenige zwischen *nicht-p*; *q*, nur wenn *p*; und *nicht-q*. Aber die Schlussmuster selbst unterscheiden sich; die Bestandteile werden unterschiedlich angeordnet; und die Inhalte werden nicht behauptet, sondern werden als Möglichkeiten betrachtet, die man wahr machen kann.

Die Beweismuster wären witzlos, wenn sie nie durch einen Geist Anwendung fänden, der Überzeugungen hat – wenn niemals etwas behauptet würde. Und genauso wären die praktischen Schlussmuster witzlos, wenn sich niemals jemand etwas zum Ziel setzen würde. Trotzdem sollte man in der Beschreibung der Schlüsse nicht vom Wollen oder Beabsichtigen oder von Überzeugungen sprechen.

Diese Behauptung über das Schlussfolgern wird durch die soeben betrachteten Fälle als wahr erwiesen. Genau wie ich eine Konklusion aus Ihrer Behauptung ziehen kann, ohne diese zu glauben, so kann auch der ironische Sklave durch sein Handeln eine Konklusion aus dem genannten Ziel und der Behauptung seines Herrn ziehen. In beiden Fällen ist die Schlussfolgerung etwas, das man von den Einstellungen desjenigen, der den Schluss zieht, trennen kann. Es ist zwar richtig, dass alle Bestandteile eines Schlusses von *einem* Kopf erfasst werden müssen; d. h., sie müssen von demjenigen, der den Schluss zieht, erkannt werden; aber das ihnen entsprechende Überzeugtsein und Wollen müssen nicht ebenfalls in dieser Seele stattfinden. Also sollten diese psychischen Tatsachen nicht bei der Angabe des Schlussmusters auftauchen.

Theoretische Schlussfolgerungen haben es wesentlich mit den Gegenständen von Überzeugungen zu tun, und praktische Schlussfolgerungen betreffen die Gegenstände des Willens und der Überzeugung. Das kann uns auf eine falsche Fährte führen, wenn wir annehmen, dass das Überzeugtsein und das Wollen selbst erlebte Zustände der Seele oder des Geistes sind – Ereignisse, Handlungen oder Tätigkeiten, so wie etwa Schmerzen, verschiedene Gefühle, Vorstellungen, Nachdenken und manche Entscheidungen. Man neigt dazu, das zu denken. Falls das richtig wäre, würde »Ich glaube, dass *p*« so etwas heißen wie »Ich habe ein Zustimmungsgefühl hinsichtlich der Vorstellung, dass *p*«. Aber wenn man so etwas annimmt, wird man große Schwierigkeiten haben, an der Folgerung festzuhalten »*X* glaubt, dass *p* und dass, wenn *p*, dann *q*; also glaubt *X*, dass *q*« oder an dem Argument »*X* beabsichtigt, Ziel *E* zu erreichen; *X* glaubt, dass er *E* nicht erreichen wird, es sei denn, er tut jetzt *A*; also schickt sich *X* sofort an, *A* zu tun«.

IV

Einer der Schritte, die von Wright dabei helfen, die Konklusion des praktischen Schlusses mit Notwendigkeit in Verbindung zu bringen, besteht darin, »wollen« durch »beabsichtigen« zu ersetzen; z. B.: »*X* beabsichtigt, die Hütte bewohnbar zu machen.« Das schränkt die erste Prämisse auf Ziele ein, von denen man weiß, dass man sie erreichen kann. Ein anmaßender Mensch könnte sagen, dass er beabsichtige, reich, gesund und berühmt zu werden; Wissen zu erlangen, das des Wissens wert ist; oder das Leben zu genießen. Ob er das auch tun wird, liegt aber größtenteils in der Hand Gottes. Wenn wir auch bei solchen Zielen von einer *auf das Ziel gerichteten Absicht* reden – wie ich das hier tun will –, dann bedeutet »Absicht« hier nicht mehr als »ein Abzielen auf etwas«; und in solchen Fällen ist es unangebracht, das Verb »beabsichtigen« zu verwenden.

Wir haben gesehen, dass wir einem Irrlicht nachjagen, wenn wir nach einer logischen Verbindung oder einem logischen Zwang suchen. Daher besteht auch kein Anlass, unsere Betrachtung auf Ziele zu beschränken, von denen der Handelnde glaubt, sie erreichen zu können. Von Wright selbst betont nicht besonders, dass er die Notwendigkeit der Konklusion sicherstellen will. Trotzdem ist seine Einschränkung von Bedeutung: Denn bei so unklaren Zielen wie den eben genannten gibt es selten *eine* ganz bestimmte Handlung, die hier und jetzt notwendig ist, um das Ziel zu erreichen. Natürlich kann es solche Fälle geben. Ich könnte beispielsweise das Ziel haben, ein ehrbares, makelloses Leben zu führen; und dann wird es manchmal Situationen geben, in denen dieses Ziel eine ganz besondere Tat von mir verlangt. Aber das sind Ausnahmen. Es stimmt allerdings, dass solche Ausnahmen regelmäßig auftreten, wenn es um das Verfolgen spezieller Ziele geht – wenn man also im eigentlichen Sinn *beabsichtigt, etwas herbeizuführen.*

Von Wright selbst nennt einen anderen Grund für die Einschränkung, nämlich, dass man Unvereinbares wollen kann. Aber es steht keineswegs fest, dass unvereinbare Ziele tatsächlich ausgeschlossen werden, indem man »wollen« durch »beabsichtigen« ersetzt. Natürlich kann man nur dasjenige beabsichtigen, von dem man zumindest glaubt, dass man es erreichen kann, doch das Ziel liegt immer etwas ferner als die Handlung. Daher kann man durchaus unterschiedliche Handlungen beabsichtigen, die zwar jede für sich, aber nicht zusammen möglich sind; und dafür muss man noch nicht einmal *glauben*, dass sie gemeinsam möglich seien. Vielleicht hat man noch nie an all diese Dinge gemeinsam gedacht – sonst wäre einem wahrscheinlich sofort aufgefallen, dass sie sich unmöglich gemeinsam verwirklichen lassen. (Jemand könnte beispielsweise etwas tun, damit sich zwei Leute treffen, und etwas anderes, damit einer der beiden eine Reise nach Übersee unternimmt – obwohl diese das Treffen verhindern würde.)

Wir können von Wrights Einschränkung also getrost fallen lassen. Das versetzt uns in die Lage, eine wichtige Tatsache über die menschliche Natur zu beachten, nämlich, dass Menschen tatsächlich auch ›unklare‹ Ziele haben. Menschen beschäftigen sich nicht nur damit, ganz bestimmte Verhältnisse herbeizuführen, sagen wir etwa den Transport von Gegenstand *G* zu Ort *O*. Sie wollen auch Dinge wie Glück, Ruhm, Reichtum und Macht.

Solche Ziele können wir »unspezifische« Ziele nennen. Dabei muss man aber einer bestimmten Verwirrung vorbeugen: »Unspezifisch« bedeutet nicht dasselbe wie »allgemein«. Das Unspezifische steht im Gegensatz zum Spezifischen. Nach welcher Form des Reichtums z. B. strebt jemand, der überlegt, was er tun kann, um reich zu werden? Landbesitz, ein regelmäßiges Einkommen oder eine große Summe Geld? Sein Herz mag noch so sehr nach Reichtum trachten; um Erfolg zu haben, muss sein Wunsch eine spezifische Form annehmen – oft bestimmt sich diese Form durch die sich bietenden Gelegenheiten.

Der Ausdruck »bestimmtes« Ziel kann entweder als das Gegenteil von unspezifischen oder von allgemeinen Zielen verstanden werden. Wir sollten diese Doppeldeutigkeit vermeiden. Wenn ich hier von einem *bestimmten* Ziel spreche, meine ich damit ein Ziel, das ein bestimmtes *Einzelding* betrifft und das, was mit diesem Einzelding passieren soll. *Diese Hütte hier* soll bewohnbar werden; *ich* soll reich oder glücklich werden. Die angeführten unspezifischen Ziele wie Gesundheit, Reichtum, Wissen usw. sind in diesem Sinn also alle bestimmte Ziele. »*Diese Hütte* soll bewohnbar sein« ist ein bestimmtes Ziel, aber es ist nicht sehr spezifisch. Spezifischer wäre das Ziel, dass es darin warm sein soll oder dass die Hütte möbliert sein soll. Und noch spezifischer: Die Hütte soll mit einem Kohleofen geheizt werden. Hinsichtlich dessen, was getan werden soll, schreite ich vom Spezifischen zum Bestimmten fort, indem ich es mir zum Ziel mache, die Hütte mit einem bestimmten Ofen zu beheizen, den ich in einem bestimmten Laden gesehen habe (zumindest wenn ich den einzelnen Ofen meine und nicht nur ein Exemplar dieses Modells).

Ziele können allgemein sein. Es kann z. B. sein, dass ich nicht daran interessiert bin, dass N. N. etwas Bestimmtes tut, ich aber das Ziel habe, dass irgendjemand Altgriechisch kann oder dass alle Menschen frei sind. Letzteres ist nicht nur ein allgemeines, sondern auch ein unspezifisches Ziel. Wenn mein Ziel hingegen ist, dass in jedem Hotelzimmer eine Bibel liegt, dann ist das zwar ein allgemeines, aber auch ein sehr spezifisches Ziel.

Nachdem wir uns nun einen gewissen Überblick verschafft haben, können wir einige Betrachtungen zur Rolle ›allgemeiner Prinzipien‹ in praktischen Schlussfolgerungen anstellen.

Aristoteles' Ansicht vom »Prinzip« als »Ausgangspunkt« könnte so missverstanden werden, dass jeder zufällige Beginn einer Handlung ein Ausgangspunkt sei. Das wäre unbefriedigend, denn man kann auch mit einer Tatsache über besondere Einzeldinge beginnen – etwa der Tatsache, dass N. N. und M. M. verheiratet sind. In unserem Zusammenhang ist mit Ausgangspunkt nicht die zeitliche Ordnung der auftretenden Gedanken gemeint. Vielmehr kann man die Überlegungen, aufgrund deren ein Mensch etwas Bestimmtes tut, so ordnen, dass man mit der Nennung eines Ziels beginnt und mit einer bestimmten Handlung endet. Dabei ist unerheblich, ob das Ziel am Anfang lediglich erwähnt wird, so wie »Reines Wasser zu trinken ist gesund für den Menschen« erwähnt, was zu trinken gesund ist, oder ob das Erwähnte auch *als* Ziel gekennzeichnet wird, wie bei »Es soll Gesundheit hergestellt werden«. In beiden Fällen können wir dasjenige, was man sich zum Ziel macht, den Ausgangspunkt nennen. Wenn das Ziel nicht *als* ein Ziel gekennzeichnet wird, dann kann der Satz, der das Ziel benennt und den wir an den Anfang einer geordneten Wiedergabe der Überlegung stellen, entweder ein *allgemeiner Satz sein oder auch nicht*. So ist beispielsweise »Nur wenn diese Hütte beheizt wird, ist sie bewohnbar« kein allgemeiner Satz; trotzdem kann das der erste Satz sein, den wir anführen, wenn wir die Gründe einer Handlung angeben.

Die Wahrheit dieses Satzes hängt allerdings sowohl mit allgemeinen als auch mit besonderen Tatsachen zusammen, z. B. mit

»Eine menschliche Behausung benötigt ein Mindestmaß an Wärme« und »In dieser Hütte ist derzeit dieses Mindestmaß an Wärme nicht erreicht«.

Aristoteles' ›allgemeine‹ oder ›universelle‹ Prämissen sind von dieser Art. Wahrscheinlich stehen derartige Prämissen immer irgendwie ›im Hintergrund‹, wenn jemand einen praktischen Schluss zieht. Aber vielleicht tun sie das nur in dem Sinne, dass man sie anführen könnte. »*Diese* Hütte hier muss beheizt werden, wenn *du* darin leben willst« kann das Urteil einer vernünftigen Person sein, die keinen allgemeinen Satz formuliert hat – denn ein hartgesottenerer Zeitgenosse könnte in der Hütte ja vielleicht auch ohne Heizung auskommen. Aristoteles sagt, dass »allgemeine Sätze von Einzelfällen abgeleitet sind«,[24] und wenn man viel Erfahrung hat, kann man oft richtig über Einzelfälle urteilen. Kurz davor erwähnt er die »Vernunft« (*nous*), die es beim praktischen Überlegen, wie es weiter heißt, (und hier übersetze ich sehr wörtlich, obwohl das umständlich klingt) »mit dem Besonderen, dem Möglichen und der zweiten Prämisse zu tun hat; denn diese sind Ausgangspunkte des Worumwillens«. Hier bedeutet »Ausgangspunkt« nicht *Gründe* oder etwas, das den Anfang einer Anordnung von Aussagen bildet; vielmehr bedeutet es *Ursache*. Wenn der angestrebte Zustand erreicht wird, dann kommt dieser Zustand unter ganz bestimmten Umständen zustande – wobei sich die Dinge auch anders hätten entwickeln können –, und zwar aufgrund der Prämisse über bestimmte Einzeldinge, die der unmittelbare Grund der Handlung ist. Es gibt also Fälle, in denen man auf die allgemeine Prämisse verzichten kann. Aber wenn wir nicht in der Lage sind, direkt ein Urteil über bestimmte Einzeldinge zu fällen (wie: »*Du* musst *diese* Hütte beheizen«), dann können wir vielleicht aufgrund einer Verallgemeinerung zu einem solchen Urteil gelangen – wie wenn wir den Satz aufgeschnappt hätten und nun nach einer Rechtfertigung dafür suchten. Vage Verallgemeinerungen, wie etwa: »Menschen brauchen in ihrer Wohnung ein Mindestmaß an Wärme«, sind immer leicht zu finden.

So viel zum Verhältnis von allgemeinen und besonderen Prämissen. Ich wende mich nun einem viel wichtigeren Thema zu: den unspezifischen Zielen.

24 *EN* 1143b4.

Hier sollten wir uns an eine Ansicht des Aristoteles erinnern, die in einem markanten Gegensatz zu von Wrights Ansichten steht. (Meine Übersetzung hält sich wieder sehr eng an den Originaltext:)

> Beim theoretischen Denken, das weder praktisch noch herstellend ist, besteht das »auf gute Weise« und das »auf schlechte Weise« im Wahren und Falschen. Dies zu erkennen ist schließlich die Aufgabe von allem Denken. Doch beim praktischen Denken [ist es] die Wahrheit, die mit dem richtigen Streben übereinstimmt.[25]

Von Wright vertritt das Gegenteil. Für ihn besteht der Aufgabenbereich des praktischen Denkens einfach in der Wahrheit, die mit dem Streben übereinstimmt,[26] d. h. im Erreichen dessen, dass sich die Dinge so verhalten, wie man das will – ohne die aristotelische Einschränkung: »zu erreichen, dass die Dinge sich so verhalten, wie man es richtigerweise wollen kann«.

Das ist vielleicht ein bisschen unfair gegenüber von Wright, der sich gar nicht mit dieser Frage beschäftigt. Doch es könnte sein, dass man die wahre Antwort kennen muss, um das Wesen des praktischen Schlussfolgerns beschreiben zu können.

Ich habe behauptet, dass die Beziehung zwischen Prämissen und Konklusion (also der Handlung) beim praktischen Schlussfolgern darin besteht, dass die Prämissen zeigen, wofür die Handlung gut ist, wozu sie nützt. Wenn wir nun, auf von Wrights Vorschlag hin, die erste Prämisse durch »Ich will« ergänzen, dann wird dieser Aspekt völlig irrelevant. Man könnte meine Behauptung dann zwar zugestehen, aber sie bliebe folgenlos: Natürlich zeigen die Prämissen, wozu die Handlung nützt – sie nützt immer dazu, etwas zu erreichen, was man will und was nur durch ein Mittel erreicht werden kann.

Ich habe aber in Abschnitt II gezeigt, dass das Wollen – das Streben nach dem Ziel – kein echter Bestandteil der Schlussfolgerung ist. Dieses »Ich will« ist kein Grund; ein Grund muss zeigen, inwie-

25 *EN* 1139a27-30.

26 Ich meine hier Wahrheiten, die man wahr macht, indem man handelt. Aus irgendeinem Grund haben viele Leute Schwierigkeiten mit dieser Vorstellung. Wenn ich unterrichte, versuche ich sie manchmal zu erklären, indem ich sage: »Ich werde es jetzt wahr machen, dass ich auf diesem Tisch bin«, und dann auf den Tisch steige. Ob ich es dadurch auch wahr mache, dass meine Zuhörer mich verstehen, weiß ich nicht.

fern es gut ist, etwas Bestimmtes zu tun; oder er muss zumindest mit weiteren Gründen verbunden sein, die das zeigen. Bedeutet das: Ein Grund muss zeigen, wozu die Handlung führt oder welches Geschehen sie begünstigt – wobei das Erreichte zufällig auch noch gewollt ist?

Ich muss zugeben, dass ich die Sache bisher so dargestellt habe. Dafür gibt es gewichtige Gründe. Wenn ein Ziel oder ein Zweck gegeben ist, wie hat man dann, auf dieser Grundlage, die Richtigkeit einer Überlegung zu beurteilen? Die Überlegung muss auf eine Handlung hinweisen, die für das Ziel notwendig ist oder dessen Erreichen sicherstellt. Aber das reicht nicht aus; denn ein zielführendes Mittel kann umständlich, schwierig oder schwerfällig sein, während gleichzeitig bessere Mittel verfügbar wären. Wenn man aber die Wahl eines Mittels aus anderen Gründen kritisiert, z. B. weil es skandalös wäre, muss man andere Ziele ins Feld führen, die beim Erreichen dieses Ziels nicht verletzt werden dürfen. Wenn es jemandem nichts ausmacht, sein Haus anzuzünden, um ein Schwein zu braten, und dies ein einfaches und zielführendes Mittel ist – wenn also das Schwein dadurch gut gebraten wird –, warum sollte er das dann nicht tun?

Eine Kritik von Mitteln, die durchaus geeignet wären, sofern man nur das angegebene Ziel allein betrachtet, muss im Lichte anderer Ziele vorgebracht werden, von denen man annimmt, dass der Betreffende sie hat oder haben sollte. Wenn der Betreffende diese Ziele tatsächlich hat, kann er sie in seine Überlegung aufnehmen und damit seine (bisherigen) Überlegungen kritisieren, weil entsprechendes Handeln ihn diese anderen Ziele verfehlen ließe. Wenn der Betreffende diese Ziele aber nicht hat, dann ist die Kritik der Mittel in Wirklichkeit eine Kritik der Ziele und kann zusammen mit einer möglichen Kritik des ursprünglich gegebenen Ziels besprochen werden. Das ursprüngliche Ziel kann an sich kritisiert werden oder lediglich im Hinblick auf die gegebenen Umstände. Damit ergibt sich die Frage: Was hat eine Kritik von Zielen mit der Bewertung praktischer Überlegungen zu tun?

Aristoteles bespricht die Verstandestugend der *euboulia*, was oft mit »Wohlberatenheit« übersetzt wird. Mit dieser Übersetzung soll nicht gesagt werden, dass es bei dieser Tugend um das Geben und Empfangen von Ratschlägen geht, sondern nur, dass die Handlungen dessen, der diese Tugend besitzt, sozusagen »anzuraten« sind, während von den Handlungen dessen, dem sie fehlt, »abzuraten« ist. Aristoteles bemerkt dazu, dass es sich hier um eine bestimmte Art der Richtigkeit von Überlegungen handelt. Aber es gibt auch andere Arten solcher Richtigkeit, denn »der Unbeherrschte oder Schlechte erreicht – wenn er schlau ist – durch Überlegen, was er sich vorgenommen hat. Er wird also richtig überlegt haben, damit aber ein großes Übel für sich erreichen.«[27] Wohlberatenheit hingegen kann nicht zu einem solchen Ergebnis führen. Wir können also sagen: Bisher haben wir nur jene »Richtigkeit der Überlegung« betrachtet, die sowohl dem Wohlberatenen als auch dem Schlechtberatenen eigen sein kann. Das ist diejenige Art von Richtigkeit einer Überlegung, die zur »Wahrheit in Übereinstimmung mit dem Streben« führt, d. h. zu Dingen, die man will.

An diesem Punkt ist man leicht versucht zu sagen: »Aha, worum es hier geht, ist eine *moralische* Kritik – aber das ist doch etwas ganz anderes. Das ist keine Kritik an einer praktischen Schlussfolgerung als solcher.« Aber ich kann dieser Bemerkung nicht zustimmen. Schließlich behaupte ich schon seit Langem, dass ich nicht verstehe, was »moralisch« bedeuten soll, wenn es so wie in diesem Einwand gebraucht wird. »Einwandfrei richtige praktische Schlussfolgerungen können zu schlechten Handlungen führen.« Nun ja, das stimmt genau insofern, als es auch wahr ist, dass einwandfrei richtige theoretische Schlussfolgerungen zu einer falschen Konklusion führen können. Wenn wir das, was wir mit »Richtigkeit« meinen, auf das einschränken, was gemeinhin »Gültigkeit« genannt wird, dann sind beide Aussagen korrekt. Und beim Studium der Philosophie lernen wir, diesen Begriff der Richtigkeit von Schlussfolgerungen sorgfältig anzuwenden und Wahrheit von Gültigkeit zu unterscheiden; und das ist auch richtig so. Es ist daher ebenfalls richtig, Güte von Gültigkeit zu unterscheiden; denn im Bereich des praktischen Schließens spielt die Güte des Ziels jene Rolle, welche die Wahrheit der Prämissen beim theoretischen Schließen spielt.

In dieser These besteht die große aristotelische Parallelführung von praktischem und theoretischem Nachdenken. Wenn sie zutrifft, ist die Güte des Ziels und der Handlung in genau dem Sinn etwas Zusätzliches – etwas, das nicht bereits in der Gültigkeit der Schlussfolgerung liegt –, wie die Wahrheit der Prämissen und der

27 *A. d. Ü.: EN* 1142b18-20.

Konklusion etwas Zusätzliches ist, das nicht schon in der Gültigkeit einer theoretischen Schlussfolgerung liegt. *In demselben Maße* zusätzlich – aber nicht in größerem Maß.

Wir wissen, dass dasjenige, was hier zusätzlich dazukommt, nicht völlig unabhängig von der Gültigkeit ist. Denn jede Überzeugung zielt auf Wahrheit, und Wahrheitserhaltung ist wesentlich mit der Gültigkeit theoretischer Schlüsse verbunden. Entsprechendes gilt auch vom praktischen Schlussfolgern.

In der philosophischen Handlungstheorie werden immer wieder solche Fragen diskutiert wie, ob etwas, *p*, »ein Grund« für eine Handlung ist. Manchmal wird behauptet, dass »moralische Erwägungen« *einfach* »Gründe« seien. Aber was meint man damit in solchen Diskussionen? Es scheint, dass diese Fragen unabhängig davon diskutiert werden, ob jemand das in Frage Stehende zu *seinem* Grund macht. Mit unseren bisher gewonnenen Einsichten können wir hier zu einer Klärung beitragen: Beim theoretischen Schließen setzt »*p* ist ein Grund« voraus, dass ein Satz, *q*, in Frage steht. Es kann dann entweder heißen: *Wenn* man *p* wahrheitsgemäß glauben kann, dann kann man auch *q* wahrheitsgemäß glauben oder als wahrscheinlich annehmen; und jemand, der *p* glaubt, würde plausiblerweise auch *q* glauben, »weil *p*«. Oder aber es heißt: *p* ist wahr; und es wäre richtig, *q* zu glauben oder sich *q* sicherer zu sein, »weil *p*«. Ebenso setzt im praktischen Fall »*p* ist ein Grund« voraus, dass eine Handlung *A* in Frage steht. Und dann kann es zweierlei heißen. Entweder: *p* nennt ein Ziel *Z* oder zeigt, inwiefern die Handlung *A* dem Ziel *Z* dienlich ist; und *wenn p* wahr ist *und* die Verfolgung des Ziels *Z* gut, dann ist auch die Handlung *A* gut. Und jemand, der das Ziel *Z* hat, würde plausiblerweise *A* tun, »weil *p*«. Oder aber es heißt: Das Verfolgen von *Z* ist gut; *p* ist wahr; und es wäre richtig, *A* zu tun, »weil *p*«.

Um was für einen Satz handelt es sich bei »Die Verfolgung von Ziel *Z* ist gut«? Man muss hier zwei Fälle unterscheiden: Im ersten Fall kann man fragen: »Wozu ist es gut?« Das wäre zum Beispiel der Fall, wenn ich vorschlage, etwas zu tun, damit wir ein Feuer machen können. Mein Ziel ist es, ein Feuer zu machen. Aber wozu soll das gut sein? Im zweiten Fall ist *Z* schon seiner Beschreibung nach ein Gut, so wie beispielsweise Gesundheit der gute Zustand des Körpers ist oder wie Wissen dessen, was des Wissens wert ist, das Gut des Geistes ausmacht. Lust ist ein ganz besonders schwieriger

Begriff; und deshalb tauchen auch besondere Probleme auf, wenn Lust als ein Ziel beschrieben wird. Aber mit diesem Thema werde ich mich hier nicht befassen.

Doch kann man jemanden nicht auch dafür kritisieren, dass er ein Ziel verfolgt, das als ein Gut für ihn beschrieben wird, wo und wenn es unangemessen für ihn ist, dieses Ziel zu verfolgen? Oder wenn er Mittel anwendet, die anderen Zielen, die er haben sollte, schaden?

Das ließe sich nur zeigen, falls der Mensch als solcher ein oberstes Ziel hat, das über allen anderen Zielen steht. Nur unter dieser Bedingung können wir das ›moralische Sollen‹ über Bord werfen und trotzdem noch in der Lage sein, praktische Schlussfolgerungen zu kritisieren, die in dem strikten und engen Sinne gültig sind, in dem Gültigkeit bei theoretischen Schlussfolgerungen der Wahrheit gegenübergestellt wird. Eine solche Kritik würde lauten, dass die praktische Schlussfolgerung nicht zu einer guten Handlung führt. Eine Handlung ist natürlich dann gut, wenn sie nicht schlecht ist. Dass die Handlung schädlich ist hinsichtlich des obersten, alle anderen Ziele beherrschenden Ziels, beweist aber, dass sie schlecht ist.

Es könnte meines Erachtens durchaus der Fall sein, dass, wenn wir das praktische Schlussfolgern so verstehen, uns dieses Verständnis auch dabei hilft, zu verstehen, was Handlungen sind – einschließlich der Handlungen ganzer Gemeinschaften.

3. Warum Versprechen binden (und ob *in foro interno*)[1]

Vielleicht gibt es keine menschlichen Handlungen, die vollständig innerhalb der Seele stattfinden – was auch immer es eigentlich heißen soll, das zu behaupten (oder zu bestreiten). Zweifellos aber gibt es viele Handlungen, die in äußeren Geschehnissen bestehen. Wenn etwa ein Mensch einen anderen schlägt oder küsst, wenn er eine Kiste baut oder läuft oder eine Kurbel dreht oder … (diese Liste ließe sich beliebig verlängern), dann würde man das, ohne zu zögern, als Handlung bezeichnen (zumindest unter normalen Umständen). Und zugleich ist so etwas ein Geschehen, ein physisches Ereignis. Im Rahmen des Themas, das ich hier besprechen will, muss man bezüglich derartiger Handlungen unbedingt folgende Frage stellen: Welche Bedeutung können die Gedanken eines Handelnden für die Beschreibung seiner Handlung haben? Folgende

1 *A. d. Ü.:* Der kirchenrechtliche Ausdruck *in foro interno* entstand im 13. Jahrhundert und bedeutet wörtlich »vor dem inneren Gericht«. Als Gegenbegriff setzte sich mit der Zeit *forum externum* durch; beide Ausdrücke bezeichnen kirchliche Gerichtshöfe. Die Begriffsgeschichte ist kompliziert. Ursprünglich scheint es zwei Verwendungen gegeben zu haben: Man bezog sich entweder auf den Gegensatz Fehlverhalten gegen Gott versus Fehlverhalten gegen andere Menschen oder auf geheime versus öffentliche Gerichtsverhandlungen. (Das *Lexikon für Theologie und Kirche* etwa betont in seiner zweiten Auflage – 1960, Bd. IV, Sp. 224 f. – den erstgenannten, in seiner dritten Auflage – 1995, Bd. III, Sp. 1368 f. – den zweitgenannten Aspekt.) Mit dem Verschwinden der öffentlichen Buße (und damit auch sichtbarer Strafen des »inneren Gerichts«) nahm der Ausdruck *forum internum* immer mehr die Bedeutung ›Gewissen‹ an, bezeichnete also zunehmend eine innerpsychische Instanz. Speziell in Verbindung mit Versprechen wird er von Thomas Hobbes gebraucht, dem zufolge jeder egoistische Nutzenmaximierer an der allgemeinen Einhaltung von Versprechen interessiert sein muss (*in foro interno* zu deren Einhaltung verpflichtet ist), doch nicht immer entsprechend handeln kann (*in foro externo* nicht immer an diese allgemeine Erkenntnis gebunden ist), weil es in der Praxis nur dann vernünftig ist, seine Versprechen zu halten, wenn die meisten anderen das ebenfalls tun (*Leviathan*, Kapitel 15, Absatz 36). Anscombe meint mit »forum internum« vermutlich einfach eine Instanz, die weder in Spielregeln noch in sozialem Druck besteht – man könnte von »Gewissen« sprechen, sofern man beachtet, dass sie das Gewissen weder für unfehlbar hält noch für die Quelle moralischer Maßstäbe. (Für letzteren Hinweis danken wir Anselm W. Müller.)

Ansicht läge nahe: Wenn eine Handlung in einem physischen Ereignis besteht, dann vollzieht sich in der Handlung dieses physische Ereignis – ganz gleich, was der Handelnde dabei *denkt*.

Folgende Beispiele von Handlungen sprechen gegen diese Annahme: heiraten, ein Geschenk machen, einen Eid schwören. Denn wer das Entsprechende tut, muss wissen, dass er es tut.

Bezüglich solcher Handlungen stellen sich zwei Fragen. Erstens: Wie kann es solche Handlungen überhaupt geben? Und zweitens: Sind sie echte Gegenbeispiele?

Denn erstens scheint hier ein logisches Problem aufzutauchen: Wenn zum Heiraten wesentlich gehört, dass man denkt, dass man heiratet, dann gehört die Erwähnung dieses Gedankens zu einer Erklärung dessen, was Heiraten ist. Doch bräuchte man dann nicht schon eine Erklärung dessen, was Heiraten ist, um den Inhalt des Gedankens, dass man heiratet, zu beschreiben? Dann wäre es aber unmöglich, zu erklären, was Heiraten ist, und ebenso unmöglich, zu beschreiben, was jemand denkt, der denkt, dass er heiratet. Und das würde für alle derartigen Handlungen gelten.

Man könnte versuchen, dieses Problem folgendermaßen zu lösen: Wenn »*p*« eine Aussage ist wie »*A* heiratet«, »*A* schließt einen Vertrag« o. Ä., dann scheint es nur so, als ob die Wahrheit von »*A* denkt, dass *p*« in irgendeinem paradoxen Sinne ein wesentlicher Bestandteil der Wahrheit von »*p*« ist. Tatsächlich muss man »*p*« wie folgt analysieren: »*q*« und »*A* denkt, dass *q*«, wobei »*q*« die übrigen Bedingungen der Wahrheit von »*p*« angibt – die alle unabhängig davon gelten, ob *A* denkt, dass sie gelten. Wenn diese Analyse richtig wäre, dann würden alle derartigen Handlungen sich aus einem physischen Geschehen und einer mentalen Komponente zusammensetzen. Und dann könnten wir das Paradox wie folgt auflösen: Angenommen, wer etwas denkt, der denkt (d. h. *glaubt*) auch, dass er es denkt. Wenn *q* und *A* denkt, dass *q*, dann denkt er auch, dass *q* und dass er denkt, dass *q*; mit anderen Worten, er denkt, dass *p*. Das würde erklären, warum es nur dann der Fall sein kann, dass *p*, wenn *A* denkt, dass *p* – ohne dass ein Paradox entsteht.[2]

2 *A. d. Ü.:* Ein Beispiel zur Illustration: Nehmen wir an, *A*s Gedanke, dass *p*, besteht darin, dass er heiratet. Für *q* ließen sich dann Dinge einsetzen wie: dass er Ringe tauscht, dass er sich in einer Kirche befindet, dass er vor einem Altar einem Pfarrer gegenübersteht usw. All diese Dinge wären unabhängig von *A*s Gedanken. *A*s Gedanke, dass er heiratet, ließe sich – der vorgeschlagenen Erklärung zufolge – dann

Doch diese Erklärung geht nicht auf. Denn, erstens, selbst wenn gilt, dass $(r \& s) \equiv t$, so folgt aus »*A* denkt, dass *r*, und *A* denkt, dass *s*« nicht notwendigerweise »*A* denkt, dass *t*«. Zweitens kann die Situation derart sein, dass sämtliche für eine Hochzeit erforderlichen Bedingungen erfüllt sind, mit einer Ausnahme: Einer der Beteiligten denkt nicht, dass er heiratet. (Dabei könnten sogar beide Beteiligte wissen, welche Bedingungen andernfalls ausreichten.) Zum Beispiel könnte irgendwer »Das ist nur eine Probe« gesagt haben, und einer der beiden Beteiligten hat das fälschlicherweise auf den bevorstehenden Vorgang bezogen. Der Gedanke, dass *q*, kann deshalb nicht den Platz des Gedankens, dass *p*, einnehmen. Folglich ist in derartigen Aussagen die Wahrheit von »*A* denkt, dass *p*« für die Wahrheit von »*p*« unabdingbar. »*A* denkt, dass *p*« ist eine Voraussetzung von »*p*«, keine Konsequenz. Da die geschilderten Situationen aber zweifellos auftreten können, sind Beschreibungen des Verhältnisses von Gedanke und Geschehen, nach denen sie unmöglich wären, falsch. Anders ausgedrückt, der paradoxe Eindruck muss täuschen. Bisher haben wir das Paradox natürlich noch nicht beseitigt; doch hierauf komme ich später zurück.

Wir sind von der Ansicht ausgegangen, dass bei Handlungen, die in physischen Ereignissen bestehen, das entsprechende Ereignis nicht von den Gedanken des Handelnden abhängt. Meine zweite diesbezüglich gestellte Frage war: Sind die oben genannten Handlungen echte Gegenbeispiele?

Man könnte einwenden: »Das sind keine echten Gegenbeispiele. Denn das Abschließen eines Vertrags etwa ist keine physische Tatsache, sondern etwas, das man vielleicht als eine rechtliche Tatsache bezeichnen könnte. Und nur für physische Tatsachen gilt, dass sie sich unabhängig davon ereignen, was der Handelnde denkt.« Man könnte hinzufügen: »Es wird sich zweifellos herausstellen, dass irgendeine Besonderheit rechtlicher Tatsachen (und ähnlicher Dinge) für unsere Schwierigkeiten verantwortlich ist.« Dahinter steht vielleicht der Gedanke, dass »rechtlich« so etwas beinhaltet wie »auf Konventionen beruhend« oder »irgendwie fiktiv« und dass es hier folglich nichts geben kann, was der ernsthaften

analysieren als sein Gedanke, dass er all diese Dinge tut und dabei auch denkt, dass er sie tut. Damit hätte man eine Erklärung der Bedeutung von *p*, in der *p* selbst nicht vorkäme; und dadurch würde das Paradox verschwinden.

Aufmerksamkeit von Philosophen bedarf, die sich für die Wirklichkeit interessieren.

Nun ist es aber absurd, zu behaupten, dass Aussagen wie »*A* und *B* haben geheiratet«, »*A* hat *B* an *C* verschenkt«, »*A* hat einen Eid geschworen« u. Ä. keine Berichte über physische Tatsachen seien, also über physische, tatsächliche Ereignisse, über Dinge, die im Rahmen der offenkundigen und öffentlichen Weltgeschichte passiert sind. Trotzdem besteht ein starker Hang, dem Einwurf in einem gewissen Sinne Recht zu geben. Der schlichte Hinweis auf seine Absurdität führt zu nichts. Doch wir können Folgendes entgegnen: »Nun gut: Doch indem Sie das sagen, führen Sie einfach etwas aus, das für Sie zur Bedeutung des Ausdrucks ›physische Tatsache‹ gehört. Für Sie ist eine physische Tatsache eine Tatsache, für die zumindest eines gilt, nämlich: dass für ihre Existenz unerheblich ist, was ein Beteiligter über sie denkt. Wenn Sie also sagen, dass es sich bei solchen Ereignissen nicht um physische Tatsachen handele, dann sagen Sie nichts Gehaltvolles. Sie legen lediglich die Bedeutung eines Ausdrucks fest.«

Daraufhin könnte es der Gegner mit einer Umformulierung versuchen: »Zwar ist ›*A* und *B* schließen einen Vertrag‹ tatsächlich die Beschreibung eines physischen Ereignisses, aber es ist keine physikalische Beschreibung dieses Ereignisses; d. h., es ist keine Beschreibung des physischen Ereignisses in rein physikalischem Vokabular. Und«, so würde der Gegner fortfahren, »wurde das nicht bereits zugestanden? Schließlich wurde gesagt, dass Umstände derart sein können, dass sie für das tatsächliche Stattfinden einer Hochzeit ausreichten, wäre da nicht folgendes Detail: Einer der Beteiligten denkt eben nicht, dass das, was sie da gerade tun, Heiraten sei. Und dass vielleicht keine Hochzeit stattfindet, nur weil etwas Bestimmtes nicht gedacht wird, zeigt doch, dass ›eine Heirat fand statt‹ kein Bericht in rein physikalischem Vokabular ist.«

Doch für den Ausdruck »Beschreibung in rein physikalischem Vokabular« ergibt sich dasselbe Problem wie für »physisches Ereignis«: Er definiert Beschreibungen als nicht in rein physikalischem Vokabular gegebene, wenn deren Zutreffen davon abhängt, was die Beteiligten über die beschriebene Tatsache denken. Das Physische wird also zum Teil negativ definiert, in Abgrenzung vom Gedanken. Deshalb ist die Aussage, dass das Abschließen eines Vertrags keine physische Tatsache ist, keine gehaltvolle Schlussfolgerung daraus, dass der Vertrag nur dann geschlossen wird, wenn die Beteiligten denken, dass sie einen Vertrag schließen: Sie ist einfach eine ungenaue Umformulierung desselben Inhalts.

Dem widerspricht nicht, dass es ein großes Themengebiet gibt, auf das diese negative Definition von »physikalisch« passt: Der Naturwissenschaftler beschäftigt sich in der Tat nicht mit Tatsachen, die wesentlich davon abhängen, was der Mensch über sie denkt.

Kehren wir zu unserer ersten Frage zurück: Wie kann es solche Handlungen überhaupt geben? Wir wissen nun, dass es zweifellos Ereignisse gibt, deren Auftreten wesentlich von dem Gedanken abhängt, dass sie auftreten. Doch wir wissen bislang nicht, wie das möglich ist.

Unsere Lage ist also wie folgt: Eine bestimmte Art von Begriff erscheint uns problematisch. Sagen wir ›*M*‹ sei ein solcher Begriff. (1) Dann sind *M*-Handlungen Ereignisse ›in der Welt‹ oder ›äußerliche‹ Ereignisse; d. h., sie sind Ereignisse, die nicht vollständig innerhalb einer Seele stattfinden. (2) Wenn eine solche *M*-Handlung stattfindet, dann gibt es jemanden, nennen wir ihn »*A*«, der *M* tut. (3) Wenn eine *M*-Handlung stattfindet, wenn *A* also *M* tut, so ist ein wesentlicher Bestandteil dieses Tuns, dass *A* denkt (glaubt), dass er *M* tut. Unser Problem ist: Was ist eine *M*-Handlung? Schließlich muss unsere Erklärung dieses Begriffs wieder auf ihn selbst zurückgreifen; der Begriff bleibt ungeklärt.

Wenn eine Flasche nur dann eine Flasche einer bestimmten Art ist, sofern sie ein Bild ihrer selbst auf sich trägt, dann scheint das eine unendliche Serie von Bildern zu verlangen. Ebenso scheint *A*s Gedanke, dass er *M* tue, eine unendliche Serie von Gedanken zu verlangen. Doch das allein muss uns nicht beunruhigen, sofern wir annehmen, dass etwas denken eben auch heißt, zu denken, dass man es denkt.

Unsere Schwierigkeit bestand in der Unmöglichkeit, den *Inhalt* des Gedankens zu beschreiben, sowie in der daraus resultierenden Unmöglichkeit, zu sagen, was *M*-Handlungen sind. Sie bestand also wohlgemerkt nicht darin, dass wir uns den Inhalt des Gedankens als in irgendeiner Form *ad infinitum* wiederholt vorstellen müssen. Denn was das angeht, können wir sagen: Mag sein, doch warum ist das wichtig? Schließlich bedeutet »*A* denkt, dass ...« hier nicht, dass *A* aktiv eine bestimmte Tätigkeit ausführt, in dem Sinne, dass er eine unendliche Reihe derartiger Tätigkeiten ausführen müsste, sobald er eine ausführt; denn in diesem Sinne denkt er zugegebenermaßen nicht, dass er denkt, wenn er denkt. Das heißt, wenn ihm ein bestimmter Gedanke *in den Sinn kommt*, so mag es passieren oder auch nicht, dass ihm ein anderer Gedanke in den Sinn kommt; also ihm mag der Gedanke kommen, dass ihm jener erste Gedanke gekommen ist oder eben nicht. Doch wir beschäftigen uns hier nicht damit, welche Gedanken jemandem in den Sinn kommen, sondern damit, was er glaubt. Das Problem mit dem Regress ist deshalb nicht unser Problem. (Ich erwähne diese Sache überhaupt nur, damit wir sie abhaken können.)

Wenn eine *M*-Handlung ein Sachverhalt ist, zu dem als wesentlicher Bestandteil der Gedanke gehört, dass er eine *M*-Handlung ist, was ist dann eine *M*-Handlung? Um einen konkreten Fall zu nehmen: *Was* ist das Schließen eines Vertrags? Das ist übrigens das erste von zwei Problemen, die Hume beschäftigen, wobei das erste Problem den Hintergrund des zweiten bildet. Sein zweites Problem lautet: Wie wird die entstehende *Verpflichtung* erzeugt?[3] Das erste Problem betrifft nicht die erzeugte Verpflichtung; es ist ein Problem mit dem Begriff des Vertrags selbst.

Wenn die Herrin der Leidenschaften eines Mannes[4] nur deshalb die Herrin seiner Leidenschaften ist, weil er sie liebt, dann ergibt sich kein vergleichbares Problem. Denn wir können fragen: »Wen liebt er und macht er dadurch zur Herrin seiner Leidenschaften?«, und die Antwort erwähnt eine Person, die unabhängig davon existiert, ob sie die Herrin seiner Leidenschaften ist (und falls sie nicht existiert, halluziniert der Verliebte). Doch stellen wir uns einmal vor, dass jemand tatsächlich nur deshalb existiert, weil ein anderer ihn liebt. Das scheint unmöglich. Wen hätte der Verliebte geliebt

3 *A. d. Ü.:* Siehe Humes *Traktat über die menschliche Natur*, 3.2.5. Die oben formulierten Fragen stammen von Anscombe; Hume selbst vertritt zwei Thesen, die man als seine Antworten auf diese Fragen lesen kann. Aufsatz 4 und 5 der vorliegenden Sammlung, »Regeln, Rechte und Versprechen« und »Über die Grundlage staatlicher Autorität« (darin Abschnitt II), behandeln diese beiden Fragen ebenfalls.

4 *A. d. Ü.:* Die Formulierung spielt auf William Shakespeares »Sonett Nr. 20« an, das mit den Worten beginnt: »A Womans face with natures owne hand painted / Haste thou the Master Mistris of my passion.« (Deutungen, und dementsprechend auch Übersetzungen, weichen stark voneinander ab. Eine recht wörtliche Möglichkeit ist: »Das Gesicht einer Frau, gemalt von der Natur selbst, / Hast Du, die *Herrin meiner Leidenschaften*.«)

(sofern er nicht halluziniert)? Etwas, was einen Gegenstand als geliebten charakterisiert, kann nicht *wesentlich* zur Beschreibung dieses Gegenstands gehören. Sagen wir, ein Sachverhalt sei *M*, wenn ihm eine bestimmte Zeremonie vorangeht, die ihn als *M* beschreibt.[5] Es stellt sich die Frage: Kann es eine Beschreibung dieses Sachverhalts *M* geben, die ihn nicht als ein *M* beschreibt? Selbstverständlich kann ein Objekt gesucht oder seine Existenz begehrt werden, noch bevor es existiert, doch wenn es dann entsteht, muss das Entstandene zweifellos beschrieben werden können, ohne dass man auf diese Suche oder dieses Begehren seiner Existenz Bezug nimmt. Und gilt, was für Lieben, Begehren oder Suchen gilt, nicht auch auch für Gedanken? Denn selbst wenn mein Denken von etwas eine Teilursache seiner Entstehung sein kann – was oft vorkommt; schließlich lasse ich Dinge entstehen, indem ich sie plane und dann den Plan ausführe –, so ist dieses Denken doch nur seine Wirkursache (bzw. Teil derselben):[6] Die eigentliche Tatsache, die durch mein Denken mitverursacht wird, kann beschrieben werden, ohne zu erwähnen, was ich denke – vorausgesetzt, was ich plane, ist nicht selbst ein Gedanke oder eine Reihe von Gedanken, wie etwa wenn ich mir vornehme, etwas auszurechnen.

Ebendiese These kann aber nicht ausnahmslos gelten, wie unsere Beispiele zeigen. Ein Vertragsabschluss etwa findet nur dann statt, wenn die Beteiligten denken, dass gerade ein Vertrag geschlossen wird. Es kann zwar vorkommen, dass jemand nicht im Detail weiß, was ein von ihm geschlossener Vertrag besagt. Doch wenn er etwa nachweisen könnte, dass er im Glauben war, eine völlig andere Art von Schriftstück zu unterzeichnen (sagen wir eine Petition an die Queen), dann könnte er behaupten, den Vertrag nicht geschlossen zu haben. Die Bedingungen sind sogar noch strenger: Ein Vertrag

5 *A. d. Ü.:* Sagen wir, die *M*-Handlung bestehe darin, ein Versprechen zu geben. Dann könnte man sich z. B. vorstellen, dass diese *M*-Handlung nur dann als *M*-Handlung gilt (man also nur dann ein Versprechen gibt), wenn sie als *M*-Handlung angekündigt wurde. Die ›Zeremonie‹ würde dann darin bestehen, dass der Betreffende sagt: »Hiermit gebe ich folgendes Versprechen: … « oder: »Ich verspreche: …«.

6 *A. d. Ü.:* Im Hintergrund steht hier die aristotelische Unterscheidung zwischen vier Ursachentypen (*Metaphysik*, 1013a24-1014a25). »Wirkursache« meint dasselbe wie unser alltagssprachlicher Begriff der Ursache: was einem anderen zeitlich vorausgeht und es hervorruft.

wird überhaupt nur dort geschlossen, wo beide Seiten das *beabsichtigen.* Stellen wir uns einmal vor, jemand glaubt, dass ein Vertrag zwischen ihm und einem anderen allein durch die Handlung eines Dritten geschlossen werden könnte – auch wenn er selbst mit allen Mitteln versuchte, die betreffende Handlung zu verhindern, und niemals sein Einverständnis zu diesem Vertrag geben oder andere dazu ermächtigen würde. Dieser Ahnungslose könnte glauben, dass ein Vertrag geschlossen werde, und die Umstände könnten derart sein, dass tatsächlich ein Vertrag geschlossen würde, fehlte nicht dieses eine Detail: Er selbst hat nicht eingewilligt und auch niemanden ermächtigt, das für ihn zu tun. Demnach garantiert selbst der Glaube zweier vermeintlicher Vertragspartner, sie hätten einen Vertrag geschlossen, weil ein Vorgang stattgefunden hat, der einen Vertragsabschluss darstellen könnte, nicht, dass tatsächlich ein Vertrag geschlossen wurde. Auch der Wille, ihn zu schließen, muss in irgendeiner Form vorhanden sein, und zwar bei beiden Vertragspartnern. Demnach ist etwa eine Hochzeit, die durch einen Vertrag zwischen Ehemann und Brautvater zustande gekommen ist, kein Vertrag zwischen Ehemann und Ehefrau, zumindest falls laut diesem Vertrag das Paar ab Vertragsschluss verheiratet ist. Denn in diesem Fall könnte das Mädchen verheiratet sein, ohne etwas davon zu ahnen. Die dritte der oben genannten Bedingungen – nur wer auch denkt, dass er heiratet, heiratet – scheint daher vorauszusetzen, dass *M*-Handlungen in gewissem Maße freiwillig sind.

Was ist also ein Vertrag oder ein Versprechen? Es ist ein Zeichen, dessen Bedeutung darin besteht, dass ein entsprechender Vertrag oder ein Versprechen in Kraft tritt, und das freiwillig als ein solches Zeichen gegeben wird. Damit schließt sich der Kreis, und wir stehen wieder vor unserem alten Problem. Versuchen wir also einen neuen Ansatz.

Jeder Vertrag enthält eine Beschreibung zukünftiger Vorgänge: Wenn die Beschreibung sich als falsch herausstellt, dann wurde der Vertrag oder das Versprechen nicht eingehalten oder zumindest nicht in die Tat umgesetzt. Doch diese Beschreibung wird von einem Zeichen begleitet, oder sie wird in einer Art und Weise gegeben, die das Ganze zu einem Vertrag oder einem Versprechen macht – und damit zu mehr als etwa der bloßen Äußerung einer Absicht. Worin besteht die Bedeutung dieses Zeichens, wenn so ein Zeichen ausdrücklich verwendet wird? Wie Hume klar gesehen hat, drückt es keinen geistigen Akt aus.[7] Man kann annehmen – und das tue ich in der Tat –, dass noch nicht einmal »Ich beabsichtige« einen geistigen Akt im Humeschen Sinne ausdrückt; doch für »Ich beabsichtige« klingt so etwas immerhin plausibel. Für das Zeichen, mit dem man etwas verspricht oder einen Vertrag eingeht, ist es aber hoffnungslos unplausibel. Ersetzen wir unser *Zeichen* des Versprechens einmal durch ein ungewohntes. Nehmen wir an, Beschreibungen der Zukunft, bei denen es sich um Versprechen handelt, würden in einer bestimmten Tonhöhe gesungen oder mit grüner Tinte geschrieben. Diese erfundene Praxis dürfte natürlich nicht auf einer *ad hoc* getroffenen Übereinkunft gründen, denn sonst gäbe es ja bereits ein anderes Zeichen des Versprechens. Dass dieses erfundene Zeichen Versprechen ausdrückt, ist von ausdrücklichen Übereinkünften unabhängig. Wenn das unsere Praxis wäre, worin würde dann die Tatsache bestehen, dass Tonhöhe oder Farbe der Zukunftsbeschreibung bedeutet, dass man verspricht? Was würde einem »Du hast es gesungen!« oder einem »Du hast es in Grün geschrieben!« die Bedeutung des uns bekannten »Du hast es versprochen!« verleihen?

Diese Frage ist eine Art, Humes zweites Problem zu formulieren. Denn die Antwort lautet: Wer etwas mit grüner Tinte schreibt, dem ist danach tendenziell weniger *möglich* als vorher (in einem *gewissen* Sinne von »möglich«). Tendenziell erzeugt das Schreiben mit grüner Tinte einen gewissen Grad oder eine gewisse Art von Notwendigkeit: Es wird notwendig, etwas zu tun, für das zuvor vielleicht keine Notwendigkeit bestand.

Wir müssen diese Art von Notwendigkeit untersuchen (und auch jene Art von Möglichkeit, die ihr Gegenstück bildet). Denn sie muss mit jener Art von Notwendigkeit identisch sein, die man Verpflichtung nennt, oder sie muss zumindest mit ihr zusammenhängen.

Das Erste, was an dieser Art von Notwendigkeit auffällt, ist, dass aus »notwendigerweise *p*« nicht »*p*« folgt. Folgt denn vielleicht wenigstens »entweder *p* oder *q*«, wobei »*q*« für irgendeine unangenehme Konsequenz steht? Humes eigene Ansicht dazu war folgende: Wer sich verpflichtet hat, muss seine Ankündigungen wahr machen, weil sonst seine zukünftigen Ankündigungen mit Unglauben

7 *A. d. Ü.:* Siehe *Traktat über die menschliche Natur*, 3.2.5, Absatz 2 f.

gestraft werden. Das scheint aber gar nicht zu stimmen. Schließlich besteht in vielen Fällen nur die *Gefahr*, dass einem nie wieder getraut wird – und auch die ist oft gering.

Aristoteles sagt in seinem Wörterbuch,[8] eine der Bedeutungen von »notwendig« sei: dasjenige, ohne welches ein Gut nicht bestehen oder nicht entstehen kann.[9] (*Dieses* »nicht können« negiert selbstverständlich nicht jene Art von Möglichkeit, die das Gegenstück von »notwendig« in dem zu erklärenden Sinne bildet, wie Aristoteles später hinzufügt. Es schließt jene Art von Möglichkeit aus, die mit absoluter oder »einfacher« Notwendigkeit einhergeht. Für *Letztere* gilt, dass aus »notwendigerweise *p*« auch »*p*« folgt.) Dass man »notwendig« in dem von Aristoteles geschilderten Sinne verwenden kann, ist offensichtlich – man denke nur an Beispiele wie: »Ist Ihre Reise wirklich notwendig?«[10]

Es scheint, als könnten wir einfach sagen: Wer ein Versprechen gibt, schränkt typischerweise seine (absoluten) Möglichkeiten, gut zu handeln, ein. Typischerweise erlegt er sich selbst also eine (sich davon ableitende) Notwendigkeit auf. Humes zwei Probleme müssten demnach wie folgt formuliert werden: Wie kann das bloße Geben eines Zeichens eine solche Einschränkung *anzeigen*? Und wie kann man durch den Gebrauch eines bloßen Zeichens tatsächlich seine eigenen Möglichkeiten, gut zu handeln, *einschränken*? Man ist versucht, auf die zweite Frage einfach zu antworten: Weil es schlecht ist, ungerecht zu handeln; und gegen einen rechtmäßigen Vertrag zu verstoßen *bedeutet*, ungerecht zu handeln. Doch weil wir hier erklären wollen, was ein Vertrag überhaupt ist, steht uns diese Replik nicht offen.

Natürlich kann ich meine Möglichkeiten, gut zu handeln, nicht so einschränken, wie es mir gerade passt, einfach indem ich ein Zeichen erfinde, sagen wir »Bumm!«, und verkünde, dass seine Bedeutung darin bestehe, dass, immer wenn ich es einer Aussage über meine zukünftigen Handlungen hinzufüge, meine Möglichkeiten, gut zu handeln, eingeschränkt seien. Also etwa so: »*Bumm – Ich*

8 *A. d. Ü.:* Gemeint ist Buch Δ der *Metaphysik*.

9 *A. d. Ü.:* Vgl. ebd. 1015a22-24.

10 *A. d. Ü.:* Mit dieser Frage sollten Plakate der (unter staatliche Kontrolle gestellten) britischen Bahn die Bevölkerung im Zweiten Weltkrieg veranlassen, möglichst wenig Zug zu fahren und so dringend benötigten Platz für Truppen- und Waffentransporte zu schaffen.

werde mich auf den Kopf stellen! Nun führt, was ich getan habe, tendenziell dazu, dass ich schlecht handle, sofern ich mich nicht auf den Kopf stelle, während es mir sonst ohne Weiteres möglich gewesen wäre, mich auf den Kopf zu stellen oder auch nicht, ohne dass ich allein dadurch, dass ich mich nicht auf den Kopf stelle, schon schlecht handelte.«

Ein Grund, warum das nicht geht, ist, dass ein Versprechen einen Adressaten haben muss. Doch auch das reicht noch nicht aus. Denn wenn ich auf jemanden zugehe und sage: »Ich verspreche Ihnen, mich auf den Kopf zu stellen«, und er sagt: »Ich will aber gar nicht, dass Sie sich auf den Kopf stellen«, dann habe ich nichts versprochen. Ein Versprechen muss also von jemand anderem angenommen werden, und zwar weil jemand ein Interesse daran hat. Die Person, die das Versprechen annimmt, und die Person, in deren Interesse es gegeben wird, müssen allerdings nicht dieselbe sein. Sind sie nicht identisch, so muss das Interesse der zweiten in der Verantwortung der ersten liegen, entweder durch deren Stellung oder aus einem persönlichen Bedürfnis heraus. (Man beachte, dass »in jemandes Interesse liegen« hier »im Einklang mit seinen Wünschen sein« *einschließt.*) Ist die Person, die das Versprechen annimmt, nicht diejenige, in deren Interesse es gegeben wird, dann kann die Person, in deren Interesse es gegeben wird, zugleich auch diejenige sein, die verspricht; anderenfalls geht das nicht.

Ich sollte hier noch erwähnen, dass ich keine besonders strenge Auffassung von jener Verpflichtung hege, die man allein durch die Tatsache erzeugt, dass man verspricht. In vielen Fällen entbinden schon kleinere Unannehmlichkeiten von solchen Verpflichtungen. Als Pickard-Cambridge einmal auf etwas Ähnliches hinwies,[11] entgegnete Sir W. D. Ross,[12] dass die Leute beim Annehmen eines Versprechens dann zukünftig sicher wissen wollten, ob es sich um ein Pickard-Cambridge-Versprechen oder um ein echtes Versprechen handele! Doch ich würde sagen, dass jeder geistig Gesunde das gut genug einschätzen kann. Feierliche Schwüre sind eine Seltenheit; sie stechen einfach besonders hervor.

Aus diesem Grund sage ich nicht, dass das Geben eines Verspre-

11 *A. d. Ü.:* In: Arthur Wallace Pickard-Cambridge, »Two Problems for Duty«, in: *Mind* 41/162 (1932); S. 145-172.

12 *A. d. Ü.:* In: William David Ross, *Foundations of Ethics. The Gifford Lectures 1935-36, Delivered at the University of Aberdeen*, New York, Oxford 1939, S. 95 f.

chens eine Notwendigkeit erzeugt, sondern ich sage stattdessen, dass es das *tendenziell* tut, und zwar indem es *tendenziell* dazu führt, dass der Versprechende anschließend über weniger Möglichkeiten verfügt, gut zu handeln. Das ist außerdem nicht durchgängig der Fall, sondern nur typischerweise. Denn auch wer etwas Bösartiges zu tun verspricht oder etwas, das sich mit einem wichtigen älteren Vertrag nicht vereinbaren lässt, gibt zweifellos ein Versprechen; zweifellos können Menschen vertraglich das Begehen einer bösen Tat vereinbaren. Doch solche Versprechen oder Verträge erlegen den Betreffenden keine Notwendigkeit auf, die Tat zu begehen. (Was nicht heißt, dass aus ihnen überhaupt keine legitimen Forderungen erwachsen können. So kann etwa die eine Seite ihr Geld zurückverlangen, wenn die andere Seite eine vereinbarte Schandtat nicht ausgeführt hat.)

Nachdem das geklärt worden ist, können wir uns wieder mit unserer eigentlichen Frage befassen, nämlich: Wie kann ein Zeichen, das man der Beschreibung einer Zukunft hinzufügt, wie sie in jemandes Interesse wäre, tendenziell die eigenen Möglichkeiten guten Handelns einschränken? So formuliert, erscheint es schon weniger paradox, dass so etwas möglich ist; doch der Kern unseres Problems bleibt bestehen. Denn falls die Einschränkung entsteht, geschieht das allein dadurch, dass man willentlich ein Zeichen gibt. Man könnte natürlich sagen, dass genau darin die *Bedeutung* dieses Zeichens besteht: Seine Bedeutung ist, die Möglichkeiten guten Handelns einzuschränken. Aber wie kann man diese Möglichkeiten überhaupt dadurch einschränken, dass man verkündet, sie seien eingeschränkt?

Kehren wir noch einmal zu der erfundenen Formel »Bumm – Ich werde dies-und-jenes tun!« zurück, und fragen wir uns, auf welche Weise man sie lernen müsste, damit sie einen in ähnlicher Weise binden würde wie das uns vertraute »Ich verspreche, dies-und-jenes zu tun«. Ein solcher Lernprozess würde folgendermaßen aussehen: Zunächst müsste man den Lernenden veranlassen, »Bumm – Ich werde ...!« zu sagen. Anschließend würde man ihm sagen: »Nun musst du es aber auch tun.« Der Betreffende würde dann entweder dazu *gebracht*, oder ihm würden Vorwürfe gemacht. Gegenstand dieser Vorwürfe wäre nicht, dass er unterlässt, was man von ihm fordert, sondern dass er es unterlässt, nachdem er »Bumm – Das tue ich!« gesagt hat. Er wird darüber hinaus lernen, diese »Bumm!«-Äußerung bei anderen hervorzurufen, wenn er sie zu etwas verpflichten möchte. Anschließend wird er die getätigte Äußerung gegen die Betreffenden ins Feld führen, falls sie sich weigern, das Angekündigte zu tun; und er wird diese Äußerung als einen Grund betrachten, ihnen Vorwürfe zu machen, falls sie auf ihrer Weigerung beharren. Was »Bumm!« die Bedeutung eines Versprechens gibt, ist, dass der Empfänger *will*, dass die angekündigte Handlung ausgeführt wird.

Was ich soeben skizziert habe, wurde von Wittgenstein mit dem nützlichen und treffenden Ausdruck »Sprachspiel« belegt. Menschen lernen so etwas rasch und ohne Schwierigkeiten; das ist eine Naturtatsache. Wir verstehen sofort, dass jemand, dessen »Bumm!« angenommen wurde, für sich selbst eine bestimmte Einschränkung erzeugt hat: Er hat seine Möglichkeiten eingeschränkt, zu handeln, *ohne gedrängt zu werden und Vorwürfen ausgesetzt zu sein*. Und da Letzteres unangenehm ist, verstehen wir, dass er für sich selbst einen Grund erzeugt hat, das zu tun, was er zu tun »gebummt« hat (zumindest solange die Gefahr besteht, dass ein Unterlassen entdeckt würde). Das heißt allerdings noch nicht, dass er auch eine Einschränkung seiner Möglichkeiten, *gut* zu handeln, erzeugt hat – also seiner Möglichkeiten, zu handeln, ohne Vorwürfe zu *verdienen*. Bislang geht es nur um seine Möglichkeiten, als gut handelnd zu *gelten*. Denn Gegenstand etwaiger Vorwürfe ist bislang schlicht »Du hast nicht getan, was du zu tun gebummt hast«, und noch wurde nichts gesagt, was zeigen würde, dass man diesem Vorwurf Beachtung schenken sollte, außer dass man sich dadurch Unannehmlichkeiten erspart. Es wurde also nicht begründet, warum dieser Vorwurf irgendwie bedeutsamer ist als »Ihhh! Du isst deine Erbsen mit dem Messer?«. Aufgrund seiner Abrichtung mag man sich beiden Arten von Vorwürfen weitgehend »anschließen« – »*mitschwingen*«,[13] wie Wittgenstein es genannt hat –, sich an seine

13 *A. d. Ü.:* Anscombe selbst verwendet hier ebenfalls den deutschen Ausdruck. Der textuelle Bezug ist unklar, vielleicht hat Wittgenstein ihn in dieser Bedeutung nur im persönlichen Gespräch oder im Unterricht gebraucht. In seinem Werk findet er sich in zwei Zusammenhängen: Zum einen überlegt Wittgenstein, ob in einem Gefahrensymbol die Furcht vor der angekündigten Gefahr *mitschwingt* (Georg Henrik von Wright, Universitetet i Bergen (Wittgensteinarkivet) und Oxford University Press (Hg.), *Wittgenstein's Nachlass. The Bergen Electronic Edition*, New York, Oxford 1998-2000, item 110, S. 82 f.). Zum anderen überlegt er,

»Bumm!s« halten, selbst dann, wenn das niemand mitbekommt, und den Verzehr von Erbsen mit dem Messer selbst dann vermeiden, wenn man allein ist. Doch was für einen Grund gibt es, diesen sozialen Bann nicht zu brechen?

Hier drängt sich die Nützlichkeit des erfundenen Verfahrens in den Blick. Halten wir aber zunächst fest, dass unser erstes Problem durch die Beschreibung des »Sprachspiels« gelöst wurde. Eine Handlung kann nur dann einen Zug in einem Spiel darstellen, wenn das Spiel gespielt wird, man selbst einer der Spieler ist und als solcher einen Zug macht. Das wiederum setzt voraus, dass man mit dem Spiel vertraut ist und auch über einen entsprechenden Hintergrund verfügt, um mit angemessenen *Erwartungen* und *Berechnungen* an die Sache heranzugehen, z. B. beim Ziehen eines Steins von Punkt *A* nach Punkt *B*. Diese Erwartungen zu hegen und diese Berechnungen vorzunehmen heißt, zu denken, dass man das Spiel spielt. Folglich haben wir einen Fehler gemacht, als wir weiter oben unser Problem etwa so formulierten: »Wenn eine *M*-Handlung ein Sachverhalt ist, zu dem als wesentlicher Bestandteil der Gedanke gehört, dass er eine *M*-Handlung ist, was ist dann eine *M*-Handlung? Schließlich muss jede Beschreibung einer *M*-Handlung sie immer schon selbst als Gedankeninhalt erwähnen, so dass man sie folglich gar nicht beschreiben kann.« Denn diese Formulierung unterstellt, dass zur Erklärung des Gedankens, dass man eine *M*-Handlung ausführt, eine *Beschreibung* (der *M*-Handlung) gehören müsse, und zwar als Teil des *Inhalts* des Gedankens. Doch nehmen wir etwa an, *M* sei Heiraten. Wenn jemand ernsthaft glaubt, er probe eine Hochzeit nur, dann wird er anschließend nicht so *handeln*, wie wenn er glaubt, er sei verheiratet. Ansonsten würde man seinen Einwand, er »dachte, es sei nur eine Probe gewesen«, zurückweisen.

Ein wenig beleuchtet das auch den Begriff eines »äußeren Ereignisses« oder einer »äußeren Handlung«. Eingangs hatten wir nur gesagt, dass äußere Ereignisse »nicht *vollständig* innerhalb der Seele stattfinden«. Nun können wir hinzufügen: Wenn ein Ereignis oder eine Handlung äußerlich ist, dann gibt es immer *etwas*, das geschieht und dessen Geschehen nicht durch Beweise widerlegt werden kann, die sich auf die Gedanken der Beteiligten beziehen.

ob etwas nicht denken zu können heißt, es nicht mit einem Inhalt oder Sinn füllen zu können – vergleichbar der Unfähigkeit, den Ausdruck einer Tonfolge zu erfassen, mit ihr *mitzuschwingen* (siehe etwa *Nachlass*, 117, S. 31).

Vielleicht haben die Betreffenden nicht geheiratet, doch sie haben bestimmte Bewegungen ausgeführt und Laute geäußert; vielleicht haben sie nichts *gesagt*, doch aus ihrem Mund sind wortähnliche Geräusche gekommen usw.

Wir verstehen nun also, wie es Handlungen geben kann, für die gilt: Der *Glaube*, dass man eine solche Handlung ausführt, bildet einen wesentlichen Bestandteil dieser Handlung. Und wir wissen nun, wie das freiwillige bloße Geben eines Zeichens die eigenen Möglichkeiten einschränken kann, zu handeln, ohne Vorwürfen ausgesetzt zu sein. Immer noch zu klären bleibt damit, weshalb man nicht nur Gefahr läuft, Vorwürfen ausgesetzt zu sein, wenn man nicht handelt wie versprochen, sondern weshalb man diese Vorwürfe dann auch verdient. Wie kann das Geben eines Versprechens die eigenen Möglichkeiten, *gut* zu handeln, einschränken?

Ab hier werde ich nicht mehr von »Sprachspielen« sprechen. Alles, was im Folgenden damit noch gemeint sein könnte, wäre der Gebrauch von Ausdrücken wie »im Stich lassen«, »einhalten« und »brechen« eines »Worts« oder von »Gerechtigkeit« und »Ungerechtigkeit« bezüglich Situationen, in denen jemand seiner Handlungsankündigung ein bestimmtes Zeichen hinzugefügt hat. Da es in diesen Fällen aber nur um den Gebrauch einzelner Ausdrücke geht und nicht um ein Verfahren, wäre es unsinnig, von einem Sprachspiel zu reden. Oder man will überhaupt nur klarstellen, dass man sprachliche Äußerungen meint. Dann ist der Ausdruck Sprachspiel erst recht überflüssiger Jargon.

Wie angekündigt, müssen wir uns überlegen, worin der Nutzen meines erfundenen Verfahrens mit »Bumm!« besteht, um zu erklären, wie so ein Verfahren die Möglichkeiten guten Handelns einschränken kann und was es mit Gerechtigkeit zu tun hat.

Wie kann man Menschen dazu bringen, etwas zu tun? Man kann einen Menschen dazu bringen, vornüberzufallen, indem man ihn stößt; aber man kann ihn nicht dazu bringen, einen Brief zu schreiben oder Zement anzurühren, indem man seine Hand stößt – zumindest nicht auf sinnvolle Weise. Denn wenn man selbst seine Hand führen muss, kann man genauso gut auf seine Hilfe verzichten. Man kann einem Menschen befehlen, etwas zu tun; und wenn man Autorität über ihn besitzt, gehorcht er vielleicht. Oder man hat die Macht, dem Betreffenden zu nützen oder zu schaden, falls der dem Befehl (nicht) gehorcht, dann besitzt man ein weiteres Mittel, ihn zu etwas zu bewegen. Oder man wird von ihm so geliebt, dass er den eigenen Bitten entspricht. Nun haben aber nur sehr wenige Menschen Autorität über jeden, den sie zu etwas bewegen müssen. Ebenso verfügen wenige Menschen über die Macht, anderen zu nützen oder zu schaden, ohne dabei selbst Schaden zu nehmen; und wenige werden in einem solchen Ausmaß geliebt, dass sie andere dazu bringen können, alles Gewünschte zu erledigen. Selbst wer weitreichende Autorität und Macht besitzt, kann nicht alle Bürger dazu veranlassen, die Bedürfnisse der anderen zu beachten. Physischer Zwang mag als die zuverlässigste Methode erscheinen, um physische Ergebnisse zu erzeugen. Autorität und die Macht, zu schaden oder zu helfen, selbst Zuneigung mögen wirkungsmächtiger erscheinen als das kraftlose Verfahren von Sprachspielen wie jenes von mir erfundene mit »Bumm!«. Doch dieses kraftlose Mittel ist immerhin *ein* Mittel, Menschen zu Taten zu veranlassen. Vor allem wirkt es auch dort, wo physische Gewalt unmöglich oder unnütz wäre, wo man über keine Macht verfügt und es keine Zuneigung gibt. Und es ist ein notwendiger Bestandteil menschlichen Lebens, sich gegenseitig zu etwas zu veranlassen, ohne körperliche Gewalt anzuwenden, und zwar weit über das hinausgehend, was mit den drei anderen vorgeschlagenen Mitteln erreicht werden könnte.

Demnach ist ein Verfahren wie dieses Sprachspiel ein unumgängliches Hilfsmittel bei einer enormen Menge menschlichen Tuns und damit auch bei der Beförderung menschlichen Wohlergehens (d. h. der Befriedigung menschlicher Bedürfnisse und Wünsche, soweit beide miteinander vereinbar sind). Es ist kaum möglich, in Gesellschaft zu leben, ohne diesem Hilfsmittel zu begegnen und auch selbst an ihm teilzunehmen. Wenn nun derjenige, der das Zeichen gegeben hat, anschließend nicht ›mitmacht‹, also nicht anerkennt, dass Aussagen wie »Jetzt musst du aber ...« Notwendigkeit ausdrücken, dann wird es tendenziell unmöglich, die Vorteile zu erreichen, denen das Verfahren eigentlich dient. Man mag fragen: »Worin besteht denn diese Notwendigkeit?«, und dann ist die Antwort die Beschreibung eines Verfahrens, eines Sprachspiels. Die »Notwendigkeit«, die dieses Spiel *ausdrückt*, unterscheidet sich nicht von folgender: »Ich sage ›Ping‹, und du musst ›Pong‹ sagen.« Zwar kann »Du musst« auch anders gebraucht werden – typischerweise von jemandem, der Autorität oder Macht hat und deshalb andere zwingen kann, etwas zu tun. Doch wenn einem gesagt wird »Du musst ›Pong‹ sagen, sobald ich ›Ping‹ sage«, dann gibt es offensichtlich keine Antwort auf die Frage »Warum muss ich das tun?«; und genauso verhält es sich im Grunde auch mit dem Sprachspiel »Wenn du ›Bumm – Das mache ich!‹ gesagt hast, dann musst du es auch tun«. Wenn dieses Verfahren allerdings als Mittel zur Erreichung vieler alltäglicher Güter eingesetzt wird, sind sowohl die Notwendigkeit, es anzuwenden (also oft Versprechen zu geben), als auch die Notwendigkeit, sich an das Verfahren zu halten (also anzuerkennen, dass »Du musst« in einem nötigenden Sinne gebraucht wird, und die entsprechende Aufforderung als Hinweis auf eine *Regel* aufzufassen), eine Notwendigkeit ganz anderer Art. Das ist jene Art von Notwendigkeit, von der Aristoteles spricht: Notwendig ist dasjenige, ohne welches ein Gut nicht erreicht werden kann.[14] Deshalb kann das freiwillige Geben eines Zeichens meine Möglichkeiten, *gut* zu handeln, einschränken. Deshalb riskiert, wer gegen solche Einschränkungen verstößt, nicht nur Vorwürfe, sondern er verdient sie auch. Dieser ganze Zusammenhang scheint mir einer von mehreren Ursprüngen der Idee der *Gerechtigkeit* zu sein.

Mancher mag einwenden: Auch all das zusammen genommen beweist noch nicht die *Notwendigkeit*, bei Verträgen gerecht zu handeln. Es zeigt nur, dass nicht gut handelt, wer das nicht tut, dass er also nicht tut, was gut ist. Was der geforderten Handlung den hehren Charakter einer *Pflicht* gibt, ist eine Art Tabu: Ein Mittel zur Erreichung menschlichen Wohlergehens wird mit einer Art von Unantastbarkeit belegt. (Die Unantastbarkeit dieses Mittels ist wie die Unantastbarkeit von Diplomaten, und sie erfüllt denselben Zweck.) Das beweist aber nicht, dass es notwendig ist, dieses Tabu anzuerkennen. Natürlich kann der Schrecken des Gesetzes es notwendig machen, das Tabu zu beachten; doch wer es aus diesem Grund beachtet, erkennt es noch lange nicht an. Man ist nur dann gezwungen, das Tabu anzuerkennen, wenn man sich zusätzlich noch dem »Prinzip« verschreibt,[15] dass es notwendig ist, gut zu handeln – also zu tun, was gut ist, und zu vermeiden, was schlecht ist. Denn wer dieses Prinzip nicht hat, kann zugestehen, dass un-

14 *A. d. Ü.:* Siehe oben, Fn. 9.

15 *A. d. Ü.:* Vielleicht hat Anscombe hier den Thomistischen Ausdruck »principium actus« im Auge, also ein Prinzip menschlichen Handelns im Sinne eines Grundsatzes der praktischen Vernunft (*Summa theologiae*, I-IIae, q. 94).

gerecht zu handeln schlecht zu handeln bedeutet, aber bestreiten, dass es notwendig ist, nicht ungerecht zu handeln.

Das stimmt zwar, heißt aber nicht, dass, wer von »Ungerecht zu handeln bedeutet, schlecht zu handeln« auf »Es ist notwendig, nicht ungerecht zu handeln« schließt, eine zusätzliche *Prämisse* voraussetze. Denn er gebraucht »notwendig« im aristotelischen Sinne, wenn auch diesmal auf das Wohl des Handelnden anstatt wie oben auf das Gemeinwohl bezogen. Wenn es stimmt, dass gerechtes Handeln bei Verträgen eines der grundlegenden Mittel ist, menschliche Vorhaben zu verwirklichen und menschliches Wohlergehen zu erreichen, dann muss schlecht handeln, wer bei Verträgen ungerecht handelt. Ein naheliegender Einwand hiergegen lautet, dass man sein eigenes Wohl befördern könne, ohne gut zu handeln. In der Tat wird diese Position, selbst wenn sie letztlich falsch sein sollte, durch das bisher Gesagte nicht widerlegt; d. h., sie wird nicht dadurch widerlegt, dass ungerecht zu handeln schlecht zu handeln bedeutet. Es ist zumindest nicht sinnlos, zu sagen, dass man es nicht für notwendig hält, bei Verträgen gut zu handeln (sie also nur ernst zu nehmen, wenn sie eigenen Zwecken dienen). Das zeigt aber nicht, dass derjenige, der den Beweis, dass man nicht gut handeln kann, ohne *X* zu tun, als einen Beweis dafür *auffasst*, *X* tun zu müssen, eine zusätzliche Prämisse verwendet. Der Betreffende *verfolgt einfach ein Ziel*, das allein durch gutes Handeln erreichbar ist.

Hier ein Vergleich, um diesen Punkt zu veranschaulichen: Für einen Arzt bedeutet die Tatsache, dass etwas möglich und zugleich für die Heilung seines Patienten notwendig ist, unmittelbar, dass er es verschreiben muss. Dafür muss er nicht erst noch die zusätzliche Prämisse einführen, dass es für ihn notwendig ist, mögliche Dinge zu verschreiben, sofern diese Dinge für die Heilung seines Patienten notwendig sind. Das ist deshalb so, weil sein Ziel in der Gesundheit seines Patienten besteht. Wenn er auf etwas anderes zielte, etwa auf Wissen, dann müsste er erst davon überzeugt werden, dass es für ihn notwendig ist, zu verschreiben, was (sofern möglich) notwendig ist, um die Krankheit zu heilen, damit die Tatsache, dass eine bestimmte Arznei zur Genesung notwendig ist, für ihn bedeutete, dass er sie verschreiben muss.[16]

16 *A. d. Ü.:* Dieser Vergleich ist lose an Aristoteles angelehnt, der in der *Metaphysik* den Arzt häufig als Beispiel benutzt.

Nur jemand, dessen Ziele durch schlechtes Handeln befördert werden können, könnte den Satz »Es ist notwendig, zu tun, was gut, und zu unterlassen, was schlecht ist« wie eine Prämisse verwenden. Natürlich hat jeder andauernd solche Ziele. Deshalb wird nur ein Mensch, dessen Ziele einem allgemeinen Ziel untergeordnet sind, dem durch schlechtes Handeln nicht gedient ist, diese Prämisse nicht benötigen. Für ihn wird der genannte Satz ein Schlussfolgerungsmuster ausdrücken, und das ist etwas ganz anderes als eine Prämisse. Aristoteles denkt, dass der Mensch nur jene Handlungen »wählt«, die von einem übergeordneten Ziel bestimmt werden. Er denkt außerdem (worin er wahrscheinlich irrt), dass jeder ein oberstes Ziel hat. Für Aristoteles gilt deshalb: Wann immer man überhaupt zielgerichtet handelt, handelt man um seines obersten Zieles willen. In seiner Analyse von Handlungen nimmt deshalb der Begriff der Wahl jenen Platz ein, der eigentlich dem Begriff der Absicht gebührt. Ich habe die aristotelische Vorstellung der Wahl lange Zeit für völlig verfehlt gehalten, aber die oben angestellten Überlegungen haben mich meine Meinung ändern lassen. Denn selbst wenn nicht jeder ein oberstes Ziel verfolgt, kommt das doch vor. Trotzdem gilt: Auch wenn sich in irgendeinem Sinne jeder Glück wünscht, macht das allein noch nicht die Behauptung wahr, dass jeder ein oberstes Ziel hat. Denn erstens macht man das, was man sich wünscht, nicht notwendigerweise auch zu seinem Handlungsziel. Zweitens kann man sich das Glück zum Ziel machen, indem man sich das zum Ziel macht, worin das Glück vermeintlich besteht; und nur solch ein gehaltvolles Ziel kann wirklich als das oberste Ziel von jemandem bezeichnet werden.[17] Vielleicht kann jemand auch immer das tun, was gerade Glück zu versprechen scheint – dann wäre Glück ein gehaltvolles Ziel, aber es hätte wiederum nicht jeder dieses Ziel. Falls es jedoch ein gehaltvolles Ziel gibt, dessen Erreichen nicht nur als Glück gilt, sondern tatsächlich Glück ist, und falls schlechtes Handeln diesem Ziel

17 *A. d. Ü.:* Die im letzten Hauptsatz ausgedrückte These, dass Glück normalerweise nicht selbst Handlungsziel ist, sondern nur der Oberbegriff für eine Kategorie von Handlungszielen, wird hier einfach vorausgesetzt. Ansätze zu einer Begründung finden sich in zwei Aufsätzen des vorliegenden Bandes, »Praktisches Schlussfolgern« (dort Abschnitt IV) und »Denken und Handeln bei Aristoteles« (auf den letzten Seiten). Dahinter steht die Idee, dass Glück an sich, als ein Abstraktum, nur schwer in einem praktischen Schluss auftauchen kann.

ganz offensichtlich nicht nur nicht dienlich, sondern sogar hinderlich ist, bräuchte jemand, der sich dieses Ziel gesetzt hat, keinen zusätzlichen Argumentationsschritt, um von dem Beweis, dass *X* zu tun schlecht ist, zu der Schlussfolgerung zu gelangen, dass er *X* nicht tun sollte. Es gäbe keinen Raum mehr für die Frage: »Angenommen, *X* zu tun heißt, schlecht zu handeln: Könnte *X* nicht trotzdem notwendig sein für mich – d. h., könnte *X* nicht etwas sein, ohne das mein Ziel unerreichbar wäre?« Ähnliches gilt, wenn sich jemand zum Ziel macht, *moralisch zu sein.* Doch was solchen Menschen, deren oberstes Ziel durch schlechtes Handeln unmöglich befördert wird, als ein Schlussmuster erscheint, muss für alle, die kein gehaltvolles oberstes Ziel verfolgen, eher so etwas wie ein *Axiom* sein, nämlich das schon erwogene: Es ist notwendig, Gutes zu tun und Schlechtes zu vermeiden. Von diesem Axiom kann nur die kollektive Lesart bewiesen werden, und dass es in einem kollektiven Sinne gilt, ist wenig erstaunlich: Ob Handlungsweisen dem menschlichen Gedeihen förderlich oder hinderlich sind, bestimmt schließlich, ob sie gut oder schlecht sind. Die stärkere Lesart offenbart die Schwierigkeiten dieses Axioms, aber auch dessen Plausibilität. Schließlich ist kaum jemand so bewusst schamlos, auf den Hinweis, dass diese-und-jene Handlung schlecht sei, mit »Na und?« zu reagieren. Die meisten suchen da lieber eine Ausrede, warum dem gar nicht so sei. Die Notwendigkeit, von der das Axiom spricht, ist jene Notwendigkeit, auf die Aristoteles hinweist: Notwendig in diesem Sinne ist dasjenige, ohne welches man ein Gut nicht verwirklichen kann. Natürlich wird jemand, für dessen oberstes Ziel das Tun des Guten und das Vermeiden des Schlechten kein *wesentliches* Mittel ist, dieses Prinzip nicht als ein Axiom betrachten und schon gar nicht als ein Schlussmuster. Falls er es überhaupt gebraucht, dann nur, weil er in den betreffenden Fällen davon überzeugt ist, *sein* oberstes Ziel nicht verwirklichen zu können, ohne Gutes zu tun und Schlechtes zu vermeiden. Das wäre dann so, als wenn ein Arzt, dessen Ziel reiner Wissenserwerb ist, zu der Überzeugung käme, dass er Wissen im gegebenen Fall nur erlangen kann, indem er den Patienten zu heilen versucht. Wessen Reaktionen dagegen zeigen, dass dieses Prinzip für ihn die Stellung eines Axioms hat, der macht entweder Moralität an sich zu seinem inhaltlichen Ziel (und nimmt damit an, dass es ein gehaltvolles Gut gibt, wenn er auch nicht weiß, worin das besteht), oder er macht eben nicht das zu seinem Gut, worin sein Gut besteht (und für dessen Verwirklichung es ja notwendig wäre, Gutes zu tun und Schlechtes zu vermeiden).

4. Regeln, Rechte und Versprechen

I

Hume behauptet zwei Dinge über die Institution des Versprechens: erstens, dass Versprechen nicht »natürlich verstehbar« seien, und zweitens, dass, selbst wenn Versprechen (*per impossibile*) »natürlich verstehbar« wären, sie nicht auf *natürliche Weise* zu einer Verpflichtung führen könnten.[1]

Ich halte Humes Entdeckung dieser »natürlichen Unverstehbarkeit« für sehr wichtig und denke außerdem, dass sie weiter reichende Geltung besitzt, als er selbst dachte. Sie ist allerdings nicht ganz leicht zu verstehen.

Wie das folgende Zitat zeigt, ist Humes eigene Darstellung dieser beiden Thesen eng an seine philosophische Psychologie, seine Metaphysik und an seine Ethik gebunden.

> Um dieses Ergebnis abzulehnen [dass Versprechen keine bindende Kraft besitzen, ehe es menschliche Abmachungen gibt], müsste man folgende zwei Sätze beweisen: *dass Versprechen mit einem besonderen Geistesakt einhergehen* und *dass dieser Geistesakt eine Neigung erzeugt, das Versprechen zu erfüllen, die über Pflichtgefühl hinausgeht.*[2]

Man muss mit Humes Ethik vertraut sein, um das letzte Stück dieses Zitats zu verstehen. Aber ich bin hier nicht an exegetischen Fragen interessiert. Hume scheint mir mit der Frage, wie Versprechen funktionieren, auf ein tiefgreifendes Problem gestoßen zu sein. Das zeigt schon die ausufernde Literatur zum Thema Versprechen in der gegenwärtigen Analytischen Philosophie. Ich glaube, Hume hat in zweierlei Hinsicht Recht: Erstens hat er damit Recht, Versprechen als »natürlich unverstehbar« zu bezeichnen. Und zweitens ist es richtig, *zwei* Thesen zu formulieren. Denn man sollte in der Tat *zwei* Problemstellungen unterscheiden: erstens die Frage, was

1 *A. d. Ü.:* Siehe David Hume, *Ein Traktat über die menschliche Natur*, 3.2.5, Absatz 1.

2 Ebd., 3.2.5, Absatz 7. [*A. d. Ü.:* Der Einschub stammt von Anscombe selbst. Er reformuliert eine These, die Hume zu Beginn des entsprechenden Abschnitts aufstellt, nämlich: »Versprechen sind von Natur und ehe menschliche Abmachungen bestehen, unverständlich« (ebd., 3.2.5, Absatz 2).]

ein Versprechen ist, und zweitens die Frage, wie so etwas – falls es denn existiert – eine Verpflichtung erzeugen kann.

Hume selbst deutete das Phänomen, auf das er hier gestoßen ist, als einen grundlegenden Unterschied, der zwischen Versprechen einerseits und Ausdrücken für wahrnehmbare Gegenstände und Ereignisse andererseits bestehe. Letztere, so Hume, sind im Gegensatz zu Ersteren »natürlich verstehbar«. Und auch das Meinen von etwas beim Gebrauch solcher Ausdrücke (das er als eine Tätigkeit auffasste) hielt er für »natürlich verstehbar«. Laut Hume ruft ein Wort ein Bild hervor, und ein Bild oder eine Empfindung ruft (vermutlich) ein Wort hervor. Das Bild (oder die Empfindung) ist ein *Beispiel* für das, wofür das Wort steht. Aus dem vorliegenden Aufsatz wird sich unter anderem ergeben, dass *keine* Sprache »natürlich verstehbar« im Sinne Humes ist. Die von ihm hervorgehobene Unterscheidung ist aber auch gar nicht nötig, um Humes Einsicht nachzuvollziehen. Hume erkannte, dass ein Versprechen kein rein sinnlich erfassbares Geschehen ist und dass seine Theorie des menschlichen Verstandes deshalb für das Wort »Versprechen« schlichtweg nicht funktioniert. Ich werde versuchen zu zeigen, dass *keine* naturalistische Theorie von Regeln oder Versprechen richtig sein kann. Daraus folgt unmittelbar, dass ein Wort und seine Beziehung zu seiner Bedeutung niemals »natürlich verstehbar« sind. Denn der Gebrauch von Wörtern schließt das Befolgen von Regeln ein, und daher muss eine Theorie der Sprache sich auf Regeln beziehen (und nicht nur auf Regelmäßigkeiten). Wenn es mir gelingt, diese Kritik richtig zu formulieren, dann wird aus ihr auch klar werden, warum genau der Empirismus scheitern muss. Ich werde mich dem Thema nähern, indem ich zunächst erkläre, worin genau jene zwei Probleme bestehen, die sich für Versprechen ergeben – wie Hume richtig erkannt hat.

Man kann leicht übersehen, dass es hier zwei Probleme gibt. Denn wer verspricht, *zeigt dadurch* das Zustandekommen einer Verpflichtung *an* oder zumindest seinen Willen, eine solche Verpflichtung einzugehen. Man könnte denken, man hätte das Rätsel gelöst, sobald man erklärt hat, wie es ein Zeichen mit dieser Bedeutung geben kann. Denn dann könnte man einfach sagen, dass jemand die Verpflichtung für sich erzeugt, indem er dieses Zeichen verwendet. Hume aber erkennt, dass das zu kurz gedacht wäre.

Das zeigt sich schon daran, dass Versprechen manchmal auch

keine entsprechende Verpflichtung erzeugen – das Versprechen, etwas Böses zu tun, z. B. erzeugt keine Verpflichtung. Ein entsprechendes Argument würde allerdings manche nur verwirren, und andere würden denken, es handle sich in solchen Fällen nur um das Außerkraftsetzen einer Verpflichtung durch eine schwerer wiegende. Wir sollten deshalb die Behauptung, dass man nur die Existenz des Zeichens erklären müsse, direkt angreifen.

Nehmen wir an, ich sage: »Es soll für mich die Auflage bestehen, dies-oder-jenes zu tun.« *Das* ist ein sprachliches Zeichen, und es bedeutet, dass ich gewillt bin, meine Handlungsfreiheit einzuschränken. Es ist nun aber offensichtlich, dass man meine Äußerung verstehen und dennoch fragen könnte: »*Besteht* denn jetzt eine solche Auflage?« Stellen wir uns vor, ich sage: »Es soll für mich die juristische Verpflichtung bestehen …« In diesem Fall könnten wir fragen, ob die Verpflichtung tatsächlich zustande gekommen ist – ob z. B. mein Anwalt, dem ich eine entsprechende Anweisung gegeben habe, diese tatsächlich ausgeführt hat. *Sollte* sich diese juristische Tatsache automatisch ergeben haben – einfach dadurch, dass ich *diese* Worte unter bestimmten Umständen und vor Zeugen ausgesprochen habe –, dann müsste das aufgrund einer besonderen rechtlichen Regelung geschehen sein.

Angenommen, ich hätte statt »Es soll für mich die Auflage bestehen, dass …« gesagt: »Es bestehe *hiermit* die Auflage für mich, dass …« oder »Hiermit *gibt es* eine Auflage …«. Wir könnten auch in diesem Fall immer noch fragen: »Und, *gibt es* denn eine?« – Und natürlich könnten wir darüber hinaus auch noch fragen: »Gibt es sie aufgrund des Aussprechens jener Worte?« Diese Fragen beantworten wir nicht, einfach indem wir sagen: »Natürlich gibt es eine Auflage, eben weil sie das gesagt hat – das reicht (unter diesen Umständen) aus, *und das kann man an der Bedeutung ihrer Worte erkennen.*«

Was bedeutet dieses »hiermit«? Stellen wir uns vor, ich schreibe an eine Tafel: »Hiermit schreibe ich an die Tafel.« Was ich geschrieben habe, wäre wahr. Man könnte sich nun eine Situation vorstellen, in der eine Äußerung wie »Es bestehe hiermit die Auflage für mich, dass …« oder »Hiermit gibt es eine Auflage …« notwendig wäre, um eine Vorrichtung in Gang zu setzen, die eine entsprechende Lähmung erzeugte. Der Unterschied zwischen den beiden Fällen bestünde dann lediglich darin, dass wir zwar *sehen* können, dass der Satz über das Schreiben wahr ist, *wenn* wir sehen, dass er geschrieben wird, wir aber nicht *hören* könnten, dass eine Einschränkung erzeugt wird, wenn wir die Äußerung hören. Denn die Äußerung selbst ist kein einschränkender Mechanismus. Das Schreiben hingegen ist selbst die Bestätigung des entsprechenden Satzes.

Man kann mir Folgendes entgegnen: »Aber ›*hiermit*‹, wie es beispielsweise in einem Vertrag vorkommt, *bedeutet etwas ganz anderes*!« Das ist zweifellos richtig. Doch trotzdem gilt: Selbst *wenn* »hiermit« *bedeuten würde*: »Ich erlege mir hiermit die Verpflichtung auf …«, also ein Ausdruck wäre, der *besagt*, dass eine Verpflichtung hervorgebracht wurde, dann wäre nach einer entsprechenden Äußerung notwendigerweise folgende Frage weiterhin offen: »Und *hat* er sich verpflichtet? *Wurde* eine Verpflichtung erzeugt?« Das stützt Humes Behauptung: (1) Wenn durch die Äußerung eines Zeichens jene Art von Einschränkung erzeugt wird, die wir als »Verpflichtung« bezeichnen, so haben wir bisher versucht, das als ein Naturgeschehen zu verstehen. (2) Wir haben angenommen, die Bedeutung des genannten Zeichens bestehe darin, eine entsprechende Verpflichtung zu erzeugen. (3) Wir mussten aber erkennen, dass unter diesen Umständen immer noch die Frage auftaucht, ob tatsächlich eine Verpflichtung erzeugt worden ist, und dass der Bericht, eine entsprechende Äußerung habe stattgefunden, an sich noch kein Beleg dafür ist, dass man diese Frage mit »Ja« beantworten muss. (Falls sich eine Tür öffnet, wenn ich zu ihr sage »Hiermit öffne ich dich«, heißt das ja auch nicht, dass die Tatsache, dass ich die Worte in einem passenden Kontext *gesagt habe*, belegt, dass die Tür offen steht.)

Ein Naturgeschehen kann immer ausbleiben, ein Mechanismus kann immer versagen. Man beachte, dass unser Problem nicht darin besteht, dass die bloße Äußerung »Ich verspreche, dies-und-jenes zu tun« nicht notwendigerweise ein Versprechen ist, weil dafür auch noch geeignete Umstände vorliegen müssen. Das Problem ist auch nicht, dass selbst ein *tatsächliches* Versprechen nicht *notwendigerweise* eine entsprechende Verpflichtung erzeugt.

Alles deutet darauf hin, dass wir versuchen müssen, den bereits erwähnten, besonderen Gebrauch von »hiermit« zu verstehen. Denn dieses »hiermit« spielt zumindest implizit bei jedem Versprechen eine Rolle – und dort wird es eben *nicht* so gebraucht, wie in »Hiermit schreibe ich an die Tafel«. Nebenbei bemerkt ist es absurd von Hume, so zu tun, als müsste es ein besonderes Zeichen des Versprechens geben. »Ich helfe dir heute. Hilfst du mir morgen?« – »Ja!« Mit diesen und ähnlichen Worten kann man Versprechen geben und annehmen. Die Frage ist, was solche Aussagen zu *Versprechen* macht. Sie sind oder enthalten Beschreibungen möglicher zukünftiger Sachverhalte. Durch bestimmte Handlungen werden sie wahr gemacht. Aber sie sind keine bloßen Vorhersagen, noch nicht einmal jene Art von Vorher-sagen, durch das wir Absichten ausdrücken. Und man könnte sagen: Das »hiermit« hängt mit demjenigen Aspekt dieser Aussagen zusammen, durch den sie mehr sind als Vorhersagen oder Absichtserklärungen.

Hume zog den Schluss, »dass Versprechen keine bindende *Kraft* besitzen, ehe es menschliche Abmachungen gibt«. Wer das für anstößig hält, missversteht Hume. Gott selbst kann dem Menschen kein Versprechen geben, es sei denn in einer menschlichen Sprache. Dinge wie die Regelmäßigkeit der Jahreszeiten oder die Anwendbarkeit der auf relativen Häufigkeiten beruhenden Wahrscheinlichkeitsrechnung auf Fragen des Zufalls sind keine göttlichen *Versprechen*. Und wenn ein Ehepartner, der immer um dieselbe Uhrzeit nach Hause kommt, einmal absichtlich ausbleibt, hat er nicht schon allein dadurch ein Versprechen gebrochen (sondern vielleicht nur unüberlegt gehandelt). Es gibt zwar auch so etwas wie stillschweigende Verträge, und in diesem Fall könnte einer vorliegen. Doch solche Verträge beruhen auf Gegenseitigkeit. Das Schließen eines stillschweigenden Vertrags kann nicht im bloßen Hegen einer Erwartung bestehen.

Die Richtigkeit von Humes Schlussfolgerung ist sowohl unabhängig von seiner Psychologie als auch von seiner Ethik, der zufolge die Grundlage der Moral in einem besonderen ›Gefühl‹ besteht.

Mich interessiert hier nicht, welche Bedingungen erfüllt sein müssen, damit aus »Ich werde ...« ein Versprechen wird. Was mich interessiert, ist der Aspekt des »hiermit« von Versprechen. Wir haben geklärt, worin dieses »hiermit« *nicht* besteht. Und weil es nicht in einem Mechanismus besteht, liegt die Bedeutung eines Versprechens darin, dass es nicht nur an sich (d. h. ohne einen Mechanismus), sondern *aufgrund seiner Bedeutung* zumindest vorgibt, eine neue Verpflichtung *zu erzeugen*. Ein Versprechen enthält (ja, vielleicht *ist* es auf den ersten Blick sogar nichts anderes als) eine

Beschreibung im Futur, die derjenige, der das Versprechen gibt, anschließend wahr macht – sofern er sein Versprechen nicht bricht. Die Verpflichtung ist eine Art von Notwendigkeit, die Beschreibung wahr zu machen. Aber um welche Art von Notwendigkeit handelt es sich hier?

Man könnte sagen: Die Notwendigkeit besteht darin, die Beschreibung entweder wahr zu machen *oder* sich irgendetwas zuschulden kommen zu lassen. Was ließe man sich denn zuschulden kommen? Das Brechen eines Versprechens. Und was ist ein Versprechen? Eine Beschreibung, die jemand gibt und die er anschließend wahr machen muss, eben weil er sie gegeben hat – denn falls er es nicht tut, macht er sich schuldig. Wessen macht er sich denn schuldig? Wenn wir uns nicht weiter im Kreis bewegen wollen, sollten wir einen neuen Anlauf nehmen und sagen: Er macht sich einer Ungerechtigkeit schuldig, eines Unrechts gegenüber demjenigen, dem das Zeichen, die Beschreibung, gegeben wurde. Aber was für ein *Unrecht* ist das? Das Unrecht, ein Versprechen zu brechen … Wir gehen also doch wieder im Kreis. Ein Unrecht ist die Verletzung eines Rechts. *Wie* kann die Tatsache, dass man jemandem sagt, dass man etwas tun wird, dieser Person ein Recht gegenüber einem selbst geben? Nun, sie tut es nun einmal, wenn es sich um ein *Versprechen* handelt! Um das Problem zu verdeutlichen, können wir ein Zeichen einführen, das man einer Vorhersage vorausschicken kann, z. B. »Ich verspreche: …«. Aber weil wir dieses Zeichen schon so gut kennen, wird wohl ein frei erfundenes Zeichen besser sein, etwa »Ich bliepe: …«. Es ist nicht das Nichtverwirklichen der *Vorhersage* an sich, worin die Verfehlung besteht, sondern dass man sie ›gebliept hat‹ oder dass sie ein Bliep war. Und was bedeutet es, dass sie ein Bliep war? Dass es eine Verfehlung darstellt, die damit verbundene Beschreibung nicht wahr zu machen. Aber *was für eine* Verfehlung? Die Verfehlung, entgegen einem Bliep zu handeln. Es ist offensichtlich, dass wir damit überhaupt nicht erklärt haben, was Bliepen ist. Und selbst wenn wir irgendwie aus diesem Zirkel ausbrechen könnten, hätten wir immer noch folgendes Problem: Wie, um alles in der Welt, kann die Bedeutung eines Zeichens darin bestehen, dass man, indem man es äußert, zumindest vorgibt, die Notwendigkeit einer Handlung zu erzeugen – eine Notwendigkeit, deren Ursprung im Zeichen selbst liegt und deren Wesen vom Zeichen abhängt?

Hierin besteht Humes erstes Problem, wenn man es in philosophisch neutrale Begriffe übersetzt. Im nächsten Abschnitt werde ich eine Lösung aufzeigen, die auch Humes eigene Lösung vollständig rechtfertigt.

II[3]

Der Schlüssel zur Lösung sind Modalausdrücke. An ihnen zeigt sich, dass nicht nur Versprechen, sondern auch Regeln und Rechte etwas sind, was durch die Grammatik unserer Sprache *erzeugt* und nicht nur durch sie eingefangen und ausgedrückt wird.

Modalausdrücke existieren stets als wechselseitig durcheinander definierbare Teile eines Paares, wie notwendig/möglich, müssen/dürfen, sollen/dürfen usw., sowie auch als modale Flexionen anderer Wörter.

Wenn gesagt wird, dass etwas sein muss oder unmöglich nicht sein kann, so ist das manchmal nur dann wahr, wenn es gegenwärtig der Fall *ist*; manchmal nur dann, wenn es später der Fall sein wird; und manchmal spielt keines von beiden eine Rolle. Ein Beispiel für den ersten Fall ist: »Es *muss* in der Schublade sein«, für den zweiten: »Der Soundso kann nur gewinnen!« und für den dritten: »Du musst mit dem König ziehen« oder »Das kannst du nicht anziehen«. Dies ist ein winziger Ausschnitt aus dem extrem vielfältigen Gebrauch modaler Ausdrücke, und wiederum nur ein Bruchteil dieses Ausschnitts hat die Philosophie bisher wirklich interessiert. Aristoteles machte hierzu die wenig beachtete Bemerkung, dass »notwendig« in einer seiner Bedeutungen heißt: »ohne welches irgendein Gut nicht verwirklicht oder irgendein Übel nicht verhindert werden kann«.[4] In der Zwischenzeit wurden deontische Logiken entwickelt; es gibt also ein Bewusstsein für mehr Arten von Modalität als früher.

Ich möchte das Interesse an einer Klasse von Gebrauchsweisen wecken, deren Mitglieder ich als »unterbindende Modalausdrü-

3 *A. d. Ü.:* Weitere Versionen der in diesem Abschnitt entwickelten Gedanken finden sich in Aufsatz 5 (»Über die Grundlage staatlicher Autorität«, dort Abschnitt II) und 12 (»Ist Wittgenstein linguistischer Idealist?«, Abschnitt I, zweite Hälfte) des vorliegenden Bandes.

4 *A. d. Ü.:* Siehe *Metaphysik*, 1015a22-24.

cke« (*stopping modals*) bezeichnen werde. Wie ihr Name vermuten lässt, sind diese Ausdrücke negativ. Ihren positiven Gegenpart oder die positive Form, in die jeder negative Modalausdruck gebracht werden kann, können wir »zwingende Modalausdrücke« (*forcing modals*) nennen. Die negative Variante hat Priorität. Ich glaube, sie kommt häufiger vor als die positive, welche die Handlungsmöglichkeiten auf eine einzige einschränkt. (So lässt einem etwa »Du sollst nicht …« mehr Freiheit als »Du sollst …«.) Wenn man sagt »Das kannst du nicht anziehen« und damit nicht meint, dass der Betreffende zu dick ist, um hineinzupassen, dann verwendet man das, was ich einen unterbindenden Modalausdruck nenne.

Betrachten wir ein geläufiges Spiel, das man manchmal mit ganz kleinen Kindern spielt und bei dem alle Spieler ihre Hände übereinanderlegen. Wenn dann eines der Kinder seine Hand, wenn sie ganz unten liegt, nicht herauszieht, sagt man: »Du musst deine Hand obendrauf legen.« Wenn das Kind sie zu früh herauszieht, sagt man: »Nein, du kannst deine noch nicht herausziehen, der Soundso muss seine zuerst herausziehen.« Zu Beginn sind »du musst« und »du kannst nicht« Worte, die jemand gebraucht, der einen dazu bringt, etwas zu tun (oder einen von etwas abhält); aber sie werden schnell selbst zu Instrumenten, um Handlungen auszulösen und zu unterbinden.

Nachdem dieser Übergang vollzogen worden ist, trifft Folgendes zu: In Fällen, in denen man gesagt bekommt, dass man irgendetwas nicht tun »könne«, *kann* man es (in einem anderen Sinne) sehr wohl tun. Das zeigt sich daran, dass man es manchmal *tut*. Am Anfang hindern Erwachsene ein Kind körperlich daran, dasjenige zu tun, von dem sie sagen, dass das Kind es nicht tun »kann«. Aber nach und nach lernt das Kind. Unter bestimmten Umständen ist dieser Vorgang Teil des Erwerbs des Begriffs einer Regel, in anderen der Etikette, in wieder anderen ist er Teil des Erwerbs des Begriffs eines Versprechens, in wiederum anderen des Begriffs eines Sakrilegs oder einer Pietätlosigkeit und in noch anderen des Begriffs eines Rechts. Es gehört zur menschlichen Intelligenz, die angemessenen Reaktionen auf unterbindende Modalausdrücke erlernen zu können. Erst das macht es möglich, diese Ausdrücke als sprachliche Instrumente zu verwenden, und ohne eine solche Verwendung wiederum gäbe es so etwas wie Regeln, Etikette, Rechte, Verstöße, Versprechen oder fromme und pietätlose Handlungen nicht.

Ein unterbindender Modalausdruck wird oft von etwas begleitet, das sich wie die Angabe eines Grundes anhört. »Das kannst du dort nicht wegnehmen, sonst fällt das Regal um« enthält beispielsweise ein »nicht können« von der Art, auf die Aristoteles hinweist.[5] Ähnlich verhält es sich, wenn ich sage: »Du kannst hier nicht sitzen, das ist N. N.s Platz« – sofern offensichtlich ist, dass es sich dabei nicht um meine persönliche Entscheidung bei dieser besonderen Gelegenheit handelt. Nun ist die Formel »Du kannst nicht …, es ist N. N.s …« trotz anderer Gebrauchsweisen auch die Formel *par excellence*, mit der N. N. ein *Recht* zugeschrieben wird. Die Verwendungsweisen unterbindender Modalausdrücke, die in diese Kategorie »Recht« fallen, sind sehr vielfältig. Eine dieser Verwendungsweisen etwa ist folgende: »Du kannst N. N. nicht daran *hindern*, zu …, es steht N. N. zu …« Etwas kann aber auch nur hier und jetzt N. N. zustehen (dies würden wir z. B. von einem Parkplatz sagen, auf dem N. N. gerade geparkt hat), oder es kann sich um etwas handeln, das im Allgemeinen nur N. N. tun oder haben kann oder N. N. und Leute, die N. N. in einer bestimmten Hinsicht gleichen, oder um etwas, das andere nur tun oder haben können, wenn N. N. und die Übrigen es nicht tun oder haben wollen.

Bei Ausdrücken dieser Art spielt der zweite Teil, d. i., »es steht N. N. zu …«, eine merkwürdige Rolle. Es scheint sich um die Angabe eines Grundes zu handeln. Was er angibt, *ist* auch ein ›Grund‹ im Sinne eines *logos*, eines begründenden Gedankens. Aber wenn man sich fragt, was das für ein Gedanke ist und wofür er einen Grund darstellt, so stellt man fest, dass sich beide Teile nicht getrennt voneinander erklären lassen. Wir können den Ausdruck »du kannst nicht« nicht für sich allein erklären. Denn in jedem Sinne, der vom uns interessierenden Gebrauch unabhängig ist, ist es einfach nicht wahr, dass der Betreffende das in Frage Stehende nicht tun kann (außer man hinderte ihn körperlich daran). Aber auch der eigenartige Sinn der Aussage »es steht N. N. zu …« lässt sich nicht unabhängig von seiner Beziehung zu dem Ausdruck »du kannst nicht« verstehen. *Sobald diese sprachlichen Praktiken einmal existieren*, können wir natürlich die zwei Teile voneinander trennen, und dann kann »es steht N. N. zu« auch als Angabe eines un-

5 *A. d. Ü.:* Siehe oben, S. 88.

abhängigen Grundes erscheinen, z. B. eines Grundes dafür, warum man etwas unterlässt.

Ich werde in unserem Zusammenhang das Wort »Grund« (für Handlungen) für etwas von der entsprechenden Handlung Unabhängiges reservieren, das jemand als Grund für sein Handeln vorbringen kann. In Abgrenzung dazu gebrauche ich *»logos«* (ich könnte stattdessen auch »Thema« sagen) für die zweite Hälfte von Aussagen der Form »Du kannst nicht ..., weil ...« in Fällen, wo die beiden Hälften dieser Aussagen nicht unabhängig voneinander sind. Gemäß meiner Gebrauchsweise des Wortes gibt es mehrere *Logos*-Typen. Der Name jedes allgemeinen *Logos*-Typs ist eine Abstraktion von vielen Einzelfällen; er ist eine Bezeichnung, an der man die formalen Eigenschaften des unterbindenden Modalausdrucks erkennen kann. Ein Beispiel für einen *Logos*-Typ ist *ein Recht*; ein sehr allgemeiner *Logos*-Typ ist *eine Regel*. Wenn man also sagt: »Du kannst nicht mit deinem König ziehen, er steht sonst im Schach«, dann gibt der Ausdruck »er steht sonst im Schach« den besonderen *logos* an, der zum allgemeineren *Logos*-Typ *Regel eines Spiels* gehört.

Betrachten wir jemanden, der ein Spiel erlernt – etwa Schach. Natürlich sagt »Du musst mit deinem König ziehen, er steht im Schach« dasselbe wie »Die Regeln des Spiels verlangen es, dass du in dieser Situation mit deinem König ziehst«. Aber vielleicht besitzt der Lernende noch gar keinen Begriff davon, was das heißt: *Die Regeln des Spiels verlangen es* ... Die Aussage »Du musst mit deinem König ziehen, er steht im Schach« zu akzeptieren ist Teil des Erlernens ebendieses Begriffs ›Die Regeln des Spiels verlangen es‹. Etwas zu *verlangen* heißt, jemandem eine Art von Notwendigkeit aufzuerlegen. Worin kann diese bestehen? Auf einer frühen Stufe hängen all die folgenden Dinge zusammen: das Erlernen eines Spiels, der Erwerb einer Vorstellung von einem solchen Spiel, der Erwerb des in der Rede der anderen auftauchenden Begriffs ›Du musst ...‹, das Erfassen dessen, was Regeln sind. Es gibt auch keine andere Bedeutung von »eine Regel des Spiels sein«, die von der soeben genannten unabhängig wäre und die man verwenden könnte, um den beim Lernen relevanten Ausdruck »Du musst« zu *erklären* (es sei denn, die allgemeine Vorstellung der Spielregel wurde bereits durch andere Spiele erworben).

Kommen wir nun zur Parallele zwischen Regeln und Versprechen: Die Tatsache, dass ein Versprechen wesentlich ein Zeichen ist und dass die entsprechende Notwendigkeit vom Äußern des Zeichens herrührt, macht es schwierig, diese Parallele zu erkennen. Aber für Regeln stellt sich dasselbe Problem, nämlich wie sie etwas notwendig machen können. Man kann auf ein Schild zeigen, das eine Regel wiedergibt. Wie ein Versprechen beinhaltet die Regel eine Art von Beschreibung. Anders als beim Versprechen wird das, was wir als die Notwendigkeit verstehen, aufgrund der Regel, *so* zu handeln, zwar nicht durch das Äußern der Regel hervorgebracht, aber trotzdem stellt sich ein ähnliches Problem: So wie wir fragen können, inwiefern ein Versprechen mehr als das bloße Ausdrücken einer Absicht ist, können wir auch fragen, inwiefern eine Regel mehr als eine bloße Regelmäßigkeit ist. Um das zu erklären, kann man sagen, dass eine Regel in der Form einer Handlungsanweisung angegeben wird, deren Bedeutung es ist, dass man *auf die und die Weise* in Übereinstimmung mit ihr handeln ›muss‹. Aber selbst wenn es einen Ausdruck mit einer solchen Bedeutung geben kann, warum sollte man so handeln ›müssen‹? Weil das die Bedeutung der Regel *ist*. Aber was *ist* eine Regel? Und wie im Fall des Versprechens gilt auch für die Regel: Selbst wenn wir irgendwie aus diesem Zirkel ausbrechen könnten, stünden wir noch immer vor der Frage, wie ein Ausdruck eine solche Bedeutung haben kann.

Für Regeln erscheint das Problem auf den ersten Blick weniger dringlich. Denn viele Regeln sind lediglich Regeln einer Praxis, an der man nach Belieben teilnehmen kann oder auch nicht. Man unterliegt keiner Notwendigkeit, außer jener, der entsprechenden Regel zu folgen, *wenn* man an einer teilweise durch diese Regel definierten Praxis teilnehmen will. Daher fällt es einem nicht auf, dass selbst diese bedingte Notwendigkeit ein Erklärungsproblem aufwirft.

Doch bei den Regeln der Logik etwa ist das anders. Ich will hier nicht von nichtklassischen Logiken sprechen, das würde uns bloß ablenken. Denn selbst in nichtklassischen Logiken wird es stets die Frage geben, ob einer Regel gefolgt wurde. Nach den Regeln der betreffenden Logik kann man etwa *dies* nicht tun, und vielleicht muss man *jenes* tun. Man kann bestimmte Dinge nicht *gleichzeitig* behaupten, und man muss bestimmte Schlüsse akzeptieren. Aber wie kann einem eine Regel *mitteilen,* dass man etwas nicht tun kann? Eine Felsbarriere kann ein natürliches Zeichen dafür sein, dass man einen Weg nicht nehmen kann, oder eine Person kann einem sagen, dass man etwas nicht tun kann. Aber eine Regel?

Die Ausdrücke »müssen« und »können« sind die grundlegendsten Ausdrücke für das, was eine Regel ausmacht. Sie sind außerdem die grundlegendsten Ausdrücke beim Erlernen der Regeln eines Spiels und auch beim Erlernen von Sitten und Rechten. Aber sie sind nicht, um Humes Ausdruck zu gebrauchen, »natürlich verstehbar«. Dies zeigt sich an der wechselseitigen Abhängigkeit zwischen dem Ausdruck »Du kannst nicht« und dem ›Grund‹ in den Fällen, wo dieser Grund zu jener Sorte gehört, die ich das Thema oder den *logos* des »Du kannst nicht« genannt habe. Wenn normal intelligente Menschen in den Praktiken der Vernunft unterwiesen werden, lernen sie, dieses »müssen« und »können« zu verstehen.

5. Über die Grundlage staatlicher Autorität

I

Der vorliegende Aufsatz widmet sich der Frage, wie der Staat – also politische Herrschaft – gerechtfertigt werden kann.

Diese Frage mag naiv erscheinen. Schließlich können wir den Staat sowieso nicht abschaffen – ob wir wollen oder nicht. Sie ist aber keineswegs naiv, denn man kann gegenüber der Tatsache, dass man regiert wird, unterschiedlicher Einstellung sein. Schon Aristoteles sagte in Bezug auf die Philosophie: Wer behauptet, dass sich das Philosophieren über eine Sache nicht lohne, *philosophiert* schon über sie.[1] Zwar würde die Annahme, dass sich politische Herrschaft überhaupt nicht rechtfertigen lässt, nahelegen, dass man gar nicht erst nach einer Rechtfertigung suchen sollte: Diese Herrschaft wäre einfach da, ohne irgendeine Grundlage. Doch auch um letztere Annahme zu beweisen (falls sie denn zutreffen sollte), müsste man die Sache genauer untersuchen. So denken zwar z. B. Marxisten, dass der Staat »absterben« wird, nachdem die letzte Phase des Klassenkampfes, die Diktatur des Proletariats, vorbei ist, so dass sie keine Theorie der Grundlage staatlicher Autorität brauchen. Denn zu dem Zeitpunkt, wo staatliche Institutionen, Gesetze, Gerichte, Armeen, Polizei, Gefängnisse, Eigentumsverhältnisse usw. einmal etwas anderes sein könnten als Waffen des Klassenkampfes, gibt es dem Marxisten zufolge keinen Staat mehr. Doch das heißt nicht, dass, wer Marxist ist, meine Eingangsfrage zurückweist. Er hat diese Frage einfach schon dahingehend beantwortet, dass der Staat samt all seinen Institutionen schlecht ist. Wenn das stimmt, sollte unsere Einstellung zum Staat vielleicht rein pragmatisch sein oder durch ein revolutionäres Ziel bestimmt werden. Doch das weist meine Frage nicht zurück, sondern beantwortet sie implizit.

1 *A. d. Ü.:* Dies ist eine der vielen Versionen des »protreptischen Arguments« des Aristoteles. Der Originaltext dieser »Werbeschrift« für die Philosophie ist verloren, und die Wiedergaben in Texten anderer antiker Autoren weichen z. T. stark voneinander ab. (Für verschiedene Formulierungen siehe Ingmar Dühring, *Der Protreptikos des Aristoteles*, Frankfurt/M. [2]1993, Fragment T 62-68.)

Jeder kann in eine Situation geraten, in der er sich ernsthaft fragen muss, ob er hier die Autorität einer ›rechtmäßigen Regierung‹ anerkennen sollte, und zwar ganz gleich, ob er glaubt, dass man dazu immer, niemals oder nur manchmal verpflichtet sei. Das dürfte unstrittig sein. Doch heutzutage erscheint diese Frage vielen, und insbesondere vielen Philosophen, als eine ›moralische‹. Ihnen zufolge gibt es Dinge wie juristische Autorität, juristische Gültigkeit oder juristische Verpflichtungen. Deren Vorliegen oder Nichtvorliegen lässt sich einfach feststellen, indem man sich gewisse Institutionen und deren Regeln ansieht. Ob in solchen Fällen auch eine moralische Autorität, moralische Gültigkeit oder moralische Verpflichtung besteht (selbst wenn die Regierung ›rechtmäßig‹ ist), halten sie für eine ganz andere Frage – und zwar für eine persönliche und private. Nun kann man unter gewissen Umständen tatsächlich sagen: »Ich bin gesetzlich verpflichtet, dies-und-das zu tun; aber das wäre entsetzlich ungerecht, und deshalb weigere ich mich, meiner gesetzlichen Pflicht nachzukommen.« Doch Folgendes scheint mir bemerkenswert: Dasselbe lässt sich auch über Verpflichtungen sagen, die einem die Regeln eines Vereins auferlegen. Der Unterschied ist, dass man aus einem Verein austreten und sich damit auch den Verpflichtungen entziehen kann, die einem dessen Regeln auferlegen, während man schlecht aus dem Staat austreten kann. Damit ergibt sich folgende Frage: Nehmen wir an, ein Verein würde unglaublich mächtig; er könnte alles in der Gesellschaft kontrollieren und jedem Beliebigen Geld abnötigen (etwa so wie die Jakobiner). Nehmen wir außerdem an, dieser Verein könnte Verordnungen erlassen und durchsetzen, die für alle gälten, und er verböte seinen Mitgliedern den Austritt. Wo läge dann der Unterschied zwischen dem Urteil »Die Regeln des Vereins verpflichten mich zu ...« und dem Urteil »Ich bin gesetzlich verpflichtet zu ...«? Ich setze hier nicht notwendigerweise voraus, dass beide Urteile zur selben Zeit und am selben Ort gefällt werden, auch wenn mir das durchaus möglich erscheint. (Nach dem, was man so hört, ist das z. B. bei der Mafia und der Regierung in Süditalien der Fall.) Um zu verstehen, was staatliche Autorität ausmacht, müssen wir das Vorhandensein einer Regierung von zwei Dingen abgrenzen: zum einen von sehr großen freiwilligen Zusammenschlüssen, zum anderen von der Beherrschung eines Gebiets durch eine hochentwickelte, reibungslos funktionierende Mafia. Die Frage nach dieser

Abgrenzung ist ganz offensichtlich keine persönliche oder private. Man kann sie nicht beantworten, indem man seinen moralischen Intuitionen nachspürt oder mit sich selbst darüber zu Rate geht, ob man sich ›moralisch‹ verpflichtet fühlt, den Machthabern zu gehorchen.

Beginnen wir mit der ersten Abgrenzung. Versuchen wir also zu verstehen, was staatliche Autorität von der Autorität freiwilliger Zusammenschlüsse unterscheidet. Denn auch in Organisationen, bei denen die Mitgliedschaft freiwillig ist, gibt es Autorität, und zwar zwei Arten: Zum einen ist es so, dass, wenn die Organisation etwas umsetzen will, die Entscheidung über das genaue Vorgehen nicht allein von technischen Überlegungen bestimmt wird; sondern irgendjemand oder irgendeine Gruppe (was auch die gesamte Mitgliederschaft sein kann) muss solche Entscheidungen treffen. Autorität dieser ersten Art kann eine Personeneigenschaft sein: Was ein bestimmtes Mitglied sagt oder verlangt, wird als wichtig empfunden. Die zweite Art von Autorität ist die der Entscheidungsverfahren selbst. Diese stehen oft fest, und man beruft sich auf die entsprechenden Regeln oder Traditionen. Beide Arten von Autorität würde ich als »Einflüsse bei freien Entscheidungen« bezeichnen, denn in beiden Fällen kann man sich entziehen. Folglich gibt es hier auch keine *voraussetzungslose* Forderung nach Gehorsam, sondern höchstens die Forderung, dass man sich entweder fügt oder aus dem Komitee, dem Verein usw. austritt. Das unterscheidet diese Autorität grundsätzlich von der des Staates.

Nicht dass die unbedingte Forderung nach Gehorsam eine Besonderheit des Staates wäre. Sie wird ganz offenkundig auch von Eltern, Lehrern, Verbrechern, Sklavenhaltern, Firmen, die Zwangsarbeiter beschäftigen, und von religiösen Oberen erhoben. *Ein* weiteres Kennzeichen des Staates ist die angedrohte oder tatsächliche Ausübung institutionalisierter Gewalt. Ich spreche von »institutionalisiert«, um auszuschließen, dass die Gewalt persönlicher Natur ist oder ungeplant oder nur sporadisch auftritt. Die Bezeichnung »institutionalisiert« soll verdeutlichen, dass die entsprechende Organisation längerfristig besteht und Gewaltandrohung für sie zur Norm gehört. Vor allem muss sie über Personal verfügen, dem befohlen werden kann, Gewalt anzudrohen und diese Drohung manchmal auch wahr zu machen. Durch die Verwendung des Wortes »Norm« soll hier aber nichts ›abgesegnet‹ werden, d. h., es impliziert nicht, dass diese Gewalt berechtigt ist. Gewalt wäre auch »institutionalisiert« in diesem Sinne, wenn eine Stadt von einer Verbrecherbande übernommen und auf geordnete Weise verwaltet würde. In einer solchen Stadt gäbe es eine nach Aufgaben gegliederte Organisation, und Gewalt oder deren Androhung würde die Norm darstellen, und damit wäre sie institutionalisiert. Doch selbst wenn die Verbrecherbande dabei uneingeschränkte Macht besäße, hätte sie keine staatliche Autorität – zumindest nicht gemäß dem allgemein üblichen Verständnis.

Fassen wir kurz zusammen: Staatliche Herrschaft unterscheidet sich von der Herrschaft innerhalb freiwilliger Zusammenschlüsse dadurch, dass sie ›das Schwert trägt‹, d.h., dass sie Gewalt ausübt oder damit droht. *Falls* sich staatliche Herrschaft von der Beherrschung eines Landstrichs durch eine Verbrecherbande unterscheidet, dann durch ihre Autorität bei der Anordnung von Gewalt. Dieser Sammelbegriff beinhaltet: (1) die Autorität, Menschen unter Androhung von Gewalt Ge- und Verbote aufzuerlegen, sowie die Autorität, Vorgehensweisen einzuführen, um gefällte Entscheidungen durchzusetzen, und (2) die Autorität, einigen Menschen die Anwendung von Gewalt gegen andere Menschen zu befehlen.

Autorität zu besitzen heißt, dass man ein Recht auf Gehorsam hat, wenn man Befehle gibt und Vorschriften erlässt. Allgemeiner könnten wir sagen: Autorität ist ein Recht auf Gehorsam, das jemand unter normalen Umständen hinsichtlich eines bestimmten Entscheidungsbereichs besitzt.

Man könnte meinen, dass der von uns gesuchte Unterschied in unterschiedlichen Entscheidungsbereichen besteht, nicht in unterschiedlichen Arten von Autorität. Doch das ist falsch. Schließlich kann man sich eine Verbrecherbande vorstellen, die an öffentlicher Ordnung interessiert ist. Und wenn wir von diesem sehr oberflächlichen Indiz einmal absehen, worin sollte denn jener besondere Entscheidungsbereich von Regierungen bestehen, der für Verbrecherbanden nicht von Interesse ist? Eine grundlegende Schwierigkeit politische Herrschaft betreffend ist schließlich, dass man schwer bestimmen kann, »was des Kaisers ist«. Sobald sich eine Regierung mit etwas befasst, bewegt man sich mit einer Äußerung über diese Sache auf ›politischem Terrain‹ – ganz gleich, worum es sich handelt.

Meine Darstellung des Problems mag realitätsfern erscheinen. Bei uns in England etwa kann mich nicht einfach ein königlicher

Minister aus einer Laune heraus auswählen, mir sagen, was ich zu tun oder zu lassen habe, und seine Forderungen mit Polizeigewalt durchsetzen, falls ich mich widerspenstig zeige. Wie viele andere Menschen fühle ich mich vor ›willkürlichen‹ Forderungen ziemlich sicher. Das wäre bestimmt ganz anders, wenn Verbrecher dieses Land kontrollierten. Die Verbrecher könnten ›willkürlich‹ anordnen, dass ein Einzelner etwas Beliebiges tun oder dulden soll, wenn *ihnen* das passt.

Doch worin genau liegt der Unterschied? Darin, dass die Entscheidungen von Verbrechern sich unmittelbar auf einen Einzelnen beziehen, anstatt lediglich auf den Einzelnen als Mitglied irgendeiner Gruppe? Das würde bedeuten, dass sich das englische Parlament beim Erlass parlamentarischer Strafbeschlüsse stets wie eine Verbrecherbande benommen hat.[2] Das könnte sogar stimmen. Doch es braucht schon einen ziemlich waghalsigen Rechtsgelehrten, um zu behaupten, dass ein Gesetz – ganz zu schweigen von einem Regierungsbeschluss – sich niemals unmittelbar auf Einzelne richten dürfe.

Oder besteht der Unterschied vielleicht im Fehlen eines geregelten Verfahrens? Aber hört denn eine Regierung auf, Regierung zu sein, wenn sie willkürlich handelt? Und kann nicht das Handeln einer Verbrecherbande ebenfalls völlig von Verfahrensregeln bestimmt sein? Man denke an das obige Beispiel des usurpatorischen Vereins. Unsere Verbrecherbande könnte eine große und effiziente Organisation sein. Sie könnte einen derart institutionalisierten Charakter haben, dass Nichtmitgliedern nur dann etwas Bestimmtes befohlen oder verboten wird, wenn sie in eine gewisse Kategorie fallen, dass sie nur dann erpresst und mit Gewalt bedroht werden (um Geld oder anderes). Dabei könnte es sogar Formalitäten geben. Könnten unsere Bandenmitglieder nicht ähnlich wie »Beamte« handeln?

2 *A. d. Ü.:* Ein parlamentarischer Strafbeschluss (*act of attainder*) ist ein im britischen Recht vorgesehenes Verfahren, in dem das Parlament die Rolle eines Gerichts einnimmt; der Verfahrensweg ist derselbe wie bei der Abstimmung über eine Gesetzesvorlage. Tatsächlich praktiziert wurde dieses Verfahren vom 14. bis ins 18. Jahrhundert, wobei man es häufig zur Beseitigung politischer Gegner missbrauchte. (Die 1787 fertiggestellte amerikanische Verfassung verbietet das vielfach als Aufweichung der Grenzen zwischen Legislative und Judikative angesehene Verfahren deshalb ausdrücklich.)

»Aber es ist unvorstellbar, dass Verbrecher so diszipliniert sind! Selbst wenn sie die anderen nur als Angehörige bestimmter Kategorien beherrschen, selbst wenn es Verfahrensregeln und eine reibungslose Organisation gibt, werden ihre Anführer doch immer ein gesetzloser Haufen sein. So wird die Nachfolge in Machtpositionen oft durch Mord entschieden werden.« Mag sein, aber das kennt man schließlich auch von anerkannten ›Regierungen‹.

»Aber eine Regierung existiert doch zum Wohl der Regierten, Verbrecherbanden dagegen zum Wohle der Verbrecher! Natürlich kann es vorkommen, dass eine Regierung diesen Zweck nicht erfüllt und stattdessen eine Menge Unheil anrichtet. Aber die eigentliche Rechtfertigung politischer Herrschaft besteht darin, dass sie gut und notwendig ist, sobald wir es mit ›Menschenmassen‹ zu tun haben.[3] Dagegen besteht das Ziel von Verbrecherbanden darin, Menschen auszuplündern. Wenn ein Verbrecher seinen Beruf nutzt, um sich zu bereichern, dann verrichtet er das Werk und verwirklicht das Ziel des Verbrechers; wenn ein Politiker seinen Beruf zu demselben Zweck nutzt, geschieht das lediglich *per accidens*.« Dieser aristotelische Gedankengang hilft uns, den Unterschied deutlicher zu erkennen. Doch ist *das* tatsächlich der Grund, aus dem gewöhnliche Menschen sich unter der Herrschaft einer Regierung sicher, unbehindert und unbedroht fühlen können? Sicher nicht! Es fühlt sich auch nicht jeder unter der Herrschaft einer Regierung sicher; manche ziehen vielleicht die Herrschaft eines Verbrecherbosses vor.

Stellen wir uns vor, jemand behauptet, der Mensch werde im Laufe seines Lebens einfach konditioniert, nicht tun zu wollen, was er nicht tun könne. Es sei eine Illusion, anzunehmen, dass wir nicht eingeschränkt würden. Wir fügen uns lediglich den Beschränkungen. Das Wissen um diese Beschränkungen und eventuelle Gefahren beeinflusse unseren Willen. Dabei haben wir allerdings einen nicht unerheblichen Spielraum, vergleichbar dem eines Knochens in einem Gelenk – schließlich wird nur selten etwas Bestimmtes unbedingt von uns verlangt, wie etwa das Zahlen von Steuern. Wenn wir nun in einem Gebiet lebten, das ziemlich reibungslos von der Mafia regiert würde, würde sich unser Wille dann nicht

3 *A. d. Ü.*: Anscombe selbst spricht hier von »men in multitudes« – eine Anspielung auf Thomas Hobbes' *Leviathan*, dem zufolge ohne Regierung ein dauerhafter, letztlich alle zerstörender Krieg herrschen würde unter »als Menge lebenden Menschen«.

auch diesen Bedingungen anpassen? Würden wir uns nicht ebenso sicher, frei und unbedroht fühlen, wie es die Menschen unter vielen Regierungen tun?

Liegt der Unterschied vielleicht in den guten Zielen einer Regierung? Der anfängliche Vergleich mit Verbrechern hatte sich schließlich deshalb aufgedrängt, weil es auch ein Merkmal des Staates ist, physische Gewalt anzudrohen und anzuwenden. Wenn aber gute Ziele den Unterschied ausmachen, dann stellt sich folgende Frage: Gibt der ehrliche Wunsch, Gutes zu tun, Menschen das Recht, andere zu bedrohen und Regeln für ihr Verhalten aufzustellen? Tut er es zumindest, wenn schon eine entsprechende, fest etablierte Praxis existiert, ein von Vorgängern festgelegtes Regelwerk oder eine bewährte Organisation?

Falls dem so ist, wird es die Lage des Einzelnen zweifellos verbessern, wenn die Herrschenden bestimmten Regeln folgen und Formalitäten einhalten. Dann weiß man wenigstens, was man zu erwarten hat. Ein italienischer Renaissancekünstler malte einmal die »Enthauptung des heiligen Johannes« für den osmanischen Herrscher. Als der Sultan das Bild sah, befand er, dass der Maler zu wenig über die Anatomie des Nackens wisse; und auf seinen Fingerzeig hin rollte – zur Belehrung des Malers – der Kopf eines in der Nähe stehenden Sklaven über den Fußboden. Das illustriert, was »willkürlich« bedeutet! Im Gegensatz hierzu wäre das Vorgehen nicht »willkürlich«, wenn es eine bereits bestehende ministerielle Regelung oder einen parlamentarischen Beschluss gäbe, der die Belehrung auswärtiger Maler regelt, und wenn dazu jemand einen schriftlichen Befehl unterzeichnen müsste. Für die Opfer solchen Unrechts wäre es allerdings höchstens ein schwacher Trost, dass sie nicht willkürlich getötet werden. Weder die Abwesenheit von Willkür noch gute Absichten scheinen uns wirklich weiterzuhelfen. (Wem mein Beispiel zu weit hergeholt klingt, der führe sich vor Augen, dass gegenwärtig z. B. Denkströmungen existieren, die fordern, dass lebende Menschen zur Organspende verpflichtet werden.)[4]

4 *A. d. Ü.:* Anscombe hat hier die Konsequenzialisten im Auge. In dem kurz zuvor erschienenen Artikel »Die Überlebenslotterie« hatte der britische Philosoph John Harris argumentiert, dass man ethisch verpflichtet sei, sich töten zu lassen oder als Arzt Patienten zu töten, falls mit den dadurch verfügbar werdenden Organen mindestens zwei Todkranke gerettet werden könnten. Siehe Weyma Lübbe (Hg.),

Der wichtigste Unterschied zwischen der Mafia und einer Regierung besteht also darin, dass die Regierung in ihrem Tun über Autorität verfügt. Damit stellt sich die Frage, mit welchem Recht Menschen, die Macht im Namen des Staates ausüben, anderen Gewalt antun oder damit drohen dürfen. Ich behaupte nicht, dass eine Regierung sich in jeder Hinsicht wie die Mafia verhalten könnte und dabei die Autorität besäße, derart zu handeln, während die Mafia diese Autorität nicht besitzt, wenn sie genau dasselbe tut. Aber *einige* Taten einer Regierung und ihrer Beamten unterscheiden sich genau dadurch von vergleichbaren Taten der Mafia, und das ist entscheidend.

Wir fragen, was die Grundlage eines solchen Rechts sein kann – falls es denn existiert. Im Rahmen der gegenwärtigen Untersuchung kann die Antwort hierauf nicht in einem Verweis auf die Gesetzeslage bestehen. Denn, um es vereinfacht zu sagen, wir fragen hier nach der Grundlage des Rechts, Gesetze zu erlassen.

Wir haben zwar eine ungefähre Vorstellung davon, wie man den Ausdruck »Recht« gebraucht, aber es ist doch unbefriedigend, ihn nicht erklären zu können. Und in der Tat ist eine einwandfreie Herleitung jenes Rechts, das wir untersuchen, ohne eine Erklärung dessen, was ein Recht überhaupt ist, nicht möglich. In Abschnitt II werde ich eine solche Erklärung geben. Doch zuerst möchte ich meine Theorie der Grundlage des uns hier interessierenden Rechts umreißen.

Es gibt drei mögliche Grundlagen von Rechten, nämlich Gewohnheit, Vertrag und Aufgabe. (Ich werde hier keine Zeit darauf verwenden, für diese Behauptung zu argumentieren.)

Ein Gewohnheitsrecht ist ein Recht, das allein auf Tradition beruht. »Gewohnheit« heißt hier dasselbe wie »Tradition«. Insofern man davon sprechen kann, dass es im Naturzustand – also in Abwesenheit jeglicher gesetzlicher Institutionen – Eigentum gibt, sind die entsprechenden Eigentumsrechte zweifellos Gewohnheitsrechte. Und *sollte* ein Sklavenbesitzer jemals ein Recht auf den Gehorsam seiner Sklaven gehabt haben, so muss es sich hierbei wesentlich um ein Gewohnheitsrecht gehandelt haben, ganz gleich, wie stark dieses Recht durch Gesetze zementiert wurde.

Tödliche Entscheidung. Allokation von Leben und Tod in Zwangslagen, Paderborn 2004, S. 203-210 (Original 1975).

(Das »Eroberungsrecht«[5] war ein Gewohnheitsrecht.)[6] Wenn man einem Gast sagt »Bitte gehen Sie nicht in mein Arbeitszimmer«, so entspricht das einem Verbot, obwohl es in der Form einer höflichen Bitte vorgetragen wird, und die eigene Autorität beruht in diesem Fall auf Gewohnheit.

Ich werde hier weder die Rechtfertigung noch die *a priori* bestehenden Grenzen einer auf Gewohnheitsrecht beruhenden Autorität erörtern; doch ich werde weiter unten ein Argument dafür anführen, dass die Autorität einer Regierung nicht bloß von dieser Art sein kann.[7] Gewohnheitsrechte sollen an dieser Stelle nur der Vollständigkeit halber erwähnt werden, denn hier ist folgende allgemeine Feststellung entscheidend: Die Grundlage von Autorität besteht meist in einer Aufgabe. Autorität erwächst aus der Notwendigkeit einer Aufgabe, deren Erfüllung eine bestimmte Art und einen bestimmten Umfang an Gehorsam auf Seiten derjenigen erfordert, die von der Erfüllung dieser Aufgabe profitieren sollen. Es wäre falsch, anzunehmen, dass dies die einzige Grundlage von Autorität ist; denn wie das Beispiel des Gastes zeigt, gibt es auch eine Autorität, die auf Gewohnheitsrechten beruht. Außerdem gibt es noch Autorität, die sich auf einen Vertrag gründet. Letztere allerdings muss freiwillig eingeräumt werden und endet bei Vertragsende. Die interessanten Fälle von Autorität sind solche, *in denen die ihr Unterworfenen sich* nolens volens *fügen müssen*. Abgesehen von Fällen, wo Gewohnheitsrechte bestehen, sind das Fälle, in denen die Autorität – so sie tatsächlich *vorliegt* – aus einer Aufgabe erwächst. Das ist beispielsweise bei elterlicher Autorität der Fall und, wie ich zeigen werde, auch bei der Autorität der Regierung. Diesen Autoritäten ist man unterworfen, ob man will oder nicht. Elterli-

5 *A. d. Ü.:* Das Eroberungsrecht (*right of conquest*) war ein völkerrechtliches Prinzip, bis es im 20. Jahrhundert nach und nach durch das Recht auf territoriale Unversehrtheit und das Verbot von Angriffskriegen überwunden wurde. Wem es durch Krieg gelingt, ein Gebiet dem eigenen Regierungsgebiet einzuverleiben, der wird laut Eroberungsrecht zu dessen legitimer Regierung. Wichtige Schritte auf dem Weg zur Abschaffung des Eroberungsrechts waren die Nürnberger Prozesse und die UN-Resolution 3314 von 1974, die interstaatliche »Aggression« definiert.

6 Wir müssen hier unterscheiden zwischen dauerhafter Sklaverei einerseits und andererseits der Situation der athenischen Gefangenen, die Teil der Beute aus Syrakus waren, oder den Gefangenen, die unter den Nazis in den Fabriken von Krupp und der IG Farben regelmäßig durch Arbeit zu Tode gebracht wurden.

7 *A. d. Ü.:* Siehe unten, S. 126.

che Autorität verringert sich und hört schließlich ganz auf, wenn die Aufgabe vollendet ist – oder wenn die Zeit für ihre Erfüllung verstrichen ist. Doch die Regierung bleibt uns lebenslang erhalten. Beim gegenwärtigen Zustand unseres Planeten gibt es vor ihr kaum ein Entkommen. (Interessanterweise wurde im letzten Jahrhundert, als so etwas noch möglich schien, ein juristischer Grundsatz angewendet oder erfunden, der genau das verhindern sollte: *Nemo potest exuere patriam* – Niemand kann sein Vaterland abschütteln. Als die Buren in Gebiete vordrangen, die keiner Regierung unterstanden, betrachtete man das lediglich als eine Ausdehnung des Einflussbereichs derjenigen Regierung, die auch schon zuvor beansprucht hatte, sie zu regieren.)

Gehorsam und Ungehorsam sind nicht die einzig relevanten Reaktionen auf Autorität, die auf einer Aufgabe gründet. Manche Aspekte elterlicher Autorität etwa haben nichts mit Gehorsam auf Seiten der Kinder zu tun. Ein Säugling gehorcht nicht, aber Außenstehende können den Eltern Autorität in Entscheidungen zugestehen, die diesen Säugling betreffen. Daher könnte man denken, dass Autorität in dem Recht bestehe, über Dinge innerhalb eines bestimmten Bereichs zu entscheiden. Das Gegenstück von Autorität wäre dann nicht Gehorsam, sondern Respekt. Denn man kann jemandes Autorität nicht nur dadurch verletzen, dass man sich ihr als Unterworfener dieser Autorität widersetzt, sondern auch dadurch, dass man als Außenstehender eingreift. Doch dieser Aspekt von Autorität ist sekundär. Schließlich würde man nicht in jedem Fall, in dem wir jemandem ein Entscheidungsrecht zugestehen, von einer Autorität dieser Person in dieser Sache sprechen – beispielsweise würden wir das nicht tun, wenn es um ihre eigene Kleidung geht. Hier wäre die Verwendung des Begriffs ›Autorität‹ überflüssig. Gehorsam und Ungehorsam sind die (logisch) primären Gegenstücke von Autorität, d. h. diejenigen Gegenstücke, ohne die es so etwas wie Autorität im eigentlichen (hier verhandelten) Sinne gar nicht gäbe. Das Anerkennen oder Behindern von Autorität, die andere über Dritte haben, ist ein daraus *zusätzlich* entstehender Aspekt.

Trotzdem kann man Autorität nicht einfach als dasjenige definieren, dessen Gegenstück die Reaktion des (Un-)Gehorsams ist. Denn auch ein Verbrecher kann Gehorsam verlangen. Um die uns interessierende Unterscheidung machen zu können, müssen wir von einem *Recht* auf Gehorsam sprechen.

Was Regieren wesentlich vom Innehaben einer Führungsrolle in einem Gemeinschaftsprojekt unterscheidet, ist das Ausüben oder Androhen von Gewalt. Regierungen müssen daher entweder selbst ein Übel sein, oder sie sind eine Notwendigkeit, die sich auf ein Übel gründet. Wenn wir füreinander keine Gefahr darstellten, wenn man darauf vertrauen könnte, dass Menschen sich nicht gegenseitig verletzen und sich in ihrem Tun nicht auf ungerechte Weise gegenseitig behindern, dann wären Regierungen, die Gewalt ausüben, unnötig.

Man kann durchaus der Meinung sein, dass in unserer Welt ein paar Verbrecher die Macht an sich gerissen haben. Deren Behauptung, sie hätten das Recht, Gewalt auszuüben, wäre dann nichts als ein gewaltiger Betrug. Einmal nahm Alexander der Große einen Piraten gefangen und verlangte von ihm eine Rechtfertigung. Der Mann sagte: »Was ich im Kleinen tue, das tust du im Großen.« Das ist die pazifistische Position in Reinform. Alexander gefiel der Mann irgendwie, und er ernannte ihn zum Statthalter einer Provinz – eine Aufgabe, die der Pirat kompetent erfüllt haben soll.

Man kann aber ebenso gut meinen, dass es letztlich einem menschlichen Bedürfnis entspricht, eine Regierung zu haben sowie notfalls mit Gewalt durchsetzbare Gesetze, weil es immer Menschen geben wird, die auch den friedfertigsten Mitbürger angreifen und mit Gewalt dessen Tun und Projekte stören. Man kann also der Meinung sein, dass es eine Möglichkeit geben muss, rechtmäßig Entscheidungen zu treffen, die für alle Betroffenen verbindlich sind, und dass Einsatzkräfte bereitstehen müssen, die diese Entscheidungen durchsetzen können.

Wer radikal genug die Meinung vertritt, dass Regierungen nur besonders hochentwickelte und pompöse Verbrecherbanden sind, kann kaum vom Gegenteil überzeugt werden. Ihm zufolge ist der Staat ein System, durch das sich einige Menschen, die Gewalt anordnen können und wollen, an die Spitze stellen und dabei in den Deckmantel der ›Autorität‹ hüllen können. Wer das denkt, ist gewissermaßen blind gegenüber allen Übeln außer dem der Gewalt, von welchem er annimmt, dass es niemals gerecht sein könne. Diese Annahme ist für ihn ein Axiom.

Wer so denkt, müsste das aber konsequent tun; er dürfte keine Ausnahmen machen. Falls er willens ist, sich auf das Gesetz zu berufen, jemanden zu verklagen oder die Polizei um Schutz zu bitten, dann müsste er sich selbst dabei als jemanden betrachten, der die verfügbaren Mitglieder einer Verbrecherbande für seine Zwecke einspannt.

Mit anderen Worten, wir betrügen uns selbst, wenn wir übersehen, dass es zum Wesen staatlicher Herrschaft gehört, »das Schwert zu tragen«. Wir haben es hier mit regulierter Gewalt zu tun.

Es stimmt, dass Letzteres umso weniger zutage tritt, je erfolgreicher die staatliche Autorität ist und je besser von ihr Gebrauch gemacht wird; denn desto weniger wird es zu tatsächlicher Gewaltanwendung kommen. Doch die Bereitschaft, gewalttätig zu sein – bis hin zu dem Punkt, an dem man gewalttätige Gesetzesbrecher tötet –, ist stets vorhanden. Eine politische Theorie, die nicht anerkennt, dass der Staat Gewalt ausübt, oder sich nicht dem Problem stellt, wie zwischen Staaten und Syndikaten unterschieden werden kann, verdient diesen Namen nicht. Beim heiligen Augustinus findet sich folgende berühmte Äußerung: *Remota justitia, quid sunt regna nisi magna latrocinia?*[8] Das war früher schwierig zu übersetzen, doch durch die modernen Wirtschaftsstrukturen haben wir nun ein Wort dafür: »Wenn man die Gerechtigkeit abzieht, was sind Staaten dann noch anderes als riesige Verbrechersyndikate?« Das scheint zu suggerieren, dass man zu Gewalt ›nur‹ Gerechtigkeit hinzufügen muss – also nur behaupten muss, dass das, was die Gewalt Ausübenden anordnen oder bezwecken, genau dasjenige ist, was auch unabhängig davon gerecht wäre –, und schon hat man einen gerechten Staat. Doch es bleibt die Frage, warum es überhaupt gerecht sein kann, Gewalt auszuüben, beispielsweise um Gerechtigkeit durchzusetzen. Wenn etwa Eltern sagen: »Schlag deinen kleinen Bruder nicht, sonst schlage ich dich«, worin besteht dann der Unterschied – und *gibt* es überhaupt einen Unterschied – zwischen ihrer Drohung und der Drohung des älteren Kindes, dem sie nun drohen? Schließlich könnte es ja sein, dass der kleine Bruder etwas ziemlich Gemeines getan hat. Genau diese Frage stellt sich auch bezüglich der Gewalt des Staates. Ich halte sie für die grundlegende Frage der politischen Theorie.

Gegen diese These und gegen die sich aus ihr ergebende Schlussfolgerung, *dass staatliche Macht entweder selbst ein Übel ist oder auf einem Übel beruht*, mag man Folgendes einwenden: »Das über-

8 *A. d. Ü.:* Mit dieser Frage beginnt Buch 4, Kapitel 4 von *De civitate dei*.

sieht den Kern der Sache. Es stimmt zwar, dass Menschen einander schrecklich gefährlich sind. Doch hieraus (und solange das so bleibt) erwächst dem Staat nur eine seiner Aufgaben. Auch ohne diese Gefährlichkeit würde man noch Regierungen brauchen. Dass etwa Individuen allein nicht überblicken können, welche Projekte dringend sind und welche Aktivitäten hinter anderen zurückstehen müssen, ist kein ›Übel‹ (weder im Sinne einer Bösartigkeit noch im Sinne eines Defekts). Man braucht aufeinander abgestimmte Projekte, um die Lebensbedingungen zu verbessern. Ohne solche Kooperationen wäre das Leben arm und in vielen Fällen kurz, wenn auch nicht vollkommen ›einsam, widerwärtig und gewalttätig‹.[9] Doch überall dort, wo es um ›Menschen in Massen‹ geht, werden deren Unternehmungen manchmal miteinander in Konflikt geraten. Es bedarf einer Entscheidungsmaschinerie, die sich oberhalb der Einzelunternehmungen bewegt und die manche dieser Unternehmungen überhaupt erst anstößt. Abgesehen davon gibt es viele Vorgänge, die ohne festgelegte Formalitäten undenkbar sind, Heiraten z. B. oder bestimmte Vereinigungen Gründen oder Eigentum Übergeben. Hier muss es ausdrückliche Regeln oder zumindest Bräuche geben, damit man ›weiß, woran man ist‹. Bräuche genügen nur in sehr einfachen Gesellschaften, sonst braucht man auch für solche Zwecke eine Maschinerie, die entsprechende Formalitäten festlegt und im Zweifelsfall entscheidet, ob etwas in Übereinstimmung mit den Formalitäten geschehen ist. Diese zweite Maschinerie muss mit der erstgenannten verbunden sein, welche die Projekte koordiniert. In ›Utopia‹ kämen solche Maschinerien einer Regierung nahe – sie würden von allen anerkannt (denn wir gehen hier von Menschen aus, die keine Laster haben, also auch nicht das der Dummheit); sie arbeiteten niemals Weisheit und Gerechtigkeit entgegen und bedürften niemals der Unterstützung durch Gewalt. Mehr noch, solche Entscheidungsmaschinerien *wären* die Regierung einer idealen Welt. Es ist falsch, sich auf eine unglückliche und zufällige Aufgabe zu konzentrieren, die Regierungen nur aufgrund des chaotischen Zustands der Menschheit zufällt, und dann zu behaupten, dass *diese Aufgabe* das wesentliche Merkmal staatlicher Autorität sei.«

9 *A. d. Ü.:* Anscombe paraphrasiert hier Hobbes, der das Leben von Menschenmassen ohne Regierung – im sogenannten »Naturzustand« – als »solitary, nasty, brutish and short« beschreibt (*Leviathan*, Kapitel 13, Absatz 9).

Hierauf entgegne ich:[10] Nein, das ist nicht falsch. Denn ich habe gefragt: Was unterscheidet den Staat von einer freiwilligen Vereinigung? Und der gegenwärtige Einwand sagt nichts anderes als: »Auch wenn es keine Bosheit unter den Menschen gäbe, würden sie sich freiwillig zusammenschließen und so etwas Ähnliches wie eine Regierung schaffen – eine übergeordnete Autorität, die Formalitäten festlegt und im Falle unvereinbarer Unternehmungen entscheidet.« Das sagt aber nichts anderes als, dass ohne menschliche Bösartigkeit das Problem, einen Unterschied zwischen Staaten und Vereinen zu finden, gar nicht erst entstünde. Dann würde sich höchstens noch die Frage stellen, wodurch sich die staatliche Gemeinschaft von anderen Formen freiwilliger Vereinigung unterscheidet. Ich habe weiter oben behauptet, dass die interessanten Fälle von Autorität diejenigen sind, in denen die ihr Unterworfenen dies *nolens volens* sind.[11] Beim utopischen Entwurf fehlt das *nolens*. Mein fiktiver Gegner behauptet, dass es sich bei der staatlichen Gewaltausübung um eine unglückliche, zufällige Aufgabe handle, die aus dem chaotischen Zustand der Menschheit erwachse. Doch selbst wenn das stimmen sollte, hat der Gegner entweder meine These bereits zugestanden, oder die Notwendigkeit einer Entscheidungsmaschinerie sagt uns nichts über das Recht einer Regierung, Zwang auszuüben.

Wir sind an den Punkt gelangt, wo wir die Frage beantworten müssen, was ein Recht ist. Nur so lässt sich die Gültigkeit von Argumenten der folgenden Form zeigen: »Menschen in Massen« benötigen eine Regierung; d.h., sie benötigen ein durch Zwang untermauertes Gesetz und Personen, welche die Macht einer Regierung ausüben. Folglich muss es Personen geben können, denen ein Recht auf die Ausübung solcher Macht zukommt. Die Erfüllung der Regierungsaufgabe ist unmöglich, solange nicht ein großes Maß an staatsbürgerlichem Gehorsam besteht und solange die Regierenden zur Ausübung ihrer Macht nicht über Einsatzkräfte verfügen, die sie rechtmäßig befehligen. Also verfügen diejenigen, die rechtmäßig Macht ausüben, über Autorität in jenem Sinne, wie sie laut Argument benötigt wird.

10 *A. d. Ü.:* In der *Summa theologiae* leitet diese Formulierung stets die Zusammenfassung von Thomas' eigener Ansicht ein (»Respondeo dicendum quod«, wörtlich: »Ich antworte, es ist zu sagen, dass ...«).

11 *A. d. Ü.:* Siehe oben, S.102.

Im folgenden Abschnitt erkläre ich allgemein, was ein Recht ist. Dieser Abschnitt richtet sich an die höheren Ansprüche der Philosophen, vor allem der heutigen, und überhaupt an alle Leser, die von dem Gefühl befallen sind, dass »es hier um eine moralische Frage geht und Moral etwas gänzlich Relatives und Kulturabhängiges ist oder gar eine Frage persönlicher Vorurteile«. Wem solche Gefühle fremd sind, der kann diesen Abschnitt getrost überspringen und bei Abschnitt III weiterlesen. Dort argumentiere ich für die Prämissen des gerade angeführten Arguments und behaupte, dass die Autorität des Staates nicht aus einer Übertragung der Rechte Einzelner entstehen kann und dass ihr bestimmte Grenzen inhärent sind.

II

Der Begriff des Rechts ist ebenso grundlegend wie philosophisch schwer zu fassen. Einerseits scheint es absurd, ihn als Grundbegriff einzuführen, ohne weitere Erklärungen. Andererseits ist unklar, wie man ihn erklären könnte; alle bisherigen Versuche dieser Art sind gescheitert. Bislang hat man bestenfalls Aspekte des Rechtsbegriffs voneinander und von verwandten Themen abgegrenzt und einige der logischen Eigenschaften dieses Begriffs herausgearbeitet. So wurde etwa darauf hingewiesen, dass ein Recht immer ein Recht von jemandem gegenüber jemand anderem ist. Mein Recht auf Ungestörtheit z. B. kann weder von einem Löwen verletzt werden, der mich zerfleischt, noch von einem Felsbrocken, der mich begräbt. Nur Personen können Rechte verletzen, und nur Personen können Rechte zukommen. Eine andere bemerkenswerte Eigenschaft von Rechten besteht darin, wie verschieden sie sind, was die Möglichkeit (und Unmöglichkeit) betrifft, auf sie zu verzichten, sie zu übertragen u. Ä. Ferner gilt: Gerechtigkeit, als Tugend einer Einzelperson, ist eine Charaktereigenschaft, die in der festen Grundhaltung besteht, die Rechte anderer nicht zu verletzen. Außerdem: Ein Unrecht ist die Verletzung eines Rechts; und vielleicht ist eine unrechte Handlung eben dadurch unrecht, dass sie ein *Un*-Recht ist. Doch man kann all das verstehen und damit vielleicht sogar viel über bestehende Rechte sagen, ohne damit einer echten Erklärung des Rechtsbegriffs auch nur einen Schritt näher zu kommen.

Ein Recht ist kein Naturphänomen, das man entdecken und für das man sich anschließend einen Namen ausdenken kann, wie das etwa ein Taxonom macht, wenn er bei einer Gruppe von Lebewesen ein unbekanntes Merkmal feststellt. In dieser Hinsicht verhalten sich Rechte wie Regeln oder Versprechen: In allen drei Fällen stößt man auf jene »natürliche Unverstehbarkeit«, die Hume beim Versprechen festzustellen meinte.[12] Der Grund, warum Versprechen nicht natürlich verstehbar sind, ist folgender: Sie zielen darauf ab, eine Notwendigkeit herzustellen, z. B. die Notwendigkeit, etwas Bestimmtes zu tun. Das geschieht, indem man unter geeigneten Umständen jemandem ankündigt, entsprechend zu handeln, indem man seine Aussage auf eine bestimmte Art und Weise macht. Man wählt diese besondere Art der Aussage genau deshalb, weil sie signalisiert, dass man sich die entsprechende Notwendigkeit auferlegt. Aber um was für eine Art von Notwendigkeit handelt es sich hier? Vielleicht gibt es tatsächlich Formen von Notwendigkeit, die man aus Naturbeobachtung erschließen kann, aber die hier relevante Art gehört sicher nicht dazu. Trotzdem wird sie erzeugt. Doch was erzeugt wird, ist keine unabhängig beschreibbare Wirkung, die (gewissermaßen wie von Zauberhand) durch die Zeichen entsteht. Die Wirkung besteht allein aufgrund der Zeichen. Es ist, als ob die Worte selbst besagte Notwendigkeit herstellten, einfach dadurch, dass sie das Bestehen dieser Notwendigkeit signalisieren. Doch was signalisieren sie denn außer einer zukünftigen Handlung? Jenes ›Extra‹, das die Aussage eines Versprechenden zu mehr als einer bloßen Absichtsäußerung werden lässt, bleibt unerklärt.

Welche Parallele hier zu Rechten besteht, wird später deutlich werden.[13] In der Zwischenzeit sollten wir einfach festhalten, dass es keine nützliche Definition von Rechten geben kann. Aber Definieren ist schließlich nicht die einzige Art, etwas zu erklären. Wir sollten uns stattdessen eingehender mit Modalausdrücken beschäftigen.

Modalausdrücke existieren immer als Paar, bestehend aus einem Notwendigkeits- und einem Möglichkeitsausdruck. Diese Partner

12 *A. d. Ü.:* Siehe *Traktat über die menschliche Natur*, 3.2.5. Aufsatz 3 im vorliegenden Band. »Warum Versprechen binden (und ob *in foro interno*)«, diskutiert Versprechen ausführlicher; Aufsatz 4, »Regeln, Rechte und Versprechen« (dort Abschnitt II), bespricht ebenfalls die Parallele zwischen Versprechen und Rechten.

13 *A. d. Ü.:* Siehe S. 112.

können stets wechselseitig definiert werden. Der tatsächliche Gebrauch von Modalausdrücken ist deutlich umfangreicher, als wir es in der Philosophie normalerweise zur Kenntnis nehmen. Die erste nennenswerte Erweiterung des Blickfelds der modernen Philosophie über logische Notwendigkeit und Naturnotwendigkeit hinaus bestand in der Entwicklung sogenannter »deontischer Logiken«. Doch schon in der Antike machte Aristoteles (in seiner *Metaphysik*) die wichtige Bemerkung, dass es einen Sinn von »notwendig« gibt, dem zufolge dasjenige »notwendig« ist, *ohne welches irgendein Gut nicht verwirklicht oder irgendein Übel nicht verhindert werden kann.*[14]

Dabei gibt es viele unterschiedliche Gebrauchsweisen von Modalausdrücken, also von Ausdrücken wie »können«, »nicht können«, »brauchen«, »nicht brauchen«, »müssen«, »nicht müssen«, »dürfen«, »nicht dürfen«, »verpflichtet sein«, »nicht verpflichtet sein«, »notwendig«, »möglich« und anderen mehr. Im Lateinischen und im Griechischen gibt es sogar für beides eine eigene Flexion von Verben, also eine Form, die Notwendigkeit, und eine, die Möglichkeit ausdrückt. In einigen modernen Sprachen findet sich nur die Letztere.[15] Wenn jemand kategorisch sagt, dass etwas der Fall sein »muss« oder »zu sein hat« oder »nicht anders sein kann«, dann ist es für die Richtigkeit der entsprechenden Aussage manchmal von Bedeutung, dass das Behauptete derzeit der Fall *ist*, manchmal, dass es später der Fall *sein wird*, und manchmal macht keines von beidem einen Unterschied für die Richtigkeit des »Müssens«. Beispiele für die erste Gebrauchsweise sind: »Er muss wohl in der Küche sein« oder »Der Premierminister muss in der Downing Street wohnen, das kann gar nicht anders sein«. Beispiele für die zweite sind: »Alle derzeit lebenden Menschen müssen sterben« oder »N. N. muss einfach gewinnen (kann nicht verlieren)!«. Und für die dritte: »Man muss sie mit ausreichend Flüssigkeit versorgen« oder »Du musst mit deinem König ziehen«. Und diese drei Verwendungsweisen bilden nur eine kleine Auswahl des vielfältigen Gebrauchs von Modalausdrücken.

Unter den sehr vielfältigen Gebrauchsweisen von Modalausdrücken finden sich auch solche, die man unter »jemanden an etwas

14 *A. d. Ü.:* In: *Metaphysik* 1015a22-24.

15 *A. d. Ü.:* So kennt auch das Deutsche nur eine Möglichkeitsflexion: den Konjunktiv.

hindern« zusammenfassen könnte. Zwar gibt es auch Modalausdrücke, die jemanden zu etwas veranlassen sollen, doch für das Thema Rechte sind jene, die ich im Folgenden »unterbindende Modalausdrücke« (*stopping modals*) nennen werde, wichtiger – wie eben »Du *kannst nicht* mit deinem König ziehen«. Jemand könnte einwenden, dass Letzteres schlicht bedeute: »In dieser Situation mit dem König zu ziehen verstößt gegen die Regeln.« Das wäre zwar richtig, doch genauso gut kann man »Das verstößt gegen die Regeln« als *eine* besondere Form von »Das kannst du nicht tun« betrachten. Vergegenwärtigen wir uns einmal, wie ein Kind Schachspielen lernt. Es erwirbt die Idee der Regel z.T. aufgrund genau jener Verwendung von »Das kannst du nicht tun«. Schließlich ist das, was es »nicht kann«, vielleicht etwas, das es in einem anderen Sinne sehr wohl tun *kann* – es sei denn, man hielte es fest. Die betreffenden Äußerungen werden am Anfang von anderen Methoden begleitet, die Handlung zu verhindern oder aufzuhalten, bis schließlich die Äußerung selbst diese Funktion des Verhinderns oder Aufhaltens übernehmen kann. Unter bestimmten Umständen (was auch bestimmte Folgen einschließt) gehört ein solcher Vorgang zum Erwerb des Begriffs der Regel; unter anderen Umständen würde er zum Erwerb des Begriffs der Etikette beitragen, unter noch anderen zum Erwerb des Begriffs des Versprechens, in wiederum anderen zum Erwerb des Begriffs Sakrileg usw. Es gehört zum Wesen der menschlichen Intelligenz, die richtigen Reaktionen auf unterbindende Modalausdrücke lernen zu können; andernfalls könnte es diese Art von Ausdrücken gar nicht geben.

Selbstverständlich sind unterbindende Verwendungsweisen von »können« vereinbar mit dem tatsächlichen Auftreten dessen, was ihnen zufolge »nicht sein kann« – in dem Sinne, dass dieses Auftreten die entsprechende Aussage nicht widerlegt. Eine Ausnahme bilden hier nur Fälle wie der folgende: Manchmal handelt es sich bei dem, was »nicht sein kann«, z.B. um einen Spielzug, den man aber nicht als einen Spielzug *bezeichnen* würde, falls er von jemandem gemacht wird, der sich durch den Hinweis »Du kannst nicht …« nicht aufhalten lässt.

In unserem alltäglichen Leben und Sprechen geht der Gebrauch unterbindender Modalausdrücke häufig mit der besonderen Erwähnung einer Person einher. Beispiele sind etwa: »Das kannst du nicht tun, es könnte Maria verletzen«, »Du kannst hier nicht sitzen, das ist Josefs Platz«, »Das kannst du nicht essen, es ist für N. N.«, »Das kannst du nicht tun, das muss N. N. machen«, »Dort kannst du nicht hin, das ist N. N.s Acker«, »Das darfst du nicht tun, es wird N. N. helfen/schaden« oder »Das darfst du nicht tun; N. N. würde das gar nicht gefallen«; und man könnte diese Liste noch lange fortsetzen. Die Anlässe solcher Bemerkungen sind ganz unterschiedlich. Von »Du kannst das nicht essen, es ist für N. N.« lässt man sich vielleicht deshalb aufhalten, weil der Sprecher entschlossen klingt, sicherzustellen, dass N. N. das Essen bekommt. Und »Das muss N. N. machen« kann mit einem abfälligen Tonfall angesichts einer geringgeschätzten Aufgabe verbunden sein und vielleicht mit Bemerkungen, die N. N. als Mitglied einer untergeordneten Klasse kennzeichnen, oder auch mit Achtung vor N. N.s Fähigkeiten: Er weiß, wie es geht, und er wird es richtig machen.

Aber mit Ausdrücken wie »Das muss N. N. machen« kann auch etwas völlig anderes verbunden sein. Betrachten wir etwa folgenden Fall: N. N. ist nicht gezwungen, etwas Bestimmtes zu tun. Niemand benutzt den Ausdruck »Du musst« oder versucht auch nur, ihn zu überreden, das Fragliche zu tun. Doch er gehört zu denjenigen, die es »können«, in dem Sinne, dass ihn kein unterbindender Modalausdruck hindert. Jeder *andere* dagegen, der sich anschickte, Entsprechendes zu tun, bekäme zu hören »Das darfst du nicht, das muss N. N. machen«, vielleicht gefolgt von einem beleidigten Verhalten N. N.s oder eines Stellvertreters. (Oder man müsste sich auf solche Reaktionen zumindest gefasst machen, wenn man das in Frage Stehende *trotzdem* tut.) Darüber hinaus »muss« man dann vielleicht die Sache N. N. gegenüber wiedergutmachen, weil man etwas getan hat, das ihm zustand und nicht einem selbst. Die Verbindung zwischen N. N. und der für ihn reservierten Handlung zeigt sich hier zum einen im Grund für jenes »Nicht-Können«, das einen selbst davon abhalten soll, sie auszuführen, aber insbesondere auch im Grund für das »Nicht-Können«, das einem untersagt, N. N. an der Handlung zu hindern. In solchen Fällen wird die betreffende Handlung in etwas bestehen, das Menschen von Natur aus wollen, oder in etwas, das man tun will, weil die restriktive Praxis selbst der Sache einen besonderen Reiz oder eine besondere Würde verleiht.

Hier zeigt sich die Ähnlichkeit zwischen unserem Problem und Humes Problem des Versprechens. Denn aufgrund welcher Verbindung zwischen N. N. und der Handlung bleibt diese Handlung N. N. vorbehalten? Das bleibt unerklärlich. Das wird in vielen Fällen dadurch verschleiert, dass tatsächlich eine handfeste Verbindung zwischen N. N. und der Handlung besteht – etwa dadurch, dass dieser-und-jener Gegenstand von N. N. hergestellt wurde oder von ihm benutzt wird oder dass dies N. N.s Kinder sind usw. Aber keine dieser Verbindungen ist die Verbindung, um die es *hier* geht. *Die von uns gesuchte Verbindung wird erst mittels Sprache ERZEUGT.*

Das ist (zumindest im Ansatz) die Idee des »Rechts«. Diese Idee ist gleichzeitig völlig klar und völlig unverständlich, und zwar aus folgenden Gründen: Klar ist sie, weil wir gelernt haben, auf unterbindende Modalausdrücke zu reagieren: uns ihnen zu fügen, sie selbst anzuwenden und gegen sie zu verstoßen. Unverständlich ist diese Idee, weil sich, ganz gleich, wie man es dreht und wendet, keine *Erklärung* dieses »Nicht-Könnens« findet, genau wie sich auch keine Erklärung jener besonderen »Notwendigkeit« finden lässt, die durch Versprechen erzeugt wird (und die man »Verpflichtung« nennt). In Wahrheit gibt es nämlich keine derartige Erklärung – für keinen dieser Fälle. Wenn wir die entsprechenden sprachlichen Ausdrücke mit Überzeugung benutzen, ›glauben‹ wir an die verwendeten Nicht-Können-Ausdrücke. Doch was glauben wir da? Vermutlich glauben wir an Rechte. Doch was für eine Art von Ding ist ein Recht? Spielregeln sind einfacher zu verstehen: Außer bei Kleinkindern wird die Äußerung »Du kannst nicht mit dem König ziehen« wohl selten von leidenschaftlicher Überzeugung begleitet. Und wo das doch geschieht, handelt es sich um eine Überzeugung zur Frage, was die Regeln sagen. Es geht dabei nicht um die sozusagen metaphysische Existenz der Regel. Solche Fragen kann man gewöhnlich einfach entscheiden, indem man in einem Buch nachschlägt. Wir wissen, dass es sich bei solchen Regeln schlicht um Konventionen handelt.

Es mag überraschen, dass ich Rechte auf diese Art beschreibe. Man könnte meinen, dass ich in Wirklichkeit eine Beschreibung von Privilegien gäbe. Doch dem ist nicht so. Nehmen wir an, jeder habe ›ein Recht‹ auf die ungestörte Nutzung, d. h. auf das Bewohnen seines Heims (eben auf das, was der »possessorische Besitzschutz« schützen soll). Nehmen wir außerdem an, die Verhältnisse seien so glücklich, dass jeder ein Heim hat. In einer solchen Situation gälte Folgendes: Man könnte Aussagen mit unterbindenden Modalausdrücken formulieren, genauer gesagt, Aussagen, denen zufolge man etwas »nicht kann«; und diese Aussagen würde für alle außer N. N. selbst gelten. N. N. »kann« in seinem Heim Dinge tun, die andere dort »nicht können«. Und was er »kann«, wird durch das, was alle anderen »nicht können« bestimmt und beschützt. Dementsprechend ist auch mein Recht, nicht belästigt zu werden, kein Privileg. (Doch worin besteht es?) Und genauso ist es »an mir«, mich dort aufzuhalten, wo ich gerade bin – niemand »kann« mich einfach vom Weg drängen.[16] Genau wie mir auch niemand einfach meinen Stimmzettel wegnehmen und ein Kreuz darauf machen »kann« usw.

Beruht die leidenschaftliche Überzeugung, die wir hinsichtlich dieser Art von Können und Nicht-Können hegen, auf einer Illusion? Aber worin sollte diese Illusion eigentlich bestehen? Schließlich können Fragen, die diese Art von Modalaussagen betreffen, oft auf ähnliche Weise beantwortet werden wie Fragen, die Schachregeln betreffen. Etwa, wenn es sich um juristische Fragen handelt. Deren Klärung mag verwickelt, mühsam und teuer sein, doch vom Standpunkt unserer Fragestellung aus sind sie von derselben Art. Das gilt selbst dann, wenn sich die Frage nicht einwandfrei klären lässt. So etwas kann z. B. dort passieren, wo es sich schlicht um eine Frage von Tradition handelt: Was ist bei unserem Stamm üblich? Müssen die Jüngeren zurückstehen und den Älteren den Vortritt lassen? Nehmen wir einmal an, Letzteres *sei* Brauch. Dann könnte es durchaus sein (oder eben auch nicht sein), dass wir diesen Brauch aufweichen wollen. Vielleicht wollen wir mit Hilfe einer neuen Praxis ein altes Recht abschaffen – zugunsten eines neuen Rechts für andere Menschen. Und manch ein Zeitgenosse mag in solchen Fällen abergläubisch behaupten, dass das bröckelnde alte Recht eine unverletzliche Wahrheit darstelle.

Die eigentlich drängende Frage haben wir aber noch gar nicht gestellt – die eigentlich *bedeutsame* Frage. Bisher besagt unsere Theorie, dass der Begriff des Rechts durch bestimmte sprachliche Praktiken erzeugt wird. Letzteres meint dabei nicht bloß die Praxis des Äußerns von Worten unter bestimmten Umständen oder in bestimmten Zusammenhängen; es bezeichnet *Handlungen.* Derartige Handlungen bestehen darin, die Handlungen anderer zu unterbin-

16 *A. d. Ü.:* Anspielung auf Hiob 24.4 EÜ: »Vom Weg drängen sie die Armen, es verbergen sich alle Gebeugten des Landes.«

den, und zwar indem man Worte auf eine Art in sie verwebt, die den Gebrauch dieser Worte selbst zu einer Handlung werden lässt. Besagter Begriff wird durch solche Praktiken, solche mit Sprache verbundenen Handlungen, erschaffen; und eine bestimmte Menge entsprechender Praktiken erzeugt ihn notwendigerweise in jeder menschlichen Gruppe. Personen, die bestimmte Praktiken ausüben, erzeugen oder erhalten sich die im Rahmen dieser Praktiken existierenden Rechte als traditionelle Rechte ihrer Gesellschaft, eben indem sie jene Praktiken ausüben. Was aber könnte uns dann jemals in die Lage versetzen, dafür zu argumentieren, dass etwas, das gemeinhin als ein Recht gilt, überhaupt keines ist, während etwas, das nicht als ein Recht gilt, tatsächlich eines darstellt? Es scheint, als ob die Frage nach *Menschenrechten* sich gar nicht mehr stellen ließe! Denn es scheint, als gäbe es nur zwei Arten von Wahrheiten über Rechte: zum einen etwas, das wir als theoretische, wissenschaftliche Wahrheit bezeichnen können, was in unserem Zusammenhang in einer soziologischen oder anthropologischen Wahrheit bestehen würde. Zum anderen gäbe es Behauptungen *innerhalb* einer Praxis und innerhalb der Gesetze einer bestimmten Gesellschaft, also Behauptungen, mit denen wir uns an jene Sprache halten und jene Praktiken fortsetzen, die den allgemeinen Begriff des Rechts und die einzelnen Rechte zusammen hervorbringen. Wenn das stimmt, kann das Ausrufen eines neuen Rechts, das im Rahmen der Praktiken einer Gesellschaft bislang nicht anerkannt wurde, stets nur den Status eines Vorschlags haben. Die Vorstellung, dass es ›abstrakte Wahrheiten‹ über Rechte gäbe, mit denen solche Vorschläge sich decken müssten, wäre purer Aberglaube.

Ich hatte eingangs behauptet, dass man im Zusammenhang mit der Autorität einer Regierung von einem Recht sprechen muss.[17] Was sage ich denn, den letzten Überlegungen zufolge, überhaupt mit dieser Behauptung? Weise ich mit ihr auf eine bestehende Praxis hin, oder schlage ich eine neue vor? Das Erste wäre das Ende der ganzen altmodischen Suche nach einer Rechtfertigung. Falls ich aber das Zweite tue, was berechtigt mich dann überhaupt dazu, derartige Vorschläge zu machen? Tue ich nicht bloß meine eigenen Gefühle kund (meinetwegen meine ›moralischen‹ Gefühle), anstatt eine Wahrheit zu verkünden, wenn ich Dinge behaupte wie: »Ganz

17 *A. d. Ü.:* Siehe S. 103.

gleich, was die jeweilige Tradition sagt, dies-und-jenes kann niemals ein Recht sein« oder: »Eine Regierung unterscheidet sich von einer Verbrecherherrschaft dadurch, dass die Regierung über das Recht verfügt, zu tun, was sie tut«?

Ich habe oft ein schmerzhaftes Gefühl der Schwäche erlebt, wenn ich detailliert begründen sollte, warum irgendetwas nicht anders als ungerecht sein kann, warum dieses-oder-jenes die Verletzung eines Rechts darstellen muss, warum es sich bei etwas um nichts anderes als einen Mord handeln kann oder warum bestimmte Dinge keine Ausübung von Autorität sein können. Meine Argumente scheinen nichts auszurichten.

Nachdem ich nun angefangen habe, eine Theorie von Rechten zu entwerfen, wird mir klar, warum es so naheliegt zu denken, es wäre unmöglich, derartige Behauptungen zu rechtfertigen. Trotzdem ist dieser Eindruck falsch.

Ich habe versucht zu zeigen, dass der Rechtsbegriff durch eine bestimmte Gebrauchsweise unterbindender Modalausdrücke erzeugt wird, nämlich dadurch, dass diese Ausdrücke mit etwas verbunden werden, das wie ein Grund klingt. Laut einem derartigen Grund steht N. N. z. B. etwas zu, oder es ist »von N. N.« oder »für N. N.«. (Man beachte, dass »es steht N. N. zu« nicht unbedingt Eigentum anzeigt; das ist nur ein Fall unter vielen.) Es liegt hier ein sehr spezieller Gebrauch des Namens einer Person vor oder zumindest eine ganz besondere Art, etwas mit einer Person in Verbindung zu bringen. Durch diesen Gebrauch erklärt sich der allgemeine Ausdruck »Recht« – und nicht etwa umgekehrt. Es steht N. N. zu, etwas zu tun, etwas zu empfangen (sagen wir eine Nachricht) oder jemanden zu töten – wie das die antiken Römer von N. N.s Kindern sagen würden (gemäß seiner *patria potestas*).[18] Scheinbar erfinden wir den allgemeinen Ausdruck »Recht«, weil es in unserer Sprache ein Bedürfnis danach gibt. So wie z. B. auch der allgemeine Ausdruck »Relation« erfunden wurde.

Auf der Ebene der Erzeugung des Rechtsbegriffs sind alle Rechte notwendigerweise Gewohnheitsrechte, und in diesem Sinne gründen sich Rechte vollständig auf Sitten. Die Existenz von Dingen

18 *A. d. Ü.:* Die »Macht des Vaters« im römischen Recht bestand in dessen weitreichender Entscheidungsbefugnis über seine eigenen Kinder, die Kinder seiner Söhne und sogar noch deren Kinder. In der frühen Phase des Römischen Reichs ging diese Gewalt so weit, dass Väter die Todesstrafe verhängen konnten.

wie Rechten besteht im regelmäßigen Vorliegen bestimmter Vorgehensweisen und bestimmter Reaktionen, wozu wesentlich der Gebrauch bestimmter Sprachmuster gehört.

Die Form der Behauptung »Das steht N.N. zu« spielt eine besondere Rolle. Es scheint dieselbe Form zu sein wie jene, die man benutzt, wenn man Gründe angibt. Und sicherlich ist eine Behauptung dieser Form »ein Grund« im Sinne eines *logos*, eines begründenden Gedankens. Doch wenn man sich fragt, was dieser Gedanke ist und wofür er in Behauptungen wie »Du kannst nicht ..., das steht N.N. zu« einen Grund darstellt, so stellt man fest, dass der erste und der zweite Teil dieser Behauptung nicht unabhängig voneinander erklärt werden können. »Du kannst nicht ...« für sich allein genommen bleibt unerklärbar. Denn in jedem anderen Sinne als dem uns interessierenden ist es schlicht nicht wahr, dass der Betreffende das in Frage Stehende nicht tun kann. Doch ebenso hat »Das steht N.N. zu« jene Bedeutung, die es in Verbindung mit »Du kannst nicht ...« hat, eben nur durch diese Verbindung. Sobald es solche Sprachpraktiken aber einmal gibt, kann man jenes »Das steht N.N. zu« abtrennen und in neuen Zusammenhängen ausdrücklich als eigenständigen Grund verwenden, wie in »Ich habe nicht ..., denn das steht N.N. zu«. Ich werde in unserem Zusammenhang das Wort »Grund« für etwas reservieren, das von dem Begründeten unabhängig ist und mit dem jemand eine Handlung oder Unterlassung begründet. Nach dieser Definition enthält »Ich habe nicht ..., denn das steht N.N. zu« die Formulierung eines Grundes; denn der Sinn dieser Behauptung besteht unabhängig davon, dass sie einen Grund angibt. Im Gegensatz dazu werde ich in Aussagen wie »Du kannst nicht ..., das steht N.N. zu« den jeweiligen Inhalt von »... steht N.N. zu« als den »konkreten *logos*« des »Du kannst nicht ...« bezeichnen. Diese eigenwillige terminologische Unterscheidung führe ich aus folgender Überlegung ein: In »Du kannst nicht ..., das steht N.N. zu« bezeichne ich die zweite Hälfte der Äußerung als den *logos* der ersten, weil beide Hälften nicht unabhängig voneinander sind. Den jeweiligen Inhalt der zweiten Hälfte nenne ich den *konkreten logos*, weil es sich hier stets um die konkrete Erscheinungsform eines allgemeinen *Logos*-Typs handelt. (Diese konkreten Inhalte können sehr verschieden sein, etwa: »Es steht N.N. zu, sein eigenes Kind zu töten oder aufzuziehen« oder »Es steht N.N. zu, auf diesem Stuhl zu sitzen«.)

Der allgemeine *Logos*-Typ gibt die formalen Eigenschaften dieser Kategorie von »Du-kannst-nicht ...«-Aussagen an. Natürlich begegnet man nie dem allgemeinen Typ, sondern immer einer seiner einzelnen Realisierungen, eben einem *konkreten logos*. Der uns hier beschäftigende allgemeine Typ ist der eines Rechts. Doch man muss sich bewusst sein, dass das keine Erklärung dieses Typs ist, sondern nur eine Bezeichnung. Ein anderer allgemeiner *Logos*-Typ ist etwa der einer Spielregel. Dieser Typ bezeichnet die formalen Eigenschaften des »Du kannst nicht ...« in Aussagen wie »Du kannst nicht mit dem König ziehen«. In »Du kannst nicht mit dem König ziehen, er würde im Schach stehen« z. B. gibt das »Er würde im Schach stehen« den konkreten *logos* des »Du kannst nicht ...« an.

Da dieser Erklärung zufolge ein *logos* ein Gedanke ist, kann über ihn gestritten und diskutiert werden; man kann Gründe für und gegen ihn suchen. Betrachten wir ein Beispiel:

(1) Du kannst das nicht vernichten; es ist eine Botschaft für N. N., und er hat sie noch nicht gelesen (und wird sie nicht erhalten, wenn du sie zerstörst).

Diese Aussage ist eng mit folgender verbunden:

(2) Du kannst das nicht vernichten; es steht N. N. zu, eine für ihn bestimmte Botschaft auch zu empfangen.

Das »Du kannst nicht« in Aussage 1 besitzt nicht notwendigerweise den formalen Charakter jenes unterbindenden Modalausdrucks, den man bei der drohenden Verletzung von Rechten verwendet. Es könnte auch in jene ganz andere Kategorie unterbindender Modalausdrücke fallen, in die etwa das »Du kannst nicht« aus »Du kannst das nicht verrücken, dann fällt das Regal herunter« gehört. Bei dem »Du kannst nicht« aus Aussage 2 dagegen hat sich der Sprecher eindeutig auf den uns interessierenden Typ unterbindender Modalausdrücke *festgelegt* – was er natürlich im Falle des »Du kannst nicht« aus 1 ebenfalls getan haben *könnte*. Doch oberflächlich betrachtet besteht der Unterschied zwischen 1 und 2 darin, dass 1 eine »Tatsache« behauptet, während 2 ein »Recht« zuschreibt. (Dieser Unterschied scheint derselbe zu sein wie der zwischen *de facto* und *de iure*.)

Der Adressat von Aussage 2 kann natürlich trotzdem einfach hingehen und die Botschaft vernichten, etwa weil er Überlegungen wie die in 2 angestellten generell verachtet. In diesem Fall würde er Aussage 2 gar nicht bestreiten; sie hätte für ihn nur kein Gewicht. Wie bereits erwähnt, kann man gegen Aussagen wie 2 aber auch argumentieren. Eine Art von Argument bestünde darin, die Wahrheit der behaupteten Tatsachen anzuzweifeln.[19] Dieser Fall ist für uns uninteressant. Dasselbe gilt für Argumente, mit denen man die in 2 angestellten Überlegungen einfach beiseiteschiebt (also Argumente wie: »Was geht mich das an? Ich …«). Uns interessieren hier nur solche Argumente, die sich wirklich gegen Überlegungen der Art richten, wie sie in 2 angestellt werden. Denn selbst wenn es, erstens, in der betreffenden Gesellschaft übliche Praxis (Botschaften betreffend) wäre, einen bestimmten unterbindenden Modalausdruck zu verwenden, und, zweitens, es keine Rechte gäbe, wenn der Mensch keine derartigen Praktiken hätte, so folgte daraus nicht, dass man gegen den *logos* der Aussage 2 nicht argumentieren kann. Welche Form müssten entsprechende Argumente haben? Vielleicht folgende: »Nein, das steht N. N. überhaupt nicht zu. Denn N. N. ist ein Strafgefangener« oder »ein Verrückter«, »ein Kind«, »eine Frau«, »meine Frau« oder »mein Feind« oder so etwas wie »N. N. plant ein Verbrechen, und das wird ihm dabei helfen«. Oder man sagt Entsprechendes vom Absender der Nachricht. Wer so argumentiert, scheint von einem allgemein anerkannten Recht eine Ausnahme machen zu wollen. Er könnte allerdings auch nur *darauf hinweisen*, dass N. N. selbst oder die strittige Botschaft durch dieses Recht überhaupt nicht geschützt wird.

Diese sprachliche Praxis unterbindender Modalausdrücke erkennt implizit allgemeine Rechte zu, sonst gäbe es keine Praxis. Es mag zwar vorkommen, dass ein Recht nur einer einzigen Person zukommt, für die sich der entsprechende Sachverhalt oftmals ergibt. Doch naturgemäß tauchen innerhalb des *logos* häufig allgemeine Ausdrücke auf, die man in ähnlicher Weise auch auf andere Menschen als N. N. anwenden kann.

Wer in der uns interessierenden Weise argumentiert, schlägt entweder eine neue Ausnahme von der Regel vor, oder er möchte

19 *A. d. Ü.:* In unserem Beispiel hieße das, zu bezweifeln, dass die Botschaft tatsächlich für N. N. bestimmt ist oder dass es sich überhaupt um eine Botschaft handelt oder dass N. N. diese Botschaft noch nicht gelesen hat o. Ä.

die gegenwärtige Regelung allgemein verändern. Für beide Strategien bieten sich oft viele unterschiedliche Argumentationsmöglichkeiten. So kann man auf die negativen Folgen hinweisen, die sich daraus ergeben, dass dieser-und-jener Personenkreis unter die Regel fällt. Oder man verweist auf den ›Geist‹ der Regel, ihre eigentliche Bedeutung, an der man sofort ›sieht‹, dass sie für bestimmte Leute nicht gelten darf. Man kann natürlich auch die Regel an sich als durch und durch schädlich oder ›unsinnig‹ kritisieren. In diesem Fall würde man so etwas sagen wie: »Warum sollte das bloße Vorliegen von … bedeuten, dass man … tun kann?« oder »Warum sollte das rechtfertigen, dass ebenso geeignete und sogar wertvollere Menschen zurückstehen müssen, wenn es darum geht …?«. Auf diese Weise kann man die Eignung, die der *logos* diesem oder jenem zuschreibt, zweifelhaft erscheinen lassen und die für vermeintlich Nichtgeeignete entstehenden Nachteile besonders herausstellen. Die strittigen Eignungen können sehr unterschiedlicher Art sein. Vielleicht gilt nur als geeignet, wer eine bestimmte Reise unternommen oder eine bestimmte Auszeichnung empfangen hat, wer eine bestimmte Abstammung aufweist, wessen Körper gewisse Male beigebracht wurden oder wer mit diesen geboren wurde, wer krank ist oder wahnsinnig, wer ein Kind, alt, verheiratet, unverheiratet oder Einheimischer ist. Wenn wir in unseren Überlegungen allerdings hier stehen blieben, könnten unsere Argumente gegen ein traditionell zugestandenes Recht nie die Form von *Beweisen* annehmen – es sei denn, dieses Recht würde ein anderes zugestandenes Recht verletzen, das anerkanntermaßen mehr Gewicht hat. Eine andere Art von Beweis dafür, dass es sich bei einem zugestandenen Recht überhaupt nicht um ein Recht handelt, kann mit derartigen Argumenten nicht geführt werden.

Vielleicht bietet folgender Gedanke einen Ausweg: Wenn jemand eine Rolle oder Funktion hat, die er erfüllen »muss«, oder etwas, das er zu tun »hat«, dann »kann« man ihn nicht daran hindern. Hier handelt es sich um eine Art von Notwendigkeit, aus der nicht folgt, dass die notwendige Sache auch wirklich ist. In solchen Fällen ist die Aussage »Aus *Notwendigkeit* folgt *Möglichkeit*« nicht trivial. Darauf haben schon viele hingewiesen; man denke nur an die weitverzweigte Diskussion zur Frage, ob aus Sollen Können folgt. Bemerkenswert an diesen Fällen ist der Wechsel im *Typ von Moda-*

lität beim Wechsel von »notwendig« zu »möglich«.[20] »Aus Sollen folgt Können« stimmt höchstens in dem Sinne (falls es überhaupt stimmt), dass physikalische Unmöglichkeiten einen der Verantwortung für etwas entheben.[21] Aber das uns hier beschäftigende Zusammentreffen von Modalausdrücken ist viel interessanter als diese Diskussion. Innerhalb derselben Art von Modalität gilt für jeden Modalausdruck natürlich, dass »Es ist notwendig, dass ...« gleichbedeutend ist mit »Es ist unmöglich, dass nicht ...«. So können wir »... müssen« auch interpretieren als »kein Recht haben, nicht zu ...«. Das bringt uns allerdings nicht weiter. Für uns interessant sind z. B. Fälle, in denen jemand »müssen« so verwendet, dass er einem anderen Strafe androht, falls dieser seiner Anordnung nicht nachkommt. Denn falls der Drohende außerdem Dinge verbietet, die offensichtlich notwendig sind, um seine erste Anordnung zu erfüllen, widersprechen seine Forderungen der Vernunft. Das heißt nicht, dass solche Forderungen in der Praxis nicht aufgestellt werden könnten. Es gibt ja Situationen, in denen jemandes Ziel darin besteht, einen anderen in eine ›unmögliche Situation‹ zu bringen,

20 *A. d. Ü.:* Die Arten von Modalität, zwischen denen hier gewechselt wird, sind ›Aristotelische Notwendigkeit‹ einerseits und die Notwendigkeit/Möglichkeit, auf eine bestimmte Art zu handeln, andererseits, für die wir jene von Anscombe besprochenen »unterbindenden Modalausdrücke« (*stopping modals*) verwenden. So könnte es für »in der Masse lebende Menschen« *notwendig* sein, eine Regierung zu haben. Wer das behauptet, gebraucht ›notwendig‹ im aristotelischen Sinne, nämlich für etwas, »ohne welches irgendein Gut nicht verwirklicht oder irgendein Übel nicht verhindert werden kann«; er behauptet, dass dies-und-jenes Güter betreffend der Fall sei. Falls er damit Recht hat, falls also tatsächlich eine solche aristotelische Notwendigkeit besteht, könnte man aus dieser Notwendigkeit ableiten, dass es notwendig/möglich ist, auf eine bestimmte Art zu handeln. In unserem Beispiel müsste es dann manchen Menschen möglich sein, Gewalt auszuüben, und es wäre *notwendig* für andere Menschen, dieses Recht zu respektieren. Man könnte also aus dem Zusammenhang Güter betreffend ableiten, dass dies-und-jenes getan werden sollte.

21 Soll heißen, dass die interessantere Interpretation der These sie meiner Meinung nach falsch werden lässt. Denn dieser interessanteren Interpretation zufolge würde der Beweis, dass ich etwas tun »soll«, zugleich beweisen, dass ich es tun »kann«, in dem Sinne, dass ich die nötige Freiheit besitze. [*A. d. Ü.:* Anscombe widerspricht also direkt der Kantischen Grundannahme, man könne, weil man solle. (Siehe etwa: *Kritik der reinen Vernunft*, B576/A548 oder B835/A807; *Kritik der praktischen Vernunft*, A171-180; oder *Die Religion innerhalb der Grenzen der bloßen Vernunft*, S. 50f., in: *Gesammelte Schriften*, Berlin 1900ff., Band VI.)]

ihn zu bestrafen oder zu demütigen. Unvernunft allein ist kein Beweis von Dummheit oder für das Vorliegen eines Irrtums; sie kann auch zynisch sein. Doch sie bleibt Unvernunft.

Falls wir von einer Verbindung unterschiedlicher Arten von Modalaussagen zeigen könnten, dass sie in diesem Sinne unvernünftig ist, wäre das eine Grundlage, auf der wir die Verbindung selbst und letztlich vielleicht auch eines ihrer Glieder widerlegen könnten. Das wiederum würde uns ermöglichen, für ein Recht zu argumentieren, ohne uns auf Sitten, Gesetze oder Verträge zu berufen, sowie umgekehrt von einem Gewohnheitsrecht zu zeigen, dass es sich bei diesem überhaupt nicht um ein Recht handelt, sondern um ein ›Gewohnheitsunrecht‹. Denn wenn etwas notwendig ist – z. B. weil es eine notwendige Aufgabe im Rahmen des menschlichen Lebens darstellt –, dann ergibt sich für den Zuständigen daraus ein Recht auf das, was zur Ausführung dieser Aufgabe gehört. Dafür muss man den Ausdruck »ein Recht« natürlich so erklären, wie ich es getan habe, also durch Bezugnahme auf eine bestimmte Art unterbindender Modalausdrücke. Er bezeichnet eine Menge von »Du-kannst-nicht«-Aussagen, die das »Können« des Berechtigten umgeben, fixieren und schützen. Das Bemerkenswerte an diesem Begriff von Notwendigkeit ist, dass es sich gerade nicht um das Gegenstück jenes »Könnens« handelt, mit dem man ein Recht ausdrückt; »notwendig« in diesem Sinne ist nicht gleichbedeutend mit »kein Recht, nicht zu ...«. Diese Art von Notwendigkeit ermöglicht uns im Gegenteil endlich, aus dem Kreis auszubrechen, in den wir andauernd geraten. Sie kann z. B. in einem allgemeinen menschlichen Bedürfnis bestehen. So erfüllen etwa Menschen, die Kinder zu erziehen haben (und das auch tun), im Allgemeinen eine notwendige Aufgabe. Diese Aufgabe kann ohne den Gehorsam der Kinder nicht erfüllt werden, und deshalb haben die Betreffenden ein Recht auf solchen Gehorsam. Ich behaupte, dass Argumente dieser Form gültig sind und dass man nur mit Hilfe der zuvor angestellten Überlegungen zu Modalaussagen wirklich verstehen kann, warum. Auf der Ebene des gesunden Menschenverstands sind derartige Argumente natürlich ohne Weiteres verständlich, doch das reicht dem Philosophen nicht. Letzteres beruht nicht auf bloßer Arroganz. Denn wo es die geschilderte Praxis nicht gäbe, würden auch derartige Argumente nicht existieren, und mit diesem Problem muss sich jeder herumschlagen, der eine grundlegende Erklärung liefern will. Man muss also sowohl erklären, *dass* hier Modalaussagen gebraucht werden, als auch, *wie* dieser Gebrauch möglich ist. Die dabei am häufigsten gebrauchte (und am häufigsten missbrauchte) Rechtfertigung beruft sich auf eine Notwendigkeit von Zielen und entsprechenden Mitteln. Man könnte hier wissen wollen: Was hat ›Notwendigkeit‹ mit *Recht*fertigung zu tun? Und häufig ist die für das Ziel behauptete ›Notwendigkeit‹ auch die bedenklichste Prämisse solcher Argumente. Aber wenn ich Recht habe, was die Verbindung zwischen einem ›Recht‹ und bestimmten Modalausdrücken angeht, sind derartige Argumente zumindest *ihrer Form nach* korrekt.[22]

Bevor wir uns wieder der Rechtfertigung staatlicher Autorität zuwenden, bleibt noch etwas zum Begriff der ›Aufgabe‹ zu sagen; denn dieser Begriff könnte selbst modal gefärbt sein. Zumindest manchmal verwendet man ihn nämlich für Tätigkeiten, deren Ausführung in irgendeinem Sinne notwendig ist, etwa weil sie verordnet wurde oder weil es ein allgemeines menschliches Bedürfnis nach ihrer Ausführung gibt. Solche Aufgaben müssen niemand Bestimmtem auferlegt sein. Allgemein gilt hier, dass eine Aufgabe jemandem zukommt, wenn es entweder notwendig ist, dass *er* die betreffende Arbeit erledigt, oder wenn einfach diese Arbeit selbst notwendig ist und er das Recht besitzt, sie auszuführen. Jemand kann eine Aufgabe erledigen, die nicht seine war oder zu deren Erledigung er nicht einmal das Recht besaß. Deshalb beweist die bloße Tatsache, dass jemand eine Aufgabe erledigt, nicht, dass er ein Recht auf das zur Erfüllung dieser Aufgabe Notwendige besitzt. Damit jemand aus der Tatsache, dass bestimmte Dinge für die Erfüllung einer Aufgabe notwendig sind, für sich ein Recht auf diese Dinge ableiten kann, muss es entweder notwendig sein, dass er diese Aufgabe erfüllt, oder er muss zumindest das Recht haben, sie zu erfüllen. Diese Bedingung müssen wir beachten, wenn wir sowohl unsere Erklärung eines Rechts benutzen als auch Rechte aus der Notwendigkeit einer Aufgabe herleiten wollen. Denn die bloße Tatsache, dass das von N. N. Erledigte notwendigerweise von irgendwem erledigt werden muss, rechtfertigt noch nicht die

22 *A. d. Ü.:* Hiermit gilt also die gegen Ende von Abschnitt I aufgestellte Behauptung als erwiesen, dass Argumente gültig sind, die aus der Notwendigkeit, dass N. N. eine Aufgabe erfüllt, sein Anrecht auf zur Erfüllung dieser Aufgabe notwendige Dinge (etwa Gewaltausübung) ableiten.

Aussage »Du kannst nicht ..., das steht N. N. zu«. Es sei denn, so etwas wäre in N. N.s Gesellschaft Sitte, also wenn man dort üblicherweise diese Art von unterbindendem Modalausdruck anwenden würde, sobald jemandem, der eine notwendige Aufgabe erfüllt, diese entrissen werden soll. In allen anderen Fällen, wo wir aus der Ausübung einer Tätigkeit ein Recht auf diese Ausübung ableiten wollten, bräuchten wir ein Argument, das eine der folgenden beiden Annahmen belegte: Wer gewisse Aufgaben erfüllt, erwirbt hierdurch ein Recht, sie zu erfüllen, oder: Wer sie erfüllt, erzeugt die Notwendigkeit, dass er sie erfüllen muss.

Diese Überlegungen sind von offensichtlicher Bedeutung für Fälle, in denen einige Personen die Funktion einer Regierung ausüben, ohne das Recht dazu zu haben. Genauer gesagt sind sie von Bedeutung, sofern Regierungen tatsächlich jene Art von Recht besitzen können, das ich bei ihnen zu finden hoffe. Diesem Thema sollten wir uns nun zuwenden.

III

Stellen wir uns ein Utopia vor; aber nehmen wir zusätzlich an, dass einige Menschen auch dort Gewalt gegen andere ausüben und sich mit Gewalt den geltenden Entscheidungen und Regelungen widersetzen. Wie sollte man mit dieser Gewalt umgehen?

Man könnte meinen, jeder habe das Recht, sich gegen ungerechtfertigte Gewalt selbst mit Gewalt zu wehren. Dann könnte derartige Gegenwehr niemals die Rechte des Angreifers verletzen, denn sonst wäre die Gewaltanwendung des Angreifers ja in irgendeiner Form rechtmäßig gewesen. (Es sei denn, man setzt voraus, dass jegliche Gewalt immer die Rechte des Betroffenen verletzt.)

Auf dieser Grundlage könnte man argumentieren, dass jeder die oberste Entscheidungsinstanz beschützen und dass diese sich selbst mittels entsprechender Sicherheitskräfte verteidigen darf. Solche Sicherheitskräfte wären wohl außerdem berechtigt, Angriffe gegen andere Personen und Abläufe abzuwehren.

Doch schon was der Staat ausschließlich zum Schutz vor Gewalt tut, geht weit über das Genannte hinaus. Was wir uns soeben vorgestellt haben, ist im Grunde ein Unternehmen, das Wächter für seinen unmittelbaren Schutz anstellt und deren Dienstleistungen dann auch auf den unmittelbaren Schutz Dritter ausweitet. Doch staatliche Autorität stellt Nachforschungen über schon begangene Taten an, sie hält Gericht, bestraft und erzwingt die Durchsetzung von Regeln. Für ein »privates« Unternehmen wäre das eine Anmaßung. Wenn solche Dinge mit der Autorität einer Regierung geschehen, hat man es mit etwas völlig Neuem zu tun.

In Wahrheit sind wir bereits viel zu weit gegangen mit dem Recht, sich selbst und andere vor Gewalt zu schützen. Und trotzdem sind wir noch weit entfernt vom Staat. Wie etwa würde es aussehen, wenn unrechtmäßig Angegriffene spontan durch Sicherheitskräfte beschützt würden, die eigentlich dem Schutz der Behörden dienen? Auf wessen Seite würden diese Kräfte eingreifen? Die Rolle staatlicher Sicherheitskräfte ist nicht mit der Rolle eines mutigen Augenzeugen bei einem Überfall zu vergleichen.

Eine der grundlegenden Fragen der politischen Theorie lautet: Müssen wir die staatliche *Autorität* als etwas verstehen, was durch Übertragung von Rechten entsteht, die der Einzelne unabhängig vom Staat besitzt? Diejenigen, die das annehmen, gehen stets davon aus, dass es im Naturzustand ein privates Recht zu strafen gibt.[23] Ich bestreite, dass es ein solches Recht gibt, und behaupte das Gegenteil: Der Staat verfügt über ein Recht, Zwang auszuüben, das es unter regierungslosen Menschen unmöglich geben kann.

Ständige Sicherheitskräfte müssen sich einmischen, Gewalt beenden oder ihr vorbeugen und die Beteiligten vor ein Gericht bringen; sie dürfen nicht wie ein Standgericht handeln. Es braucht ein Urteil; und dafür braucht man Verfahrensregeln, die festlegen, wer gewinnt. Fragt man hinsichtlich der Sicherheitskräfte: »Mit welchem Recht tun sie das?«, so könnte die Antwort sein, dass es sich um ein Gewohnheitsrecht handelt. Es gibt dieses Amt nun einmal, und es wird von der Gesellschaft im Allgemeinen anerkannt. Das *bis jetzt* von uns entworfene Bild beinhaltet lediglich, dass der

23 *A. d. Ü.:* Einflussreichster Vertreter dieser Position war John Locke mit seiner 1689 erschienenen *Zweiten Abhandlung über die Regierung.* 1974, also vier Jahre vor dem vorliegenden Aufsatz, hatte der amerikanische Philosoph Robert Nozick mit *Anarchie, Staat, Utopia* eine vielbeachtete Radikalisierung der Lockeschen Theorie formuliert. Laut Anselm W. Müller setzte Anscombe sich mit diesem Buch auseinander und bemerkte im persönlichen Gespräch, dass Nozick den Staat als eine Art »protection racket« darstelle – also als eine Schlägerbande, die man zu seinem eigenen Schutz anheuern kann.

Gewalt Einhalt geboten wird und dass aus Streitigkeiten ›Rechtsstreite‹ werden. Bisher haben wir offengelassen, wie die getroffenen Entscheidungen auch durchgesetzt werden können. In besonderen Gemeinschaften könnte das bisher besprochene Verfahren genügen – dort, wo man dessen Entscheidungen im Allgemeinen akzeptiert. Doch in einer großen, natürlich gewachsenen Gesellschaft genügt es nicht.

Die Schutzrolle der Sicherheitskräfte bringt uns zur Notwendigkeit von Gesetzen. Denn diese Sicherheitskräfte sind nun nicht mehr unparteiisch; es gibt Gerichtsverfahren und Strafen. Die dafür notwendigen ›Gesetze‹ müssen nicht in schriftlicher Form existieren, doch es muss positives Recht geben. Unter »Gesetz« verstehe ich in diesem Kontext ein Verbot gewisser Arten von Fehlverhalten, das zumindest auf Tradition beruht und öffentlich festgelegt ist – wobei wir uns hier erst einmal auf Fehlverhalten beschränken, das in der Ausübung von Gewalt besteht. Es muss eine Stelle geben, bei der Einzelpersonen sich über das verbotene Fehlverhalten anderer beschweren können.

Die Frage, ob staatliche Gewaltausübung dem Bestraften ein Unrecht antut, lässt sich also wie folgt beantworten: Ganz offensichtlich nicht, zumindest nicht in dem Sinne, dass er das ihm verursachte Leid nicht verdient hätte. Voraussetzung ist natürlich, dass die Bestrafung den Richtigen trifft und dass ihr die richtigen Vorstellungen von Schuld und Verantwortung zugrunde liegen. Sind diese Voraussetzungen erfüllt, so wird dem Bestraften kein »primäres Unrecht« – wie ich es nennen will – angetan: Er wird nicht bestraft, ohne es verdient zu haben. Aber man kann bezüglich des Rechts, verdientes Leid zuzufügen, noch eine zweite Frage stellen. Einem Bestraften kann nämlich auch »sekundäres Unrecht« geschehen, indem er eine verdiente Strafe durch jemanden erhält, der dazu kein Recht hatte.

Dieser Aspekt der Rechtfertigung von Gesetzen, Gerichtsverfahren und Bestrafung gründet einzig in der Notwendigkeit, Menschen zu schützen; *er* kann nicht in bloßen Traditionen gründen. Ich werde nun das versprochene Argument präsentieren, dem zufolge das Recht der Regierung kein reines Gewohnheitsrecht sein kann. Arbeiten wir mit folgender Hypothese: Wenn jemandem ein Gewohnheitsrecht zugestanden wird, das andere unmittelbar benachteiligt oder schädigt, dann erleiden die Geschädigten ein

Unrecht. Falls ihr erlittener Schaden groß ist, ist das zugestandene Gewohnheitsrecht gar kein Recht, sondern im Gegenteil ein ›Gewohnheitsunrecht‹. Zuvor aber hatte ich schon für Folgendes argumentiert: Wer für ein begangenes Unrecht von jemandem bestraft wird, der dazu nicht befugt war, der erleidet ein Unrecht; und dieses Unrecht ist mindestens ebenso groß wie der Schaden, den ihm die Bestrafung zufügt.[24]

Man kann diese Hypothese testen, indem man sich ein Unrecht vorstellt, das zu bestrafen erstens niemand ein Recht hat (weder ein gewohnheitsmäßiges noch ein gesetzliches noch ein vertragliches) und für das ein solches Recht zweitens auch nicht aus einer Notwendigkeit abgeleitet werden könnte. Die zugefügte Strafe sei derart, dass sie als ein Unrecht gilt, wenn sie unberechtigterweise zugefügt wird.[25]

Eine Rechtfertigung der Institution des Gerichtsverfahrens und des Strafens muss sich also auf ein Erfordernis gründen, nicht auf Tradition. Das entscheidet auch den ermüdenden Streit über die unterschiedlichen Theorien zum Sinn staatlichen Strafens: die Vergeltungstheorie, die Abschreckungstheorie und die Resozialisierungstheorie. Die Vergeltungstheorie des Strafens ist eigentlich nur eine Bestrafungstheorie des Strafens. Sie ist einerseits korrekt, denn sie behauptet, dass man ein Leid nur dann als »Strafe« bezeichnen kann, wenn es aufgrund begangenen Unrechts zugefügt wird. Doch sie nimmt fälschlicherweise an, dass Strafe für ein Unrecht an sich gerechtfertigt ist; dass sie keiner weiteren Rechtfertigung bedarf. Die Abschreckungstheorie wird oft diskutiert (und kritisiert), ohne zu beachten, dass sie eine Theorie der Rechtfertigung von *Bestrafung* durch den Staat sein soll. Als solche muss sie davon handeln, dass Menschen für etwas, das sie getan haben, Leid zugefügt wird; und damit so etwas überhaupt gerecht sein kann, muss das geta-

24 *A. d. Ü.:* Anscombes Konklusion bleibt implizit. Das vollständige Argument würde lauten: (1) Ein Recht, das andere massiv schädigt, kann niemals allein auf Gewohnheit beruhen. (2) Jemanden zu bestrafen, schädigt den Betreffenden massiv – zumindest im Fall harter Strafen. (3) Folglich kann das Recht, andere zu bestrafen, niemals allein auf Gewohnheit beruhen.

25 *A. d. Ü.:* Hier ein Beispiel für dieses nur umrissene Gedankenexperiment: Vermutlich hätte niemand das Recht, einen anderen zu bestrafen, weil dieser das Vertrauen eines Freundes missbraucht hat – obwohl so ein Vertrauensbruch ein Unrecht ist. Jeder Schaden, den man dem Treulosen als Strafe zufügte, wäre selbst ein Unrecht.

ne ›Etwas‹ ein bekanntes Vergehen sein und die Strafe verdienen. Wenn man das voraussetzt, ist die Abschreckungstheorie korrekt. Denn selbst wenn (was zu bezweifeln ist) im Leid eines Übeltäters schon an sich etwas Gutes liegt, was berechtigt irgendeinen anderen oder eine Gruppe anderer, es ihm zuzufügen? Sind sie selbst denn so durch und durch gut? Ja, sind sie denn für die Ordnung der Welt zuständig, für die Verwirklichung des Guten? Das ist offensichtlicher Unsinn. Die Rechtfertigung der Institution des Gesetzes, der Anklage, des Gerichtsverfahrens und der Strafe kann nur im Schutz von Menschen gründen. Und diese Wirkung können die genannten Institutionen nur erzielen, indem sie potenzielle Straftäter durch den Schrecken des Gesetzes zurückhalten. Um Letzteres behaupten zu können, müssen wir allerdings zusätzlich behaupten, dass es ohne das Gesetz viel mehr Fehlverhalten gäbe als mit ihm. Die Resozialisierungstheorie schließlich nähert den Staat den Eltern an. Das stellt an sich schon eine ungeheure Anmaßung dar. Denn es bedeutet, dass einige, nur weil sie Träger staatlicher Macht sind, über andere gegen deren Willen verfügen können, solange es zu deren eigenem Wohl geschieht. Vertreter dieser Idee von ›Resozialisierung‹ oder ›Rehabilitation‹ sind sich hierüber wahrscheinlich nicht im Klaren; sie erkennen vielleicht das wahre Wesen ihrer Behauptung gar nicht, sind vielleicht im Gegenteil sogar durch eine bestimmte Art von Gutmütigkeit motiviert. Richtig an ihrer Idee ist die Vorschrift: »Vergesst nicht, auch wenn ihr ihn bestraft, dass der Verurteilte euer Bruder ist, der sich jetzt in eurer Gewalt befindet: Seid nicht gleichgültig gegen *sein* Wohl.« Sie betrachten es als außer Frage stehend, dass sie – oder ›wir‹ – ein Recht dazu haben, zu entscheiden, ›was mit Verbrechern gemacht wird‹. Die Frage ist allerdings, wie es überhaupt ein solches Recht geben kann. Meinem obigen Argument zufolge kann es sich schließlich nicht einfach um ein Gewohnheitsrecht handeln.

Man kann kein dem meinen analoges Argument konstruieren, das die Schwachstellen in Argumenten für das Recht zu strafen beheben würde – etwa in Lockes Argument.[26] Meine Überlegun-

26 Lockes Argument beruht auf der Annahme, dass es ein Naturrecht gibt. Dieses, so Locke, müsse Sanktionen vorsehen, wie jedes andere Recht auch. [*A. d. Ü.:* Siehe *Zweite Abhandlung über die Regierung*, Kapitel 2, insbesondere § 8 und 11.] Doch wo der Naturgesetzgeber selbst Übertretungen nicht unmittelbar bestraft, ist unklar, warum uns das erlaubt sein sollte.

gen bieten also keine Grundlage, dafür zu argumentieren, dass es dem Menschen im Naturzustand erlaubt oder sogar notwendig ist, jeden zu bestrafen, der ihn und seine Nachbarn ungerechtfertigterweise angreift. Denn nach diesem Prinzip zu handeln wird immer bedeuten, jemanden anzugreifen, von dem man *glaubt*, er verdiene Strafe. Die entsprechende Meinungsbildung tritt an jene Stelle, die im Rahmen meiner Theorie das Gerichtsverfahren hat. Hat sich jemand eine solche Meinung gebildet, so wird er als Folge davon selbst angreifen. Doch genau demselben Prinzip folgend werden nun Andersdenkende ihn ebenfalls attackieren. Und auf diese Weise würde ein solches Prinzip, anstatt friedliche Normalität zu sichern, in einen allgemeinen Krieg führen, in dessen Rahmen selbst der Friedlichste (nämlich der, der seine Pflicht, ungerechte Angreifer zu bestrafen, vernachlässigt hat) kaum in Sicherheit leben könnte. Deshalb lehne ich dieses Recht zu bestrafen ab.

Außerdem ist es nicht so, als begäben wir uns auf dünnes Eis, weil es keine Grenzen dessen gäbe, was durch Notwendigkeit ›gerechtfertigt‹ werden kann – falls das überhaupt geht. Denn unser Verfahren sollte nicht durch Notwendigkeit allein gerechtfertigt werden. Wir haben vorausgesetzt, dass der Übeltäter eine *angemessene* Strafe erleidet. Falls ihm also ein Unrecht geschieht, so nicht im primären Sinne, sondern im sekundären, nämlich dadurch, dass der Strafende kein Recht zur Verabreichung der Strafe besitzt. Und erst an diesem Punkt wird die Notwendigkeit überhaupt als Rechtfertigung ins Spiel gebracht. Hinzu kommt, dass die Notwendigkeit ohnehin nicht die Rechtfertigung für den Einzelfall bildet. *Im Einzelfall* ist die Rechtfertigung das einzelne Gesetz; seine Erwähnung in solchen Rechtfertigungen für Einzelfälle bildet einen Aspekt der Institution des Gesetzes und der Mittel seiner Umsetzung. Nur die Institution als Ganzes wird durch Notwendigkeit gerechtfertigt – und auch erst an diesem Punkt des Arguments.[27]

27 *A. d. Ü.:* Die Rechtfertigung für die Bestrafung eines Einzelnen durch den Staat ist, dass er gegen ein einzelnes Gesetz verstoßen hat. Die Rechtfertigung für die Institution des Gesetzes ist die Notwendigkeit des Schutzes vor Gewalt. Im Hintergrund steht hier der Gedanke, dass eine Handlung im Rahmen einer Institution durch etwas kategorial anderes begründet wird als diese Institution selbst. (Manchmal wird dieser Unterschied auch als »Rechtfertigung *im* Spiel« versus »Rechtfertigung *des* Spiels« beschrieben.) Die wohl einflussreichste Darstellung dieses Unterschieds ist der bisher nicht ins Deutsche übersetzte Aufsatz »Two

Die Institution verleiht der Strafe den Charakter einer Handlung, durch die dem Übeltäter *Gerechtigkeit widerfährt*. Ein Akt, der ihm bloß verdientes Leid zufügt, besitzt diesen Charakter nicht automatisch.

Dies ist die Genesis einer völlig neuen Art von Recht; etwas Neuartiges ist entstanden. Wo diese Institution existiert, haben wir eine Gesellschaft mit Staat und staatlicher Autorität, sonst nicht.

Ziehen wir Bilanz und suchen wir nach Lücken, indem wir folgende Einwände erwägen: Erstens haben wir uns zu sehr auf den Schutz vor Gewalt konzentriert; Schutz vor Betrug ist für den Menschen aber mindestens genauso wichtig. Zweitens war unser Vorgehen ahistorisch und von jenem Anspruch auf das Gewaltmonopol beeinflusst, das erst den modernen Staat kennzeichnet.

Beginnen wir mit dem zweiten Einwand. Man kann sich tatsächlich einen Staat vorstellen, von dessen Gesetzen keines Gewalt verbietet. Keine Gesellschaft duldet unbeschränkte Gewalt, doch stellen wir uns vor, Gewalt würde zum Teil durch soziale Ablehnung eingeschränkt, zum Teil durch starke Menschen; und die restlichen Gewalthandlungen würden als eine Art Raufereien abgehakt, bei denen niemand einschreitet. Die Gesetze eines solchen Staates würden sich vielleicht nur mit Status beschäftigen sowie mit den Rechten und Verpflichtungen, die jener mit sich bringt; vielleicht handeln sie von Eigentum, Heirat, Gesetzgebung und Verträgen. Wenn ein Bürger dieses Staates seinen Nachbarn schlägt und dabei verletzt, gilt das als eine Sache zwischen diesen beiden (oder ihren Familien). Wenn aber jemand seinen Grenzstein verrückt, bei einer Pflicht versagt oder sich eine Funktion anmaßt, haben andere die Möglichkeit, sich bei einem Richter zu beschweren. Ebenso haben Unternehmen eine Reihe von Rechten und würden jeden vor Gericht bringen, der eines davon verletzt. Solch ein Staat mag uns seltsam erscheinen, doch er ist denkbar. Seine Bürger würden umgekehrt uns vielleicht als geradezu besessen vom Thema Schutz vor körperlicher Gewalt betrachten, das ihnen entweder als eine unmännliche Sorge gilt oder als etwas, worum sich der Haushaltsvorstand kümmert. Das Töten eines Menschen gälte in manchen Fällen vielleicht als Schädigung Dritter, und diese könnten dann Schadensersatz fordern – so wie bei den Angelsachsen. Doch es

Concepts of Rules« von John Rawls in: *Philosophical Review* 64/1 (1955), S. 3-32 (vgl. insbesondere Abschnitt 1).

gäbe kein unmittelbares Gesetz gegen Mord, Körperverletzung oder Schläge. Starke Menschen sind schließlich in der Lage, sich selbst zu helfen und auch jenen, die von ihnen abhängen! Den Schutz des Gesetzes braucht es für ganz andere Dinge.

Es stimmt schon: Wir können nicht sagen, dass überall dort, wo es keinen juristischen Schutz vor Gewalt gegen Personen gibt, auch kein Staat (oder keine Regierung) existiert. Doch das habe ich auch nicht behauptet. Was man aber zweifellos sagen kann, ist, dass in diesem Schutz vor Gewalt einer der *wesentlichen* Gründe besteht, warum Menschen eine Regierung (bzw. die durch die Regierung ausgeübte Gewalt) brauchen. Wenn viele Menschen hierfür auf ›starke Typen‹ zurückgreifen müssen, deren Klienten oder Leibeigene sie auf diese Weise werden, dann sind sie stattdessen diesen starken Menschen selbst ausgeliefert. Wofür ich argumentiert habe, ist nur, dass die Notwendigkeit eines systematischen Schutzes die Notwendigkeit von Gesetzen, Gerichtsverfahren und Bestrafung mit sich bringt – kurz gesagt die Notwendigkeit der Rechtspflege. Darüber hinaus habe ich behauptet, dass »diese Institution«, also die Rechtspflege, zu Regierung und staatlicher Autorität gehört. Doch das beinhaltet nicht, dass es nur dort eine Regierung oder staatliche Autorität gibt, wo sich auch Gesetze gegen Mord und Körperverletzung finden.

Der andere Einwand besagte, dass der Mensch ein ebenso großes Bedürfnis nach Schutz vor Betrug wie nach Schutz vor Gewalt hat. Diese Behauptung scheint mir fadenscheinig, weil »Betrug« nach einem klar umrissenen Begriff klingt, der eine ganze Reihe von Handlungen umfasst, vor denen man vielleicht Schutz benötigt. Das wiederum liegt daran, dass »Betrug« ein juristischer Ausdruck ist, der enorm breite Anwendung findet. In seinem juristischen Sinne scheint man ihn auf praktisch jede kriminelle oder zivilrechtliche Handlung anzuwenden, bei der eine Person durch eine andere getäuscht und hierdurch benachteiligt wird. Dieser Begriff ist aber nur anwendbar, *sofern* die Handlung ein Unrecht im juristischen Sinne darstellt. Doch betrachten wir folgenden Fall: Ich flunkere jemandem vor, dass im Garten meines Nachbarn römische Ruinen gefunden worden seien und dass ich selbst zwar nicht interessiert sei, er aber gerne meinen Garten umgraben und alles behalten könne, was er dabei findet. Mein Garten ist nämlich ein Feld, und es würde mich sehr freuen, wenn es mal jemand gründlich umgrübe. Wäre das ein Betrug? Nicht im juristischen Sinne. Wenn man aber nicht auf eine juristische Definition von Betrug zurückgreift, wie will man dann dieses Etwas bestimmen, vor dem der Mensch angeblich geschützt werden muss? Man müsste eine allgemeine Notwendigkeit annehmen, ihn vor faulen Tricks zu bewahren; und das klingt absurd.

In Wahrheit verhält es sich wie folgt: Menschen benötigen Schutz vor einigen Verletzungen ihrer Rechte durch Täuschung. Und: Sie benötigen Schutz vor Täuschung im Rahmen einer Reihe von Vorgängen, bei denen es sich meistens, aber nicht immer, schon um rechtlich qualifizierte Vorgänge handelt – etwa bei der Übertragung von Eigentum. Dieser Schutz besteht darin, dass der Betrug den betreffenden Vorgang ungültig machen kann. Doch die dem Staat eigentümliche Autorität, Gewalt anzuwenden, ist hier nur ganz im Hintergrund von Bedeutung, zumindest solange sich nicht die Frage strafrechtlicher Verfolgung stellt. In einer Gesellschaft mit Rechtssystem wollen und brauchen Menschen bestimmte Dinge, für die es eine juristische Form gibt, und in einigen Fällen stellen jene Dinge, die sie wollen, selbst rechtliche Tatsachen dar – etwa wenn jemand einen Rechtsanspruch geltend macht oder einen Nachlassverwalter bestimmen will oder wo es um Vollmachten geht oder um alle möglichen Arten der Befreiung von Verpflichtungen. Der Schutz, um den es hier geht, ist kein Schutz durch die in den Händen der Regierung liegende Gewalt. Er besteht darin, durch rechtliche Vorkehrungen und Praktiken dagegen gefeit zu sein, dass man sich aufgrund einer Täuschung in einer unangenehmen Rechtslage wiederfindet. Letzteres hat zweifellos oft sehr reale wirtschaftliche Folgen. Doch diese Art des Betrugs ist eine Form von Bedrohung, die es im Naturzustand überhaupt nicht geben kann. Folglich ist es verwirrend und irreführend, wenn man Gewalt und Betrug als zwei Bedrohungen derselben Art darstellt, um dann auf den Schutz vor beiden die staatliche Autorität zu gründen. Täuschungen von jener Art, vor denen einen das Gesetz unmittelbar beschützt, gibt es im Naturzustand kaum.

Stattdessen gilt, dass es in jeder menschlichen Gruppe, die viele Familien umfasst, auch institutionalisierte Praktiken, Konventionen und Gewohnheitsrechte geben wird. Letztere sind in vielen Fällen ganz einfach zu beschreiben, etwa: das Recht, an einem bestimmten Abschnitt des Flusses zu fischen. In anderen Fällen hängen sie vielleicht mit komplexen Praktiken zusammen, wie etwa das Recht, etwas Bestimmtes zu tragen, das vielleicht auch nur einem einzigen Mitglied zukommt, oder das Recht, irgendwo ein besonderes Zeichen anzubringen. Die Ausübung solcher Rechte kann weitreichende praktische Folgen haben, und ein solches Recht kann im Alltag eine wichtige Funktion erfüllen. (Man denke nur an Unterschriften.)

Wo also eine große Anzahl von Menschen relativ anonym, doch eng beieinander lebt, wird man Gewohnheitsrechte durch ein System schützen, innerhalb dessen Herrschaft über die Leute ausgeübt wird (und das schließt die Androhung von Gewalt mit ein). Gruppenmitglieder können sich über die Verletzung von Rechten beschweren; Strittiges wird durch traditionelle Methoden entschieden, die traditionellen Grundsätzen folgen; eine Lösung wird verkündet; Angeklagte werden für schuldig oder nicht schuldig befunden, und die Verurteilten werden bestraft. Ein solches System ist Voraussetzung dafür, dass man seine Gewohnheitsrechte ausüben kann, und in dem Sinne »muss« es ein solches System geben. Faktisch möglich ist aber auch eine Auslöschung der Gruppe durch völliges Chaos, etwa durch den »Krieg aller gegen alle« oder eine Versklavung durch Eroberer.

Falls die Bevölkerung sehr klein ist, kann die Gewalt bei einer Vollversammlung liegen, die auch die Urteile fällt und in der das Mehrheitswahlrecht gilt. Für unsere Frage, was Gewaltausübung durch den Staat rechtfertigt, macht das aber überhaupt keinen Unterschied, und das ist wichtig zu sehen. Solange die Ausübung von Gewalt und die Rechtspflege ständige Institutionen einer Gesellschaft sind, zeigt diese Gesellschaft das wesentliche Merkmal einer bürgerlichen Gesellschaft mit Gesetzen; und in einer solchen Gesellschaft gibt es staatliche Autorität. In einer direkten Demokratie gehorcht die Mehrheit (im Sinne von: der Großteil der Einzelnen) der Mehrheit (als gesamter).[28] Da die Befehle und Entscheidungen

28 *A. d. Ü.:* Hier beginnt ein Exkurs über das Verhältnis des Einzelnen zum Staat in direkten Demokratien; der Hauptgedanke wird auf S. 138 wieder aufgegriffen. Funktion dieses Exkurses ist, zu zeigen, dass, auch wenn jeder Bürger an jeder Entscheidung beteiligt ist, er trotzdem einer Gewalt unterworfen bleibt, dass man also auch in direkten Demokratien fremdbestimmt ist. Statt eines Einzelnen, wie etwa in der Monarchie, oder einer kleinen Gruppe beherrscht einen die Mehrheit, deren Entscheidungen sich alle Einzelnen *nolens volens* fügen müs-

mal den einen, mal den anderen betreffen, kann die Mehrheit nicht nur gehorchen, indem jeder Einzelne für sich gehorcht, sondern auch, indem mal diese und mal jene gehorchen, was verschiedene Gegenstände betrifft, zu verschiedenen Zeitpunkten und an unterschiedlichen Orten. So wie wir den Fall entworfen haben, gehorcht diese Mehrheit angesichts einer impliziten institutionellen Bedrohung durch Zwang. Der Zwang geht dabei vielleicht nur von einem Teil der Bevölkerung aus, dessen Mitglieder ein entsprechendes Amt innehaben. Diese kleine Gruppe geht gegen jene wenigen vor, die sich dazu entschließen, nicht zu gehorchen. Wir können annehmen, dass sie einem befehlshabenden Beamten untersteht und dass es ein Verfahren gibt, durch das sie offiziell über die Versammlungsbeschlüsse informiert wird, die sie durchsetzen muss.

Das soeben geschilderte Arrangement beruht natürlich auf Zustimmung. Aber nicht in erheblich größerem Ausmaß als jede staatliche Regierung. Regierungen beruhen immer auf Zustimmung in dem Sinne, dass sie ohne die zumindest passive Zustimmung der überwiegenden Mehrheit nicht existieren könnten. In sehr seltenen Fällen genügt auch die extrem tätige und lebhafte Zustimmung einer großen Minderheit, die den Rest unterdrückt. Ich denke hier an die Spartaner und die Heloten: Jeder junge Mann aus Sparta leistete einen Arbeitsdienst auf dem Feld, wo er inkognito unter den Heloten lebte und all jene ermordete, die den Eindruck erweckten, dass sie vielleicht aufsässig werden könnten. *So etwas* würde ich nicht als passive Zustimmung der Mehrheit bezeichnen! In dem von mir entworfenen Fall ist die Zustimmung der Mehrheit (als Großteil der Einzelnen) zu den Entscheidungen vielleicht nicht so passiv, wie wenn sie keine Mitglieder jener Versammlung wären – vorausgesetzt die gesamte oder fast die gesamte erwachsene Bevölkerung geht zur Vollversammlung. Wofür hier aktive Zustimmung besteht, und zwar durch die bloße Teilnahme, ist die Methode des Entscheidens und Urteilens. Doch dürfen wir nicht vergessen, dass ›die‹ Mehrheit keine bestimmte Menge an Leuten

sen. Anscombe widerspricht damit Vorstellungen wie derjenigen Jean-Jacques Rousseaus, dem zufolge der Bürger einer idealen direkten Demokratie nicht fremdbestimmt wäre, selbst bei Entscheidungen, wo sein Einzelwille (*volonté particulière*) vom Gemeinwillen (*volonté générale*) abweicht, da der Bürger einer solchen Demokratie nach Rousseau Teil eines kollektiven Subjekts ist (siehe *Vom Gesellschaftsvertrag oder Die Grundsätze des Staatsrechts*, Buch 2, Kapitel 1-6).

ist, die alle einzeln dem zustimmen, wofür alle gestimmt haben. Auch wenn jede Entscheidung durch Stimmenmehrheit gefällt wird, besteht die Möglichkeit, dass die Mehrheit der Wähler in der Mehrzahl der Fälle in der Minderheit stimmt. Nehmen wir an, es gibt eine Versammlung von zehn Personen, die alle über eine Reihe von Vorlagen abstimmen, von denen jede eine dieser Personen in besonderem Maße betrifft:

	Wähler										
	A	B	C	D	E	F	G	H	I	J	
Entscheidung über											Nein: Ja
A	0	0	0	1	1	0	1	1	1	1	4:6
B	0	0	0	1	1	1	1	1	1	0	4:6
C	0	1	0	1	1	1	1	1	0	0	4:6
D	1	1	1	0	1	0	1	1	0	0	4:6
E	0	0	0	1	0	1	1	1	1	1	4:6
F	0	0	0	1	1	0	1	1	1	1	4:6
G	1	1	1	1	1	0	0	1	0	0	4:6
H	1	0	1	1	1	0	1	0	0	1	4:6
I	1	1	0	1	1	0	1	1	0	0	4:6
J	0	0	1	1	1	1	1	1	0	0	4:6
Überstimmt bei	6	6	6	1	1	6	1	1	6	6	von 10 Entscheidungen

Hier stimmen A, B, C, F, I und J nur in vier von zehn Fällen mit der Mehrheit. Zudem stimmt jeder von ihnen mit der Minderheit in dem Fall, wo die Entscheidung speziell ihn betrifft. Folglich scheint es unplausibel, anzunehmen, dass ›die Mehrheit‹, indem sie sich der Entscheidung ›der Mehrheit‹ fügt, einfach ihrer eigenen Entscheidung folgt. Und deshalb kann man die Akzeptanz der Ergebnisse durch A, B, C, F, I und J durchaus als *passive* Zustimmung bezeichnen, obwohl sie aktiv gewählt haben. Wer mit der Mehrheit stimmt, mag sich zwar so fühlen, als ob er kein Untertan einer Gewalt ausübenden Autorität wäre. Aber das ist und bleibt eine Illusion.

Eine Versammlung kann daher selbst dann unumschränkt über

alle Einwohner herrschen, wenn sie von ihnen allen zusammen gebildet wird. Das schließt nicht aus, dass sie sich Gesetze gibt, die ihre eigenen Handlungen und Verfahrensweisen regulieren oder für jedes einzelne Mitglied gelten. Die Versammlung selbst ›gehorcht‹ niemandem. ›Sie‹ erlässt Gesetze, ihr generelles Vorgehen betreffend, und hält sich anschließend an diese von ihr auch wieder veränderbaren Gesetze.[29] Doch auf die Mitglieder, die als Einzelne diesen Gesetzen, Entscheidungen und Urteilen unterworfen sind und sich außerdem an die Verfahrensregeln halten müssen, kann der Begriff des Gehorsams problemlos angewendet werden: Sie gehorchen den von einer Autorität verkündeten Entscheidungen. H. L. A. Hart, der die Begriffe des ›Herrschers‹ und des ›Untertans‹ für Demokratien ablehnt,[30] hat eine Menge vernünftiger Dinge über Regeln zu sagen. Doch er scheint zu denken, dass seine Theorie regelgebundener Herrschaft mit der Vorstellung von Herrscher und Untertan konkurriert. Wie könnte dem so sein? In einer kleinen und vertrauten Gruppe könnte ein selbstherrlicher Vater oder Anführer allen anderen *ad hoc* unmittelbare Befehle erteilen und es folglich keiner institutionellen Regeln bedürfen, außer den Regeln der Sprache. Doch in jeder größeren Gesellschaft muss es Regeln von der Art geben, wie Hart sie diskutiert, sogar wenn diese Gesellschaft von einem selbstherrlichen Diktator regiert wird. Was zählt als ein Befehl oder eine Erlaubnis des Diktators? Wer sind seine Bevollmächtigten und Beamten? Woran kann man sie erkennen usw.?

Diese Überlegungen zu der Frage, wie es in einer Demokratie in Reinform um die Begriffe des Herrschers und des Untertanen steht, waren eine kleine Abschweifung. Ich werde nun den Leitfaden meines Arguments wieder aufgreifen. Staatliche Herrschaft gibt es nur dort, wo es Gesetze gibt, ganz gleich, wie diese entstehen oder gemacht werden. Gesetze bringen eine ›Rechtspflege‹ mit sich, in deren Rahmen es (1) Anklagen wegen einer Verletzung der Rechte selbst sowie (2) Klagen (aufgrund von Übeln) und Ansprüche (aufgrund der Rechte) geben kann. In beiden Fällen besteht die

29 *A. d. Ü.:* Die Versammlung als kollektives Subjekt ist also tatsächlich keinem fremden Willen unterworfen; hierin stimmt Anscombe Theorien wie derjenigen Rousseaus zu.

30 Herbert L. A. Hart, *Der Begriff des Rechts. Mit dem Postskriptum von 1994* (übersetzt von Alexander von Baeyer, korrigiert und mit einem Nachwort versehen von Christoph Möllers), Frankfurt/M. 2011, S. 94 f.

Rechtfertigung in der Notwendigkeit eines Schutzes vor Gewalt – gewährleistet durch die Gesetze und die Macht, sie durchzusetzen.

Da staatliche Autorität Gewalt gegen *jegliche* Missachtung der Gesetze androht (ganz gleich, worum es sich handelt), ähnelt ihre Rechtfertigung dem Versuch, sich selbst am Schopf aus dem Sumpf zu ziehen. Denn einerseits kann die angedrohte Gewalt nur gegenüber ungerecht Handelnden gerecht sein, und man handelt ungerecht, wenn man das Gesetz missachtet. Doch andererseits ist die gewalttätige Reaktion des Staates auf Gesetzesverstöße erst dadurch gerechtfertigt, dass der Betreffende ungerecht gehandelt hat. Was war also zuerst, die Ungerechtigkeit desjenigen, den die staatliche Autorität bedroht, oder das Gesetz? Wenn zuerst die Ungerechtigkeit existiert hat, wie kann dem Gesetzesbrecher dann gedroht werden nur mit der Begründung, dass er ein Gesetz missachtet? Wenn er aber nur deshalb eine Ungerechtigkeit begeht, *weil* er das Gesetz missachtet, was rechtfertigt dann die Stellung des Gesetzes als etwas, das notfalls mit Gewalt durchgesetzt wird?

Die Antwort lautet, dass wir zwei Probleme auseinanderhalten müssen. Erstens besteht die ganz allgemeine Notwendigkeit, Leib und Leben vor Gewalt zu schützen, *sowie* die Notwendigkeit des Schutzes einiger Gewohnheitsrechte. Wir haben gesehen, dass es Rechtssysteme geben könnte (ja tatsächlich gegeben hat), die nur dem zweiten, nicht aber dem ersten Bedürfnis genügen.[31] Daher lässt sich für jede Regierung und die von ihr ausgeübte Gewalt folgende Frage stellen: Verfügen wirklich alle, die sie zu beherrschen beansprucht, über jene grundlegenden Rechte, die diese Gewalt schützt? Wo dem nicht so ist, hat der Anspruch auf Autorität über die Schutzlosen keine Grundlage. Schließlich gehören sie nicht zu denen, deren Bedürfnisse erfüllt werden.

So weit das erste Problem. An diesem Punkt lautet die Antwort auf die Frage: »Was war zuerst?« deshalb: »die Ungerechtigkeit desjenigen, den das Gesetz bedroht«.[32] Ich werde die betreffenden Gesetze deshalb als »primäre« Gesetze bezeichnen.

Damit kommen wir zum zweiten Problem. Ich habe gesagt, dass

31 *A. d. Ü.:* Siehe S. 130.

32 Eine Ausnahme ist der besondere Fall, in dem es Menschen gibt, die über kein Gewohnheitsrecht verfügen, das ihre willkürliche Tötung verbieten würde, wo es gleichzeitig aber auch kein Gewohnheitsrecht gibt, das diese Tötung erlaubt. Aus Platzgründen werde ich diesen Sonderfall nicht weiter ausführen.

große und komplexe Gesellschaften einer obersten Entscheidungsmaschinerie bedürfen.[33] Daraus ergab sich die *Schwierigkeit,* warum man berechtigt sein sollte, Menschen, die sich den betreffenden Entscheidungen widersetzen, diese aufzuzwingen. *Dieses Recht kann sich nicht unmittelbar daraus ableiten, dass die erwähnte Maschinerie für das allgemeine Wohlergehen notwendig ist.* Beschließt man um des Gemeinwohls willen, meine Interessen zu schädigen, einige meiner Gewohnheitsrechte auszuhöhlen oder ganz auszusetzen und Gewalt gegen mich anzuwenden, falls ich mich wehre, dann stellt sich die Frage: Warum sollte ich diese Entscheidung akzeptieren? Sofern niemand die *Autorität* hat, mir diese Entscheidung aufzuzwingen, wird das Ganze zu einem reinen Interessenkonflikt, in dem der Stärkere den Schwächeren niederknüppelt. Es muss hier bereits ein Gewohnheitsrecht auf Gehorsam vorhanden sein, das dann durch Gesetze geschützt werden kann. Im Rahmen unseres ursprünglichen Entwurfs hatten wir die obersten Entscheidungsträger mit jenen identifiziert, die den Schutz der gesamten Entscheidungsmaschinerie befehligen und diesen Schutz auf Leib und Leben jedes Einzelnen ausdehnen.[34] Dies nun machte sie identisch mit den für die Rechtspflege Verantwortlichen, welche wiederum wesentlich damit beschäftigt ist, Menschen vor Gewalt zu schützen. Wie wir später gesehen haben, *kann* es Rechtspflege geben, die sich damit nicht befasst. Doch die entsprechende Identifikation entsteht immer. Jene, durch deren Autorität die primären Gesetze in Kraft treten, erlangen ein Gewohnheitsrecht (1) auf Gehorsam und (2) auf die Ausübung der Macht, sind also ziemlich mächtig. Es scheint daher ganz natürlich, dass sie ihre Tätigkeit ausdehnen und die Arbeit eines Schiedsrichters übernehmen, wenn sie Entscheidungen fällen, die mal diesen und mal jenen Teil der Bevölkerung betreffen, und dass sie größere Unternehmungen fördern und diesen dadurch Legitimität verleihen. *Gehorchen* ihnen die anderen dabei, dann ist es wahrscheinlich, dass dieser Gehorsam (in einem gewissen Maß und in bestimmten Zusammenhängen) zu ihrem Gewohnheitsrecht wird. Das liegt einfach an den anderen, die diese Entscheidungen akzeptieren. Später wird dieses Recht gesetzlich geschützt, entweder durch fortgesetzte, verlässliche Akzeptanz oder durch Erlässe. Insbesondere das Recht, Gesetze zu erlassen, wird

33 *A. d. Ü.:* Siehe S. 106.

34 *A. d. Ü.:* Siehe S. 124.

zu einem Gewohnheitsrecht – weil die Betreffenden es ohne besonders viel Kontrolle oder Rückschläge ausüben. Und an dieser Stelle lautet die Antwort auf die Frage: »Was war zuerst: die Ungerechtigkeit der Handlung desjenigen, den das Gesetz bedroht, oder das Gesetz?« eindeutig: »das Gesetz«. Das Gesetz schafft erst die Ungerechtigkeit desjenigen, der es bricht.

Weiter oben hatte ich kritische Überlegungen zu Gewohnheitsrechten angestellt.[35] Wie ist das soeben verteidigte Gewohnheitsrecht auf Gehorsam im Lichte des vorher Gesagten zu beurteilen? Die Antwort ist selbstverständlich weder eine vollständige Niederlage noch ein voller Erfolg für die Gewohnheit. Es kommt offensichtlich sehr darauf an, wobei man von jemandem Gehorsam verlangt. Obwohl das Gesetz also Vergehen erst erschafft, ist seine Autorität hierzu nicht unbegrenzt. Oben hatte ich beiläufig erwähnt, dass Entscheidungen Gewohnheitsrechte *zerstören* können. Diese Tatsache erzeugt eine wohlbekannte Spannung innerhalb der unterschiedlichen Zuständigkeiten der Regierung (als ganzer Apparat). Man mag fragen, wie meiner Theorie zufolge das Gesetz jemals ein Gewohnheitsrecht auslöschen kann, ohne hierdurch Unrecht zu tun. Ich vermute, die Antwort lautet, dass eine Notwendigkeit ein Recht aufheben kann (vgl. Abschnitt II für das Verhältnis zwischen beiden). Wer berechtigt ist, über Notwendiges zu entscheiden, ist deshalb auch berechtigt, Rechte aufzuheben, die durch Notwendigkeiten aufhebbar sind. Hieraus ergeben sich ebenso viele Gefahren, wie es Möglichkeiten gibt, Begründungen aus Notwendigkeit zu missbrauchen.

Unsere Ausgangsfrage: »Was unterscheidet die Autorität einer Regierung von der Kontrolle durch Banditen?« hat damit zumindest eine vorläufige Antwort gefunden. Der Unterschied liegt in der Verbindung, die zwischen einer Regierung und einem System der Rechtspflege besteht. Das erklärt dann auch, wie aus Banditen langfristig eine Regierung werden kann.

Die Entwicklung kann aber auch in die andere Richtung verlaufen, und das sollte uns innehalten lassen. Wenn Banditen die Kontrolle übernehmen, kann es schließlich auch sein, dass sie die Form und die Maschinerie der Rechtspflege aufrechterhalten und sie benutzen (man denke etwa an Huey Long).[36] Und was anfangs

35 *A. d. Ü.:* Siehe S. 126.

36 *A. d. Ü.:* Huey Pierce Long Jr. (1893-1935), Gouverneur und später Senator des

noch eine Regierung darstellt, die staatliche Autorität genießt, kann zu einer Art von Banditentum degenerieren, wobei die alten Formen und die alte Maschinerie beibehalten und ausgenutzt werden. Oder es kann passieren, dass fremde Eroberer die Macht der Regierung übernehmen und dabei die alten Formen aufrechterhalten und nutzen, ohne dass sie hierdurch automatisch die Autorität der rechtmäßigen Regierung erwürben. Doch offensichtlich wird ihre ›Regierung‹ jene Autorität im Laufe der Zeit erwerben, sofern sie nicht von der Art ist, die eher als Banditentum gilt. Die für uns entscheidende Frage entsteht also durch den zuerst genannten Fall.

Folgende Überlegung hat in diesem Zusammenhang in etwa den Status eines absoluten Nullpunkts oder der Lichtgeschwindigkeit in der Physik. Es kann unmöglich eine Ausübung staatlicher Autorität darstellen, vorsätzlich unschuldige Bürger zu töten oder zu verstümmeln. Über einige recht offensichtliche Schritte gelangt man von den Fragen, die sich bei der Klärung dieser Behauptung stellen, fast unmittelbar zu *folgender* – recht akademischer – Behauptung: Eine rechtmäßige Regierung kann unmöglich ein Gesetz beschließen, dem zufolge es ein Vergehen darstellen würde, weiterzuleben (auch wenn man sich *keines* anderen Vergehens schuldig gemacht hat). Diese Behauptung ist deshalb akademisch, weil Regierungen, die ihre Bürger ermorden, selten Rechtsvorschriften erlassen, die das Töten ausdrücklich autorisieren. Doch für uns ist diese akademische Behauptung sehr interessant. Warum sie wahr ist, sollte durch unsere Untersuchung klargeworden sein: Die Autorität, Gewalt anzuordnen (durch die sich eine Regierung am offensichtlichsten von der Mafia unterscheidet), gründet sich auf die Erfüllung einer Aufgabe – und zwar einer Aufgabe, deren Erfüllung eine allgemeine menschliche Notwendigkeit darstellt. Jemanden auf eine Weise zu behandeln, die ihn aus der Gruppe derjenigen ausschließt, für die man diese Aufgabe erfüllt, heißt auch, ihn aus der Gruppe derjenigen auszuschließen, über die man Autorität hat. Man kann dafür argumentieren, dass die Todesstrafe für Verbrechen dies tut. Ich denke, diese Argumente lassen sich wi-

US-Bundesstaats Louisiana, war ein führender Kopf des linken Flügels der Demokratischen Partei. Seine Gegner warfen dem beliebten Politiker diktatorische Methoden vor. So entließ er als Gouverneur hunderte ihm nicht ergebene Staatsangestellte und zwang die übrigen, ihm inoffiziell einen Teil ihres Gehalts zur Finanzierung seiner politischen Vorhaben zu überweisen.

derlegen. Doch wenn jemandes einziges Verbrechen darin besteht, dass er (sagen wir als Waliser oder als Roma) weiterlebt, schließt man ihn aus der Gruppe derjenigen aus, über die man Autorität hat. Folglich kann man ihn nicht durch Erlass eines entsprechenden Gesetzes zum Verbrecher machen.

6. Die Moralphilosophie der Moderne

Im Folgenden verteidige ich drei Behauptungen. Erstens behaupte ich, dass es derzeit zwecklos ist, Moralphilosophie zu treiben. Denn dafür braucht man eine überzeugende Philosophie der Psychologie, und die fehlt uns zurzeit zweifellos. Meine zweite Behauptung ist, dass wir die Begriffe ›Verpflichtung‹ und ›Pflicht‹ – im Sinne einer *moralischen* Verpflichtung und einer *moralischen* Pflicht – über Bord werfen sollten (sofern wir psychisch dazu in der Lage sind). Dasselbe gilt für die Begriffe des moralisch Richtigen und Falschen und sogar für ›sollen‹ im moralischen Sinn. Denn alle diese Begriffe entstammen ethischen Theorien, die nicht mehr als selbstverständliche Grundlage gelten – entweder sind sie selbst Überreste dieser Theorien oder aus solchen Überresten abgeleitet. Losgelöst von diesen Theorien sorgen sie nur für Verwirrung. Meine dritte Behauptung ist, dass sich die Ansichten aller namhaften englischen Moralphilosophen seit Sidgwick nur unwesentlich voneinander unterscheiden.

Jedem, der sowohl Aristoteles' *Nikomachische Ethik* als auch moderne Moralphilosophen gelesen hat, muss der tiefe Gegensatz zwischen beiden ins Auge springen. Die Schlüsselbegriffe der Moderne scheinen bei Aristoteles völlig zu fehlen oder zumindest nur versteckt oder weit im Hintergrund aufzutauchen. Am bemerkenswertesten ist, dass es für den Ausdruck »moralisch«, so wie wir ihn heute verstehen, in der aristotelischen Ethik keinen Platz gibt – und das, obwohl dieser Ausdruck unmittelbar auf Aristoteles zurückgeht. Aristoteles unterscheidet moralische Tugenden von solchen des Verstandes. Haben einige dieser »Verstandestugenden« vielleicht eine moralische Seite (»moralisch« im heutigen Sinne)? Das scheint Aristoteles zu denken; schließlich würde er auch Mangel an Verstand unter gewissen Umständen als *tadelnswert* betrachten, etwa wenn es einem Staatsbediensteten bei der Planung wichtiger Vorhaben an Urteilskraft fehlt. Andererseits scheinen doch *alle möglichen Arten* von Versagen Gegenstand von Tadel und Schuldvorwürfen werden zu können. Auch die Kritik an der Leistung eines Handwerkers oder an der Bauart einer Maschine kann man schließlich als »Vorwurf« oder »Tadel« bezeichnen. Das erweckt in uns das Bedürfnis, wieder das Wort »moralisch« hinzuzufügen: Manche Arten von Versagen sind eben *moralisch* verwerflich, andere nicht. Aber gibt es bei Aristoteles überhaupt diese Vorstellung eines *moralischen* Vorwurfs, der sich von anderen Vorwürfen unterscheidet? Und selbst wenn man diese Vorstellung bei ihm finden können sollte, warum spielt sie bei ihm keine entscheidende Rolle?

Laut Aristoteles gibt es Fehler, die nicht zu unbeabsichtigten Handlungen, sondern zu Schurkereien führen, und für solche Fehler tadelt man Menschen. Gibt es auch eine entsprechende moralische Verpflichtung, gewisse Fehler im Denken zu vermeiden? Falls ja, warum bespricht Aristoteles dann nicht erst Verpflichtungen allgemein, um von ihnen anschließend diese besondere Verpflichtung abzugrenzen? Wer Aristoteles auszulegen versucht und dabei von »moralisch« im modernen Sinne redet, der muss schon sehr unsensibel sein, wenn er sich nicht fühlt, als hätte er sich den Unterkiefer ausgerenkt: Diese beiden Dinge scheinen einfach nicht recht zusammenzupassen.

Um unsere moderne Redeweise über »moralische« Qualität, Verpflichtung usw. zu verstehen, können wir also nicht auf Aristoteles zurückgreifen. Und die berühmtesten Moralphilosophen der Gegenwart, von Butler bis Mill, scheinen mir alle an den entscheidenden Punkten zu versagen, so dass auch von ihnen keine Aufklärung zu erhoffen ist. Lassen Sie mich meine Einwände gegen diese Philosophen so kurz wie möglich darstellen.

Butler erhebt das Gewissen zur obersten Instanz, ohne zu beachten, dass das Gewissen einem Menschen die schlimmsten Schandtaten eingeben kann.

Hume definiert den Begriff ›Wahrheit‹ so, dass ethische Urteile nicht wahrheitsfähig sind, und behauptet anschließend, selbiges bewiesen zu haben. Den Begriff der ›Leidenschaft‹ dagegen fasst er implizit so weit, dass ihm jede Ausrichtung auf ein Ziel als eine Leidenschaft gilt. Und sein Einwand gegen die Ableitung von Aussagen über das, was sein *sollte*, aus Aussagen über das, was *ist*, ließe sich ebenso auf Aussagen darüber anwenden, was für etwas »benötigt« wird oder was man jemandem »schuldet«.[1] (Aufgrund der besonderen historischen Lage gibt es allerdings einen guten Grund

1 *A. d. Ü.:* Auf S. 146 unten führt Anscombe aus, warum es absurd wäre, solche Schlussfolgerungen prinzipiell abzulehnen.

für Hume, das zu denken; ich komme später auf diesen Punkt zurück.)

Kant entwickelt die Vorstellung einer ›Selbstgesetzgebung‹. Das ist ungefähr so absurd, wie wenn man heute, wo allen der Wille der Mehrheit als ausschlaggebend gilt, jede eigene Entscheidung als das Ergebnis einer *Abstimmung* betrachtete, bei der immer eine überwältigende Mehrheit – nämlich 1 : 0 – für die gefasste Entscheidung gestimmt hat. Die Idee der Gesetzgebung beinhaltet den Gedanken überlegener Macht auf Seiten des Gesetzgebers. Hinzu kommt, dass Kants eigene Überzeugungen zum Thema Lügen so rigoros waren, dass ihm nie der Gedanke kam, dass man viele Lügen auch auf eine andere und dennoch zutreffende Weise beschreiben kann, etwa als »Lüge unter diesen-und-jenen Umständen«. Ohne Festlegung darauf, was als die relevante Beschreibung gilt, bleibt deshalb sein Grundsatz, nur nach verallgemeinerbaren Maximen zu handeln, leer.

Bentham und Mill übersehen, welche Schwierigkeiten der Begriff ›Lust‹ enthält. Viele werfen ihnen vor, sich eines naturalistischen Fehlschlusses schuldig zu machen, doch dieser Vorwurf beeindruckt mich wenig, denn bisher hat noch niemand schlüssig darlegen können, was ein naturalistischer Fehlschluss eigentlich sein soll. Dass sie aber die Schwierigkeiten des Begriffs ›Lust‹ übersehen, scheint mir das Schicksal ihrer Theorie zu besiegeln. Antike Autoren haben große Schwierigkeiten mit diesem Begriff. Aristoteles etwa kommt hier nicht über Stammeleien hinaus wie, dass »die Lust die Tätigkeit [...] als eine Art hinzukommendes Ziel« vervollkommne, genau wie »das Blühen zur Jugend hinzutritt«.[2] Denn er erkennt, dass es sowohl gute Gründe dafür gibt, Lust mit lustvoller Tätigkeit gleichzusetzen, als auch, sie davon abzugrenzen. Generationen moderner Philosophen fanden den Begriff der Lust überhaupt nicht rätselhaft. Erst Ryle hat ihn, vor ein oder zwei Jahren, wieder als Problem entdeckt. Dass der Begriff der Lust bis vor Kurzem als unproblematisch galt, liegt daran, dass man seit Locke die Lust für einen inneren Eindruck hielt. Doch wer das glaubt, gibt höchstens eine oberflächliche Analyse, wenn er Lust zum Ziel aller Handlungen erhebt. In Anlehnung an Wittgensteins Ansichten zum ›Meinen‹ könnte man sagen: »Lust kann nicht in einem

2 *A. d. Ü.:* Aristoteles, *Nikomachische Ethik* (*EN*), 1174b33. Die Übersetzung stammt von Ursula Wolf (Reinbek b. Hamburg 2006).

inneren Eindruck bestehen; denn kein innerer Eindruck könnte jene Folgen haben, welche die Lust hat.«[3]

Genau wie Kant übersieht auch Mill, dass er festlegen müsste, was als relevante Beschreibung einer Handlung gilt, damit seine Theorie überhaupt Gehalt hat. Es kommt ihm zum Beispiel nicht in den Sinn, dass viele Morde oder Diebstähle auch anders beschrieben werden können. Sein Vorschlag lautet, dass eine Handlung, deren Nützlichkeit nur nach einem einzigen Prinzip bewertet werden kann, nach diesem Prinzip bewertet werden muss. Wenn eine Handlung dagegen unter keines oder mehrere solche Prinzipien fällt (und diese widersprüchliche Bewertungen liefern), dann soll man sich die Folgen dieser konkreten Handlung im Einzelnen überlegen. Nun kann aber so gut wie jede Handlung, die überhaupt unter irgendein »Nützlichkeitsprinzip« fällt (wie ich es der Kürze halber nennen werde), so beschrieben werden, dass sie unter mehrere derartige Prinzipien fällt.

Kommen wir noch einmal auf Hume zurück. Die bereits genannten und viele andere Eigenschaften der Humeschen Philosophie legen nahe, ihn als einen bloßen Sophisten abzutun – wenn auch als einen brillanten. Seine Methoden sind zweifellos sophistisch. Dieses Urteil scheint mir grundsätzlich richtig, bedarf jedoch einer Einordnung. Denn auch wenn die Ergebnisse seines Philosophierens (in die er regelrecht verliebt ist) bloße Sophistereien sind, deckt Hume doch im Laufe seiner Untersuchungen oft tiefe und wichtige Fragen auf. Wenn man seine Sophistereien als solche zu

3 *A. d. Ü.:* Das Thema Meinen und innerer Eindruck durchzieht Wittgensteins ganzes Werk. Folgende zwei Stellen kommen recht nahe an Anscombes These zu Lust und innerem Eindruck heran: »Rede ich nun vom Meinen als einem innern Vorgang: Was ist die Wichtigkeit dieses Vorgangs? Sie kann doch nur in seinen Folgen liegen, und hätten äußere Vorgänge die gleichen Folgen, so hätten sie auch die gleiche Wichtigkeit« (Georg Henrik von Wright, Universitetet i Bergen [Wittgensteinarkivet] und Oxford University Press [Hg.], *Wittgenstein's Nachlass. The Bergen Electronic Edition*, Oxford 1998-2000, item 137, S. 45b). »Inwiefern habe ich der Farbe [rot] den Namen [›rot‹] gegeben, wenn ich auf die Farbe beim Definieren meine Aufmerksamkeit gerichtet hatte? Die Definition ist doch zu künftigem Gebrauch da, – und wie nützt dabei jener seelische Akt? Man könnte sagen: Was du beim Definieren meinst, wenn dies Meinen ein seelischer Akt sein soll, ist für den Gebrauch und daher für die Bedeutung der Definition ganz gleichgültig. Es wird drauf ankommen, was du mit dieser Definition machst« (*Nachlass* 120, S. 2v-3r).

entlarven versucht, stößt man oft auf Gegenstände, die einer gründlichen Untersuchung wert sind. Oft lassen Humes vermeintliche Beweise tatsächlich scheinbar Offensichtliches fragwürdig werden. Und darin unterscheidet sich Hume gewaltig von vielen anderen, etwa von Butler. Auch als Letzterer seine Schriften verfasste, wusste man schon, dass das eigene Gewissen einen Menschen zu den niederträchtigsten Schandtaten verleiten kann, und da Butlers Analyse diese wohlbekannte Tatsache einfach ignoriert, verschafft sie uns überhaupt keine neue Erkenntnis. Hume ist hier ganz anders und deshalb – trotz seiner Sophisterei – ein wahrhaft tiefgründiger und großer Philosoph. Ein Beispiel:[4]

Stellen wir uns vor, ich eröffnete meinem Gemüsehändler: »Wahrheit besteht *entweder* in einer Beziehung zwischen Vorstellungen – wie etwa der, dass 20 Schillinge ein Pfund ergeben –, *oder* sie besteht in Tatsachen – wie etwa der, dass ich bei Ihnen Kartoffeln bestellt habe und dass Sie diese Kartoffeln geliefert und mir eine Rechnung geschickt haben. Folglich lässt sich der Begriff der Wahrheit gar nicht auf Behauptungen anwenden wie die, dass ich Ihnen soundso viel *schulde*!«

Bei näherer Betrachtung dieses Beispiels merkt man, dass die erwähnte Tatsache und die Beschreibung »*X* schuldet *Y* soundso viel Geld« in einem interessanten Verhältnis zueinander stehen. Dass *Y* Kartoffeln an *X* liefert, könnte man als eine Art »nackte Tatsache« bezeichnen, verglichen mit der Beschreibung, dass *X* dem *Y* Geld schuldet. Doch man könnte denselben Vorgang auch anders beschreiben und dabei Dinge nennen, die, verglichen mit dem Liefern von Kartoffeln, eine ›nackte Tatsache‹ wären. Statt »Er hat Kartoffeln geliefert« könnte man etwa auch sagen: »Er hat Kartoffeln vor mein Haus fahren lassen, und diese Kartoffeln wurden vor meinem Haus liegen gelassen.« Umgekehrt wäre das, was in unserem Beispiel *nicht* als nackte Tatsache gilt, im Vergleich mit *anderen* Dingen durchaus eine nackte Tatsache. So ist etwa *X schuldet Y Geld* eine nackte Tatsache, verglichen mit *X ist zahlungsfähig*. Man könnte gewissermaßen sagen, dass Tatsachen in einem Verhältnis ›relativer Nacktheit‹ zueinander stehen. Diese Relation ist kompliziert, weshalb ich hier nur einige Punkte hervorheben möchte: Wenn *xyz* eine Menge an Tatsachen ist und wenn diese Tatsachen

4 In »Nackte Tatsachen« bespreche ich dieses Beispiel ausführlicher. [*A. d. Ü.:* Siehe Aufsatz 1 im vorliegenden Band.]

›nackt‹ sind, verglichen mit einer Beschreibung *A*, dann muss *xyz* zugleich Teilmenge einer größeren Menge an Tatsachen sein, von denen eine Teilmenge verwirklicht sein muss, falls *A* wahr ist. Doch umgekehrt gilt nicht, dass, falls eine dieser Teilmengen verwirklicht ist, *A* wahr sein muss. Denn es kann immer außergewöhnliche Umstände geben, die das verhindern.[5] Was hinsichtlich *A* einen außergewöhnlichen Umstand darstellen würde, kann man übrigens nicht anders spezifizieren, als indem man eine Reihe möglichst unterschiedlicher Beispiele gibt. Denn jede allgemeine Beschreibung dieser außergewöhnlichen Umstände könnte selbst wieder das Opfer außergewöhnlicher Umstände werden. Das heißt, es sind immer noch zusätzliche außergewöhnliche Umstände denkbar, die eine solch allgemeine Beschreibung der außergewöhnlichen Umstände selbst wieder in ein neues Licht rücken würden. Der zweite Punkt, den ich hervorheben möchte, ist: Falls die Menge von Tatsachen *xyz* unter gewöhnlichen Umständen eine Rechtfertigung für die Beschreibung *A* wäre, bedeutet dies nicht, dass man die Beschreibung »*xyz*« und *A* gleichsetzen kann. Drittens muss es immer einen Rahmen geben, eine Institution, vor deren Hintergrund die Beschreibung *A* überhaupt erst ihren Sinn erhält und von der *A* nicht selbst eine Beschreibung ist. (So ist etwa die Aussage, dass ich jemandem einen Schilling gebe, selbst keine Beschreibung der Institution des Geldes oder der Währung meiner Heimat.)

Kurz und gut, obwohl es natürlich hanebüchen ist, zu behaupten, dass man aus einem »Sein« kein »Sollen« ableiten könne, sind die entsprechenden Ableitungen doch einer näheren Betrachtung wert – und das fällt einem auf, wenn man über Humes Argumente nachdenkt.

Die Tatsache, dass ich dem Gemüsehändler soundso viel schulde, ist nackt, verglichen mit der Beschreibung »Ich bin eine Betrügerin«. Und ›Betrug‹ ist natürlich nur eine besondere Form von ›Unehrlichkeit‹ oder ›Ungerechtigkeit‹. (Wobei letztere Überlegung nur dann Einfluss auf mein Handeln haben wird, wenn ich Unrecht begehen oder vermeiden will.)

Bisher spreche ich von »Betrug«, »Unrecht« und »Unehrlich-

5 *A. d. Ü.:* Ein Beispiel für solch einen außergewöhnlichen Umstand, das Anscombe in »Nackte Tatsachen« bespricht, ist: Es könnte sich herausstellen, dass alle relevanten Handlungen nur im Rahmen der Dreharbeiten für einen Film ausgeführt wurden.

keit« rein im Sinne von Tatsachen, obwohl sich mit diesen Bezeichnungen zweifellos starke Wertungen verbinden. Dass man von Betrug in diesem vergleichsweise neutralen Sinne sprechen kann, scheint offensichtlich. Bei Gerechtigkeit ist das schon schwieriger. Vielleicht könnte man Gerechtigkeit einfach so definieren, dass es bei ihr um Handlungen geht, die sich auf andere Menschen beziehen. Ihren Mangel dagegen, die »Ungerechtigkeit«, können wir problemlos als Überbegriff verwenden für solche Dinge wie Betrug, Diebstahl (was als solcher gilt, wird immer von der bestehenden Eigentumsordnung abhängen), Verleumdung, Ehebruch oder die Bestrafung Unschuldiger.

Heutzutage meinen Philosophen, dass es einer Begründung bedürfe, warum ein ungerechter Mensch ein schlechter Mensch ist; und eine solche Begründung zu geben sei Aufgabe der Ethik. Doch damit brauchen wir gar nicht erst anzufangen, solange wir nicht über eine überzeugende Philosophie der Psychologie verfügen. Denn um zu beweisen, dass ein ungerechter Mensch ein schlechter Mensch ist, bräuchte man erst einmal eine gehaltvolle Beschreibung der Gerechtigkeit als einer ›Tugend‹. Doch dieses ganze Themengebiet der Ethik bleibt uns so lange verschlossen, bis wir geklärt haben, was für eine *Art von Eigenschaft* eine Tugend ist – und das ist keine ethische Frage, sondern bedarf einer Begriffsanalyse. Außerdem müssten wir klären, wie Tugenden mit den Handlungen zusammenhängen, in denen sie sich verwirklichen – ein Zusammenhang, den Aristoteles meines Erachtens nicht richtig geklärt hat. Um das zu klären, müssen wir aber zumindest wissen, was eine menschliche Handlung überhaupt ist und wie der Beweggrund und die Absicht(en) des Handelnden die Beschreibung seiner Handlung als »dieses-oder-jenes tun« bestimmen. Ganz zu Anfang bedarf es also auch noch einer Analyse dieser letztgenannten Begriffe.[6]

»Sollen« oder »müssen« drückt aus, dass etwas gut oder schlecht ist. So sollte eine Maschine regelmäßig Öl bekommen; sie muss geölt werden, weil es schlecht für sie ist, in ungeöltem Zustand zu laufen, bzw. weil sie dann eben schlecht läuft. Wenn man die Ausdrücke »sollen« oder »müssen« so versteht, fällt man kein spezi-

6 *A. d. Ü.:* Anscombe gibt eine solche Analyse in ihrem Hauptwerk *Absicht* (neu übersetzt von Joachim Schulte, Berlin 2011), das als Gründungswerk der modernen Handlungstheorie gilt.

fisch ›moralisches‹ Urteil, wenn man über den Menschen sagt, dass er andere nicht betrügen »solle«. (Aristoteles' Terminologie zufolge würde man hier allerdings über einen »moralischen« [ἠθικός] Gegenstand sprechen, nämlich über die menschlichen Leidenschaften und über nichttechnische Handlungen.) Heutzutage kann man diese Ausdrücke aber auch in einem spezifisch ›moralischen‹ Sinne verwenden, d. h. so, dass sie ein abschließendes Urteil implizieren (ähnlich dem Urteil schuldig/unschuldig über einen Menschen). Und das geht nicht nur dort, wo auch *Aristoteles* von »Moral« spricht – also bei Leidenschaften und Handlungen –, sondern auch bei Dingen, die für ihn mit dem Verstand zu tun haben.[7]

Diese spezielle, moralische Zusatzbedeutung haben so völlig alltägliche (und auch völlig unersetzbare) Ausdrücke wie »sollen« und »müssen« dadurch angenommen, dass man irgendwann begann, sie in den entsprechenden Zusammenhängen mit Ausdrücken wie »verpflichtet sein«, »aufgefordert sein« oder »eine Verbindlichkeit haben« gleichzusetzen – in dem Sinne, wie man rechtlich zu etwas verpflichtet sein oder wie etwas gesetzlich von einem gefordert sein kann.

Woher dieser Wandel? Die einfache Antwort lautet, dass zwischen uns und Aristoteles das Christentum kam mit seiner *Gesetzesethik*. Denn die ethischen Grundbegriffe des Christentums entstammen der Thora. (Man könnte vermuten, dass nur Menschen, die an ein von Gott gegebenes, positives Gesetz glauben, eine Gesetzesethik entwickeln können. Doch die Stoiker sind ein historisches Gegenbeispiel: Auch sie dachten, menschliche Tugend zu zeigen heiße, mit göttlichem Gesetz übereinzustimmen.)

Durch die jahrhundertelange Vorherrschaft des Christentums haben sich Begriffe wie ›Pflicht‹, ›Erlaubnis‹ oder ›Entschuldbarkeit‹ tief in unsere Sprache und in unser Denken eingegraben. Jenes griechische Wort, das solchen Vorstellungen noch am nächsten kommt, »ἁμαρτάνειν«, hat die entsprechende Bedeutung ›Sünde‹ erst in späterer Zeit gewonnen. Ursprünglich bedeutete es eher ›einen Fehler machen‹, ›das Ziel verfehlen‹ oder ›sich irren‹. Das lateinische »peccatum«, das in etwa dem griechischen »ἁμάρτημα« entspricht, war schon besser geeignet, die Bedeutung ›Sünde‹ an-

7 *A. d. Ü.:* Aristoteles verwendet also das Wort ἠθικός, wörtlich: »die Verfassung der Leidenschaften betreffend«, dort, wo es um φρόνησις, Weisheit, geht, nicht. (Wir danken für den Hinweis von Anselm W. Müller.)

zunehmen. Denn es war bereits eng verbunden mit »culpa«, der »Schuld« im rechtlichen Sinne. Der Überbegriff »illicitus«, »unerlaubt«, entspricht in etwa unserem »falsch«. Bei Aristoteles gibt es interessanterweise noch gar keinen solchen Überbegriff. Er verwendet einige Überbegriffe, die Bösartigkeit ausdrücken – etwa »Schurke« oder »Bösewicht«. Aber die kann man natürlich nicht für jemanden verwenden, der nur eine einzige schlechte Tat begangen hat oder nur ein paar schlechte Taten. Manchmal verwendet Aristoteles allgemeine Ausdrücke wie »schmachvoll« oder »unfromm«. Doch ansonsten kennt er zwar Überbegriffe, die den Mangel an einer bestimmten Tugend bezeichnen, wie »ungerecht«, aber er hat kein Wort, das einem Ausdruck wie »verboten« entsprechen würde. Um in aristotelischer Terminologie all das zu erfassen, worauf sich dieser allgemeine Ausdruck beziehen kann, müsste man einen ziemlich gewundenen Satz formulieren, etwa so: ›Unerlaubt‹ ist, was einer jener Tugenden widerspricht, deren Fehlen jemanden zu einem schlechten Menschen (also: schlecht *als* Mensch) macht – sei es ein Gedanke oder eine Leidenschaft, der er nicht widersteht, oder eine Handlung oder das Unterlassen eines Gedankens oder einer Handlung. Diese lange Umschreibung wäre koextensional mit unserem Begriff ›unerlaubt‹.

Man vertritt eine *Gesetzes*ethik, wenn man denkt, dass das von den Tugenden Verlangte von göttlichem Gesetz verlangt wird – und mit Tugenden meine ich hier jene Eigenschaften, ohne die man ein schlechter *Mensch* ist (im Gegensatz zu, sagen wir, einem schlechten *Handwerker* oder einem schlechten *Logiker*). Diesem Gedanken kann natürlich nur anhängen, wer an Gott als einen Gesetzgeber glaubt, z. B. Juden, Stoiker oder Christen. Doch wenn eine solche Vorstellung zunächst über Jahrhunderte vorherrscht und dann abgelegt wird, ist es nicht verwunderlich, dass einige ihrer Schlüsselbegriffe – wie »Pflicht« – oder die Vorstellung, dass man an ein gewisses Gesetz gebunden ist, weiterhin verwendet werden, obwohl deren Wurzeln längst aufgegeben sind. Das Wort »Sollen« etwa hat in bestimmten Zusammenhängen lange die Bedeutung ›Pflicht‹ gehabt, und in diesen Zusammenhängen verwenden wir es weiterhin mit dieser speziellen Betonung und verbinden ein spezielles Gefühl damit.

Das ist, als ob der Ausdruck »kriminell« weiterhin in Gebrauch wäre, nachdem das weltliche Gesetz und alle weltlichen Gerichte abgeschafft und lang vergessen worden wären. Wäre die Geschichte so verlaufen, hätte Hume vielleicht von dem Ausdruck »kriminell« gedacht, dass dieser sich eben auf ein spezielles Gefühl beziehen müsse und dass allein dieses Gefühl dem Ausdruck Sinn verleihe. Der Glaube an ein göttliches Gesetz wurde schon vor langer Zeit aufgegeben, der Begriff der »Pflicht« hat diesen Zusammenhang überlebt, und irgendwann kommt Hume und stellt fest, dass man dem Wort »sollen«, wo es im ›moralischen‹ Sinne verwendet wird, eine Macht zuschreibt, die bei genauerem Hinsehen völlig unerklärlich scheint. Aufgegeben wurde dieser Glaube übrigens schon während der Reformation (zunächst natürlich nur unter Protestanten).[8] Damals hat, so behaupte ich, ein Begriff überlebt, der ohne seinen ursprünglichen Rahmen gar keinen Sinn mehr ergeben kann.

Humes berühmte Bemerkungen zum Schluss von »sein« auf »sollen« verknüpfen demnach ganz unterschiedliche Punkte miteinander. Einen davon sollten meine Bemerkungen zum Schluss von »sein« auf »schulden« beleuchten sowie meine Bemerkung, dass Tatsachen immer nur im Vergleich zu anderen und im Rahmen einer bestimmten Beschreibung ›nackt‹ sein können. Einen anderen Punkt würde eine Untersuchung des Schlusses von »sein« auf »benötigen« erhellen. Betrachten wir etwa den Schluss von den Eigenarten eines Lebewesens auf die Umwelt, die es benötigt. Wenn man z. B. von einem Lebewesen sagt, es benötige eine bestimmte Umwelt, bedeutet das nicht, dass man selbst *will*, dass es in dieser Umwelt lebe. Man sagt nur, dass das Lebewesen ohne diese Umwelt nicht gedeihen wird. Hier würde uns Hume entgegenhalten: »Aber alles hängt doch davon ab, ob man sein Gedeihen *will*!« Doch ›alles‹, was hier hinsichtlich des Gedeihens von meinem Willen abhängt, ist, ob die Tatsache, dass das Lebewesen diese Umwelt benötigt – dass es ohne diese Umwelt nicht gedeihen wird –, mich

8 Protestanten bestreiten natürlich nicht, dass Gott uns ein Gesetz gegeben hat. Doch zum Kern protestantischer Doktrin gehört, dass uns Gott dieses Gesetz nicht gegeben hat, damit wir es befolgen, sondern um zu zeigen, dass der Mensch es gar nicht befolgen kann, nicht einmal mit Hilfe göttlicher Gnade. Und das gilt nicht nur für die weitverzweigten Vorschriften der Thora, sondern auch für das ›gottgegebene Naturrecht‹. Man vergleiche hierzu etwa das Dekret von Trient gegen diese Lehre, der zufolge Christus nur als ein Vermittler betrachtet, ihm aber nicht wie einem Gesetzgeber gehorcht werden soll.

zum Handeln motiviert. Bei Hume aber sieht das so aus: Jemandes Urteil, *dass* dies-oder-jenes der Fall sein ›soll‹ oder ›benötigt wird‹, motiviert zum Handeln; doch kein Urteil darüber, was der Fall *ist*, kann zum Handeln motivieren. (Man muss zusätzlich auch *wollen*, wovon man urteilt, es durch die Handlung zu bekommen.)[9] Folglich *muss* es nach Hume unmöglich sein, davon, dass etwas »ist«, darauf zu schließen, dass etwas anderes »benötigt wird« oder »sein sollte«. Doch bei unserem Beispiel der Pflanze etwa scheint der Schluss von dem, was sie »ist«, auf das, was sie »benötigt«, überhaupt nicht fragwürdig zu sein. Dieser Schluss ist interessant, und es würde sich lohnen, ihn näher zu untersuchen; aber er ist wohl kaum besonders verdächtig. Was ihn interessant macht, ist etwas Ähnliches wie das Verhältnis zwischen Tatsachen, von denen einige im Vergleich zu anderen nackt sind; und Verhältnisse dieser Art wurden bislang kaum untersucht. Natürlich kann man das, worüber die Pflanze tatsächlich verfügt, dem gegenüberstellen, was sie benötigt – so wie wenn man *de facto* und *de iure* Gegebenes vergleicht. Doch dass sie das Besagte benötigt, ist sicher ebenso ›wahr‹, wie dass sie über es verfügt oder nicht verfügt.

Unser Urteil über die Bedürfnisse einer Pflanze motiviert uns tatsächlich nur dann zum Handeln, wenn wir wollen, dass sie gedeiht. Bei der Pflanze gibt es keine notwendige Verbindung zwischen dem Urteil, was sie ›benötigt‹, und dem, was man selber will. Doch es gibt eine solche Verbindung, wenn sich das Urteil darauf bezieht, was *man selbst* benötigt. Diese Verbindung ist sehr kompliziert, und man kann durchaus urteilen, dass man etwas benötigt, und es trotzdem nicht wollen. Man kann aber z. B. nicht immer so urteilen; d. h., es ist unmöglich, *nie* zu wollen, was man nach eigenem Urteil benötigt. Das hat aber nichts mit der Bedeutung des Wortes »benötigen« zu tun, sondern mit dem Phänomen des *Wollens*. Allein Humes Darstellung legt nahe, dass es hier um das Wort »benötigen« oder den Ausdruck »gut für« ginge.

Humes Behauptung über »sein« und »sollen« wirft, unserer kurzen Untersuchung zufolge, also bereits zwei Probleme auf: Das erste Problem ist, dass Tatsachen immer nur im Vergleich zu anderen und im Rahmen einer bestimmten Beschreibung ›nackt‹ sind. Das zweite Problem betrifft die Funktionsweise der Begriffe ›benötigen‹

9 *A. d. Ü.:* Zu dieser heute oft als »Humesche Theorie der Motivation« bezeichneten Ansicht vgl. z. B. Humes *Traktat über die menschliche Natur*, 2.3.3, Absatz 3.

und ›gedeihen‹. Doch Humes ursprüngliche Behauptung hat unsere Untersuchung nicht widerlegt. Denn Hume könnte sagen: Vielleicht kann man daraus, dass etwas »ist«, tatsächlich ableiten, dass etwas anderes »geschuldet« wird oder dass etwas anderes »benötigt« wird. Dieses Ergebnis läuft aber darauf hinaus, dass Aussagen darüber, was geschuldet wird, und Aussagen darüber, was benötigt wird, eine *Art* von Wahrheit ausdrücken, dass sie eine *Art* von Tatsachenaussage sind. »Sollen« im dritten, im *moralischen* Sinne, können wir aber auch weiterhin nicht von »sein« ableiten.

Damit hätte er Recht. Denn so wie das Wort »sollen« heute verwendet wird – als ein Wort von unerklärlicher Zauberkraft –, kann man es von überhaupt nichts ableiten. Man könnte meinen, dass man eine ›moralische‹ Sollensaussage zumindest von anderen solchen Aussagen ableiten könne. Doch dieser Eindruck täuscht. Man denkt, man könne hier einen Schluss der folgenden Form ziehen: »Alle Menschen sind φ«, und »Sokrates ist ein Mensch«, folglich gilt: »Sokrates ist φ«. Dabei vergisst man, dass das »φ« in einem solchen Schluss nur ein Platzhalter für ein Prädikat ist, dass also für solche Schlüsse Folgendes gilt: Wenn man für »φ« ein echtes Prädikat einsetzt, ergibt sich ein gültiger Schluss – und zwar nur dann. Ein Wort, das überhaupt keinen sinnvollen Gedanken ausdrückt, genügt nicht. Doch das Wort, das wir hier einsetzen müssten, gibt eben nur noch vor, einen sinnvollen Gedanken auszudrücken. Es hat eine starke psychische Wirkung auf uns, aber es bezeichnet überhaupt keinen echten Begriff mehr.

Eine Aussage, die »sollen« im sogenannten moralischen Sinne verwendet, ähnelt einem Gerichtsurteil: Tatsächliche Handlungen werden danach beurteilt, ob sie mit der in dem Sollenssatz beschriebenen Handlung übereinstimmen. Doch wo etwas noch »Urteil« genannt wird, ohne dass man es für das Urteil eines Richters hält oder denkt, dass es ein entsprechendes Gesetz gibt, mag das vielleicht eine gewisse psychische Wirkung haben; aber es hat keinen Inhalt mehr. Stellen wir uns einmal vor, das Wort »Gerichtsurteil« hätte einen solchen Wandel erfahren: Es hätte seinen feierlichen Klang behalten, aber seine Bedeutung verloren. Und nun würde jemand hellhörig und sagte: »Aber um ein *Gerichts*urteil zu fällen, braucht man doch Gesetze und einen Richter!« Dem würde vielleicht geantwortet: »Wieso das denn? Auch wenn wir Gesetze und einen Richter hätten, würde sich doch wiederum die Frage stellen, ob es auch ein Gerichtsurteil gibt, nach dem man das gefällte Gerichtsurteil befolgen muss.« Ein entsprechendes Argument wird häufig bezüglich moralischer Sollensurteile vorgebracht. Für gewöhnlich wird so getan, als ob es die Sache entschiede: Selbst wer der Vorstellung von einem göttlichen Gesetz anhängt, so das Argument, muss zusätzlich urteilen, dass er diesem Gesetz auch gehorchen *soll.* Auch dieses »sollen« ist aber wieder »sollen« im sogenannten moralischen Sinne; und deshalb ist, wer ein solches Gesetz voraussetzt, keinen Schritt weiter als alle anderen. Der einzige Unterschied zwischen ihm und denen, die das nicht tun, ist, dass er einen anderen ›praktischen Obersatz‹ voraussetzt.[10] Sein Obersatz lautet in etwa: »Man soll dem göttlichen Gesetz gehorchen«, während andere eben Obersätzen anhängen wie: »Man soll sich in all seinen Entscheidungen am größtmöglichen Glück der größtmöglichen Zahl orientieren.«

Man sollte denken, dass sowohl Hume als auch die zeitgenössische Ethik uns einen großen Dienst erwiesen haben durch ihre Demonstration, dass der Ausdruck »sollen« im moralischen Sinne keinen Inhalt mehr hat. Und das hätten sie auch, wenn dieselben Zeitgenossen nicht versuchten, dem enttarnten Ausdruck irgendeinen anderen, reichlich fragwürdigen Inhalt beizulegen, um so seine psychische Überzeugungskraft zu bewahren. Dabei wäre es folgerichtig, »sollen« im moralischen Sinne vollständig aufzugeben. Denn außerhalb einer Gesetzesethik ist dieser Ausdruck sinnlos, und eine solche Gesetzesethik wollen die betreffenden Philosophen nicht mehr vertreten. Man muss auch keine Gesetzesethik vertreten, um überhaupt Ethik betreiben zu können – die aristotelische Ethik etwa ist keine Gesetzesethik. Deshalb wäre es ein großer Fortschritt, wenn wir nicht mehr von »moralisch falsch« reden würden, sondern Ausdrücke wie »verlogen«, »unkeusch« oder »ungerecht«

10 Der Ausdruck »praktischer Obersatz« an sich ist natürlich schon Unsinn. Schließlich enthält der Obersatz eines Schlusses jenen Ausdruck, der in der Konklusion von etwas prädiziert wird; deshalb kann man bei praktischen Schlüssen nicht von Obersätzen sprechen. [*A. d. Ü.:* Für Anscombe besteht die Konklusion eines praktischen Schlusses nicht in einem Satz und auch nicht in der Absicht, etwas zu tun, sondern in der Handlung selbst. (Vgl. Aufsatz 2 dieser Sammlung, »Praktisches Schlussfolgern«, oder ihr Hauptwerk, *Absicht*, Berlin 2011.) Von einer Handlung kann man aber nicht sagen, dass sie etwas von etwas prädiziere. Also ist der Ausdruck »praktischer Obersatz« nach Anscombes Handlungstheorie ein Kategorienfehler.]

als oberste Gattungsbezeichnungen benutzten. Wir würden nicht mehr fragen, ob es »falsch« war, etwas zu tun – also nicht mehr von einer Beschreibung der Handlung zu diesem Pauschalausdruck übergehen –, sondern z. B., ob es *ungerecht* war, so zu handeln. Dann wäre die Antwort manchmal eindeutig.

Ich komme nun zu jener Epoche englischer Moralphilosophie, die durch Sidgwick geprägt wurde.[11] Irgendwo zwischen Mill und Moore hat nämlich eine beachtliche Veränderung stattgefunden. Wie erwähnt, nimmt Mill an, dass man die Folgen von Handlungen wie Mord oder Diebstahl nicht einzeln zu berechnen braucht; und wie erwähnt, muss diese Annahme Unfug sein, weil es wahrscheinlich keine Handlung gibt, die nur unter ein einziges Nützlichkeitsprinzip fällt. Moore, und was an akademischer Moralphilosophie in England auf ihn folgte, setzt voraus, dass »die richtige Handlung« die Handlung mit den bestmöglichen Folgen bezeichnet (wobei diese Folgen auch im Wert der Handlung selbst bestehen können, wie einige ›Objektivisten‹ meinen).[12] Daraus folgt, dass man (subjektiv) gut handelt, wenn man das unter den gegebenen Umständen und nach eigenem Ermessen aller Folgen Beste tut. Ich sage: Das folgt aus dieser Position; ich sage nicht, dass alle diese Philosophen das ausdrücklich vertreten. Denn Debatten über die damit zusammenhängenden Fragen werden sehr schnell sehr verwickelt. Da wird dann etwa bezweifelt, ob die Formulierung »Diese-oder-jene Handlung ist die richtige« angemessen ist – weil es ja sein könnte, dass Dinge existieren müssen, damit man überhaupt etwas von ihnen prädizieren kann, weshalb man also vielleicht besser den Ausdruck »Ich bin verpflichtet« verwenden sollte. Oder man bezweifelt, dass »richtig« ein ›deskriptiver‹ Ausdruck ist, und gibt eine aufwendige linguistische Analyse, nur um

11 *A. d. Ü.:* Henry Sidgwick (1838-1900) ist in der angelsächsischen Philosophie bis heute sehr einflussreich; sein Hauptwerk *Die Methoden der Ethik* (1874) gilt als die am detailliertesten ausgearbeitete utilitaristische Ethik. In Kontinentaleuropa blieb Sidgwick weitgehend unbeachtet – so wurde etwa die 1909 erschienene deutsche Übersetzung seine Hauptwerks nie neu aufgelegt.

12 Die Oxforder Objektivisten unterscheiden natürlich zwischen ›Folgen‹ und ›intrinsischem Wert‹. Dadurch erzeugen sie den irreführenden Eindruck, gar keine Konsequenzialisten zu sein. Doch sie sagen z. B. nicht, dass es Ziele gibt – etwa den Schutz Unschuldiger vor Verurteilung –, die nicht durch andere aufgewogen werden können – etwa Staatsräson. (Ross bestreitet sogar ausdrücklich, dass es solche Ziele gibt.) Folglich ist ihre Unterscheidung bedeutungslos.

damit doch wieder bei einer Erklärung zu enden, die auf dasselbe hinausläuft wie: »Die richtige Handlung ist die Handlung mit den besten Folgen.« (Man sagt dann z. B., dass die eigenen ›Prinzipien‹ so gewählt sein müssen, dass sie am geeignetsten erscheinen, das selbstgewählte Ziel zu erreichen. Und dann leitet man von »gewählt« zu »am besten« über, indem man behauptet, überlegt zu wählen heiße, die Handlung mit den besten Folgen zu wählen.) Gern wird auch die Rolle sogenannter »moralischer Prinzipien« oder ›Pflicht als Beweggrund‹ besprochen, die Unterschiede zwischen »gut«, »moralisch gut« und »richtig« erforscht oder die speziellen Eigenheiten von Sollensaussagen beleuchtet. Diese Debatten erzeugen den irrigen Eindruck, dass man einer bemerkenswerten Vielfalt von Ansichten gegenüberstünde, während das einzig wirklich Bemerkenswerte die herrschende Eintönigkeit ist. Wie sehr sich all diese widerstreitenden Ansichten ähneln, merkt man etwa daran, dass die einflussreichsten Moralphilosophen an englischen Universitäten allesamt die Auffassung ablehnen müssten, dass man Unschuldige niemals töten dürfe, ganz gleich zu welchem Zweck. Und ihrer Philosophie zufolge irrt sich, wer das Gegenteil glaubt. (Ich muss hier beide Implikationen erwähnen. Denn Herr Hare etwa, dessen Lehre einen dazu ermutigt, die Tötung Unschuldiger angesichts eines höheren Ziels für gerechtfertigt zu halten, würde wohl auch lehren, dass, falls jemand die Vermeidung des Tötens Unschuldiger zu seinem ›obersten Handlungsprinzip‹ erhebt, man das nicht als Irrtum bezeichnen könne: Derjenige hängt dann eben einfach diesem alternativen ›Prinzip‹ an. Mit dieser Einschränkung sollte es offensichtlich sein, dass meine Behauptung auf wirklich alle akademischen Moralphilosophen Englands seit Sidgwick zutrifft.) Das wiederum ist schon bemerkenswert. Es bedeutet nämlich, dass alle diese Lehren vollkommen unvereinbar sind mit der jüdisch-christlichen Ethik. Letztere ist schließlich dadurch gekennzeichnet, dass sie bestimmte Dinge einfach verbietet, unabhängig von den möglicherweise drohenden *Folgen*. Dazu gehört etwa der Mord an Unschuldigen, ganz gleich, wie hehr das Ziel, die stellvertretende Bestrafung für die Taten eines anderen, Verrat (im Sinne von: sich in einer wichtigen Sache jemandes Vertrauen erschleichen, indem man ihm echte Freundschaft verspricht, und ihn dann seinen Feinden ausliefern), Götzendienst, Sodomie, Untreue oder das Ablegen falscher Glaubensbekenntnisse. Dieses Verbot bestimmter Dinge – völlig unabhängig von ihren Folgen, sondern einfach weil sie als eine Handlung dieser-oder-jener Art beschrieben werden können – ist natürlich nur eines von vielen Merkmalen der jüdisch-christlichen Ethik. Doch es ist ein hervorstechendes Merkmal. Wenn nun diese jüdisch-christliche Ethik unvereinbar ist mit der Lehre jedes einzelnen akademischen Philosophen seit Sidgwick, dann ist diese Unvereinbarkeit das wichtigste Merkmal der modernen Lehren, und die Unterschiede zwischen ihnen sind vergleichsweise bedeutungslos. Wer das abstreiten wollte, bekundete damit einen ziemlichen Mangel an Überblick.

Bemerkenswert ist auch, dass keinem dieser Philosophen bewusst zu sein scheint, dass es eine solche Ethik gibt und dass seine eigene Lehre dieser Ethik widerspricht. Man ist sich vollkommen einig, dass bestimmte Folgen jedes Verbot unwirksam machen, eben z. B. das Verbot zu morden. Natürlich sind diese Verbote aber gerade deshalb so strikt, damit man sich nicht von *der Angst vor oder der Hoffnung auf bestimmte Folgen verführen lässt.*

Die Annahme liegt nahe, dass der erwähnte Übergang von Mill zu Moore von einer bestimmten Person zu einem bestimmten Zeitpunkt vollzogen wurde, und hier scheint am ehesten Sidgwick in Frage zu kommen. Tatsächlich lässt sich dieser Übergang in seinem Werk beobachten, und er geschieht fast beiläufig. Sidgwick ist ein ziemlich flacher Autor. Alles Entscheidende verbannt er in Nebenbemerkungen, Fußnoten und Seitenstränge der Argumentation – also dorthin, wo es nicht um sein großes Klassifikationsschema von *Methoden der Ethik* geht. Auch göttliche Gesetzesethiken werden in einer Fußnote abgehandelt und damit zu einer unbedeutenden Spielart ethischer Theorien reduziert. Dort erfährt der Leser, dass »die besten Theologen« (und Gott allein weiß, wen Sidgwick hier meint) uns lehren, man müsse Gott gehorchen, weil er ein *moralisches* Wesen sei. Man meint geradezu, Aristoteles spotten zu hören: »ἢ φορτικὸς ὁ ἔπαινος;« – »Scheint dieses Lob nicht krude?«[13] In der Tat *ist* Sidgwick krude auf ebendie bei Aristoteles beschriebene Art: Er denkt etwa, dass Bescheidenheit in Selbstunterschät-

13 *EN* 1178b16. [*A. d. Ü.:* In dem betreffenden Abschnitt führt Aristoteles aus, wie absurd es wäre, unsere auf den Menschen zugeschnittenen ethischen Begriffe auf die Götter anzuwenden, die schließlich überhaupt keine unangemessenen Regungen verspüren und deshalb auch nicht für tugendhaftes Verhalten gelobt werden können.]

zung bestünde (also eine Form des Irrtums wäre) oder dass Gesetze gegen Blasphemie den Zweck hätten, den Gläubigen Kränkungen zu ersparen. Und »mittelalterlichen Theologen« wirft er vor, sich selbst unkeusch zu verhalten, indem sie detailliert über Keuschheit schreiben.

Für uns ist hier Sidgwicks Definition der Absicht entscheidend. Ihm zufolge beabsichtigt man nämlich sämtliche Folgen einer willentlichen Handlung, die man vorhersieht. Das ist offensichtlich falsch und würde heute wohl von niemandem mehr vertreten werden. Sidgwick aber braucht diese Definition, um eine moralphilosophische Behauptung zu verteidigen, die heute von vielen vertreten wird: Man ist für alle vorhergesehenen Folgen seiner Handlungen verantwortlich – selbst wenn man diese Folgen nicht gewollt hat, weder als Ziel noch als Mittel. Wenn wir den Begriff der Absicht richtig verwenden (also Sidgwicks falsche Definition aufgeben), dann lautet dieselbe Behauptung wie folgt: Man ist für alle vorhergesehenen Folgen seiner Handlungen verantwortlich – selbst wenn man diese Folgen nicht beabsichtigt hat. Das klingt recht erbaulich. Doch in der Moralphilosophie weist ein erbaulicher Klang für gewöhnlich auf einen hochgradigen gedanklichen Verfall hin. Folgendes Beispiel illustriert, was Sidgwicks Behauptung wirklich bedeutet: Nehmen wir an, ein Mann ist für den Unterhalt eines Kindes verantwortlich. Folglich handelt er schlecht, wenn er diesem Kind seinen Unterhalt entzieht. Das gilt sowohl, wenn er dem Kind seinen Unterhalt entzieht, einfach weil er es nicht mehr unterstützen will, *als auch*, wenn er ihm den Unterhalt entzieht, weil er dadurch z. B. jemand anderen zwingen kann, irgendetwas zu tun. (Wir können hier ruhig annehmen, dass der Mann an sich gut handelte, wenn er den anderen zu dieser Tat zwänge.) Dieser Mann wird nun vor folgende Wahl gestellt: Entweder tut er etwas Niederträchtiges, oder er geht ins Gefängnis. Wenn er ins Gefängnis ginge, würde er dadurch auch dem Kind seinen Unterhalt entziehen. Sidgwick zufolge besteht nun kein Unterschied zwischen dem Fall, wo der Mann seine Verantwortung für den Unterhalt aus reiner Selbstsucht verletzt oder um etwas anderes zu erzwingen, und dem Fall, wo er diese Verantwortung verletzt, weil er durch seine Weigerung, etwas Niederträchtiges zu tun, ins Gefängnis kommt, und wo er den Unterhaltsentzug als unvermeidbare Folge dieser Weigerung voraussieht. Der Mann muss demnach den Unterhaltsentzug gegen die niederträchtige Tat abwägen. Dabei kann sich leicht herausstellen, dass diese niederträchtige Tat weniger verwerflich wäre als ein absichtlicher Unterhaltsentzug. Und da die Tatsache, dass der Unterhaltsentzug nur ein unbeabsichtigter Nebeneffekt des Gefängnisaufenthalts ist, für seine Verantwortung keinen Unterschied machen soll, müssten diese Abwägungen den Mann zu dem Schluss führen, dass er niederträchtig handeln soll (und zwar selbst dann, wenn die niederträchtige Handlung eine ziemlich schwerwiegende wäre). Wenn man so über diese Dinge nachdenkt, dann entscheiden einzig die Folgen einer Handlung. Ob die Handlung an sich verwerflich ist, wird unerheblich. Dann wird man in manchen Fällen aus guten Gründen keinen sehr *schwerwiegenden* Schaden erwarten, wenn man etwas noch viel Verwerflicheres tut, als einem Kind den Unterhalt zu verweigern. Und selbst wenn man sich dann in seinen Berechnungen irrt, ist man anscheinend für die schwerwiegenden Folgen einer solchen Handlung gar nicht verantwortlich – schließlich hat man diese schwerwiegenden Folgen ja nicht vorhergesehen. Letztendlich besagt Sidgwicks Behauptung nämlich, dass die Schlechtigkeit einer Handlung einzig und allein durch ihre *vorhergesehenen* Folgen bestimmt wird. Das heißt, man muss die Schlechtigkeit einer Handlung danach bewerten, welche Folgen *man selbst* vorhersieht, und kann sich damit von jeder Verantwortung für die tatsächlichen Folgen auch der niederträchtigsten Handlung freisprechen – vorausgesetzt, man hat diese Folgen nicht vorhergesehen. Ich dagegen würde behaupten, dass jeder für die schlechten Folgen seiner schlechten Handlungen verantwortlich ist und kein Verdienst an etwaigen guten Folgen dieser Handlungen hat, aber dass umgekehrt niemand für die schlechten Folgen seiner guten Handlungen verantwortlich ist.

Die Behauptung, man sei für vorhergesehene Folgen einer Handlung in demselben Umfang und Sinne verantwortlich wie für beabsichtigte Folgen, setzt Sidgwick nicht für irgendeine seiner *Methoden der Ethik* voraus. Diese wichtige Behauptung ist methodenunabhängig und soll allgemein gelten. Eben*diese* Behauptung läutet auch eine neue Phase ein; sie prägt alle englischen akademischen Moralphilosophen nach Sidgwick, und sie markiert den Unterschied zwischen dem ursprünglichen Utilitarismus und dem modernen *Konsequenzialismus* (wie ich ihn hier bezeichnen will). Sie erhebt Überlegungen, die man zuvor als Einflüsterungen gieriger Ehefrauen oder schmeichelnder Freunde betrachtet hätte, in den Stand moralischer Überlegungen.

Der Konsequenzialismus ist notwendigerweise eine hohle Philosophie. In der Ethik gibt es nämlich immer Grenzfälle. Ein Aristoteliker oder jemand, der an ein göttliches Gesetz glaubt, wird sich in solchen Fällen anschauen, ob diese-oder-jene Handlung unter diesen-oder-jenen Umständen, sagen wir, einen Mord darstellte oder ungerecht wäre. Falls er das bejaht, wird er die Handlung verurteilen. Solche Kasuistik wird hier und da eine Beugung der Doktrin an der Peripherie erlauben, aber das Zentrum der Doktrin ist geschützt. Konsequenzialisten halten dagegen schon die Frage: »Was wäre unter diesen-und-jenen Umständen eine richtige Handlung?« für dumm. Der Kasuist meint diese Frage nämlich wie folgt: »Wäre diese Handlung *erlaubt*?« oder »Wäre es erlaubt, diese Handlung zu *unterlassen*?«. Und nur wenn sich herausstellt, dass es *nicht* erlaubt wäre, die Handlung zu *unterlassen*, kann er sagen: »So *muss* man handeln!«[14] Für gewöhnlich kann er also keine Handlungen vorschreiben, sondern nur Handlungen *verbieten*. Denn in *realen* Fällen erlauben die Umstände (die über die erwogenen hinausgehen) immer eine ganze Reihe von Handlungen, und welche das sein werden, kann man unmöglich im Voraus wissen. Ein Konsequenzialist dagegen kann nicht behaupten: »Das ist erlaubt, jenes nicht.« Ihm zufolge bestimmen schließlich allein die Folgen über diese Erlaubnis, und natürlich kann auch er nicht weissagen, wie genau und mit welchen Folgen jemand eine bestimmte Handlung ausführen wird. Das Einzige, was der Konsequenzialist sagen kann, ist: »Diese-oder-jene Folgen darf man nicht herbeiführen«, aber natürlich kann er nicht sagen: »Man wird tatsächlich immer dies-und-das herbeiführen, es sei denn, man tut dies-und-jenes.« Ob es im Konsequenzialismus überhaupt Grenzfälle geben kann, ist fraglich. Damit etwas einen Grenzfall darstellen kann, muss man schließlich irgendein Gesetz oder einen Maßstab voraussetzen – und woher sollte ein Konsequenzialist diesen Maßstab nehmen? In der Praxis lautet die Antwort hier stets: Der Konsequenzialist übernimmt einfach den Maßstab seiner Gesellschaft oder seines Kreises. Tat-

14 Das ist notwendigerweise selten der Fall. Denn selbst wo bestimmte Handlungen vorgeschrieben sind, etwa: »Ehre Vater und Mutter«, ist selten *eine* bestimmte Einzelhandlung vorgeschrieben; und auch Situationen, wo die Vorschrift genau eine Handlung notwendig macht, kommen selten vor.

sächlich sind Konsequenzialisten immer sehr angepasst gewesen. Revolte gegen die Konventionen ihrer Umgebung ist ihnen völlig wesensfremd, und deshalb können sie unmöglich Tiefgang besitzen. Zudem sind die Chancen natürlich gering, dass ein gesamter sozialer Kanon aus halbwegs annehmbaren Maßstäben besteht. Und der eigentliche Zweck sehr unrealistischer Gedankenexperimente scheint mir darin zu bestehen, dass man sich selbst oder andere dazu verleitet, sich hypothetisch für eine schlechte Handlung zu entscheiden. Ich bin fest davon überzeugt, dass diese Erfahrung den Teilnehmer (der die vorgestellte Situation tatsächlich nie erleben wird) empfänglich dafür macht, vergleichbaren schlechten Entscheidungen zuzustimmen bzw. die Entscheider zu loben und zu umschmeicheln, zumindest solange die Masse das ebenfalls tut – und zwar auch wenn die im Gedankenexperiment vorausgesetzten verzweifelten Umstände tatsächlich nicht vorliegen.

Wer erkennt, dass die Begriffe ›Pflicht‹ und ›sollen‹ (im moralischen Sinne) Teil einer Gesetzesethik waren, die man als von Gott gegeben verstand, selbst aber die Vorstellung eines göttlichen Gesetzgebers für falsch hält, der kann auch beschließen, diese Gesetzesethik beizubehalten und sich nach einer anderen Grundlage umzusehen. Dieses Projekt scheint nicht von vornherein zum Scheitern verurteilt zu sein. Das Erste, worauf man verfällt, sind vielleicht gesellschaftliche ›Normen‹. Doch genau wie Butlers Vorschlag, immer dem eigenen Gewissen zu folgen, wenig überzeugend erscheint, wenn man sich überlegt, was das eigene Gewissen manchem Menschen schon eingegeben hat, kann auch der Vorschlag, immer den Sitten einer Gesellschaft zu folgen, wenig überzeugen, weil einem sofort höchst verwerfliche Sitten einfallen. Ein zweiter Vorschlag lautet, sich selbst ein Gesetz zu geben. Diese Idee halte ich für völlig verwirrt: Was für bewundernswerte Dinge jemand auch mit sich selbst tun mag, er kann sich nicht selbst ein Gesetz geben. Wer das erkennt, denkt vielleicht: Nun, dann muss ich einfach Regeln für mich selbst aufstellen. Denen werde ich folgen, bis ich eines Besseren belehrt werde – ganz so, wie jemand es sich zur Regel machen könnte, stets den Ansichten seiner Vorfahren zu folgen. Ob dieser dritte Ansatz einen gut handeln lässt, wird natürlich vom *Inhalt* der selbstgefassten Regeln bzw. den tradierten Ansichten abhängen. Wenn man Glück hat, handelt man damit gut. Diese Haltung gäbe in gewissem Sinne Anlass zur Hoffnung.

Schließlich drückt sich in ihr ein sokratischer Zweifel aus, und das scheint dem Gegenstand angemessen zu sein, wenn man bedenkt, dass wir mit den Regeln auf einen Notbehelf zurückgreifen. Überhaupt tut es jedem gut, zu denken: »Es ist durchaus möglich, dass ich mich in wesentlichen Punkten auf einem Irrweg befinde, auch wenn mir selbst diese Möglichkeit gerade ausgeschlossen zu sein scheint.« Eine vierte Möglichkeit bestünde darin, nach kosmischen Gesetzen zu suchen, also anzunehmen, dass das Universum mit seinen Naturgesetzen so etwas wie einen Gesetzgeber darstellt. Die gegenwärtige Forschung legt allerdings nahe, dass einen das eher vom Ideal der Gerechtigkeit entfernen würde: Dann müssten vielleicht die Starken die Schwachen fressen u. Ä. Das vorsokratische Gefühl einer Harmonie in der Natur, deren Gegenstück in menschlichen Dingen die Gerechtigkeit ist, erscheint uns heute sehr fremd.

Eine weitere Idee wäre, die ›Pflicht‹ auf einen Vertrag zu gründen. Will man wissen, was ein Gesetz jemandem vorschreibt, der ihm unterliegt, so schaut man sich dieses Gesetz an – genau wie man sich einen Vertrag anschaut, wenn man wissen will, was er seinen Unterzeichnern vorschreibt. Man könnte sich Philosophen vorstellen (von denen wir uns zugegebenermaßen geistig weit entfernt fühlen würden), welche die Idee eines *foedus rerum* vertreten, die das Universum also nicht als einen Gesetzgeber, sondern als die Verkörperung eines Vertrages betrachten: Könnten wir ergründen, was dieser Vertrag besagt, so wüssten wir, was unsere Pflichten sind. Nun kann man keinem Gesetz unterliegen, das einem nicht bekanntgemacht wurde. Deshalb dachten jene Philosophen, die an ein göttliches Naturrecht glaubten, auch, dass dieses Recht jedem Erwachsenen bekannt sei, einfach dadurch, dass er weiß, was gut und böse ist. Etwas Ähnliches gilt auch bezüglich Verträgen: Man kann keinem Vertrag unterliegen, dem man nicht zugestimmt hat (zu dem man also nie das Zeichen der Einwilligung gegeben hat). Vielleicht ließe sich behaupten, dass der alltägliche Gebrauch von Sprache das Zeichen der Einwilligung zu einer ganzen Reihe von Verträgen beinhaltet. Wer das behauptet, stünde aber erst einmal in der Pflicht, diesen Vorschlag auszuarbeiten, bevor wir ihn wirklich berücksichtigen könnten. Ich vermute allerdings, dass ein solches System immer sehr formal und allgemein bliebe. Vielleicht würde man Gesetze ableiten können wie: »Was dem einen recht ist, ist dem anderen billig« (und ihr Rang wäre dem von ›Gesetzen‹ der

Logik vergleichbar). Aber es scheint mir doch sehr unwahrscheinlich, dass man etwas so Konkretes würde ableiten können wie etwa das Mord- oder das Sodomieverbot. Hinzu kommt folgende Schwierigkeit: Man scheint Gesetzen unterliegen zu können, ohne diesen zugestimmt zu haben und sogar ohne sich ihrer (als Gesetze) bewusst zu sein. Aber bei einem Vertrag geht das nicht: Wir denken gemeinhin, dass Unkenntnis darüber, dass man einen Vertrag abgeschlossen hat, bedeutet, dass man keinen Vertrag abgeschlossen haben kann.

Könnte man nicht einfach die Tugenden als seine ›Normen‹ verwenden? *Der Mensch* hat soundso viele Zähne – nicht in dem Sinne, dass der Durchschnittsmensch über diese Anzahl verfügt, sondern dass diese Anzahl die Anzahl der Zähne der Gattung Mensch ist. Und könnte man nicht in demselben Sinne sagen, dass die Gattung *Mensch* diese-und-jene Tugenden ›hat‹, sofern man den Menschen eben nicht rein biologisch beschreibt, sondern als ein denkendes Wesen, das Entscheidungen hinsichtlich vieler Lebensvollzüge trifft, und sofern man die Fähigkeiten des Menschen einbezieht und seinen Gebrauch notwendiger Dinge? Ein ›Mensch‹, der über alle Tugenden in vollem Ausmaß verfügt, wäre die ›Norm‹ als ›Mensch‹, genau wie ein Mensch mit zweiunddreißig Zähnen die ›Norm‹ ist. Wenn man den Ausdruck »Norm« aber in *diesem* Sinne verwendet, hat er mit »Gesetz« nicht mehr viel zu tun: Wer das tut, der steht einer aristotelischen Ethik viel näher als einer Gesetzesethik. Das ist natürlich an sich kein Problem, heißt aber, dass man auch damit kein »Gesetz – nur ohne Gott« gefunden hat; »Norm« bedeutet dann gar nicht mehr »Gesetz«. Es scheint am Schluss also, als ob wir Ausdrücke wie »moralische Verpflichtung«, »sollen« im moralischen Sinne und »Pflicht« tatsächlich auf den Index setzen sollten – sofern uns das, wie gesagt, möglich ist.

Steht damit nun nicht fest, dass eine Reihe von Begriffen näher untersucht werden sollte – und zwar als psychologische Begriffe – und dass wir *Ethik vollständig aus unserem Denken verbannen* sollten, wie ich empfehle? Wir könnten mit folgenden Begriffen beginnen: ›Handlung‹, ›Absicht‹, ›Lust‹ und ›Wollen‹. Wahrscheinlich würden wir im Verlauf der Untersuchung noch auf weitere stoßen. Und vielleicht stoßen wir am Ende gar bis zum Begriff der Tugend vor – und würden damit beginnen, wieder eine Ethik zu entwerfen.

Lassen Sie mich als Abschluss beschreiben, welche Vorteile es hätte, das Wort »sollen« und das Wort »falsch« nur noch ohne spezielle Betonung zu verwenden – also diese Worte nicht in ihrem ›moralischen‹ Sinne zu benutzen, sondern sie durch Begriffe wie ›ungerecht‹ zu ersetzen.

Beschränkt man sich auf Beispiele, so lässt sich leicht zeigen, dass es Dinge gibt, die an sich ungerecht sind, und Dinge, die unter gewissen Umständen ungerecht sind. Es ist z. B. an sich ungerecht, jemanden für eine Tat gerichtlich zu bestrafen, die er bekanntermaßen nicht begangen hat. Natürlich wird so etwas getan, und das gar nicht selten: weil falsche Zeugen zu einem Meineid angestiftet wurden oder weil dem Gesetz zufolge irgendetwas als Tatsache gelten muss, das offensichtlich nicht der Fall ist, oder einfach weil der Richter oder irgendwelche einflussreichen Personen sich diese Bestrafung anmaßen und (mehr oder weniger offen) sagen: »Es kümmert uns einen feuchten Kehricht, dass du das nicht gewesen bist – wir verurteilen dich trotzdem.« Dagegen ist es zwar unter gewissen Umständen – z. B. unter normalen Umständen – ebenfalls ungerecht, Menschen ohne Gerichtsverfahren zu enteignen, seine Schulden nicht zurückzuzahlen, Verträge zu brechen und Ähnliches. Doch bei all diesen Handlungen spielen die Umstände eben eine große Rolle, und *manchmal* können diese Umstände in den Folgen bestehen. So kann z. B. jemandes Besitzanspruch nichtig werden, wenn die Beschlagnahmung und Benutzung seines Besitzes ein großes Unglück verhindern würde. (Beispielsweise wenn es sich bei dem Besitz um eine Maschine handelt, mit der man eine Explosion auslösen könnte, welche die Maschine selbst zerstören, aber eine Flut umlenken oder ein Feuer aufhalten würde, z. B. indem sie einen Graben risse.) Das bedeutet natürlich nicht, dass jede Handlung, die nicht an sich, sondern nur unter normalen Umständen als ungerecht gelten müsste, durch die berechtigte Erwartung guter Folgen in eine gerechte Handlung verwandelt würde; diese Ansicht ist absurd. Hier eine scharfe Grenze oder auch nur einen Grenzbereich zu bestimmen ist aber offensichtlich sehr schwierig. Zwar sollte man diesbezüglich einige recht allgemeine Dinge festhalten, und einige Grenzen kann man tatsächlich bestimmen, aber die meisten Einzelfälle müssten doch κατὰ τὸν ὀρθὸν λόγον entschieden werden, also »danach, was vernünftig ist«.[15] Solche Ent-

15 *A. d. Ü.:* Siehe z. B. *EN* 1103b32.

scheidungen würden dann z. B. besagen, dass eine *soundso lange* Stundung *dieser-und-jener* Schulden einer Person in *dieser* Lage bei einer Person in *jener* Lage gerecht oder ungerecht wäre; und solche Entscheidungen könnten wirklich nur danach getroffen werden, »was vernünftig ist«. Dafür aber kann es *prinzipiell* keinen allgemeinen Maßstab geben, sondern nur Beispiele. Lassen Sie mich hier Folgendes betonen: Die Tatsache, dass wir keine allgemeine Theorie von Begriffen wie Tugend oder Gerechtigkeit besitzen und uns deshalb bei der Benutzung dieser Begriffe auf Beispiele verlassen müssen, stellt eine bedauernswerte Lücke dar. Doch es gibt Bereiche der Philosophie, wo es nicht an einer Lücke liegt, dass wir gezwungen sind, nur mit Beispielen zu arbeiten; denn es gibt Bereiche, wo die Natur der Sache selbst gar nichts anderes zulässt. Das ist eben dort der Fall, wo der Maßstab darin bestehen muss, »was vernünftig ist« – denn Letzteres ist natürlich gar kein Maßstab im echten Sinne.

Damit möchte ich meine kurzen Ausführungen zum Unterschied zwischen an sich ungerechten und unter gewissen Umständen ungerechten Handlungen und zur Frage, welche Rolle die Folgen einer Handlung bei ihrer Bewertung spielen können, beenden. Ich möchte nun auf folgenden Punkt zurückkommen: Wer eine Handlung als gerichtliche Verurteilung eines bekanntermaßen Unschuldigen beschreibt, beschreibt sie als ungerechte Handlung. Hier gibt es keinen Platz für Meinungsverschiedenheiten, ganz gleich, wie die Umstände sind und welche Folgen zu erwarten wären. Solange man in seiner Beschreibung die Umstände des Falles nicht *so* verändert, dass die Handlung nicht mehr als Verurteilung eines bekanntermaßen Unschuldigen beschrieben werden kann, beschreibt man sie als ungerechte Handlung. Wer das bestreiten wollte, der gäbe einfach nur vor, nicht zu wissen, was »ungerecht« überhaupt heißt; denn der beschriebene Fall ist ein Paradebeispiel für Ungerechtigkeit.

An diesem Beispiel zeigt sich ganz deutlich, warum wir statt der Ausdrücke »moralisch richtig« und »moralisch falsch« lieber Ausdrücke wie »ungerecht« verwenden sollten: Seit Sidgwick erscheint es englischen Moralphilosophen plötzlich als diskussionswürdige Frage, ob es unter gewissen Umständen nicht ›moralisch richtig‹ sein *könnte*, erwiesenermaßen Unschuldige zu verurteilen. Fragt man stattdessen, ob das gerecht wäre, dann ist vollkommen offensichtlich, dass das unter keinen Umständen behauptet werden könnte.

Ich selbst bin nicht in der Lage, die uns fehlende Philosophie zu entwerfen, und ehrlich gesagt glaube ich, dass das bei der gegenwärtigen Lage der englischen Philosophie *keiner* kann. Folgendes können wir aber schon festhalten: Ein guter Mensch ist ein gerechter Mensch; und ein gerechter Mensch ist ein Mensch, dem es zur zweiten Natur geworden ist, ungerechtes Handeln oder die Beteiligung daran abzulehnen, auch wenn er schlechte Folgen oder das Verschenken eines Vorteils fürchtet (für sich selbst oder jemand anderen). Das wird vielleicht keiner bestreiten wollen. Mancher wird einwenden, dass manchmal die erwarteten Handlungsfolgen bestimmen, was ungerecht *sei*. Das stimmt zwar, gilt aber eben nicht immer. Falls der Betreffende mit seinem Einwand nur sagen will: »Zugestanden, aber hier bleiben eine Menge Dinge unerklärt«, würde ich antworten: Das stimmt, und leider fehlt uns derzeit sogar das Handwerkszeug, diese Dinge zu erklären. Will er dagegen sagen, dass es, *im Vorhinein*, eine offene Frage darstelle, ob Handlungen wie die gerichtlich beschlossene Hinrichtung eines Unschuldigen niemals erwogen werden sollten, dann würde ich die Diskussion mit ihm aufgeben: Wer das glaubt, dessen praktische Vernunft ist verdorben.[16]

An dieser Stelle versuchen die englischen Moralphilosophen, uns vor ein Dilemma zu stellen: »Wenn der Ausdruck ›ungerecht‹ in manchen Fällen aufgrund einer bloßen Tatsachenbeschreibung

16 Natürlich ist man nicht verdorben, nur weil einem dieser Gedanke in manchen Situationen kommt: Das bedeutet lediglich, dass man ein ganz gewöhnlicher, Versuchungen ausgesetzter Mensch ist. – Als ich den vorliegenden Aufsatz mal in einem Kolloquium vorstellte, kam natürlich gleich jemand mit folgendem Einwand: Die Regierung sei verpflichtet, einen Unschuldigen vor Gericht zu stellen, zu verurteilen und zu töten, wenn sonst die Gefahr eines Atomkrieges bestehe. Mir erscheint schon die Hoffnung seltsam, bei Erpressern, die so etwas fordern, den Krieg durch Erfüllung ihrer Forderungen vermeiden zu können. Entscheidend ist jedoch Folgendes: Wenn solche Szenarien aufgebracht werden, sind sie immer so gestrickt, dass es nur zwei Handlungsmöglichkeiten gibt, in diesem Fall Mittäterschaft oder offene Zurückweisung. In Wahrheit aber lässt sich nie im Vorhinein feststellen, welche Handlungsmöglichkeiten es geben wird – z. B. kann man nicht im Vorhinein ausschließen, dass es unmöglich sein wird, so zu tun, als ob man die erpresserische Forderung erfüllte, während man das vermeintliche Opfer ›entkommen‹ lässt.

zutrifft, dann lassen diese Fälle Raum für die Möglichkeit, dass man manchmal ungerecht handeln sollte. Zugestanden, wer definiert, ›was ungerecht ist‹, indem er überlegt, ob es *richtig* wäre, unter diesen-und-jenen Umständen soundso zu handeln, der kann die Frage, ob es manchmal ›richtig‹ wäre, ungerecht zu handeln, nicht mehr stellen. Aber das kommt natürlich nur daher, dass er den Begriff ›falsch‹ schon in seiner Definition von ›ungerecht‹ verwendet hat. Doch wer stattdessen denkt, dass manches Handeln aufgrund der bloßen Tatsachen als ›ungerecht‹ beschrieben werden könne, also ohne schon den Begriff ›falsch‹ zu verwenden, kann die Frage, ob man derart handeln ›sollte‹, durchaus stellen – also die Frage, ob es manchmal ›richtig‹ wäre, ungerecht zu handeln. (Und natürlich würde man ›sollen‹ und ›richtig‹ hier im *moralischen* Sinne verwenden.) Dann verhält es sich entweder so, dass man in diesen Fällen *weitere* ›Prinzipien‹ benötigt, um zu entscheiden, was ›moralisch richtig‹ ist, oder man macht sich einfach Folgendes zum ›Prinzip‹: Es ist stets falsch, ungerecht zu handeln. (Das heißt, man nimmt sich vor, niemals ungerecht zu handeln, oder behauptet, dass es allgemein falsch sei, das zu tun.) Mit beidem ginge man über die Tatsachen hinaus. Für welche der beiden Möglichkeiten man sich auch entscheidet, es gilt: Die Anwendung des Ausdrucks ›ungerecht‹ würde, per Hypothese, immer allein durch die Tatsachen gerechtfertigt. Es wäre also eben nicht der Ausdruck ›ungerecht‹ selbst, der beinhaltet, dass der Ausdruck ›falsch‹ auf den gegebenen Fall zutrifft, sondern zur Tatsachenbeschreibung des Handelns als ungerecht müsste immer noch die Entscheidung hinzukommen, dass dieses ungerechte Handeln *falsch* wäre. Und wer hier die zweite Möglichkeit wählt, also einfach festlegt, dass Ungerechtigkeit stets ›falsch‹ ist, der kann andere wohl kaum kritisieren, wenn sie ihm darin nicht folgen.«

In diesem Argument soll »falsch« natürlich als »moralisch falsch« verstanden werden. Dabei wird die alte Strahlkraft dieses Ausdrucks ausgenutzt, obwohl der Ausdruck selbst völlig entleert wurde. Erinnern wir uns: »Moralisch falsch« ist der Erbe von ›unerlaubt‹ oder ›was man verpflichtet ist, *nicht* zu tun‹.[17] Diese Begriffe wiederum waren Teil einer von Gott gegebenen Gesetzesethik. Im Rahmen einer solchen Ethik fügt man dem Ausdruck »ungerecht«

17 *A. d. Ü.:* Siehe S. 150 f.

tatsächlich etwas hinzu, wenn man sagt, wir seien verpflichtet, nicht ungerecht zu handeln. Denn was uns hier verpflichtet, ist das göttliche Gesetz; und diese Art von Verpflichtung funktioniert im Prinzip nicht anders als die Verpflichtung durch Regeln im Rahmen eines Spiels. Wenn einen das göttliche Gesetz also verpflichtet, keine Ungerechtigkeiten zu begehen, indem es einem verbietet, Ungerechtigkeiten zu begehen, dann fügt man der Beschreibung »ungerecht« tatsächlich etwas hinzu, wenn man sagt: Wir sind verpflichtet, nicht ungerecht zu handeln. Doch der Erbe von ›verpflichtet (nicht) zu‹, ›moralisch falsch‹, wurde von dieser Grundlage abgeschnitten und verhält sich daher ganz anders als seine auf Gott bezogenen Vorfahren: Einerseits soll er *mehr* bedeuten als die bloße Tatsachenbeschreibung »ungerecht«, andererseits hat er *überhaupt keinen* greifbaren Inhalt mehr, sondern nur noch eine gewisse Anziehungskraft, die ich als rein psychologische bezeichnen würde. Letztere ist allerdings so gewaltig, dass viele Philosophen meinen, man könne das göttliche Gesetz streichen, ohne etwas Wesentliches zu verlieren: Schließlich denken sie ja, dass *auch* Anhänger einer Gesetzesethik noch eine zusätzliche Prämisse bräuchten, nämlich: »Ich *soll* dem göttlichen Gesetz gehorchen (im Sinne von: Ich bin moralisch dazu verpflichtet).«[18] Sie verkennen, dass es die Art von Verpflichtung, die sie uns auferlegen wollen, erst im Rahmen eines Gesetzes geben kann. Ich wäre fast geneigt, ihnen zu ihrer Enthüllung, dass es den vermeintlichen moralischen Sinn von »sollen« gar nicht gibt, zu gratulieren – hätten sie nicht den unangenehmen Hang, die Strahlkraft dieses entleerten Ausdrucks konservieren zu wollen.

Vielleicht wären wir tatsächlich fähig, den Ausdruck »sollen« nicht mehr in seinem vermeintlich moralischen, sondern nur noch in seinem ganz gewöhnlichen Sinne zu verwenden. Wie uns auffallen sollte, ist »sollen« ein sehr häufiger Ausdruck; menschliche Sprache ohne ihn ist kaum vorstellbar. Könnte man dann weiterhin fragen, ob man jemals ungerecht handeln müsse bzw. ob das nicht manchmal das Beste sein könne? Natürlich könnte man das fragen. Je nachdem, wen man fragt, wird die Antwort unterschiedlich ausfallen. Ein Philosoph sagt vielleicht: Da Gerechtigkeit eine Tugend und Ungerechtigkeit ein Laster ist und da man die Tugenden wie

18 *A. d. Ü.:* Siehe S. 154.

die Laster erwirbt, indem man tugendhaft bzw. lasterhaft handelt, wird ungerechtes Handeln einen Menschen tendenziell zu einem schlechteren Menschen machen. Nun besteht das Gedeihen eines Menschen *als* Mensch darin, gut zu sein (eben z. B. darin, die Tugenden zu verwirklichen). Und weil für jedes *X*, auf das sich Begriffe wie ›Gedeihen‹ überhaupt anwenden lassen, gilt: *X* benötigt, was es gedeihen lässt, muss der Mensch nur tugendhafte Handlungen ausführen, oder er sollte nur tugendhafte Handlungen ausführen. Zugegebenermaßen gibt es Fälle, wo gerechtes Handeln einen in nichtwesentlicher Hinsicht weniger bis gar nicht gedeihen lässt. Doch durch ungerechtes Handeln ruiniert man sein Leben grundlegend, und daher muss man auch in solchen Fällen gerecht handeln. Ungefähr so reden Platon und Aristoteles. Doch man sieht leicht, dass hier eine große Lücke klafft, die gegenwärtig nicht gefüllt werden kann: Wir bräuchten eine Theorie der menschlichen Natur, eine Theorie menschlichen Handelns, eine Theorie davon, was für eine Art Eigenschaft eine Tugend eigentlich ist, und vor allem bräuchten wir eine Theorie des menschlichen ›Gedeihens‹. Der letzte dieser Begriffe scheint der heikelste. Aristoteles gibt schließlich selbst zu, dass es ein bisschen viel verlangt ist, zu glauben, dass ein armer, von Schmerzen und Hunger geplagter und von allen Freunden verlassener Mensch gedeihe. Zudem scheint man zumindest am Leben bleiben zu müssen, um weiterhin als gedeihend zu zählen.

Andere werden dieselbe Frage ganz anders beantworten. Manchen beeindrucken ethische Dilemmata vielleicht gar nicht; er sagt: »Man benötigt dies-und-das. Das bekommt man nicht, falls man nicht soundso handelt (nämlich ungerecht). Folglich sollte man soundso handeln.« Und mancher hat vielleicht mit Philosophie überhaupt nichts am Hut, sagt aber trotzdem: »Wer glaubt, dass man manchmal besser ungerecht handelt, erniedrigt sich selbst; das weiß ich einfach.« Wer an ein göttliches Gesetz glaubt, sagt vielleicht: »Es ist einfach verboten, ungerecht zu handeln. Und der Eindruck, dass man manchmal davon profitieren könnte, täuscht.« So jemand kann dabei, genau wie ein griechischer Philosoph, an das Gedeihen des Gerechten denken. Falls er ein Stoiker ist, wird er eine recht künstliche Vorstellung von diesem Gedeihen haben, falls er Jude oder Christ ist, braucht er überhaupt keine sehr detaillierte Vorstellung. Dann überlässt er es Gott, zu bestimmen, welchen Vorteil er selbst am Ende davon haben wird, nicht ungerecht gewesen zu sein. Zu sich selbst sagt er nur: »Es kann einfach nicht gut für mich sein, gegen Gottes Gesetz zu handeln.« (Natürlich hofft er auf Belohnung in einem nächsten Leben, etwa wenn der Messias kommt; aber damit verlässt er sich auf ein zusätzliches Versprechen.)

Die Moralphilosophie der Moderne – und damit meine ich die Theorien aller englischen Ethiker seit Sidgwick – gibt folgende Antwort: Die Ansicht: »Wir benötigen dies-und-das, und das bekommen wir nur, wenn wir soundso handeln« *kann* Ausdruck eines tugendhaften Charakters sein. Diesen Theorien gilt es als offene Frage, ob z. B. die gerichtliche Bestrafung Unschuldiger manchmal ›richtig‹ sein kann. Die gegenwärtigen Oxforder Moralphilosophen *gestatten* uns zwar, uns die Ablehnung derartigen Handelns ›zum Prinzip zu machen‹. Sie selbst allerdings lehren, dass ein Unentschlossener die einzelnen Folgen derartiger Handlungen ›moralisch‹ abwägen *könne*. Mehr noch: Falls die Folgen einer derartigen Handlung mit den eigenen Zielen übereinstimmen, macht man vielleicht einen Fortschritt in seiner moralischen Bildung, wenn es einem »gelingt« (so Herr Nowell-Smith),[19] ein Moralprinzip zu finden, nach dem man so handeln soll. Man trifft vielleicht eine neue »Prinzipienentscheidung« und entwickelt folglich sein moralisches Urteilsvermögen weiter (wie Herr Hare sagen muss),[20] indem man schließt: In soundso gearteten Umständen sollte man Unschuldige gerichtlich verurteilen. Das ist es, was ich dieser Philosophie vorwerfe.

19 Patrick Horace Nowell-Smith, *Ethics*, Middlesex, Baltimore u. a. 1954, S. 308.

20 *A. d. Ü.:* Vgl. Richard Mervyn Hare, *Die Sprache der Moral* (übersetzt von Petra von Morstein), Frankfurt/M. 1983, Kapitel 4.

II Metaphysik und Philosophie des Geistes

7. Kausalität und Determination

I

Es wird oft behauptet oder offensichtlich davon ausgegangen, dass Kausalität in einer notwendigen Verbindung besteht. Oder es wird angenommen, dass Kausalwirkungen (nichttriviale) Anwendungsfälle ausnahmsloser Verallgemeinerungen sind, denen zufolge auf bestimmte Ausgangsbedingungen immer ein bestimmtes Ereignis folgt. Oder die beiden Annahmen werden verbunden.

Dieser grobe Rahmen bietet selbstverständlich Platz für sehr viele unterschiedliche Theorien. Aber alle diese Theorien teilen folgende These (oder Annahme):

> Wenn sich in einem Fall eine bestimmte Wirkung zeigt, aber eine vergleichbare Wirkung in einem anscheinend vergleichbaren Fall ausbleibt, dann muss zwischen den beiden Fällen ein relevanter Unterschied bestehen.

Eine radikal andere Theorie der Kausalität würde diese Grundannahme ablehnen. Verglichen mit einer solchen radikalen Alternative, wären die Unterschiede zwischen den verbreiteten Kausaltheorien verschwindend gering. Eine so grundlegend andere Theorie könnte immer noch zugestehen, dass die genannte Annahme über relevante Unterschiede oft einen guten methodologischen Grundsatz abgibt – wobei es schwierig werden dürfte, allgemein zu formulieren, in welchen Fällen genau. Eine solche Theorie wäre auch mit der Ansicht vereinbar, dass manche Ursachen notwendigerweise zu bestimmten Ereignissen führen. Aber sie würde es ablehnen, *Etwas-Verursachen* an sich mit *Etwas-notwendig-Machen* gleichzusetzen. Sie könnte zugeben, dass unter manchen Ausgangsbedingungen und in Abwesenheit von Störeinflüssen tatsächlich nur ein einziges Ergebnis mit den Naturgesetzen vereinbar ist; aber sie sähe hierin keinen Grund, ohne weitere Nachforschungen anzunehmen, dass jede beliebige Ereigniskette derart determiniert ist. Auch eine so radikal andere Theorie der Kausalität könnte also zugestehen, dass es oft richtig ist, von einem Unterschied in der Wirkung auf einen Unterschied in den Ausgangsbedingungen zu schließen; sie würde nur bestreiten, dass es immer so einen Unterschied geben *muss.*

Viele große Philosophen haben die erste der beiden skizzierten Ansichten geteilt. Bis heute ist sie die Standardansicht in der produktiven englischsprachigen Philosophie sowie ähnlich ausgerichteten Strömungen in Europa und Lateinamerika – oft, aber nicht immer, in einer modernisierten humeschen Fassung. Sie ist aber nicht nur innerhalb dieser Strömungen verbreitet. Diese Ansicht ist dermaßen tief verwurzelt, dass sie sogar für viele außerhalb der Philosophie die Bedeutung von »Ursache« bestimmt, wenn das Wort als ein wissenschaftlicher Ausdruck gebraucht wird. Das zeigt sich beispielsweise an der Unterscheidung zwischen »kausalen« und »statistischen« Gesetzen, die von Autoren innerhalb der Physik getroffen wird. Und diese Autoren verstehen sich dabei nicht als Anhänger einer bestimmten philosophischen Schule.

Ob diese Ansicht wahr ist, wird kaum diskutiert. Im Grunde ist sie Teil einer Weltanschauung; sie ist eine wichtige Quelle jener Geistesverfassung, die unsere Kultur kennzeichnet.

Kausalität mit Notwendigkeit zu verbinden hat Tradition. Schon Aristoteles sagte in der *Metaphysik*: »Wenn das Handelnde und das Leidende auf eine ihren Vermögen entsprechende Weise zusammentreffen, dann ist es *notwendig*, dass das eine handelt und das andere leidet.« Nur wenn »vernünftige Vermögen« ins Spiel kommen, ist das Ergebnis von noch einem weiteren Faktor abhängig: »Das vernünftig Vermögende [z. B. jemand, der medizinisches Wissen hat, das töten *oder* heilen kann] wird, falls es danach strebt, *notwendig* das tun, wozu es das entsprechende Vermögen hat und so wie es dieses Vermögen hat.«[1]

Ein paar Jahrhunderte später finden wir dieselbe Ansicht bei Spinoza als ein Axiom: »Wenn eine bestimmte Ursache vorliegt, dann folgt die Wirkung *notwendig*, und umgekehrt folgt ohne ihre Ursache keine Wirkung.«[2] Ähnlich äußert sich auch der englische Philosoph Hobbes:

1 Aristoteles, *Metaphysik* 1048a. [*A. d. Ü.:* Die Übersetzung orientiert sich an der Übersetzung von Hermann Bonitz in: *Aristoteles' Metaphysik. Bücher VII-XIV*, Hamburg 1991.]

2 Baruch de Spinoza, *Ethik in geometrischer Ordnung dargestellt/Ethica ordine geometrico demonstrata et in quinque partes distincta* (übersetzt von Wolfgang Bartuschat), Hamburg 1999, Buch I, Axiom 3.

Die Ursache schlechthin (auch: vollständige Ursache) ist die Summe all derjenigen Akzidenzien in sämtlichen aktiven und passiven Körpern, für die gilt: Liegen diese Akzidenzien vor, *ist das Nichteintreten der sofortigen Wirkung undenkbar*, und ist eines abwesend, *ist der Eintritt der Wirkung undenkbar.*[3]

Diese letzte Ansicht, der zufolge zwischen Ursache und Wirkung eine Art von logischer Verbindung besteht, wurde später durch Hume vernichtend kritisiert. Und was Kausalität betrifft, ist Hume der mit Abstand einflussreichste Philosoph der englischsprachigen Philosophie (sowie der von ihr geprägten Philosophie). Hume zeigte, dass sich eine Ursache ohne die entsprechende Wirkung widerspruchsfrei denken lässt und umgekehrt, und zwar für jede beliebige Ursache – und damit auch für komplexe Situationen, in denen viele Kausaleinflüsse zusammenwirken. Wir wissen, was beschrieben wird, wenn jemand behauptet, er habe einen Kessel mit Wasser längere Zeit genau über ein Feuer gehängt, ohne dass das Wasser warm wurde – wir verstehen, was das heißt. Und wenn Humes Vorgänger Kausalität nicht so oft als eine notwendige Verbindung dargestellt hätten, würde seine Feststellung überhaupt nicht als eine Entdeckung gelten. Das gemeine Volk war schließlich immer bereit, an Wunder, Unerklärliches und *lusus naturae*[4] zu glauben. Die Menschheit im Allgemeinen sah keinen Widerspruch dort, wo Hume sich bemühen musste, um der gelehrten Welt zu beweisen, dass es keinen gibt.

Man hielt Humes Entdeckung für bahnbrechend. Doch sie führte nicht dazu, dass man die Gleichsetzung von *Etwas-Verursachen* mit *Etwas-notwendig-Machen* aufgegeben hätte, sondern verstärkte sie seltsamerweise noch. Denn Hume selbst nahm an, dass *Notwendigkeit* ein wesentlicher Bestandteil unseres Begriffs der Verbindung von Ursache und Wirkung ist.[5] Und er fragte sich, worin das Wesen dieser Notwendigkeit besteht. Er dachte, dass sie nicht jenen Situationen, Gegenständen oder Ereignissen selbst an-

3 Thomas Hobbes, *Vom Körper. Elemente der Philosophie I*, Kapitel 9, Absatz 3. [*A. d. Ü.:* Herv. i. O. Die Übersetzung orientiert sich an der von Max Frischeisen-Köhler (Hamburg 1967).]

4 *A. d. Ü.:* Wörtlich »Spiel(e) der Natur«. Dieser in Mittelalter und früher Neuzeit gebräuchliche Ausdruck bezeichnete für die Naturforscher schwer kategorisierbare Individuen, wie unbekannte Fossilien oder missgebildete Lebewesen.

5 David Hume, *Traktat über die menschliche Natur*, 1.3.2 und 1.3.4.

haften könne, die man als »Ursache« oder »Wirkung« bezeichnet. Stattdessen ist unser Geist laut Hume durch das wiederholte Wahrnehmen einer *stets gleichen Verknüpfung* darauf konditioniert, beim Sinneseindruck eines Glieds einer solchen Verknüpfung oder der Erinnerung daran automatisch anzunehmen, dass auch das andere Glied nicht fehle. Wer sagt, dass ein Ereignis verursacht ist, sagt laut Hume nichts anderes, als dass es ein Einzelfall einer ausnahmslosen Verallgemeinerung ist, die derartige Ereignisse mit entsprechenden Ausgangsbedingungen verknüpft. Auf diese Weise legte Humes Neuausrichtung der Diskussion nahe, den Kausalbegriff mit deterministischen Gesetzen zu verbinden, d. h. mit Gesetzen, die gemeinsam mit den jeweiligen Ausgangsbedingungen immer *ein* bestimmtes Ergebnis determinieren.

Von den berühmten Nachfolgern Humes hat, soweit ich weiß, kein einziger seine Gleichsetzung von Kausalität mit *Etwas-notwendig-Machen* in Frage gestellt; weder jene, die ihm folgten und seine Ideen weiterentwickelten, noch diejenigen, die seine Ideen ablehnten.[6]

Aufgeschreckt durch Humes Entdeckung, bemühte sich Kant, zu zeigen, dass Kausalität ein reiner Verstandesbegriff ist; und er argumentierte dafür, dass die objektive zeitliche Reihenfolge der Dinge in derjenigen

> Ordnung des Mannigfaltigen der Erscheinung besteh[t], nach welcher die Apprehension des einen (was geschieht) auf die des andern (das vorhergeht) *nach einer Regel* folgt. [...] Nach einer solchen Regel also muß in dem, was überhaupt vor einer Begebenheit vorhergeht, die Bedingung zu einer Regel liegen, nach welcher *jederzeit* und *nothwendiger* Weise diese Begebenheit folgt [...].[7]

Auf diese Weise versuchte Kant, dem Kausalitätsbegriff jene *Legitimität* wiederzugeben, die Hume ihm genommen hatte. Die kantischen Ideen verstärkten die Verbindung zwischen Kausalität und Notwendigkeit aufs Neue. Und dasselbe gilt für alle Einwände der Gegner Humes: Sie haben stets versucht, jene Notwendigkeit

6 Mein Kollege Ian Hacking hat mich darauf hingewiesen, dass C. S. Peirce hier möglicherweise eine Ausnahme darstellt.

7 Kant, *Kritik der reinen Vernunft*, Stuttgart 1966, B238-239, zweite Analogie der Erfahrung. [*A. d. Ü.:* Erste Hervorhebung im Original, zweite und dritte durch Anscombe.]

wieder einzuführen, die sie als zentral für Kausalität betrachteten, entweder als *apriorische* oder als irgendwie aus der Erfahrung hergeleitete.

Seit Mill wird Kausalität oft auf die eine oder andere Weise durch die Begriffe der »notwendigen« und »hinreichenden Bedingungen« erklärt. Nun ist der Ausdruck »hinreichende Bedingung« aber ein Kunstwort, dessen Bedeutung der Benutzer beliebig festlegen kann. Wer diesen Ausdruck gebraucht, kann daher mit vollem Recht folgende Frage einfach zurückweisen: »Ist es möglich, dass die für ein Ergebnis hinreichenden Bedingungen vorliegen, aber das Ergebnis selbst trotzdem ausbleibt?« Schließlich hat er den Ausdruck »hinreichende Bedingung« ja gerade für Bedingungen reserviert, von denen gilt, dass, sobald sie für *X* vorliegen, *X* auftritt. Eine solche Festlegung führt aber dazu, dass man Folgendes leicht übersieht: »Hinreichende Bedingung« klingt wie »genug«. Und man kann sicherlich fragen: »Kann nicht *genug* vorgelegen haben, um diese Sache geschehen zu lassen, und trotzdem ist sie ausgeblieben?«

Russell schrieb über das ›Kausalgesetz‹, dass diesem – genau wie der britischen Monarchie – nur deshalb erlaubt werde zu überleben, weil man irrtümlicherweise annehme, dass es keinen Schaden anrichte. Und vom Begriff der ›Ursache‹ scheint er dasselbe gedacht zu haben. In einem zugleich polemischen und höchst scharfsinnigen Aufsatz bezweifelt er die Legitimität des Begriffs der Kausalnotwendigkeit, es sei denn, dieser werde durch Allgemeingültigkeit erklärt. Und er argumentiert dafür, dass sich die Begriffe der Determination und der notwendigen Folge gleicher Gegenstände auf Gleiches bei näherer Betrachtung als leer herausstellten: Sie schlössen keinen einzigen vorstellbaren Gang der Dinge aus. Auch Russell nimmt also an, dass es Notwendigkeit oder Allgemeingültigkeit ist, die in Frage steht; und es kommt ihm niemals in den Sinn, dass man auch eine andere Vorstellung von Kausalität haben könnte.[8]

Nun lässt sich leicht zeigen, dass es zumindest *prima facie* falsch ist, den Begriff der Ursache auf diese Weise mit dem der Notwendigkeit oder Allgemeingültigkeit zu verknüpfen. Das zeigt sich schon daran, dass es oft viel einfacher ist, eine Wirkung auf eine

8 Siehe Bertrand Russell, »Über den Begriff der Ursache«, in: Bertrand Russell (Hg.), *Mystik und Logik. Philosophische Essays* (übersetzt von Erwin Heinzel), Wien, Stuttgart 1952, S. 181-208.

bestimmte Ursache zurückzuführen, als sie aus einer Ursache vorherzusagen: Dementsprechend kennen wir oft die Ursache von etwas, ohne zu wissen, ob tatsächlich eine ausnahmslose Verallgemeinerung (der entsprechenden Art) zutrifft oder ob hier tatsächlich eine Notwendigkeit vorliegt.

So hat sich beispielsweise herausgestellt, dass manche Krankheiten ansteckend sind. Falls ich nach einem einzigen Kontakt mit einem betroffenen Kranken ebenfalls erkranke, so würden wir vermuten, dass ich mich bei ihm angesteckt habe. Aber wenn ich direkt nach so einem Kontakt einen Arzt frage, ob ich erkranken werde, dann kann dieser für gewöhnlich nur sagen: »Ich weiß es nicht – vielleicht, vielleicht aber auch nicht.«

Darauf wird häufig entgegnet, dass unser Wissen über Ursachen bruchstückhaft sei: Selten genug kennen Ärzte überhaupt irgendeine Bedingungskonstellation, unter der man eine Krankheit unweigerlich bekommt, und praktisch nie sind sämtliche Bedingungskonstellationen bekannt. Diese Entgegnung setzt schon voraus, dass es hier etwas Entsprechendes zu wissen gibt. Doch nehmen wir einmal an, dass dem so wäre. Dann gälte trotzdem, dass man nicht erst wissen muss, ob es hier etwas Entsprechendes zu wissen gibt, bevor man wissen kann, was man meint, wenn man von dem Kontakt als der Ursache der Erkrankung spricht.

Aber könnte es nicht folgendermaßen sein: Man kann Wissen von einzelnen Ursachen haben, ohne den Begriff der Ursache geklärt zu haben. So scheint es auch das Bedürfnis zu geben, die Begriffe ›Valenz‹ oder ›langfristige Häufigkeit‹ zu klären, obwohl diese schon lange von Chemikern und Statistikern ohne eine solche Klärung gebraucht werden. Und wie auch immer die richtigen Erklärungen lauten werden: Wir haben Wissen von Valenzen und langfristigen Häufigkeiten, das davon unabhängig ist. Deshalb kann es durchaus sein, dass eine der etablierten philosophischen Kausaltheorien (oder eine ähnliche Theorie) richtig ist und man trotzdem Ursachen kennen kann, ohne diese Theorie zu kennen.

Es gibt hier etwas, das wichtig ist und sich direkt vor unserer Nase befindet. Etwas, das selten beachtet wird, das aber trotzdem so offensichtlich ist, dass es banal erscheint: Kausalität besteht darin, dass eine Wirkung sich aus ihren Ursachen herleitet, von ihnen herkommt. Das ist der Kern, das gemeinsame Kennzeichen der Kausalität in ihren unterschiedlichen Erscheinungsweisen. Wirkungen leiten sich aus ihren Ursachen her; sie entstehen aus ihnen, kommen von ihnen. Beispielsweise würde niemand bezweifeln, dass biologische Elternschaft eine Kausalbeziehung ist. In diesem Fall ist das Sich-Herleiten körperlich und besteht in der Zellteilung. Doch eine Analyse von Kausalität in Begriffen der Notwendigkeit oder Allgemeingültigkeit lässt dieses Sich-Herleiten völlig außer Acht. Denn die Art von Notwendigkeit, von der jene Analyse spricht, ist die Notwendigkeit von Naturgesetzen. Durch Gesetze können *wir* Wissen von Wirkungen aus Wissen von Ursachen herleiten und umgekehrt, aber dabei wird uns nicht die Ursache als Quelle der Wirkung vorgeführt. Folglich darf Verursachung nicht mit *Notwendig-Machen* gleichgesetzt werden.

Wenn *A* von *B* herkommt, dann bedeutet das nicht, dass alles von derselben Art wie *A* ebenfalls von etwas wie *B* herkommt oder von *B*-ähnlichen Ausgangsbedingungen. Es heißt auch weder, dass von allem, was wie *B* ist (oder von allen *B*-ähnlichen Ausgangsbedingungen), etwas wie *A* kommt; noch heißt es, dass, *B* vorausgesetzt, *A* davon kommen muss oder dass, *A* vorausgesetzt, ein *B* existieren muss, von dem es kommt. All das kann wahr sein, doch wenn es wahr ist, dann ist das eine zusätzliche Tatsache, die nicht schon dadurch impliziert wird, dass *A* von *B* kommt. Wenn wir »kommen von« im Sinne einer Reise verstehen, dann ist das völlig offensichtlich.

»Aber das liegt daran, dass wir Reisen beobachten können!« Hinter diesem Einwand steht das einflussreiche humesche Argument, dass wir Kausalität nicht auf ähnliche Weise in Einzelfällen beobachten können.[9] Der Grund dafür, dass wir eine Verbindung zu ziehen pflegen zwischen dem, was wir die »Ursache« nennen, und dem, was wir die »Wirkung« nennen, muss folglich ein anderer sein. Das muss daran liegen, dass wir regelmäßig beobachten, wie Letzteres auf Ersteres folgt.

Hierzu habe ich zwei Dinge zu sagen. Das erste betrifft die Behauptung, dass man Kausalität niemals im Einzelfall beobachten kann. Jemand, der das sagt, wird schlicht nicht bereit sein, irgendetwas als eine ›Beobachtung von Kausalität‹ gelten zu lassen. So etwas passiert in der Philosophie häufig. Es wird dafür argumentiert, dass wir ausschließlich Dinge von dieser-und-jener Art ›beobach-

9 Hume, *Traktat über die menschliche Natur*, 1.3.2.

ten können‹; und dann stellt sich heraus, dass, wer dieses Argument vorbringt, seinen Begriff des ›Beobachtens‹ so wählt, dass dasjenige ausgenommen ist, von dem er behauptet, dass wir es nicht ›beobachten‹. Und wenn man sich überlegt, wovon uns da noch erlaubt wird zu sagen, dass wir es ›beobachten‹, dann haben wir das Recht, den Spieß umzudrehen und gegenüber Hume zu behaupten, dass wir überhaupt keine Körper wahrnehmen – wie etwa Billardkugeln, die sich aufeinander zubewegen. Wenn wir »das Ganze mit der größtmöglichen Aufmerksamkeit betrachten«,[10] so finden wir nur den Eindruck einer Bewegung, hervorgerufen von aufeinanderfolgenden Positionen, die ein runder weißer Fleck in unserem Gesichtsfeld einnimmt … usw. Nun muss eine ›humesche‹ Beschreibung von Verursachung mittels einer Beschreibung sich wiederholender Verbindungen materieller Gegenstände, Ereignisse usw. gegeben werden, also nicht als Beschreibung der entsprechenden Erfahrungen. Wenn wir aber zugeben müssen, dass wir bewegte Körper ›beobachten‹ können, wie kann dann unsere Wahrnehmungstheorie die Wahrnehmung unzähliger Fälle von Kausalität bestreiten? Die wahre – wenn auch wenig hilfreiche – Antwort auf die Frage: »Wie haben wir unser grundlegendes Wissen von Kausalität erworben?« ist, dass wir die sprachlichen Ausdrücke und deren Anwendung für eine Reihe von Kausalbegriffen gelernt haben, einfach indem wir zu sprechen gelernt haben. Sehr viele von diesen Begriffen werden durch transitive oder andere Verben für Tätigkeiten ausgedrückt, die man benutzt, um von Beobachtungen zu berichten. Andere solche Ausdrücke werden nicht in Beobachtungssätzen gebraucht, sondern zum Formulieren von Kausalhypothesen – ein gutes Beispiel hierfür ist »Infekt«. Das Wort »Ursache« selbst ist sehr allgemein. Wie zeigt sich, dass jemand über den Begriff der *Ursache* verfügt? Vielleicht möchten wir sagen: Hierzu muss sein Wortschatz ein Wort dafür enthalten. Wenn dem so ist, dann setzt der (öffentlich sichtbare) Besitz dieses Begriffs das Beherrschen eines nicht unerheblichen Teils der Sprache voraus. Damit meine ich Folgendes: Das Wort »Ursache« kann in eine Sprache *eingeführt* werden, in der bereits viele Begriffe für Kausalverhältnisse ausgedrückt werden können – Begriffe wie diese: *schaben, anschubsen, nass machen, tragen, essen, verbrennen, umstoßen, abhalten, zerdrücken, machen* (z. B.

10 *A. d. Ü.:* Eine ähnliche Formulierung findet sich bei Hume im *Traktat über die menschliche Natur*, etwa in 1.3.2, Absatz 9, und in 1.3.14, Absatz 31.

Geräusche, Papierschiffchen), *wehtun*. Doch in einer Sprache, in der sich keine Begriffe für besondere Kausalverhältnisse ausdrücken lassen, kann es auch keine Beschreibung des Gebrauchs eines Wortes geben, die klarmacht, dass dieses Wort *Ursache* bedeuten soll. Eine solche Sprache würde nicht einmal Wörter für natürliche Arten[11] enthalten, noch Wörter für *Körper*, *Wind* oder *Feuer*. Denn die Anwendung von Begriffen, die mit solchen (und vielen anderen) Substantiven ausgedrückt werden, ist untrennbar mit dem Erlernen von Verben für besondere Kausalverhältnisse verbunden. Und genauso, wie wir gelernt haben, ohne Unsicherheit Leute bei ihrem Namen zu rufen oder zu berichten, dass die Katze auf dem Tisch war, einfach weil wir genau das gesehen haben, so haben wir auch gelernt zu berichten, dass jemand die Milch ausgetrunken hat oder dass der Hund ein merkwürdiges Geräusch gemacht hat, weil wir ebendas beobachtet haben; und genauso können wir berichten, dass wir etwas dabei beobachtet haben, wie es etwas anderes zerschnitten oder zerbrochen hat.

(Ich möchte kurz auf eine der Wurzeln des humeschen Arguments hinweisen, um dann diesen Punkt nicht weiter zu beachten: die implizite Voraussetzung des kartesischen Skeptizismus. Hume fordert uns selbstbewusst auf, einen Fall anzuführen, »in dem diese Wirksamkeit für den Geist deutlich auffindbar ist, und ihre Betätigung für unser Bewußtsein oder unsere Empfindung klar zutage liegt«.[12] Nichts einfacher als das: Sind Schneiden, Trinken, Schnurren und dergleichen keine Fälle von ›Wirksamkeit‹? Aber es stimmt, dass die anscheinende Wahrnehmung solcher Dinge trügerisch sein könnte: Wir könnten durch einen falschen Schein getäuscht werden. Hume möchte vermutlich, dass wir ›ein Beispiel geben‹, bei dem *Wirksamkeit* in derselben Beziehung zu unserer Sinneswahrnehmung steht wie *rot*. Es ist richtig, dass wir das nicht tun können; Wirksamkeit steht nicht in *einer solchen* Beziehung zur Sinneswahrnehmung. Bei seiner Argumentation dafür, dass wir ›Wirksamkeit‹ nicht wahrnehmen können, hilft ihm außerdem sei-

11 *A. d. Ü.:* Anscombe verwendet hier »natural kinds«, einen Ausdruck, der in der Analytischen Philosophie gleichsam den Charakter eines *terminus technicus* angenommen hat. Es besteht aber keine Einigkeit darüber, was dieser Ausdruck letztlich bedeutet.

12 David Hume, *Traktat über die menschliche Natur*, 1.3.14, Absatz 6. [*A. d. Ü.:* Die Übersetzung orientiert sich an der von Theodor Lipps, Hamburg, Leipzig 1904.]

ne eigentümliche Annahme, dass »Wirksamkeit« im Grunde dasselbe heißt wie »notwendige Verbindung«! Doch ich werde mich hier nicht mit der kartesisch-skeptischen Wurzel des Arguments aufhalten, da mein gegenwärtiges Thema nicht die Philosophie der Wahrnehmung ist.)

Das Zweite, was ich zu sagen habe, betrifft ausnahmslose Verallgemeinerungen. Ein Einzelfall einer solchen Verallgemeinerung zu sein soll angeblich dasjenige ausmachen, was wir im einzelnen Fall nicht beobachten können – nämlich die Kausalverbindung. In Wirklichkeit sind Beispiele für solche Verallgemeinerungen schwer zu finden. Eines von Humes Beispielen ist: »Auf die Bewegung eines Körpers folgt, in allen von uns beobachteten Fällen, beim Zusammenstoß die Bewegung eines anderen Körpers.«[13] Doch er dachte nur an solche Fälle, in denen wir dies auch tatsächlich beobachten – eine Gefahr, die bei sehr allgemeinen Behauptungen immer besteht. Er dachte an Fälle wie Billardkugeln, die unter normalen Umständen und ungehindert auf andere Billardkugeln treffen und nicht z. B. auf Steinwände. Neo-Humeaner sind da vorsichtiger. Sie erkennen, dass man für gewöhnlich falschliegt, wenn man einen Fall von Ursache und Wirkung hernimmt und die Ursache *A* und die Wirkung *B* auf eine relevante Weise beschreibt, um dann die allgemeine Behauptung aufzustellen: »Sofern ein *A* gegeben ist, wird immer ein *B* folgen.« Man muss auch die Abwesenheit von Umständen beschreiben, unter denen ein *A* kein *B* verursacht. Aber die Aufgabe, all diese Umstände auszuschließen, ist unausführbar. Ich nehme an, dass viele Leute allgemeine Aussagen von der Art der verlangten Verallgemeinerungen auf eine vage Weise mit wissenschaftlichen Gesetzen verbinden. Doch hier besteht keinerlei Ähnlichkeit.

Nehmen wir an, wir nennen Aussagen, mit denen wir die Eigenschaften von Stoffen beschreiben, »Naturgesetze«. Dann gibt es vielleicht ein Naturgesetz wie »Der Flammpunkt dieses Stoffes ist …«; und das könnte wichtig sein, um zu erklären, warum das Reiben von Streichhölzern normalerweise dazu führt, dass sie sich entzünden. Dieses Naturgesetz hätte nicht die Form einer Verallgemeinerung wie etwa: »Wenn eine Probe dieses Stoffs auf diese-und-jene Temperatur erhitzt wird, dann wird sie sich stets entzünden.«

13 Hume, *Traktat über die menschliche Natur* (übersetzt von Theodor Lipps), 2.3.1, Absatz 16.

Und das Gesetz ist damit auch nicht gleichbedeutend. Gleichbedeutend ist es vielmehr mit: »Wenn eine Probe dieses Stoffs auf diese-und-jene Temperatur erhitzt wird, sie sich aber nicht entzündet, dann muss das eine Ursache haben.« Sofern wir einmal von Fragen absehen, die im Zusammenhang mit dem Begriff einer reinen Probe eines Stoffs auftauchen, ist der entscheidende Punkt, dass der Ausdruck »normale Bedingungen« vage ist und das auch sein muss. Diese Tatsache macht Verallgemeinerungen wie »Immer wenn ...« in solchen Fällen schlicht irreführend. Es ist bei diesen Formulierungen stets notwendig, sie mit Zusätzen über normale Bedingungen abzusichern; und es kann sein, dass wir nicht im Voraus wissen, ob die Bedingungen normal sind oder nicht oder was überhaupt als eine abnormale Bedingung zu gelten hat. Ich vermute, dass eine abnormale Bedingung einfach eine relevante Bedingung ist, für welche die Verallgemeinerung »Immer wenn das-und-das, dann passiert dies-und-jenes ...« (ergänzt um ein paar wenige, offensichtliche Bedingungen, die dem jeweiligen Autor eingefallen sind) sich als unwahr herausstellt. Daher ist es besser, die ursprüngliche Aussage mittels des Konditionals »Wenn sie sich nicht entzündet, dann muss es dafür eine Ursache geben« zu paraphrasieren. Denn das Konditional gibt nicht vor, genau anzugeben – wenn auch nur durch eine Disjunktion –, was *immer* geschieht. Wahrscheinlich ist es das, was einen zögern lässt, Aussagen über das Verhalten von Stoffen als »Naturgesetze« zu bezeichnen. Das Gesetz der Trägheit etwa würde man wohl kaum wie folgt paraphrasieren: »Wenn ein Körper sich beschleunigt, ohne dass irgendeine Kraft auf ihn wirkt, dann muss es hierfür eine Ursache geben.« (Obwohl ich mich frage, was der Autor der *Principia* selbst wohl davon gehalten hätte.) Andererseits sind gerade solche ›Gesetze‹ wie das über den Flammpunkt eines Stoffs damit verbunden, dass ein Streichholz sich entzündet, weil es gestrichen wird.

Kehren wir zu unserem medizinischen Beispiel zurück. Die Medizin hat natürlich kein Interesse an der hoffnungslosen Aufgabe, eine Liste aller Bedingungskonstellationen aufzustellen, unter denen man immer eine bestimmte Krankheit bekommt. Vielmehr ist sie daran interessiert, herauszufinden, welche außergewöhnlichen Umstände – falls es solche gibt – immer vorliegen, wenn Menschen eine bestimmte Krankheit bekommen. Und falls es eine solche Ursache oder Bedingung gibt (oder auch falls nicht), ist die Medizin daran interessiert, Bedingungen zu finden, unter denen man diese Krankheit nicht bekommt oder es zumindest unwahrscheinlicher ist, dass man sie bekommt. Das hängt damit zusammen, dass es in der Medizin in erster Linie darum geht, was unter unseren oft unübersichtlichen und komplizierten Lebensumständen wirklich passiert. Erst in zweiter Linie kann die Medizin danach fragen, was passiert, wenn keine unbeherrschbaren und sich ändernden Bedingungen vorliegen.

II

Man kann ein Argument, wie das soeben von mir angeführte, allerdings immer mit dem Vorwurf angreifen, dass es auf unserem Unwissen aufbaue. Ich muss deshalb ein andersgeartetes Beispiel geben.

Nehmen wir an, eine Kugel befindet sich in einer durchsichtigen, senkrechten Röhre, in der sie auf mehreren anderen Kugeln liegt. Nehmen wir außerdem an, dass wir wissen, wie sie dorthin gelangt ist: Sie wurde von einer gewissen Apparatur mit vielen anderen Kugeln zusammen in eine Kammer hinein ausgeworfen, an die sich unten eine Reihe von Röhren anschließen. Der Zweck der gesamten Konstruktion ist, zu demonstrieren, dass die Anordnung der Kugeln, die derart ausgeworfen werden, immer in etwa einer bestimmten Kurve entspricht. Ich aber interessiere mich für genau *diese eine* Kugel. Zwischen ihrem Auswurf und ihrem Fall in die Röhre stößt sie mehrmals gegen die Seitenwände, Kanten und gegen andere Kugeln. Wenn ich einen Film davon gedreht hätte, könnte ich ihn in Zeitlupe abspielen und bestimmen, welcher Aufprall jeweils zu welcher Bewegung geführt hat. War das Ergebnis nun notwendig? Zu einer Zeit, als Newtons Mechanik noch als eine unumstößliche Wahrheit galt, hätten wir dem wahrscheinlich alle zugestimmt. Die starke Überzeugung Humes und späterer Philosophen von der eisernen Notwendigkeit, mit der alles geschieht, von diesem »absoluten Fatum«, das »jede[n] Gegenstand [...] zu einer bestimmten Stärke und Richtung seiner Bewegung [...] nötigt«,[14] ist auf den Einfluss dieser Mechanik zurückzuführen.

14 Hume, *Traktat über die menschliche Natur* (übersetzt von Theodor Lipps), 2.3.1, Absatz 3.

Dennoch hätte niemand den Ort berechnen können, an dem die Kugel zur Ruhe kommen würde – aufgrund der Indeterminiertheit, die einem selbst innerhalb der newtonschen Mechanik begegnet und die der endlichen Genauigkeit der Messung entspringt. Aus exakten Angaben über Positionen, Geschwindigkeiten, Richtungen, Drehungen und Massen kann man vielleicht das Ergebnis beliebig genau berechnen. Doch die kleinste Ungenauigkeit wird sich mit jeder Multiplikation vervielfachen, so dass die entsprechende Information in kürzester Zeit hinfällig ist. Wenn man annimmt, dass die Ausgangsdaten einen Fehler in einem bestimmten Größenbereich aufweisen, dann kann man die Wahrscheinlichkeiten angeben, mit denen die Kugel in jede der Röhren fallen wird. Wenn man will, dass die höchste der angegebenen Wahrscheinlichkeiten einen sehr hohen Wert annimmt – so dass man sie als praktisch gewiss ansehen kann –, kann man sich die Aufgabe stellen, herauszufinden, wie klein der erlaubte Fehlerbereich dafür sein muss. Diese Aufgabe ähnelt der folgenden: Angenommen, man legt ein bisschen Hirse auf das erste Feld eines Schachbretts und muss auf das nächste Feld immer doppelt so viel Hirse legen wie auf das vorhergehende. Wie groß darf der Bruchteil eines Hirsekorns sein, damit man am Ende nicht mehr als ein Pfund Hirse auf das Schachbrett legen muss? Das wäre ein Wert von so verschwindender Größe, dass er als Angabe eines Fehlerbereichs überhaupt keine Bedeutung mehr hätte.

Solange man allerdings an die klassische Mechanik glaubt, kann man auch glauben, dass es so etwas wie einen Unterschied in den Zahlen, der keine Bedeutung hat, gar nicht geben kann. Man würde dann denken, das obwohl sich die notwendige Bahn der Kugel praktisch nicht feststellen lässt, weil der Fehlerbereich zu groß wäre, es dennoch eine notwendige Bahn *gibt*, der man eine Wahrscheinlichkeit zuordnen könnte, die jedem, der fähig ist, seinen Messfehler genügend zu reduzieren (also keinem von uns), genügt, um sie als gesichert zu akzeptieren. Das würde zugegebenermaßen eine so genaue Messung verlangen, dass sich so jemand mit der Messung submikroskopischer Teilchen befassen müsste und nicht mehr mit Kugeln oder Ähnlichem. Und an diesem Punkt können wir nun sagen: Ab einer bestimmten Größenordnung geraten wir in einen Bereich, für den keiner mehr an die newtonsche Mechanik glaubt.

Wenn die klassische Mechanik dazu genutzt werden kann, ein

bestimmtes tatsächliches Ergebnis zu berechnen, dann können wir in diesem Fall einen gewissen Sinn mit dem Wort »Notwendigkeit« verbinden und die Notwendigkeit des Ergebnisses zugestehen – vorausgesetzt, bestimmte Ausgangsbedingungen sind gegeben. In unserem Fall kann man aber die Mechanik nicht verwenden, um das Ergebnis zu berechnen, sondern nur, um bei sich selbst einen Glauben an dessen Notwendigkeit zu erzeugen. Damit das vernünftig ist, muss das ganze System als wahr betrachtet werden. Nicht, dass das ausreichen würde, aber wenn wenigstens das gesichert wäre, dann wäre es sinnvoll, die Metaphysik der absoluten Messung kontinuierlicher Größen zu diskutieren.

Dieser Punkt muss genauer herausgearbeitet werden, denn es heißt immer: »Das System ist auf solche Körper anwendbar« – d. h. auf mittelgroße Kugeln. Schließlich haben wir Newton benutzt, um Sputniks zu berechnen! »Das System ist auf solche Körper anwendbar« stimmt aber nur in dem Sinne und in dem Umfang, in dem es befriedigende Berechnungsergebnisse bezüglich dieser Körper liefert. Es bedeutet nicht: Bezüglich dieser Körper gibt das System die Wahrheit wieder, so dass es gar nichts ausmacht, dass wir es nicht anwenden können, um ein entsprechendes Ergebnis in einem derartigen Fall zu berechnen. Ich sage nicht, dass in einem deterministischen System der Einzelfall vorhersagbar sein muss. Das ist ganz offensichtlich falsch. Aber wenn man solche Vorhersagen nicht machen kann, dann kann man nur deshalb an die Determiniertheit der Einzelfälle glauben, die das deterministische System behauptet, weil man an die Wahrheit des Systems selbst glaubt.

Daraus schließe ich, dass es keinen Grund dafür gibt, die Bahn der Kugel als determiniert zu bezeichnen – zumindest nicht, solange sie diese Bahn noch nicht eingeschlagen hat. Aber, so mag man einwenden, ist nicht jeder Abschnitt dieser Bahn determiniert, auch wenn wir ihn nicht bestimmen können? Mein Argument beruht teilweise auf dem Informationsverlust durch die Vielzahl der Einflüsse. Doch von einem Einfluss zum nächsten ist die Bahn sicherlich determiniert; und folglich ist es auch die gesamte Bahn.

Es klingt einleuchtend, zu sagen: Jeder Abschnitt ist determiniert, und folglich gilt das auch für die ganze Bahn. Doch was bedeutet »determiniert«? Das ist ein eigenartiges Wort (mit einer eigenartigen Geschichte). In Zusammenhängen wie dem gegenwärtigen wird es oft gebraucht, als ob es »verursacht« bedeutete.

Oder vielleicht wird »verursacht« gebraucht, als ob es »determiniert« bedeutete. Aber es gibt hier mindestens einen entscheidenden Unterschied: Nichts ist verursacht worden, bis es geschieht; aber etwas kann determiniert sein, bevor es geschieht.

(Hier ist es wichtig, zwischen *determiniert* sein und *eindeutig bestimmt* sein zu unterscheiden.[15] In der indeterministischen Physik liegt anscheinend keins von beidem vor. Ich beschäftige mich hier nur mit Ersterem.)

Wenn wir ein Ergebnis als determiniert bezeichnen, dann verknüpfen wir es implizit mit einer Menge von Möglichkeiten, von der wir ausgehen, und sagen, dass alle bis auf eine ausgeschlossen sind. Was sie ausschließt, ist nicht das Ergebnis selbst, sondern etwas dem Ergebnis Vorausgehendes. Was vorausgeht, das kann logisch, zeitlich oder der Erkenntnis nach zuerst sein. Von den vielen Möglichkeiten, von denen wir zunächst ausgehen, ist *nun* nur noch eine – im Voraus – möglich.

Mathematische Formeln und menschliche Entscheidungen sind Grenzfälle; Erstere wegen der Unklarheit des Begriffs der Möglichkeiten, von denen wir dabei ausgehen, und Letztere, weil Entscheidungen zurückgenommen werden können.

Bei einer Schachpartie sind die Möglichkeiten, von denen wir ausgehen, durch die erlaubten Züge mit den unterschiedlichen Figuren gegeben. In gewissen Fällen schließen die Regeln alle Züge, die in dem genannten Sinne möglich sind, aus bis auf einen. Das ist ein Beispiel für etwas, das logisch vorausgeht. Der nächste Zug ist determiniert.

Schon in der befruchteten Eizelle sind Geschlecht und Augenfarbe determiniert. Hier bestehen die Möglichkeiten, von denen wir ausgehen, in den möglichen Geschlechtern und Augenfarben eines Kindes – oder genauer: eines Kindes dieser Eltern. Wenn aber tatsächlich diese Eizelle mit diesem Spermium verschmilzt, dann sind *nun* alle Möglichkeiten, von denen wir ausgegangen sind, bis auf eine einzige ausgeschlossen.

Man könnte sagen, dass alles determiniert ist, sobald es geschieht. Dann sind keine Möglichkeiten mehr offen, es *ist* gesche-

15 *A. d. Ü.:* Im Englischen kommt zu der philosophischen Schwierigkeit hinzu, dass sich die beiden kursiv gesetzten Ausdrücke ähneln und daher leichter zu verwechseln sind. Anscombe spricht im Original von »being *determined*« und »being *determinate*«.

hen! In diesem Sinne sprach Aristoteles davon, dass die Vergangenheit und die Gegenwart notwendig seien. Doch das interessiert uns hier nicht: Wir beschäftigen uns mit *Prä*determination.

Demzufolge muss »Jeder Abschnitt der Bahn der Kugel ist determiniert« Folgendes bedeuten: Nach jedem Aufprall gibt es nur eine mögliche Bahn für die Kugel bis zum nächsten Aufprall (Luftströmungen usw. ausgeschlossen). Doch auf welcher Grundlage sollte man das glauben, wenn nicht, weil man an ein System glaubt, woraus das folgt? Stellen wir uns eine Stahlkugel vor, die zwischen zwei Stiften eines Galton-Bretts hindurch auf den Stift fällt, der in der Mitte unter der Lücke zwischen jenen beiden Stiften liegt.[16] Es steht nicht zu erwarten, dass die Kugel in perfektem Gleichgewicht auf dem Stift liegen bleibt. Es gibt zwei Möglichkeiten: Entweder sie fällt nach rechts oder nach links. Wenn man ein System hat, das einen dazu zwingt, dann kann man sagen: »Es muss einen determinierenden Einfluss geben, ansonsten muss die Kugel in der Mitte balancieren wie Buridans Esel.« Doch wenn man keine solche Theorie hat, dann kann man auch sagen, dass das Verhalten der Kugel nicht determiniert ist, bis sie nach links oder rechts fällt. Hier hatte die Kugel nur zwei relevante Möglichkeiten, und die Bahn der Kugel war vielleicht nicht prädeterminiert. Denn hinsichtlich der kleinen Palette von Möglichkeiten, bei deren Aktualisierung sie nach rechts oder nach links fällt, kann man sie nicht als determiniert bezeichnen – es gibt keine plausible Theorie, nach der man darauf bestehen kann. In unserem früheren Beispiel mit den ausgeworfenen Kugeln gibt es eine ähnlich kleine Menge von Möglichkeiten. Zwar sind die weiteren Folgen einer möglichen Bahn hier nicht auf zwei beschränkt, wie wenn die Kugel von einer Zeile des Galton-Bretts zur nächsten fällt, und die Menge der weiteren Möglichkeiten wird größer, wenn wir eine mögliche Bahn weiterverfolgen. Aber ansonsten gleichen sich die beiden Fälle.

16 *A. d. Ü.:* Diese von Sir Francis Galton erfundene Apparatur besteht aus einem senkrecht stehenden, dreieckigen Brett (die Dreieckspitze zeigt nach oben), in das in gleichmäßigen Abständen Nägel oder ähnliche Hindernisse geschlagen wurden und an dessen Grundseite gleich große Fächer angebracht sind. Lässt man von der Spitze eine Kugel über das Brett rollen, so sucht sie sich ihren Weg durch die Hindernisse in eines der Fächer. Je mehr Kugeln man über die Fläche schickt, desto ähnlicher wird ihre Zufallsverteilung auf die Fächer der Binomialverteilung.

Daran sieht man: Damit die Vorstellung, dass etwas determiniert ist, einen Inhalt haben kann, muss eine Menge von Möglichkeiten gegeben sein, die – vor dem Ereignis – durch irgendetwas auf eine einzige eingeschränkt wird.

Das erklärt einen Teil der Unzufriedenheit, die einige Physiker bezüglich der Quantentheorie empfinden. Sie mögen die Indeterminiertheit der individuellen Quantenphänomene nicht. So ein Physiker könnte sagen: »Ich glaube an die Kausalität.« Und damit meint er dann: »Ich glaube, dass die korrekten physikalischen Gesetze zusammen mit bestimmten Ausgangsbedingungen immer genau ein Resultat implizieren.« Natürlich tritt immer nur eines der alternativen, sich gegenseitig ausschließenden Ergebnisse ein. Aber der Physiker will sagen, dass das tatsächliche Ergebnis als das einzige verstanden werden muss, das möglich war – und zwar schon bevor es eintrat.

Muss ein solcher Physiker ›Determinist‹ sein? Muss er glauben, dass das gesamte Universum ein System ist, für das gilt: Wenn sein Gesamtzustand zum Zeitpunkt *t* und *t'* jeweils so-und-so ist, erlauben die Naturgesetze nur einen möglichen Gesamtzustand zu jedem anderen beliebigen Zeitpunkt? Nein! Vielleicht denkt er einfach nicht, dass man mit der Vorstellung eines Gesamtzustandes des Universums zu einem gegebenen Zeitpunkt etwas anfangen kann. Er hat vielleicht überhaupt keine Ansichten zur eindeutigen Bestimmtheit möglicher Ergebnisse für beliebige Raum-Zeit-Abschnitte. Denn »Unsere Theorie sollte so sein, dass nur das tatsächliche Ergebnis für dieses Experiment möglich war« bedeutet wohl kaum: »Unsere Theorie sollte es ausschließen, dass das Experiment schiefgeht oder dass es gestört wird und wir deshalb nicht das entsprechende Ergebnis bekommen«, sondern es heißt: »Unsere Theorie sollte so sein, dass nur dieses Ergebnis, als *das Ergebnis dieses Experiments*, möglich war.« Unser unzufriedener Physiker kann sich nicht mit einer Theorie anfreunden – obwohl er sich vorläufig mit ihr abfinden muss –, die grundsätzlich einem Ergebnis nur Wahrscheinlichkeit zuordnet, die also immer eine ganze Menge möglicher Ergebnisse erlaubt, die erst dann auf ein einziges eingeschränkt werden, wenn das Ereignis stattfindet.

Zugegebenermaßen sind solche unzufriedenen Physiker häufig Deterministen gewesen. Das zeigt sich etwa an Schrödingers Erklärung des ›Kausalitätsprinzips‹:

> [D]ie physikalische Situation an irgendeiner Stelle *P* des Raumes zu einer bestimmten Zeit *t* ist eindeutig bestimmt durch die Gesamtsituation innerhalb einer gewissen endlichen Umgebung von *P* zu einem früheren Zeitpunkt *t'*. Aber wie groß diese »Einflußsphäre« ist, hängt davon ab, wie weit der Zeitpunkt *t'* zurückliegt. Liegt er weit zurück (mit anderen Worten: ist die Zeitdifferenz *t-t'* groß), dann kann es sein, daß man die Gesamtsituation zur Zeit *t'* in einem sehr weiten räumlichen Gebiet um *P* herum kennen muß, um zu wissen, was in *P* zur Zeit *t* los sein wird.[17]

Oder Einsteins moderatere Version einer alten, wohlbekannten These: Wenn man alles über den Inhalt einer Kugel mit einem Radius von 300 000 Kilometern weiß und auch alle Gesetze kennt, dann kann man mit Sicherheit wissen, was innerhalb der nächsten Sekunde in ihrem Zentrum passieren wird.[18] Schrödinger spricht von *jedem* Punkt *P*, und »eine« in Einsteins Aussage bedeutet *jede* Kugel dieses Umfangs. Diese Herren unterscheiden sich dadurch von meinem hypothetischen Physiker, der vielleicht überhaupt keine Ansichten über die eindeutige Bestimmtheit möglicher Ergebnisse für beliebige Raum-Zeit-Ausschnitte hat. Mein Physiker beschränkt seine Forderung nach eindeutiger Bestimmtheit des Ergebnisses auf Situationen, in denen ein bestimmter Vorgang in völliger Abschottung von veränderlichen äußeren Einflüssen stattfindet oder in denen Letztere unerheblich sind (so wie etwa das Wetter auf einem Planeten unerheblich ist für die Vorhersage seiner Umlaufbahn).

Der bahnbrechende Erfolg der newtonschen Astronomie war in gewisser Hinsicht ein intellektuelles Desaster: Er erzeugte eine Illusion, von der wir noch heute nicht ganz frei sind. Diese Illusion ist dem Umstand zu verdanken, dass sich mit Newtons Mechanik *unser Sonnensystem gut modellieren lässt*. Denn das erzeugte den Eindruck, dass wir es hier mit einer idealen wissenschaftlichen Erklärung zu tun haben, wohingegen es sich in Wahrheit schlicht

17 *A. d. Ü.:* Erwin Schrödinger, *Naturwissenschaft und Humanismus. Die heutige Physik*, Wien 1951, S. 41.

18 *A. d. Ü.:* Einsteins Behauptung soll also für eine Kugel gelten, deren Radius so groß ist, dass ein Lichtstrahl mindestens eine Sekunde benötigt, um von der Kugeloberfläche zum Mittelpunkt zu gelangen. Da sich nichts schneller bewegt als Licht, wirken für die Dauer von mindestens einer Sekunde keine Einflüsse, die von außerhalb der Kugel stammen, auf das Zentrum der Kugel ein. Daher ist, was in diesem Zeitraum geschieht, aus vollständigem Wissen über die Kugel vorhersagbar – vorausgesetzt, der Determinismus hat Recht.

um eine Gefälligkeit des Sonnensystems handelt, dass es aufgrund seiner friedvollen jüngeren Geschichte so modelliert werden kann. Denn stellen wir uns vor, es hätte auf einem der Planeten irgendwann eine so starke Eruption gegeben, dass seine äußere Hülle wie eine Rakete aus dem Sonnensystem geschleudert worden wäre. Ein solches Ereignis würde Newtons Gesetze nicht verletzt haben, es hätte sie im Gegenteil illustriert. Doch es wäre nicht im Voraus berechenbar gewesen, da die vergangenen und zukünftigen Bewegungen der Planeten gegenwärtig auf der Grundannahme berechnet werden, dass man die Planeten in Newtons Mechanik als ›einfache Körper‹ behandeln kann – mit keinen relevanten Eigenschaften außer Masse, Ort und Geschwindigkeit und keiner Kraft als der Schwerkraft in relevantem Maße ausgesetzt.

Nehmen wir einmal an, Newtons Gesetze würden noch immer ohne Einschränkung akzeptiert: keine Einschränkung ihrer Anwendung in der Elektrodynamik oder auf Körper, die sich wesentlich langsamer als Licht bewegen, und keine Quantenphänomene. Newtons Mechanik ist ein deterministisches System, doch das bedeutet nicht, dass man Determinist sein muss, um sie für richtig zu halten. Man könnte Folgendes sagen: Natürlich verletzt nichts diese Axiome oder die Gesetze der Schwerkraft; doch beispielsweise laufen Tiere in allen möglichen Bahnen über die Erde, und die Gesetze der Mechanik legen keine Bahn für sie fest, wie sie das für die Planeten tun. Sehen wir einmal von der Möglichkeit ab, dass in der Vergangenheit ein Planet explodiert ist oder dergleichen, dann verhalten sich die Gesetze also wie die Regeln des folgenden Kartenspiels für Kinder: Sobald die Karten verteilt sind, dreht jeder seine Karten um und macht zwei Stapel, einen mit roten Karten und einen mit schwarzen; Gewinner ist, wer den höchsten Stapel roter Karten hat. Sobald die Karten ausgeteilt sind, ist das Spiel determiniert; und man kann in jedem Stadium den gesamten Spielverlauf ableiten, zurück bis zum Austeilen der Karten und in die Zukunft bis zum Sieg oder Unentschieden. Doch verglichen mit dem, was auf einem und innerhalb eines Planeten geschieht, sind diese Gesetze mehr wie Schachregeln; selten ist das Spiel determiniert, auch wenn niemand die Regeln bricht.[19]

19 Ich hätte bei diesem Vergleich auf Gilbert Ryle (*Der Begriff des Geistes*, Stuttgart 1987) hinweisen sollen. (Sein Gebrauch der Offenheit des Ausgangs einer Schachpartie ist allerdings nicht ganz eindeutig und unterscheidet sich von mei-

Woher kommt dieser Unterschied? Die folgende Antwort liegt nahe: Die Mechanik liefert uns keine speziellen Gesetze für alle natürlichen Kräfte; beispielsweise sagt sie uns nichts über die thermischen Kräfte oder die nuklearen, chemischen oder Muskelkräfte. Das newtonsche Modell legt uns nun aber folgendes Bild nahe: Vorausgesetzt, wir würden die Gesetze all dieser Kräfte kennen, dann gäbe es eine vollständige Beschreibung dessen, was passiert, und das ganze Spiel der Bewegung wäre determiniert. Denn laut des ersten newtonschen Gesetzes impliziert jede Beschleunigung eine Kraft irgendwelcher Art. Und müssen Kräfte nicht Gesetzen folgen? Mein hypothetischer Physiker würde das zumindest denken; und er würde verlangen, dass diese Gesetze deterministisch sind. Trotzdem muss er kein ›Determinist‹ sein, denn anders als die Schwerkraft können viele Kräfte an- und ausgeschaltet werden; sie werden erzeugt, und man kann sie abschirmen. Es ist eine Sache, zu glauben, dass in einer klar umrissenen Situation – einer astronomischen Situation oder einem sorgfältigen experimentellen Aufbau zur Entdeckung von Gesetzen – ›das Ergebnis‹ determiniert sein muss. Es ist aber etwas ganz anderes, zu glauben, dass in einem Durcheinander vieler sich überlagernder Zufälle alles, was auch immer als Nächstes geschieht, determiniert sein muss, oder zu sagen, dass die Erzeugung von Kräften (u. a. bei wissenschaftlichen Experimenten) immer schon determiniert ist, bevor die Kräfte durch das Verfahren erzeugt werden; oder dass es immer ein Gesetz der Kombination von Kräften gibt, so dass die kombinierte Wirkung unterschiedlicher Kräfte in jeder Situation determiniert ist.

Wer geneigt ist, solche Dinge zu behaupten oder sie implizit anzunehmen, steht fast sicher unter dem Einfluss der beeindruckenden Beziehung zwischen Newtons Mechanik und dem Sonnensystem.

Vergegenwärtigen wir uns doch noch einmal, wie es in der Mechanik war. Wenn wir nur für einen einzigen Augenblick Position und Geschwindigkeit eines Teilchens und ferner die jeweils waltenden Kräfte kannten, waren wir imstande, seinen ganzen weiteren Weg vorauszuberechnen. Nach Maxwell können wir nunmehr an Hand der Gleichungen, in die er seine Theorie gefaßt hat, feststellen, wie sich das ganze Kraftfeld in Raum und

nem.) Für den Vergleich mit einem völlig vorherbestimmten Kartenspiel bedanke ich mich bei Anthony Kenny.

Zeit verändert, sofern wir nur wissen, wie es in einem bestimmten Moment ausgesehen hat. Mit Maxwells Gleichungen läßt sich somit die Entwicklungsgeschichte des jeweiligen Feldes zurückverfolgen, genauso, wie wir es mit den Gleichungen der Mechanik bei Materieteilchen zu tun vermögen. [...] Mit Hilfe der Newtonschen Gesetze können wir die Bewegung der Erde aus der zwischen Sonne und Erde waltenden wechselseitigen Kraft ableiten.[20]

»Die jeweils waltenden Kräfte kennen« – das muss natürlich die *zukünftig* wirkenden Kräfte einschließen, nicht nur die gegenwärtigen. Und dasselbe gilt für die Gleichungen, die es uns ermöglichen, die Entwicklungsgeschichte eines Feldes nachzuverfolgen; denn ein äußerer Einfluss kann eine Veränderung bewirken. Die Lektüre sowohl Newtons als auch späterer Autoren lässt einen oft über das Wort »außen« nachdenken. Natürlich bedeutet, »die waltenden Kräfte« zu kennen auch, die äußeren Kräfte zu kennen sowie jedwede anderen Kräfte, die später relevant werden könnten. Folglich hängt zwar die Wahrheit der ersten Sätze des Zitats, falls sie wahr sind, nicht von einer besonderen Gefälligkeit des Schicksals ab; es handelt sich um allgemeine Wahrheiten der Mechanik und Physik. Der letzte Satz aber ist nur aufgrund einer solchen Gefälligkeit wahr, nämlich aufgrund der einfachen Tatsache, dass nur die zwischen Erde und Sonne wirkenden Kräfte für die entsprechenden Folgerungen von Bedeutung sind.

Der Begriff der Notwendigkeit, so wie er mit Kausalität verbunden ist, kann wie folgt erklärt werden: Eine Ursache *U* macht eine Wirkung *W* in den Fällen notwendig, in denen Folgendes gilt: Falls die Ursache *U* auftritt, ist es sicher, dass sie *W* hervorruft, es sei denn, irgendetwas verhindert das. »*U*« und »*W*« müssen dabei als allgemeine Ausdrücke verstanden werden, nicht als singuläre Termini. Falls einem »Sicherheit« als ein zu erkenntnistheoretisch gefärbter Begriff erscheint, kann man auch sagen: Eine Ursache *U*, die eine bestimmte Wirkung *W* notwendig macht, ist derart, dass es nicht möglich *ist* (bei einer entsprechenden Gelegenheit), dass *U* auftritt, ohne *W* zu verursachen, es sei denn, dies wird verhindert. Eine Ursache, die ihre Wirkung nicht notwendig macht, ist folglich eine, bei der es sein kann, dass die Wirkung ausbleibt, ohne dass sich ein verhindernder Einfluss einschaltet. Wir kennen sowohl *Ar-*

20 Albert Einstein, Leopold Infeld, *Die Evolution der Physik*, Reinbek b. Hamburg 1987, S. 133 f.

ten von Ursachen, die ihre Wirkung notwendig machen, als auch solche, die das nicht tun: Beispielsweise ist Tollwut eine den Tod notwendig machende Ursache; denn es ist unmöglich für einen Infizierten, ohne Behandlung zu überleben. Das gilt immer und nicht nur in bestimmten Einzelfällen. Feynman gibt ein Beispiel von einer Ursache, die ihre Wirkung nicht notwendig macht: Eine Bombe ist mit einem Geigerzähler verbunden, so dass sie explodiert, wenn der Geigerzähler eine bestimmte Strahlung misst; ob das geschieht oder nicht, ist nicht determiniert, denn die Konstruktion ist so neben etwas radioaktivem Material platziert, dass es sein kann oder auch nicht, dass der Geigerzähler diese Strahlung misst.

Falls die Bombe hochginge, gäbe es überhaupt keinen Zweifel über die Ursache der Messung oder der Explosion. Einer derjenigen, die bereit sind, Kausalität von Determinismus zu unterscheiden, ist Max Born: Er erklärt Kausalität als eine Abhängigkeit der Wirkung von der Ursache. Es ist nicht ganz klar, was »Abhängigkeit« dabei heißen soll, doch es scheint zumindest zu implizieren, dass es die Wirkung ohne die Ursache nicht gäbe. Doch das Problem mit dieser Erklärung ist, dass die Wirkung durch eine andere Ursache zustande kommen kann. Dass die Wirkung durch die Ursache hervorgerufen wurde, zeigt nicht, dass die Wirkung nicht auch durch etwas anderes hätte hervorgerufen werden können oder sogar hervorgerufen worden wäre, wenn es diese Ursache nicht gegeben hätte.

Der Indeterminismus wurde durchaus von manchen Philosophen erwogen. C. D. Broad[21] etwa beschrieb ihn in seiner Antrittsvorlesung 1934 als eine mögliche Position; doch er fügte hinzu, dass alles, was geschehe, ohne determiniert zu sein, zufällig sei. Er erklärte nicht, was er mit »zufällig« meinte; er muss damit mehr gemeint haben, als dass etwas nicht notwendig ist. Vielleicht hat er damit gemeint, dass etwas nicht verursacht wurde, doch wenn ich richtigliege, impliziert die Tatsache, dass etwas nicht determiniert war, nicht, dass es nicht verursacht wurde. Ganz im Gegenteil, ich würde den Indeterminismus als die These erklären, dass nicht alle physischen Wirkungen von ihren Ursachen notwendig gemacht werden. Und wenn wir an Feynmans Bombe denken, können wir

21 *A. d. Ü.:* Gemeint ist Charlie Dunbar Broad, der von 1933 bis 1953 Professor für Moralphilosophie in Cambridge war.

uns eine Vorstellung davon machen, was »zufällig« heißt. Es war wahllos. Es »passierte einfach« – das radioaktive Material gab Teilchen ab, die zu einem Ausschlag des Geigerzählers führten, der die Bombe zündete. Die Bewegung der Nadel des Geigerzählers ist mit Sicherheit verursacht worden und die tatsächliche Abgabe von Teilchen ebenfalls; sie trat auf, weil sich dort radioaktives Material befand. (Ich habe bereits darauf hingewiesen, dass es, entgegen der Meinung Humes, viele verschiedene Arten von Kausalität gibt.)[22] Nichtsdestoweniger ist die *Verursachung* selbst, so könnte man sagen, ein *schlichter Zufall*. Es ist schwierig, diesen Begriff noch weiter zu erklären.

Broad benutzte den Begriff, um dafür zu argumentieren, dass die Anwendung des Indeterminismus auf menschliche Handlungen diese ›zufällig‹ machen würde. Seiner Ansicht nach sind Entscheidungen in genau demselben Sinne determinierende Ursachen wie physische Ursachen determinierende Ursachen sind. Und er dachte, dass Entscheidungen selbst wiederum entweder determiniert oder zufällig sind. Eine Entscheidung als solche – also jeden Fall von Entscheidung – als ein vorherbestimmendes, kausales Ereignis zu verstehen, erscheint heute als ein naiver Fehler in der Philosophie des Geistes. Doch das ist eine Geschichte, die ich hier nicht erzählen kann.[23]

Es war ganz natürlich, dass, als die Physik indeterministisch wurde, manche in diesem Indeterminismus genau das sahen, was nötig ist, um die Willensfreiheit zu verteidigen. Sie stießen aber in zweierlei Hinsicht auf harsche Kritik: Zum einen scheint dieser ›bloße Zufall‹ so ziemlich das Letzte zu sein, was als physisches Korrelat ›des ethischen Verhaltens des Menschen‹ dienen kann. Zum anderen wurde entgegnet, dass die quantenmechanischen Gesetze statistische Vorhersagen über Ereignisse machen, wenn man die entsprechende Situation wiederholt. Und eine Beeinflussung dieser statistischen Zusammenhänge durch den *Willen*, indem er

22 *A. d. Ü.:* Siehe S. 180 f.

23 *A. d. Ü.:* Anscombes ausführlichste Verteidigung einer nichtkausalistischen Handlungstheorie ist ihr Hauptwerk, *Absicht* (neu übersetzt von Joachim Schulte, Berlin 2011). Was den oben genannten Punkt angeht, ist § 12 besonders zentral: Dort werden Paradoxien aufgelistet, die entstehen, wenn man Handlungsgründe als vor der Handlung stattfindende Ereignisse versteht, die eine Handlung verursachen.

Einzelereignisse determiniert, welche die Naturgesetze unbestimmt lassen, wäre genauso eine Verletzung der Naturgesetze wie eine Beeinflussung, die einem deterministischen mechanischen Gesetz widerspricht.

Seit Kant wird unter Philosophen oft behauptet, man könne gleichzeitig sowohl an den physikalischen Determinismus wie auch an die ›ethische‹ Freiheit glauben. Dahingehende Versöhnungsversuche erschienen mir immer schon als bloßes Geschwafel, oder sie schienen mir die behauptete Freiheit völlig unwirklich zu machen. Schließlich sind meine Handlungen zum Großteil Körperbewegungen; und wenn diese Körperbewegungen von Vorgängen vorherbestimmt werden, die ich nicht kontrolliere, dann ist meine Freiheit eine bloß eingebildete. Daher ist die Wahrheit des physikalischen Indeterminismus unausweichlich, wenn wir etwas mit der Behauptung anfangen wollen, frei zu sein. Doch diese Wahrheit reicht nicht aus. Denn was nicht physisch determiniert ist, ist nicht allein dadurch schon ›frei‹. Freiheit beinhaltet zumindest die Fähigkeit, nach eigenen Vorstellungen zu handeln, und dem, was in der indeterministischen Physik nicht vorherbestimmt ist, schreibt man so etwas nicht zu. (Was sollte hier auch nach eigenen Vorstellungen handeln?) Trotzdem gibt es nichts, was die Vorstellung unhaltbar machen würde, dass der ›physische Zufall‹ das einzige physische Korrelat der menschlichen Handlungsfreiheit ist – und vielleicht auch der Freiwilligkeit und Absichtlichkeit im Verhalten von Tieren, die wir nicht als »frei« bezeichnen. Unsere Analyse darf Freiheit, Absichtlichkeit und Freiwilligkeit nicht mit physischem Zufall gleichsetzen oder als davon hervorgebracht beschreiben. Wenn man diese Dinge erwähnt, spricht man von ganz anderen Zusammenhängen als jenen, auf die man sich bei der Beschreibung grundlegender physischer Kausalverhältnisse bezieht.

Der zweite Einwand scheint mir relevanter. Denn Folgendes ist sicherlich richtig: Wenn wir von einem statistischen Gesetz und einer Menge nicht determinierter Einzelereignisse ausgehen und wenn nun eine ausreichende Menge dieser Ereignisse durch den Willen in eine Richtung gelenkt wird, die dem statistischen Gesetz widerspricht, dann kommen wir zu einer Annahme, die uns mit den Naturgesetzen in Konflikt bringt. Aber es ist überhaupt nicht klar, ob das Korrelat derselben Handlung regelmäßig in derselben Kette mikroskopischer physischer Ereignisse besteht. Diese Annahme scheint tatsächlich sehr unwahrscheinlich zu sein. Der Einwand setzt sie aber voraus.

Lassen Sie mich diesen Punkt mit Hilfe eines Vergleichs illustrieren: Nehmen wir an, wir hätten ein großes Glasgefäß voll mit Millionen winziger farbiger Kügelchen und dieses Glas würde ununterbrochen geschüttelt. Eine Untersuchung des Gefäßes und der Kügelchen ergibt statistische Gesetze, unter denen sich auch Gesetze für die zufällige Entstehung von kleinen, einfarbigen Flecken befinden. Dieses Gefäß hat außerdem folgende besondere Eigenschaft: Auf einer seiner Seiten kann man immer das Wort »Coca-Cola« lesen, es ergibt sich wie ein Mosaik. Die Buchstaben sind nicht immer gleich geformt, das Wort ist nicht immer von derselben Größe oder am selben Ort, und auch die Farben wechseln. Doch es ist immer da. Es ist keineswegs offensichtlich, dass man annehmen muss, eine Ursache dieses Phänomens, die sich nicht aus den statistischen Gesetzen herleitet, verletze die statistischen Gesetze von der zufälligen Bewegung der Kügelchen und davon, wie sie einfarbige Flecken bilden.

Die Erfindung indeterministischer Gesetze in der Physik war notwendig, um das weit verbreitete Dogma zu erschüttern, dass der Determinismus eine Voraussetzung – oder vielleicht eine Konsequenz – wissenschaftlicher Erkenntnis sei. Nicht dass diese Überzeugung hierdurch stark erschüttert worden wäre! Natürlich ist der Glaube, dass Naturgesetze deterministisch seien, erschüttert worden. Doch viele scheinen zu glauben, das mache kaum einen Unterschied hinsichtlich des makroskopischen Determinismus; als ob die Indeterminiertheit immer auf Systeme begrenzt wäre, deren innere Vorgänge zwar nur durch statistische Gesetze beschrieben werden können, bei denen dies aber so gut wie immer zum gleichen Verhalten des Systems als Ganzes führt – und insbesondere zu den immer gleichen Wirkungen nach außen. Was für einen Unterschied macht es denn letztendlich, dass das Flimmern, durch welches das Zifferblatt meiner digitalen Armbanduhr leuchtet, nur einem statistischen Gesetz folgt – solange die sichtbare Gesamtwirkung von diesem statistischen Gesetz ausreichend gewährleistet wird? Feynmans Beispiel mit der Bombe und dem Geigerzähler räumt mit dieser Vorstellung auf; doch nach meiner Erfahrung braucht es einige Zeit, diese Lehre daraus zu ziehen. Meiner Einschätzung nach sind deterministische Ansichten heutzutage unter einem Großteil der Menschen – und der Philosophen – verbreiteter als zu meiner Studienzeit.

Ich begrüße die zu ziehende Lehre, aber die indeterministische Physik (wenn sie diese Lektion denn erfolgreich lehrt) ist nur kulturell, nicht logisch notwendig, um den Determinismus zweifelhaft erscheinen zu lassen. Denn dieser war immer schon eine extravagante Einbildung, die im ›Zeitalter der Wissenschaft‹ durch den erfreulichen Erfolg der Anwendung der newtonschen Mechanik auf das Sonnensystem unterstützt wurde. Es hätte keine Rolle spielen sollen, ob die Naturgesetze deterministisch sind oder nicht. Wenn sie deterministisch wären, hieße das, dass sie zusammen mit der Beschreibung einer Situation eindeutig ein bestimmtes Ergebnis implizieren – vorausgesetzt, die Situation ist durch gewisse relevante Gegenstände und Größen definiert und es gibt keine veränderlichen Einflussgrößen, die nicht in der Definition der Situation festgelegt sind. Wenn das stimmt, dann sagt uns die Behauptung, dass die Gesetze deterministisch sind, nichts darüber, ob der ›Determinismus‹ wahr ist. Denn es ist wirklichkeitsfremd, zu behaupten, man könne alles, was passiert, entsprechend erfassen. Doch ich will nicht sagen, dass irgendeine Bewegung außerhalb der Reichweite physikalischer Gesetze liegt oder dass man nicht in jeder beliebigen Situation sagen kann, dass gewisse Bewegungen physikalische Gesetze verletzen würden. Hier müssen wir uns an den Unterschied zwischen Schach und dem Kartenspiel für Kinder erinnern.

Wie dem auch sei, in der nichtexperimentellen Philosophie[24] ist es völlig offensichtlich, worin der heutige dogmatische Schlummer besteht. Immer und immer wieder wird angenommen, dass aus jeder Kausalaussage über Einzelereignisse eine Verallgemeinerung der Art »Immer wenn dies, dann das« folgt. Und oft wird angenommen, dass wahre Kausalaussagen über Einzelfälle von solchen aufgrund von ›Induktion‹ geglaubten Verallgemeinerungen abgeleitet sind. Beispiele dafür sind zwar äußerst schwer zu finden, doch das

24 *A. d. Ü.:* Anscombe meint hier mit »nichtexperimenteller Philosophie« das, was wir »Philosophie« nennen. Sie verwendet an dieser Stelle einen traditionellen Philosophiebegriff, der auch die empirischen Wissenschaften einschließt. (»Experimentelle Philosophie« ist demnach gleichbedeutend mit »experimenteller Wissenschaft«.)

scheint niemanden zu stören. Selbst ein Philosoph wie Davidson,[25] der scharfsinnig genug ist, sich dieser Tatsachen bewusst zu sein, behauptet – ohne irgendeinen Grund dafür anzugeben –, aus einer Kausalaussage über Einzelereignisse folge, *dass es* eine entsprechende wahre Verallgemeinerung *gibt*; auch wenn wir diese vielleicht nie kennen können. Für so eine These muss man Gründe haben, bevor man sie glaubt! ›Regelmäßigkeiten in der Natur‹? Das ist kein Grund. Die am meisten vernachlässigten Schlüsselthemen in diesem Bereich sind: Störeinflüsse und Verhinderung.

25 Siehe Donald Davidson, »Kausale Beziehungen«, in: Donald Davidson, *Handlung und Ereignis,* Frankfurt/M. 1985, S. 214-232, Abschnitt III.

8. Die erste Person

Sowohl Descartes als auch Augustinus führen das Argument *cogito ergo sum* an – oder wie Augustinus es formuliert: *sie fallor, sum.*[1] Beide vertreten auch ein damit verbundenes Argument, dem zufolge *der Geist* (bei Augustinus) oder *mein Ich* (bei Descartes) kein Körper ist. Descartes schreibt: »Ich kann annehmen, dass ich keinen Körper habe, nicht aber, dass ich nicht existiere.« Und daraus folgert er, dass »mein Ich« kein Körper ist. Augustinus sagt: »Der Geist erkennt sich als denkend«, und »er erkennt sich selbst seinem Wesen nach«. Also »kann der Geist sich sicher sein, genau das zu sein, als was er sich mit Sicherheit erkennt«.[2] Augustinus formuliert dieses Argument nicht explizit in der ersten Person, so wie das Descartes tut. Da Descartes' Argument in der ersten Person formuliert ist, muss jeder es für sich selbst in der ersten Person nachvollziehen. Und wenn man den Behauptungen des Augustinus zustimmt, dann wohl ebenfalls, weil man sie jeweils in der ersten Person, für sich selbst nachvollzieht. Beide Autoren nehmen an, dass man mit »ich« oder »der Geist« etwas bezeichnet, bei dem die Erkenntnis seiner Existenz das, was man dabei als existierend erkennt, auch seinem Wesen nach bestimmt – wobei diese Erkenntnis eine Erkenntnis seiner selbst als etwas (in vielerlei Weise) Denkendes ist.

Saul Kripke hat versucht, Descartes' Argument für den Dualismus neues Leben einzuhauchen. Allerdings vernachlässigt er dabei, dass es für dieses Argument wesentlich ist, dass es aus der Perspektive der ersten Person formuliert wird – wodurch er das Argument zu einem Argument dafür macht, dass *Descartes* nicht mit seinem eigenen Körper identisch ist. Wie auch immer man Descartes versteht, es scheint offensichtlich zu sein, dass Descartes' Argument eine Anwendung seiner Methode des Zweifelns ist.[3] Nach dieser

1 Augustinus, *De civitate dei*, Buch 11, Kapitel 26.

2 Augustinus, *De trinitate* (übersetzt von Johann Kreuzer), Hamburg 2001, Buch 10.

3 Die beste Formulierung Descartes' findet sich in den *Principia philosophiae*, Teil 1, Absatz 60 (übersetzt von Julius Heinrich von Kirchmann), Berlin 1870, und diese Formulierung lässt sich meines Erachtens nicht mit dem gängigen Vorwurf angreifen, dass sich Descartes eines ›Fehlschlusses der Ersetzung‹ schuldig mache [*A. d. Ü.:* Anscombe denkt hier wohl an ein Argument der folgenden Art: Zum

Methode musste Descartes die Existenz des Menschen Descartes bezweifeln oder zumindest die Existenz der entsprechenden Persönlichkeit seiner Zeit, also eines gewissen Franzosen von dieser-und-jener Herkunft, der auf den Namen »René« getauft worden war. Descartes musste auch die Existenz des Menschen Descartes bezweifeln – es sei denn, ein Mensch ist kein Lebewesen. *Wenn* aus seinen Anfangsannahmen folgt, dass er nicht mit seinem eigenen Körper identisch ist, dann folgt daraus auch, dass er nicht mit dem Menschen Descartes identisch ist. Für Descartes ergibt sich die Folgerung »Ich bin nicht Descartes« ebenso schlüssig wie »Ich bin kein Körper«. Wenn man das Argument in der dritten Person formuliert, indem man »Ich« durch »Descartes« ersetzt, übersieht man das. Descartes hätte diese Schlussfolgerung akzeptiert. Im Rahmen philosophischer Argumente maß er dem alltäglichen, praktischen Allerweltssinn, in dem er richtigerweise hätte sagen können: »Ich

Zwecke einer *reductio* nehmen wir an, dass ich mein Körper bin. Nun kann ich nicht daran zweifeln, dass ich ich bin. Gemäß Leibniz' Gesetz folgt: Ich kann nicht daran zweifeln, dass ich mein Körper bin. Das ist aber falsch. Also, *per reductio*: Ich bin nicht mein Körper. Der Fehlschluss besteht in der Anwendung von Leibniz' Gesetz innerhalb eines intensionalen Kontexts (»zweifeln, dass …«).]: »Es ist auch allein aufgrund dessen, dass jeder sich als eine denkende Substanz erkennt und im Denken jede andere Substanz – sei sie eine denkende oder eine ausgedehnte – von sich unterscheiden kann, gewiss, dass jeder, so aufgefasst, sich auch wirklich von jeder anderen denkenden Substanz und jeder körperlichen Substanz unterscheidet. Und selbst wenn wir annehmen, dass Gott eine körperliche Substanz mit einer solchen denkenden Substanz so eng als nur möglich verbunden habe und sie also zu einer Einheit verbunden habe, so bleiben beide doch wirklich verschieden.« Wenn wir Descartes' Prämisse hier mit »ich kann annehmen, dass ich weder einen Körper besitze noch mit einem Körper identisch bin« wiedergeben, dann kommen wir damit recht nahe an Kripkes Version heran (aber in einer Formulierung in der ersten Person): »Es ist möglich, dass ich nicht *A* bin«, wobei »*A*« meinen Körper bezeichnet. Und wie sollte ich mich dergestalt denken können, wenn nicht deshalb, weil ich die Existenz meines Körpers bezweifeln kann?

Mit »zweifeln« ist hier aber nicht lediglich gemeint, dass ich mich darauf besinne, dass ich nicht weiß, ob mein Körper existiert, hingegen durchaus weiß, dass ich existiere. Wenn wir das Argument so verstünden, würde es tatsächlich einen ›Fehlschluss der Ersetzung‹ enthalten. Stattdessen meint »zweifeln« hier die klare Erkenntnis, dass die Existenz meines Körpers nicht durch dasjenige verbürgt ist, was ich vollständig erfasse und dessen allein ich mir gewiss bin: meine eigene Existenz. Hier wird deutlich, wie wichtig die von Augustinus beigesteuerte Prämisse ist: »Der Geist erkennt sich selbst seinem Wesen nach.«

bin Descartes«, keine Bedeutung bei. Das, was in *seinen* Büchern mit »ich« bezeichnet wird, *das* ist nicht *Descartes.*

Das heißt doch: »Für ihn ergibt sich die Folgerung der Nichtidentität seiner selbst mit Descartes mit genau derselben Schlüssigkeit wie die andere Folgerung.« Und muss man diese Aussage nicht bereits als eine *reductio ad absurdum* betrachten? Denn ließe sich diese Aussage nicht umformulieren zu: »*Descartes* ist nicht mit Descartes identisch«?

Nein, das geht nicht! Denn wir verwenden hier mit »seiner« keine Form des gewöhnlichen Reflexivpronomens, sondern ein ganz besonderes Reflexivpronomen, das mit Hilfe des Wortes »ich« erklärt werden muss. Die Grammatiker nennen dieses Pronomen ein »indirektes Reflexivpronomen«,[4] und in manchen Sprachen (etwa dem Griechischen) gibt es dafür eine eigene Form.[5]

»Als Johannes Schmidt den Jakob Vogel erwähnte, sprach er von seinem Bruder, aber er wusste das nicht.« So ein Fall kann vorkommen. Ebenso kann Folgendes vorkommen: »Als Johannes Schmidt den Johannes Gottlob Alberich Schmidt (der vielleicht in einem Testament mit diesem Namen bezeichnet wird) erwähnte, sprach er über sich selbst, aber er wusste das nicht.« Folglich ist es möglich, von sich selbst ›zu sprechen‹ und sich auf sich selbst ›zu beziehen‹, ohne zu wissen, dass der Gegenstand, von dem man spricht, man selbst ist.

Trotzdem denkt man, die Wendung »das Wort, das man gebraucht, um von sich selbst zu sprechen« erkläre, was durch »ich« benannt wird, oder dass diese Wendung »ich« als einen ›bezugnehmenden Ausdruck‹ erkläre. Das kann aber unmöglich der Fall sein,

4 *A. d. Ü.:* Anscombe verwendet den Ausdruck »indirekte Reflexivpronomina«, wo sie eigentlich »logophorische Pronomina« meint. Mit Reflexivpronomina bezieht sich der Sprecher auf das Subjekt des Hauptsatzes zurück (»Bevor er ging, zeigte ich *ihm* das Foto«). Mit logophorischen Pronomina bezieht sich der Sprecher auf sich selbst *als sich selbst* oder gibt wieder, wie jemand sich auf sich selbst als sich selbst bezieht (»Ich betrachtete das Foto und dachte: ›Das bin ja *ich*!‹« oder »Er erkannte *sich* auf dem Foto«).

5 ἑ, οὑ, οἱ. Siehe Thukydides II.13. Diese Formen sind sehr selten. In unserer Zeit kommt Hector-Neri Castañeda (»The Logic of Self-knowledge«, in: *Noûs* 1 (1967), S. 9-22) das Verdienst zu, den Gebrauch des keine eigene Form besitzenden indirekten Reflexivpronomens im Englischen beschrieben zu haben. Allerdings ist seine Darstellung unnötig kompliziert, und er stellt meines Erachtens den eigentlich entscheidenden Punkt nicht genügend heraus.

wenn »Er spricht von sich selbst« damit vereinbar ist, dass er nicht weiß, dass er von sich selbst spricht, und wenn wir in beiden Fällen das Reflexivpronomen in der gewöhnlichen Weise gebrauchen.

Auch der Vorschlag: »›Ich‹ ist das Wort, das man gebraucht, um wissentlich und absichtlich über sich selbst zu sprechen« hilft hier nicht weiter. Denn hat Schmidt etwa nicht wissentlich und absichtlich von Schmidt gesprochen? War die Person, über die er reden wollte, denn nicht – Schmidt? War also die Person, von der er sprechen wollte, nicht – *er selbst*?

Darauf will man vielleicht erwidern: »Nicht im hier relevanten Sinn. Wie jeder weiß, kann man den Ausdruck für den Gegenstand, über den Schmidt zu sprechen beabsichtigte, nicht durch jeden beliebigen anderen Ausdruck für denselben Gegenstand ersetzen, ohne dass damit auch möglicherweise die entsprechende Aussage über Schmidts Absicht falsch wird.« Doch dieser Einwand setzt voraus, dass das Reflexivpronomen an sich schon hinreichend deutlich macht, wie der Gegenstand herausgegriffen wird. Bei einem gewöhnlichen Reflexivpronomen ist das aber nicht der Fall. Betrachten wir etwa folgenden Satz: »Schmidt war sich (nicht) über die Identität seiner selbst mit einem Gegenstand, den er ›Schmidt‹ nennt, im Klaren.« Wenn das Reflexivpronomen »seiner« in diesem Satz ein gewöhnliches Reflexivpronomen ist, dann greift es für uns, die wir den Satz hören oder ihn uns ausdenken, einen Gegenstand heraus, nämlich denjenigen Gegenstand, der in unserem Satz an der Subjektstelle durch »Schmidt« bezeichnet wird. Und Schmidt war sich im Klaren oder eben nicht, dass dieser Gegenstand mit einem Gegenstand, den er »Schmidt« nennt, identisch ist. Damit ist aber noch nicht gesagt, über welche Identität sich Schmidt (nicht) im Klaren war. Denn wie bereits Frege bemerkt, kann man nicht von dem, worauf sich ein Wort bezieht, zum Sinn dieses Wortes kommen; schließlich kann jeder Gegenstand auf viele unterschiedliche Weisen herausgegriffen werden.[6] Und aufgrund der besonderen Konstruktion haben wir in unserem Beispiel einen Gegenstand herausgegriffen (durch Rückbezug auf den Subjekt-

6 *A. d. Ü.:* Seit Freges Einführung der Sinn/Bedeutung-Unterscheidung stand für ihn fest, dass Ausdrücke mit derselben Bedeutung einen unterschiedlichen Sinn haben können; er nennt oft das Beispielpaar »Abendstern« und »Morgenstern« (vgl. Gottlob Frege, »Über Sinn und Bedeutung«, in: *Zeitschrift für Philosophie und philosophische Kritik* 100 (1892), S. 25-50).

ausdruck des Satzes), ohne dabei anzugeben, mittels welcher Vorstellung *Schmidts* Geist diesen Gegenstand erfasst hat. Schließlich wollen wir nicht sagen: »Schmidt war sich nicht über die Identität Schmidts mit Schmidt im Klaren.«

Diese Unklarheit, welche Identität gemeint ist, entsteht nur, wenn wir darauf beharren, das zweite Reflexivpronomen in »Er ist sich nicht über die Identität Schmidts mit sich selbst im Klaren« als ein gewöhnliches Reflexivpronomen anzusehen. Wir haben in solchen Fällen keinerlei praktische Probleme. Wir wissen durchaus, wovon wir meinen, dass Schmidt sich darüber nicht im Klaren war, nämlich: »Ich bin Schmidt.« Wenn wir das Reflexivpronomen aber so verstehen, dann handelt es sich nicht um ein gewöhnliches Reflexivpronomen. Es handelt sich vielmehr um ein besonderes Pronomen, das man mit Hilfe der ersten Person erklären muss.

Wenn das stimmt, dann kann die Wendung »das Wort, das man gebraucht, um von sich selbst zu sprechen« kaum als eine echte Erklärung des Wortes »ich« angesehen werden! – Zumindest ist es keine Erklärung, wenn das Reflexivpronomen wiederum mit Hilfe von »ich« erklärt werden muss. Sollte es sich hingegen um das gewöhnliche Reflexivpronomen handeln, dann sind wir wieder da, wo wir angefangen haben. Wir müssen anscheinend einen Sinn für den Quasi-Namen »ich« finden. Um noch einmal Freges Hinweis zu wiederholen: Dieser Sinn wird nicht schon dadurch angegeben, dass man sagt, von welchem Gegenstand jemand – wissentlich oder unwissentlich – spricht, wenn er »ich« sagt. Nun scheint hier natürlich die Wendung »wissentlich oder unwissentlich« ganz absurd zu sein. Der Gebrauch von »ich« garantiert doch sicherlich, dass die entsprechende Person weiß, von wem sie spricht! Trotzdem bleibt die Frage, *was* diese Person da eigentlich weiß. Wenn »ich« ausdrückt, auf welche Weise die Person den entsprechenden Gegenstand erfasst – wenn »ich« also etwas ausdrückt, das Frege eine »Art des Gegebenseins« nennen würde –, so können wir fragen, worin diese Weise des Erfassens besteht und warum der einzige Gegenstand, den jeder jeweils auf diese Weise erfassen kann, mit ihm selbst identisch ist.

Wenn man das alles sagt, so behandelt man »ich« gleichsam als einen Eigennamen. Genau dadurch bringt man sich in all diese Schwierigkeiten. Zwar spielt »ich« sicherlich die syntaktische Rolle eines Namens. Doch man hat gemerkt, dass »ich« kein Name ist. In einem trivialen Sinn ist das ganz offensichtlich: Man nennt »ich« im Allgemeinen schließlich nicht ein Nomen, sondern ein *Pro*nomen. Und sicherlich handelt es sich nicht um einen gewöhnlichen Eigennamen, denn viele charakteristische Gebrauchsweisen von Eigennamen müssen »ich« abgehen. Wenn »ich« ein Eigenname wäre, so trüge schließlich jeder diesen Namen, und – was noch seltsamer wäre – jeder verwendete diesen Namen nur, um sich damit auf seine eigene Person zu beziehen. Man könnte diesen Namen also nicht dazu verwenden, um Leute sich gegenseitig vorzustellen; noch könnte man damit jemanden rufen oder jemanden zu sich bestellen. Und auch wenn man diesen Namen vielleicht zum Unterschreiben gebrauchen könnte (so wie ein in die Jahre gekommener Pfarrer, von dem ich einmal gehört habe, der eine Heiratsurkunde mit »Ich, der Pfarrer« unterschrieb), so wäre man in diesem Fall auf andere Hinweise bezüglich der Identität des Unterzeichners angewiesen. Wenn jeder nur diesen einen Namen hätte, dann kämen wir in noch größere Schwierigkeiten als die Banken in walisischen Dörfern. Solche Schwierigkeiten werden natürlich dadurch verhindert, dass die Leute noch andere Eigennamen haben, die sich voneinander unterscheiden. Die Ansicht, dass »ich« kein Eigenname sei, scheint sich damit also auf die Trivialität zu reduzieren, dass wir ein Wort wohl keinen Eigennamen *nennen* wollen, wenn erstens jeder diesen »Namen« trägt und zweitens jeder dieses Wort ausschließlich dazu verwendet, um von sich selbst zu sprechen. Übrigens scheint Ersteres noch nicht einmal wirklich zu stimmen. Schließlich heißen alle Sikhs »Singh«. Der wahre Unterschied scheint also nur darin zu liegen, dass jeder »ich« ausschließlich dazu verwendet, um von sich selbst zu sprechen. Aber stellt das einen Grund dar, »ich« keinen Eigennamen zu nennen? In den Augen der Logiker handelt es sich hier sicherlich um einen Eigennamen. Haben also die Logiker schlechte Augen? Oder ist »ich« vom logischen Standpunkt aus betrachtet wirklich ein Eigenname?

Fragen wir uns also: Wird »ich« tatsächlich nur deshalb nicht als ein Eigenname bezeichnet, weil jeder dieses Wort ausschließlich dazu verwendet, um von sich selbst zu sprechen? Konstruieren wir dazu zunächst einen Fall, bei dem wir es unzweifelhaft mit genau einem solchen Namen zu tun haben. Stellen wir uns also eine Gesellschaft vor, in der jeder mehrere Namensschilder trägt, die mit zwei unterschiedlichen Namen versehen sind. Schilder mit dem ersten Namen sind am Rücken des Betreffenden angebracht, so dass er selbst es nicht sehen kann. Die Namen auf diesen Schildern unterscheiden sich von Person zu Person; nehmen wir an, diese Namen seien die Buchstaben »*B*« bis »*Z*«. Der zweite Name ist für jeden derselbe, nämlich »*A*«, und er befindet sich auf der Innenseite des Handgelenks. Wenn diese Leute darüber berichten, was ein anderer tut, dann verwenden sie dazu den Namen auf dem Rücken des anderen, sofern sie diesen Namen sehen können oder ihn schon aus früheren Begegnungen kennen. In dieser Gesellschaft lernt jeder, auf die gleiche Weise und unter den gleichen Umständen auf die Verwendung des Namens auf seinem Rücken zu reagieren, wie wir selbst für gewöhnlich auf die Verwendung unserer Namen reagieren. Wenn so jemand aufgrund von direkter Beobachtung über seine eigenen Handlungen berichtet, verwendet er dazu den Namen auf seinem Handgelenk. Und er verwendet diesen Namen in Berichten, die er nicht aufgrund von direkten Beobachtungen vorbringt, sondern die sich auf Schlussfolgerungen, das Zeugnis anderer oder andere Informationsquellen gründen. Zum Beispiel kann der *B* aufgrund von Aussagen anderer, in denen »*B*« vorkommt, zu Schlussfolgerungen kommen, die er mit Sätzen ausdrückt, in denen »*A*« an die Stelle von »*B*« tritt.

Man kann nun fragen: Was ist mit »über seine eigenen Handlungen berichten« gemeint? Die Bedeutung dieses Ausdrucks sei so festgelegt, dass damit beispielsweise Berichte über *B*s Handlungen gemeint sind, sofern sie aus *B*s eigenem Mund kommen. Mit anderen Worten: Berichte aus dem Munde von *B*, denen zufolge *A* dies-und-jenes getan hat, können – zumindest vorläufig – als bestätigt gelten, wenn feststeht, dass *B* das Entsprechende getan hat, und so ein Bericht erweist sich mit Bestimmtheit als falsch, wenn sich herausstellt, dass *B* nichts Entsprechendes getan hat.

Jede Person hat also hinsichtlich *einer* Person einen sowohl auf charakteristische Weise eingeschränkten als auch auf charakteristische Weise günstigen Blickwinkel. Sie sieht diese Person nie ganz, außer in Spiegeln. Und bei dem, was sie sieht, ist ihr Blickwinkel ein ganz besonderer. Manchmal ist dieser Blickwinkel besonders günstig, manchmal aber auch besonders ungünstig. Nun kann etwa *B* einen Fehler begehen, weil er den Namen »*A*« auf dem Handgelenk eines anderen sieht, dabei aber nicht bemerkt, dass es das

Handgelenk einer Person ist, deren zweiter Namen für *B* nicht in der Weise unzugänglich ist wie sein eigener Name (»*B*«).

(Der Phantasie einiger Leser hilft es vielleicht, wenn wir das Beispiel etwas abändern: An die Stelle dieser kaum menschlich erscheinenden Leute können wir auch Maschinen setzen, die mit Kameras ausgestattet sind und in derselben Weise mit Zeichen markiert werden wie die Leute in meiner Geschichte mit ihren Namensschildern. Diese Maschinen sind darauf programmiert, das mit ihren Kameras Erfasste in Berichte zu übersetzen.)

In meiner Geschichte wird ein Zeichen als ein Name beschrieben, den jeder trägt, aber ausschließlich gebraucht, um über sich selbst zu sprechen. Vergleichen wir nun dieses Zeichen »*A*« mit »ich«! – Zunächst fällt auf, dass unsere Beschreibung nicht beinhaltet, dass Menschen, die den Namen »*A*« in der beschriebenen Weise verwenden, ein Selbstbewusstsein haben. Vielleicht haben sie kein Selbstbewusstsein. Und zwar obwohl jeder von ihnen eine ganze Menge über denjenigen Gegenstand weiß, der er (faktisch) ist, und obwohl jeder denselben Namen hat und diesen verwendet, um über den Gegenstand zu berichten, der er (faktisch) ist.

Genau aus diesem Grund kann es scheinen, dass die Betreffenden doch Selbstbewusstsein haben. *B* ist sich bestimmter Tätigkeiten des *B* – also seiner selbst – bewusst; d. h., er beobachtet sie. Er verwendet den Namen »*A*«, um von sich selbst zu sprechen; so wie das auch alle anderen tun. Er ist sich also seiner selbst bewusst. Folglich hat er Selbstbewusstsein.

Aber wenn wir von Selbstbewusstsein sprechen, dann meinen wir etwas anderes. Wir meinen etwas, das sich im Gebrauch von »ich« zeigt – aber nicht im Gebrauch von »*A*«.

Wir müssen uns also darüber klar werden, was Selbstbewusstsein ist. Es kann kaum verwundern, dass der Ausdruck im 17. Jahrhundert geprägt wurde und aus der Philosophie stammt.[7] Als er in die Umgangssprache gelangte, änderte der Ausdruck seine Bedeutung, und im 19. Jahrhundert hatte er bereits eine Bedeutung angenommen, die für das philosophische Nachdenken völlig uninteressant ist: Er begann damals nämlich das unangenehme Gefühl zu bezeichnen, das durch das Bewusstsein entsteht, von anderen

7 *A. d. Ü.:* Dies gilt für den englischen Ausdruck »self-consciousness«. Im Deutschen wurde der Ausdruck »Bewusstsein« im 18. Jahrhundert durch Christian Wolff geprägt; um 1800 bürgerte sich dann der Ausdruck »Selbstbewusstsein« ein.

beobachtet zu werden.[8] So eine Veränderung des Gebrauchs findet man bei philosophischen Ausdrücken häufig. In diesem Fall hat der Ausdruck allerdings auch in die Psychologie und Psychiatrie Eingang gefunden, und hier ist seine Bedeutung nicht so weit von der philosophischen entfernt.

Die vielleicht nächstliegende Erklärung – auf die auch schon das Wort hindeutet – besagt, dass Selbstbewusstsein im Bewusstsein eines Selbst besteht. Nun wird ein Selbst wohl etwas sein, das bestimmte Dinge entweder haben oder sind. Und wenn jemand ein Selbst hat, ist dieses Selbst etwas, das mit dem, der es hat, verbunden ist und ihn in die Lage versetzt, »ich« zu sagen und zu meinen. Das Selbst ist das, was durch »ich« bezeichnet wird. Damit wird also die Fähigkeit, »ich« zu sagen, dadurch erklärt, dass der Betreffende einen Gegenstand besitzt, der von der richtigen Art ist, um »ich« genannt zu werden. Der besondere Gebrauch, den jemand von diesem Wort macht, wenn er etwa ein Schild an der Wachsfigur eines Polizisten anbringt, auf dem steht: »Ich bin nur eine Wachsfigur«, oder wenn bei *Alice im Wunderland* auf dem Etikett einer Flasche »Trink mich!« steht, ist schließlich deshalb witzig, weil man dabei so tut, als hätten (oder seien) die betreffenden Gegenstände ein Selbst. *Das Selbst* ist keine kartesische Idee, aber sie kann mit der kartesischen Theorie des Ego verbunden werden, und das ist eine folgerichtigere Weiterentwicklung dieser Theorie als Descartes' Gleichsetzung seines ›Ich‹ mit seiner Seele. Falls man ein Selbst nicht *hat*, sondern vielmehr eines *ist*, dann ist ein Selbst etwas, z. B. ein Mensch, sofern er bestimmte Merkmale hat, und man erlangt diese Merkmale, indem man eine ›Person‹ wird. Wenn das stimmt, dann ist »ich« ein Name, den jeder ausschließlich für sich selbst gebraucht (dabei handelt es sich um ein direktes Reflexivpronomen), sofern er die genannten Merkmale besitzt.

Wenn man diese Ansicht akzeptiert, so wird man das »Selbst« in »Selbstbewusstsein« entweder dadurch erklären, dass man klarmacht, um was für einen Gegenstand es sich bei diesem uns alle begleitenden Selbst handelt, oder indem man erklärt, worum es sich bei den genannten Merkmalen handelt. Wenn man sich auf

8 *A. d. Ü.:* Dies trifft natürlich nur auf das englische und nicht auf das deutsche Wort für Selbstbewusstsein zu. Das englische Wort kann nicht die positive Einschätzung seiner selbst meinen, die im Deutschen manchmal mit »Selbstbewusstsein« bezeichnet wird.

eine solche Erklärung berufen kann, dann kann man vielleicht auch jene besondere ›Art des Gegebenseins‹ beschreiben, die mit dem Namen verbunden ist, den man für den gegebenen Gegenstand gebraucht.

Das alles ist aber in Wirklichkeit ein Unsinn (in der eigentlichen Bedeutung dieses Wortes). All das gründet sich auf ein falsches Verständnis des Reflexivpronomens. Dass es sich hier um Unsinn handelt, zeigt sich auch in folgender Tatsache: Dieser Ansicht zufolge ließe sich fragen, was garantiert, dass man das richtige Selbst erfasst hat – ob also dasjenige Selbst, das jemand »ich« nennt, auch stets mit genau diesem Menschen verbunden ist oder genau dieser Mensch ist. Und wenn man stattdessen mit »das Selbst, das mit dem Menschen verbunden ist« eben genau dasjenige Selbst meinte, das dieser Mensch zurzeit mit »ich« bezeichnet – um welches Selbst es sich dabei auch handeln mag –, so wäre es lediglich eine Gunst des Schicksals, wenn dieses Selbst auch sonst noch irgendetwas mit dem Betreffenden zu tun hätte.

Aber das Selbstbewusstsein ist kein solcher Unsinn. Es ist etwas Wirkliches, wenn auch bisher Unerklärtes, das Benutzer von »ich« besitzen und das den Benutzern von »*A*« fehlt – sofern sich das Bewusstsein der Letzteren in ihrem Gebrauch von »*A*« widerspiegelt.

Der Ausdruck »Selbstbewusstsein« kann auf angemessene Weise durch die Wendung »Bewusstsein, dass dies-und-jenes auf einen selbst zutrifft« erklärt werden. Wir sollten aber kein Argument der folgenden Art akzeptieren: Die Verwendung von »auf einen selbst« entspricht hier genau der Verwendung von »sich«,[9] und wie wir gesehen haben, sind wir in der Lage, problemlos zu verstehen, worüber sich Schmidt nicht im Klaren war, wenn wir letzteren Ausdruck bereits verstehen. Also muss das Wort »selbst« schon die in Frage stehende ›Art des Gegebenseins‹ ausdrücken, die mit »ich« als einem Eigennamen (im logischen Sinn) verbunden ist. Wir müssen dieses Argument zurückweisen, weil »auf einen selbst« in der Erklärung einfach wie ein indirektes Reflexivpronomen funktioniert, also wie das Reflexivpronomen der indirekten Rede. Um eine indirekte Rede zu verstehen, muss man nur wissen, worin die entsprechende direkte Rede besteht; mehr braucht es nicht.

9 *A. d. Ü.:* Anscombe denkt hier und bei der nächsten Erwähnung von »sich« an das zweite »sich« in Sätzen wie: »Er ist sich nicht über die Identität Schmidts mit sich (selbst) im Klaren« (siehe oben, S. 204).

Diese Erklärung erscheint unbefriedigend. Denn die Frage lautete: Wofür steht das Wort »ich«? Und wenn man sich diese Frage stellt und dabei annimmt, dass »ich« auf die gleiche Weise für einen Gegenstand steht, wie das ein Eigenname tut, dann scheint die Frage eine Erklärung von einer ganz bestimmten Art zu verlangen. Der Gebrauch des Namens eines Gegenstandes ist mit einer Auffassung des Gegenstandes verknüpft. Und daher halten wir nach einer Auffassung Ausschau, die sich – für den jeweiligen Benutzer von »ich« – so zu dem angeblichen Namen »ich« verhält, wie sich die Auffassung der jeweiligen Stadt zum Namen »London« oder »Chicago« verhält und wie sich die Auffassung des jeweiligen Flusses zum Namen »Themse« oder »Nil« verhält oder diejenige des entsprechenden Menschen zu »Johannes« oder »Patrick«. Wenn »ich« ein Name sein soll, dann muss es auch eine derartige Auffassung geben, aber es findet sich keine Auffassung, die das Verlangte leisten kann, außer derjenigen, die durch das ›Selbstbewusstsein‹ nahegelegt wird. Deshalb haben einige Philosophen versucht, den Begriff des ›Selbst‹ auszuarbeiten (oder einen Personenbegriff, der durch den Begriff des Selbstbewusstseins definiert wird), und sie haben Untersuchungen darüber angestellt, was für ein Ding so ein Selbst sein könnte. Diese Philosophen könnten sagen: Genauso wie man, wenn man »London« gebraucht, immer von derselben Stadt spricht, sofern man mit »London« stets das Gleiche meint, so muss man auch immer von demselben Selbst oder derselben ›Person‹ sprechen, sofern man mit »ich« stets das Gleiche meint.

Das führte bei Locke zu einer originellen *tour de force*: Könnte nicht vielleicht jene denkende Substanz, die den Gedanken »Ich habe es getan« denkt – als Erinnerung an eine Handlung –, eine andere denkende Substanz sein als diejenige, die bei der entsprechenden Handlung den Gedanken »Ich bin dabei, es zu tun« gedacht haben könnte? Damit trennt Locke sogar noch die Identität des Selbst oder der ›Person‹ von der Identität des denkenden Wesens, das die »Ich«-Gedanken wirklich denkt.

Solange man »ich« als einen Namen betrachtet und einen entsprechenden Ausdruck für die Art des damit benannten Gegenstands zu brauchen meint, werden Betrachtungen über Reflexivpronomina die Flut von Untersuchungen über »das Selbst« oder »Selbste« wohl kaum eindämmen. Das soeben Gesagte zeigt aber, dass sich solche Untersuchungen wohl kaum empfehlen. Man *kann* auch denken, dass ein Selbst dasjenige ist, wofür »ich« steht oder was »ich« anzeigt, ohne »ich« dabei als einen Eigennamen zu betrachten. Zwei Gründe sprechen dafür, »ich« als einen Eigennamen aufzufassen: Erstens ist es in logischer Hinsicht ein Eigenname. Und zweitens scheint es sich genau wie unser »*A*« zu verhalten (das mit Sicherheit ein Eigenname ist), nur dass sich in »ich« ein ›Selbstbewusstsein‹ ausdrückt. Darauf gründete sich unser Versuch zu erklären, was »ich« heißt, indem wir es als den Eigennamen des jeweiligen Selbst auffassen. Nun werden aber sogar manche Leute, die gar keine Einwände gegen die Rede von ›Selbsten‹ haben, »ich« nicht als Eigennamen für das jeweilige Selbst oder für irgendetwas anderes bezeichnen. Oben wurde bereits deutlich, dass es keinen Einwand darstellt, dass unterschiedliche Personen sich mit »ich« auf Unterschiedliches beziehen, denn »*A*« kann man schließlich problemlos einen Eigennamen nennen. Also muss es einen anderen Grund für diesen Vorbehalt geben. Ich denke, der Grund liegt darin, dass, wenn man »ich« als einen Eigennamen versteht, die wiederholte Anwendung von »ich« auf dasselbe Selbst das Wiedererkennen dieses Selbst erfordert. Schließlich handelt es sich dabei wohl stets um einen Gebrauch, bei dem der gemeinte Gegenstand anwesend ist! Gäbe es so etwas wie Selbste, wäre die Frage, wie man sie wiedererkennt, ganz berechtigt – Philosophen, die über Selbste schreiben, interessieren sich sehr für diese Frage –, aber sie spielt für die Funktion von »ich« keinerlei Rolle. Beim Gebrauch von »*A*« war ein entsprechendes Wiedererkennen tatsächlich erforderlich, und darin zeigt sich ein weiterer Unterschied zwischen »*A*« und »ich«.

»Ich« ist also vielleicht gar kein Name, sondern ein Ausdruck von ganz anderer Art, mit dem man sich ›auf Einzeldinge bezieht‹. Schließlich verlangt die logische Auffassung von Eigennamen nur *dieses* eine Merkmal. Es gibt Ausdrücke, die sich sowohl logisch wie auch syntaktisch wie Eigennamen verhalten, ohne Namen zu sein. Dazu gehören möglicherweise Kennzeichnungen, und sicherlich gehören bestimmte Pronomina zu solchen Ausdrücken. »Ich« wird üblicherweise ein Pronomen genannt. Beginnen wir also mit dieser Möglichkeit. Unglücklicherweise gibt uns die Kategorie »Pronomen« keinerlei Aufschluss, denn ein Pronomen im Singular kann auch eine Variable darstellen (wie in »Wenn einer das sagt, dann ist *er* ein Idiot«) – womit es dann gar kein Ausdruck ist, mit dem man sich auf ein Einzelding bezieht. Das Wort »Pronomen« lässt vermuten, dass die Bedeutung eines Satzes sich nicht ändert, wenn man ein in ihm auftretendes Pronomen durch einen passenden Eigennamen oder Gattungsnamen ersetzt. Doch diese Vermutung bestätigt sich durchaus nicht bei allen Pronomina. Nebenbei bemerkt wäre es schwierig, eine allgemeine Regel dafür anzugeben, welchen Namen man dabei zu wählen hätte. Vielleicht ist »Pronomen« also nur für Personalpronomina und insbesondere für »ich« ein passender Ausdruck. Aber der Sinn der Lüge »Ich bin nicht E. A.« bleibt in der Paraphrase »E. A. ist nicht E. A.« wohl kaum erhalten. Dieser Vorschlag bringt uns also nicht weiter.

Die als Demonstrativpronomina bezeichneten Pronomina des Singulars (etwa »dies« und »jenes«) sind klare Beispiele für Ausdrücke, die keine Namen sind, sich aber logisch wie Namen verhalten. In wahren Aussagen beziehen sie sich schließlich auf einen leicht auszumachenden Gegenstand, von dem etwas ausgesagt wird. Könnte »ich« also eine Art Demonstrativpronomen sein?

Entgegen einer früher üblichen Annahme entledigt man sich durch die Klassifizierung von »ich« als Demonstrativpronomen nicht des Erfordernisses, dass es ein Auffassen des Gegenstandes geben muss, auf den sich »ich« bezieht. Denn auch wenn jemand nur »dies« oder »jenes« sagt, so muss doch, wer ihn versteht, die Antwort auf folgende Frage kennen: »Dieses *was*?« Und auch er selbst muss diese Antwort kennen, wenn er wirklich etwas mit dem Gesagten meint.[10]

Wenn ein Demonstrativpronomen im Singular richtig gebraucht wird und es einen ›Träger‹ oder ›Referenten‹ besitzt, so ist damit auch ein logisch einwandfreies Subjekt gegeben. Sofern man

10 Dies wurde früher übersehen, als man üblicherweise noch an die Möglichkeit von rein ostensiven Definitionen glaubte, die keiner Vorbereitung bedürfen. Aus diesem Grund interessierte man sich nicht – so wie wir das heute tun sollten – für die Tatsache, dass man keinen hinreichend geklärten Ausdruck findet, der sich so zu »ich« verhält, wie sich »Stadt« zu »London« verhält. Es war damals möglich, zu erkennen, dass der angebliche Eigenname »ich« keinen ›Sinn‹ (im Sinne Freges) hat, und trotzdem zu meinen, für jeden von uns sei »ich« der Eigenname eines Gegenstands, mit dem wir ›unmittelbar vertraut‹ sind, eines *Dieses*. Man konnte das *Dieses* dann ein »Selbst« nennen, und man betrachtete das Wort »Selbst« als keiner weiteren Rechtfertigung bedürftig. So beispielsweise bei John E. McTaggart, *The Nature of Existence*, Bd. 2, Cambridge 1927, §§ 382, 386 f., 390 f., 394.

zeigen kann, dass es Selbste gibt und dass sie dasjenige sind, wovon die Leute sprechen, wenn sie »ich« sagen, kann man daher durchaus behaupten, dass die Frage »Dieses was?« mit »Dieses Selbst« zu beantworten ist. Damit ließen sich die philosophischen Untersuchungen des Selbst gewissermaßen entschuldigen.

Früher wurde angenommen, dass ein Demonstrativpronomen im Singular wie »dies« oder »das«, wenn es richtig gebraucht wird, einen Gegenstand haben muss, auf den es sich bezieht. Das ist aber nicht richtig, was sich beispielsweise zeigt, wenn wir uns klarmachen, dass man eine Antwort auf die Frage »Dieses was?« geben können muss. Jemand kommt mit einer Schachtel zu uns und sagt: »Dies ist alles, was vom armen Maier übriggeblieben ist.« Die Antwort auf die Frage »Dieses was?« lautet: »Diese Asche«, aber die Schachtel ist in Wirklichkeit leer, ohne dass der Sprecher das weiß. Was Ausdrücke wie »dies« bei einem richtigen Gebrauch wirklich haben müssen, ist etwas, *auf das sie zugreifen* (wie ich es nennen will); in unserem Beispiel ist das die Schachtel. In einem anderen Beispiel kann es sich dabei aber auch um einen visuellen Eindruck handeln. Ich könnte zum Beispiel fragen: »Was ist das, was da vor dem Felsen steht; ein Mensch oder ein Pfosten?« Und es kann sein, dass es überhaupt keinen entsprechenden Gegenstand gibt. Aber es gibt eine Erscheinung, vielleicht einen Fleck oder eine Hervorhebung im Fels, und darauf greift mein »das« zu. Dasjenige, worauf sich »das« bezieht, und dasjenige, worauf es zugreift, können ein und dasselbe sein, etwa wenn ich sage: »Dieses Surren in meinen Ohren ist schrecklich« oder wenn ich mir eine Rede anhöre und danach sage: »Das war hervorragend!« Aber es muss sich nicht um dasselbe handeln, und »dies« oder »das« bezieht sich, wenn es in einem Satz als Subjekt vorkommt, auf den Gegenstand, von dem das Prädikat ausgesagt wird.

Außer dem Demonstrativpronomen gibt es kein Pronomen, an das man »ich« vernünftigerweise angleichen könnte, um »ich« als einen Ausdruck zu verstehen, der sich auf ein Einzelding bezieht. Darauf mag man natürlich antworten: »Wozu sollten wir ›ich‹ überhaupt an etwas angleichen? Alles ist nun einmal das, was es ist, und nichts anderes![11] ›Ich‹ ist ein einwandfreies Pronomen; es

11 *A. d. Ü.:* Dieser Ausspruch ist im Englischen fast schon sprichwörtlich und stammt offenbar ursprünglich von dem Theologen und Philosophen Joseph Butler (1692-1752).

ist eben einfach das Pronomen, das es nun einmal ist.« Das bringt uns aber nicht weiter; denn »Pronomen« bezeichnet einfach eine wild zusammengewürfelte Kategorie; man könnte ebenso gut sagen: »›Ich‹ ist das Wort, das es nun einmal ist.« Unser Problem besteht darin, seine Bedeutung zu beschreiben. Und wenn seine Bedeutung die Vorstellung der Bezugnahme auf etwas beinhaltet, so wollen wir wissen, was »Bezugnahme« hier heißt und wie sie erreicht wird. Wir nehmen im Moment an, dass die Bezugnahme nicht so erreicht wird, wie das bei gewöhnlichen Eigennamen der Fall ist. Wenn »ich« auch keine Abkürzung für eine Kennzeichnung ist, dann muss es also den Gegenstand, auf den es sich bezieht, auf eine andere Weise einfangen. Und was für eine Weise könnte es noch geben außer jener der Demonstrativpronomina?

Aber »ich« unterscheidet sich von einem gewöhnlichen Demonstrativpronomen. Wie wir gesehen haben, kann es vorkommen, dass die Bezugnahme von »dies« ins Leere geht, wenn man beispielsweise »dieses Häufchen Asche« meint, aber keine Asche in der Schachtel ist. Die Bezugnahme von »ich« hingegen kann nicht ins Leere gehen – sofern »ich« sich denn tatsächlich auf etwas bezieht, d. h., wenn es eine Bedeutung hat, der gemäß es sich auf etwas beziehen sollte. Allein schon das Denken von »Ich ...« stellt nicht nur die Existenz, sondern auch die Anwesenheit des Gegenstandes, auf den es sich bezieht, sicher. Es stellt die Existenz des Gegenstandes sicher, *weil* es seine Anwesenheit sicherstellt, die in einer Anwesenheit für das Bewusstsein besteht. Wobei »Anwesenheit für das Bewusstsein« hier wohlgemerkt die physische oder wirkliche Anwesenheit bedeutet und nicht nur, dass man an den entsprechenden Gegenstand denkt. Denn wenn das Denken nicht die Anwesenheit sicherstellte, so könnte man die Existenz des Gegenstandes, auf den man sich bezieht, anzweifeln. Aus demselben Grund gilt auch, dass, wenn »ich« ein Name wäre, es kein Name ohne Träger sein könnte. Die Existenz des Ich ist mit dem Denken von Gedanken gegeben, die durch »Ich ...« ausgedrückt werden können. Genau das ist natürlich der Witz des *cogito* – und, wie ich zeigen werde, auch des darauf aufbauenden Arguments.

Sowohl wenn »ich« ein Name als auch wenn »ich« ein Demonstrativpronomen ist, braucht es ein ›Auffassen‹, welches das Wort »ich« mit seinem Gegenstand verbindet. Aber was für ein Auffassen des Gegenstandes könnte das sein außer dem Auffassen des *Den-*

kens, des Denkens von Ich-Gedanken, bei denen sichergestellt ist, dass die Bezugnahme nicht ins Leere geht? Vielleicht lässt sich ja erfolgreich beschreiben, was ein Selbst ist; aber solange ich nicht weiß, dass ich ein Selbst bin, kann ich mit »ich« kein Selbst meinen.

Um das zu veranschaulichen, können wir uns einen Logiker vorstellen, für den die syntaktischen Eigenschaften von »ich« ausreichen, um sicherzustellen, dass »ich« ein Eigenname ist, und für den daher die Wahrheit von Aussagen, in denen »ich« als Subjektausdruck auftaucht, die Existenz des benannten Gegenstandes sicherstellt. Dieser Logiker gibt natürlich alles zu, was ich oben über indirekte Reflexivpronomina gesagt habe. Das alles kann ihn nicht aus der Ruhe bringen, solange er sich nicht für die ›Art des Gegebenseins‹ interessiert. Für ihn steht fest, dass ein von mir ausgesprochenes »ich« einfach ein anderer Name für E. A. ist; »ich« mag zwar einige seltsame Eigenschaften haben, aber dafür interessiert er sich nicht. Sein Grund dafür ist, dass der Name »ich« durch folgende Regel eindeutig bestimmt wird: »Wenn *X* Behauptungen aufstellt, bei denen ›ich‹ als Subjekt gebraucht wird, dann sind diese Behauptungen genau dann wahr, wenn die Prädikate, die dabei vom Subjekt ausgesagt werden, auf *X* zutreffen.«[12] Hierin wird wohl der Grund liegen, warum Kripke – und andere, die Descartes besprechen – Descartes' »ich« durch »*Descartes*« ersetzen.

Als Erstes sollte man bemerken, dass dadurch eine allzu einfache Widerlegung Descartes' nahegelegt wird. Um zu der Schlussfolgerung zu kommen, dass Descartes falschlag, brauchen wir hier nur zwei Dinge: einerseits die Information, dass Descartes behauptet »Ich bin kein Körper«, und andererseits das Wissen, dass er ein Mensch war – also ein Lebewesen einer bestimmten Spezies, also ein lebendiger Körper, dem eine bestimmte Art und Weise zu leben eigen ist.

Aber darauf würde und sollte von Descartes' Lippen und Feder die Erwiderung kommen, dass es streng genommen nicht *der Mensch Descartes* war, der die Behauptung aufstellte. Die angeführ-

12 Mein Kollege Dr. J. Altham hat mich auf eine Schwierigkeit bezüglich dieser Regel für »ich« hingewiesen: Wie bestimmt sich für diese Regel das Prädikat in Sätzen wie »Ich glaube, Johannes liebt mich«? Die Regel muss durch folgenden Zusatz ergänzt werden: Wenn »ich« oder »mich« in einem obliquen Kontext auftritt, so wird das Prädikat dadurch bestimmt, dass man »ich« oder »mich« durch das indirekte Reflexivpronomen ersetzt.

te Regel war zwar richtig, aber dasjenige, was die Behauptung aufstellt, ist das denkende Subjekt. Wenn man als Sprecher »ich« sagt, dann stellt sich für einen nicht die Frage, wer oder was dabei »ich« sagt. Beispielsweise sieht man nicht nach, was diese Geräusche hervorbringt, und nimmt dann an, das sei es, was »ich« sagt. Man stellt auch nicht die Hypothese auf, dass etwas mit der Geräuschquelle Verbundenes der Sprecher ist. Würde sich diese Frage auch nur stellen, so könnte man auch daran zweifeln, ob überhaupt irgendetwas »ich« sagt. So wie man ja manchmal wirklich daran zweifeln kann, ob etwas den Laut »ich« hervorbringt. (Und mit *diesem Zweifel* liegt man manchmal sogar richtig.)

Wir sollten unseren Logiker also mit der ›garantiert erfolgreichen Bezugnahme‹ von »ich« unter Druck setzen. Er kann eine solche Garantie in drei Stufen zugestehen.

(1) Er kann sagen, dass derjenige, der »ich« verwendet, natürlich existieren muss, andernfalls könnte er nicht das Wort »ich« verwenden. Und weil sich dieses Wort auf ihn selbst bezieht, ist damit auch die ›Bezugnahme garantiert erfolgreich‹. Und er könnte hinzufügen: Hinsichtlich der ›garantiert erfolgreichen Bezugnahme‹ unterscheidet sich »ich« nicht von »*A*«. Unsere Frage war aber, inwiefern sich »ich« auf denjenigen *bezieht*, der es verwendet? Unser Logiker hatte zwei Gründe für seine Behauptung, dass »ich« logisch betrachtet ein Eigenname sei, also ein singulärer Terminus, dessen Rolle darin besteht, sich auf ein Einzelding zu beziehen: Erstens verhält sich »ich« syntaktisch wie ein solcher Ausdruck. Zweitens kann »ich«, wenn es in Behauptungen von *X* als Subjekt vorkommt, *salva veritate* durch einen (gewöhnlichen) Eigennamen von *X* ersetzt werden. Als er diese Gründe vorbrachte, meinte unser Logiker sicherlich nicht, dass er sich damit schon auf bestimmte Ansichten festgelegt hat, was den *Sinn* von »ich« betrifft oder die Frage, was jemand *meint*, der »ich« verwendet. Der zweite Grund läuft aber auf Folgendes hinaus: Wenn jemand eine Aussage, deren Subjekt »ich« ist, hört oder liest, muss er wissen, um wessen Aussage es sich handelt, um zu wissen, auf wen das Prädikat zutrifft, falls die Aussage wahr ist. Um klarzumachen, dass die Aussage vom Sprecher selbst gelten soll, könnte man bei der Verwendung des Prädikats auch mit einer grünen Lampe blinken, oder man könnte an das Prädikat ein »-O« anhängen. (Das klingt etwas weit hergeholt, aber lassen wir solche Bedenken für einen Moment bei-

seite.) Wodurch würde aus einem solchen Signal oder Suffix ein Ausdruck, der sich auf etwas *bezieht*? Das entscheidende Argument kann die Bezugnahme nicht durch die Syntax begründen. Denn so ein Argument wäre gänzlich von der Form des Satzes abhängig und daher abwegig. (Es glaubt ja auch niemand, dass sich »es« in »es regnet« auf etwas bezieht.) Folglich kann unser Logiker nicht einfach sagen, dass ihn der Sinn von »ich« nicht interessiere; denn er muss sich zumindest dafür interessieren, was jemand, der »ich« verwendet, meinen muss.

(2) Wenn »ich« ein Ausdruck ist, der sich auf etwas bezieht, dann muss also derjenige, der »ich« verwendet, beabsichtigen, sich damit auf etwas zu beziehen. Und an dieser Stelle gibt es zwei Dinge, die mit der ›garantiert erfolgreichen Bezugnahme‹ gemeint sein können. (2a) Einerseits kann es heißen, dass der gemeinte Gegenstand garantiert existiert. Mit anderen Worten: Wenn jemand »ich« in Verbindung mit etwas, das er für einen Gegenstand hält, gebraucht, dann muss dieser Gegenstand existieren. Wenn ich also beispielsweise jemanden zu kennen glaube, der »*X*« heißt, und ich etwas »*X*« nenne in der Absicht, mich auf ihn zu beziehen, dann wäre die Bezugnahme in diesem Sinn garantiert erfolgreich, wenn garantiert wäre, dass es einen Gegenstand *X* gibt. Diese Art von ›garantiert erfolgreicher Bezugnahme‹ ist auch dem von mir erfundenen Namen »*A*« eigen. Wer »*A*« gebraucht, beabsichtigt, von einem bestimmten Menschen zu sprechen, den er auf eine ganz besondere Weise beobachten kann. Dieser Mensch ist er selbst. Wenn er also den Gebrauch von »*A*« erfasst hat, so spricht er damit notwendigerweise von einer wirklich existierenden Person.

Wenn unser Logiker dies für eine angemessene Erklärung der ›garantiert erfolgreichen Bezugnahme‹ von »ich« hält, dann wird er zugeben müssen, dass es noch eine dritte Art von ›garantiert erfolgreicher Bezugnahme‹ gibt, die (ihm zufolge) bei »ich« *nicht* vorliegt. (2b) In diesem dritten Sinn wäre durch die ›garantiert erfolgreiche Bezugnahme‹ des Namens »*X*« nicht nur garantiert, dass es ein *X* gibt, sondern auch, dass dasjenige, was man für *X* hält, wirklich *X* ist. Wie bereits deutlich wurde, kann es bei den Verwendern von »*A*« durchaus vorkommen, dass sie einen Fehler machen und fälschlicherweise jemand anderen als »*A*« identifizieren. Ist das auch bei »ich« der Fall?

Diese Vorstellung scheint absurd zu sein. Wenn sich »ich« wirklich auf etwas bezieht, dann ist diese Bezugnahme doch wohl in beiderlei Hinsicht garantiert erfolgreich. Der Gegenstand, den jemand meint, wenn er »ich« gebraucht, muss existieren, und er kann auch nicht fälschlicherweise von einem Gegenstand denken, er sei der von ihm mit »ich« gemeinte. (Der Bischof mag zwar das Knie der Dame für das seinige halten, aber könnte er auch die ganze Dame für sich selbst halten?)

Aber lassen wir die Frage nach dem Sinn von »ich« beiseite und fragen wir *nur*, wie garantiert werden könnte, dass sich »ich« auf den richtigen Gegenstand bezieht. (Das ist durchaus angemessen, da man in diesem Fall sicherlich die Vorstellung einer Art der ganz direkten Bezugnahme hat, bei der man einfach einen vor sich befindlichen Gegenstand meint und sich dann auf ihn bezieht.) Es scheint doch so zu sein, dass die Bezugnahme nur dann erfolgreich sein muss, wenn dasjenige, worauf sich »ich« bezieht, sowohl bei jedem Gebrauch neu festgelegt wird als auch so lange im Blickfeld bleibt, wie etwas für *ich* gehalten wird. Und selbst dann muss man noch annehmen, dass nichts anderes unbemerkt seine Stelle einnimmt. Vielleicht sollten wir sagen: Das anzunehmen ist im Falle von »ich« mit großer Sicherheit richtig; es anzuzweifeln wäre übermäßiger Skeptizismus! Akzeptieren wir also diese Annahme. Nun scheint zu folgen, dass »ich« für ein kartesisches Ego stehen muss.

Denn nehmen wir einmal an, es handle sich um einen anderen Gegenstand. *Mein Körper* wäre ein naheliegender Kandidat. Nehmen wir nun an, ich würde keinerlei sinnliche Eindrücke mehr empfangen. Ich kann nichts sehen; ich bin am ganzen Körper örtlich betäubt, und vielleicht treibe ich in einem Becken mit lauwarmem Wasser; ich kann weder sprechen noch irgendeinen Körperteil mit einem anderen berühren. Nun sage ich mir: »Das lasse ich nicht nochmal mit mir machen!« Wenn der Gegenstand, den ich dabei mit »ich« meine, mein Körper ist – also dieser Mensch –, dann ist er unter diesen Umständen meinen Sinnen nicht gegenwärtig. Und in welcher anderen Weise könnte er mir ›gegenwärtig‹ sein? Habe ich also dasjenige, was ich mit »ich« meine, aus den Augen verloren? Ist es mir etwa nicht gegenwärtig? Muss ich mich sozusagen in dessen Abwesenheit darauf beziehen? Ich habe jedenfalls nicht mein ›Selbstbewusstsein‹ verloren; noch kann dasjenige, was ich mit »ich« meine, ein Gegenstand sein, der mir nicht mehr gegenwärtig ist. Beides scheint für sich selbst genommen richtig zu sein und ist außerdem eine Folge der Art der ›garantiert erfolgreichen Bezugnahme‹, um die es uns im Moment geht.

Ähnliche Überlegungen ergeben sich auch bei anderen Vorschlägen. Nur ein kartesisches Ego genügt den Anforderungen – oder eigentlich ein zeitlicher Abschnitt von einem solchen Ego. Manchmal wird die Frage aufgeworfen, wie Descartes auf eine *RES cogitans* schließen kann.[13] Dabei vergisst man aber, dass Descartes behauptet, das Wesen dieser *res cogitans* bestehe in nichts als dem Denken. Es ist das Denken, das diesen Gedanken denkt – und das deshalb durch »cogito« garantiert wird.

Falls »ich« ein sich auf etwas beziehender Ausdruck ist, lag Descartes also richtig hinsichtlich des Gegenstandes, auf den sich »ich« bezieht. Seine Ansicht führt aber zu der gänzlich inakzeptablen Schlussfolgerung, dass man den Gegenstand, auf den sich »ich« bezieht, bei unterschiedlichen »Ich«-Gedanken wiedererkennen muss. (Deshalb hat Russell einmal von »Kurzzeit-Selbsten« gesprochen.)

Zusammen genommen stellen unsere Fragen eine *reductio ad absurdum* der Ansicht dar, dass die Funktion des Wortes »ich« darin bestehe, sich ›auf ein Einzelding zu beziehen‹. Damit meine ich die Frage, wie garantiert ist, dass man sich auf den richtigen Gegenstand bezieht, die Frage, ob man die Möglichkeit einer unbemerkten Vertauschung des Gegenstands einfach beiseiteschieben darf, ob man sich auch ›in Abwesenheit‹ auf sich selbst beziehen kann usw. Die Vorstellung des sich auf den richtigen Gegenstand Beziehens zerfällt in eine Absurdität, sobald wir versuchen, sie auszubuchstabieren und einen falschen Bezug auszuschließen.

Wie könnte man denn auch die Annahme rechtfertigen – wenn es denn eine Annahme ist –, dass es nur genau ein Denken gibt, welches das Denken des jetzt von mir gedachten Gedankens ist? Und wie rechtfertigt man, dass es nur einen Denker gibt? Woher weiß ich denn, dass ›ich‹ nicht aus zehn Denkern besteht, die gleichzeitig dasselbe denken? Oder aus zehn Denkern, denen diese Übereinstimmung nicht immer gelingt – das könnte nämlich die Verwirrung meiner Gedanken erklären, die ich manchmal bemerke. – Man beachte dazu etwa die Stelle im Evangelium, an der ein

13 Beispielsweise von Alfred J. Ayer, *Sprache, Wahrheit und Logik*, Stuttgart 1970, S. 59.

Besessener sagt: »Legion ist mein Name, denn wir sind viele.«[14] Vielleicht müssen wir das ernst nehmen und nicht als einen grammatischen Witz betrachten.[15] – Diese Überlegungen widerlegen auch die Ansicht, dass »ich« eigentlich eine Kennzeichnung sei. Denn der einzige echte Kandidat für eine derartige Kennzeichnung wäre »Der Sprecher dieses Satzes« (wobei mit »Sprecher« hier auch »Denker« gemeint ist).

Es ist unmöglich, sich mit »ich« auf den falschen Gegenstand zu beziehen, und deshalb denken wir, dass die Bezugnahme auf den richtigen Gegenstand garantiert ist. Der wirkliche Grund aber ist, dass man sich auf überhaupt keinen Gegenstand bezieht. Bei Namen und bei kennzeichnenden Ausdrücken (im Sinne Russells) muss man zweierlei erfassen: die Gebrauchsweise und worauf man den Ausdruck bei entsprechenden Gelegenheiten anzuwenden hat. Bei »ich« gibt es nur die Gebrauchsweise.

Wenn »ich« nämlich doch ein ›bezugnehmender Ausdruck‹ sein sollte, hätte Descartes Recht. Das aber brächte uns in folgende Schwierigkeiten: Zunächst scheint es, als sollte nichts klarer und gewisser sein als dasjenige, wofür »ich« steht. Es sollte dasjenige sein, dessen sich jeder ganz deutlich bewusst ist, wenn er über sein eigenes Denken oder über sein eigenes Bewusstsein von irgendetwas nachdenkt. Man kann sich dieses Gegenstandes deshalb so völlig gewiss sein, weil er – wie Augustinus sagt – im Wissen der betreffenden Person um ihre eigenen mentalen Akte und Zustände stets enthalten ist. Außerdem kann man nicht an diesen Akten und Zuständen zweifeln. Aber das *Ich*, der ›Geist‹, das ›Selbst‹ ist eben das Subjekt dieser Akte und Zustände, nicht ihr Objekt. Das führte bei manchen zu der Auffassung, jede Suche nach einem sol-

14 *A. d. Ü.:* Die Stelle findet sich bei Markus 5,9 (ähnlich bei Lukas 8,30). Jesus heilt einen Besessenen und fragt den Dämon, wie er heiße. Worauf er die im Text zitierte Antwort erhält.

15 In Ambrose Bierce' *Wörterbuch des Teufels* findet man unter »ich« folgenden netten Eintrag: »Ich, *pron.* Das erste Personalpronomen, das erste Wort der Sprache, der erste Gedanke des Geistes, der erste Gegenstand der Zuneigung. Sein Plural soll ›wir‹ lauten, aber wie es mich mehr als einmal geben kann, ist den Grammatikern zweifellos klarer als dem Verfasser dieses unvergleichlichen Diktionärs. Mich mir selbst in der Zweizahl vorzustellen, ist schwer, aber schön. Der freimütige und dabei anmutige Gebrauch von ›ich‹ unterscheidet den guten Schriftsteller vom schlechten; dieser trägt das Wort wie ein Dieb, der seine Beute zu verstecken sucht« (übersetzt von Dieter E. Zimmer, Frankfurt/M. 1966, S. 42).

chen Objekt sei zum Scheitern verurteilt; es sei da nichts zu finden. Man stellte sich das Ich stattdessen als einen dunklen Fleck vor, aus dem heraus Licht auf alles andere fällt. So zermarterten sich manche den Kopf darüber, was dieses unsichtbare Subjekt und ›*sein* Nachdenken‹ sein könnte. Andere dachten, es gäbe kein solches Subjekt, es gäbe lediglich die Objekte und »ich« sei daher in Wirklichkeit der Name des Bündels aller Wahrnehmungen. Das passt aber wohl kaum zur Grammatik von »ich«. Und es führt zu jener Frage, die Hume völlig ratlos machte, nämlich wodurch das Ich zu einer Einheit wird. Andere behandeln das Selbst im Grunde als einen postulierten Gegenstand, für den »ich«, wenn es von dem entsprechenden Menschen ausgesprochen wird, ein Name ist. Wiederum andere bestritten, dass das Ich nicht wahrnehmbar sei, und meinten, dass jeder ein ganz besonderes Gefühl seiner selbst habe, das sich zwar nicht beschreiben ließe, aber sehr, sehr wichtig sei – insbesondere für die Psychologie, die klinische Psychologie und für die Psychiatrie.

Der Gedanke »Das Ich ist ein Subjekt und kein Objekt, daher ist es nicht wahrnehmbar« ist ein Beispiel dafür, wie ein Bild gleichsam in die Sprache selbst eingemeißelt sein kann und die Sprache uns dann wiederum dieses Bild aufnötigt.[16]

Solange wir an der Grundannahme festhalten, dass sich »ich« auf etwas bezieht – eine Annahme, die bisher von allen Beteiligten akzeptiert wurde –, geraten wir immer wieder in denselben endlosen und unlösbaren Streit. Solange diese Annahme nicht zurückgewiesen wird, wird stets eine tiefe Kluft zwischen denjenigen bestehen, die durch ihre Überlegungen zeigen, dass sie die Schwierigkeit nicht erkannt haben – für diese unterscheidet sich »ich« im Grunde nicht von meinem »*A*« –, und denjenigen, die den Unterschied erkennen (oder erkennen würden), dadurch aber zu abstrusen Schlussfolgerungen veranlasst werden.

16 *A. d. Ü.:* Anscombe meint hier vielleicht Folgendes: Im Englischen ist die Form der Nomen im Nominativ, Dativ und Akkusativ normalerweise identisch. Bei dem Wort für »ich« ist das anders: Wie »ich« im Deutschen steht »I« nur im Nominativ, für den Dativ und Akkusativ gibt es die eigene Form »me«. Im Englischen stellt es also eine Besonderheit des Wortes »ich« dar, dass es stets im Nominativ und daher (für gewöhnlich) als Subjektausdruck gebraucht wird. (Dasselbe gilt für die anderen Personalpronomina und das Fragepronomen »who?«, dt. »wer?«.)

Die Lösung ist folgende: »Ich« ist *überhaupt kein* Name – noch sonst ein Ausdruck, dessen logische Funktion darin besteht, sich auf etwas zu beziehen.

Natürlich müssen wir folgende Regel akzeptieren: »Wenn *X* Behauptungen aufstellt, bei denen ›ich‹ als Subjekt gebraucht wird, dann sind seine Behauptungen genau dann wahr, wenn dasjenige, was er behauptet, auf *X* zutrifft.« Wenn aber jemand meint, das sei eine hinreichende Erklärung dessen, was »ich« heißt, so müssen wir dem entgegnen: »Nein, das ist es nicht.« Denn dadurch wird kein Unterschied zwischen »ich« und »*A*« deutlich. Die Wahrheitsbedingung des ganzen Satzes legt nämlich nicht die Bedeutung der einzelnen Satzteile fest. Folglich kann diese Regel nicht die Ansicht rechtfertigen, dass ein von *X* ausgesprochenes »ich« ein Name für *X* ist – oder der Name irgendeines anderen Gegenstandes, wie etwa eines behauptenden Subjekts, das durch *X* spricht.

Die Regel macht aber klar, dass die Frage »*Wessen* Behauptung war das?« äußerst wichtig ist. So kann beispielsweise ein Übersetzer ein »ich«, das im Original vorkommt, in seiner Übersetzung wiederholen. Aus demselben Grund schiene es auch einen gewissen Sinn zu ergeben, wenn sich jemand hinstellte und sagte: »Sofern du es glauben kannst: Wenn ich ›ich‹ sage, dann bezeichnet das nicht den Menschen, der gerade diese Geräusche macht. Ich bin ein anderer, der sich diesen menschlichen Körper ausgeliehen hat, um durch ihn zu sprechen.« Womit ich nicht sagen will, dass so eine Äußerung wahr sein könnte, sondern nur, dass unsere Einbildungskraft etwas mit ihr anfangen kann. (Wir denken hier vielleicht an ein Medium oder an Besessenheit.)

Wenn ich mit meiner allgemeinen Behauptung Recht habe, dann ergibt sich folgende wichtige Konsequenz: »Ich bin E. A.« ist keine Identitätsaussage. Diese Aussage ist zwar eng mit folgender Identitätsaussage verbunden: »Dieses Ding hier ist E. A.« Aber es gibt ja auch noch die Aussage: »Ich bin dieses Ding hier.«

Wenn jemand nicht weiß, wer er ist, wenn er also, wie man sagt, ›sein Gedächtnis verloren hat‹, dann ist das, was er nicht weiß, normalerweise die Tatsache, dass *diese* Person hier – wobei er auf sich selbst deutet (hier haben wir es mit einem direkten Reflexivpronomen zu tun) – beispielsweise der Schmidt ist, also ein Mensch mit soundso einer Geschichte. Er hat weder den Gebrauch von »ich« verlernt, noch ist es so, dass er keine Ahnung hat, worauf er zeigen soll, wenn er auf seinen Körper oder auf die eigene Person zeigen will, und er würde auch nicht auf den falschen Körper zeigen, etwa auf einen Stein, auf ein Pferd oder auf einen anderen Menschen. Von diesen drei Tatsachen sind die beiden letzteren vielleicht einfach Aspekte der ersten. Aber wir haben bereits bemerkt, dass es zumindest in der Einbildung möglich ist, diese drei Tatsachen zu trennen. Man beachte, dass ich das Wort »Person« hier so verwende, wie es in dem Ausdruck »ein tätlicher Angriff auf die Person«[17] vorkommt. Denn hier zeigt sich, wie tief bei vielen eine Neigung zum Dualismus sitzt; viele werden sagen: »Du gebrauchst ›Person‹ im Sinne von ›Körper‹.« – Und das, was *diese Leute* mit »Körper« meinen, gibt es auch dann noch, wenn der betreffende Mensch gerade gestorben ist. Dem liegt aber ein Missverständnis des Ausdrucks »tätlicher Angriff auf die Person« zugrunde. Ein derartiger Angriff kann nicht gegenüber einer Leiche begangen werden. Die ›Person‹ ist der lebendige menschliche Körper.

Es gibt also einen Gegenstand, mit dem meine Absichten sowie das Bewusstsein meiner Handlung, meiner Körperstellung und meiner Bewegung derart verbunden sind, dass *dieser* Gegenstand aufrecht dastehen muss, wenn ich denke, dass ich aufrecht dastehe – und mein Gedanke wahr ist. Hier stellt sich eine echte Frage, nämlich: Welcher Gegenstand ist das? Und die Antwort lautet: Es ist dieser Gegenstand hier.

»Ich bin dieses Ding hier« ist also eine echte Aussage, jedoch keine Identitätsaussage. Sie bedeutet Folgendes: Dieses Ding hier – diese Person (»Person« wie in: »ein tätlicher Angriff auf eine Person«) – ist derart, dass *diese* Vorstellung einer Handlung eine Vorstellung der Handlung dieses Dings ist, dass *diese* Vorstellung einer Bewegung eine Vorstellung der Bewegung dieses Dings ist, dass *diese* Vorstellung einer Körperstellung die Vorstellung einer Stellung dieses Dings ist und dass, wenn *diese* beabsichtigten Handlungen ausgeführt werden, es die Handlungen dieses Dings sein werden.

Manchmal habe ich Gedanken wie »Ich sitze gerade«, »Ich schreibe gerade«, »Ich werde stillhalten« oder »Ich habe gezuckt«. Stellen wir uns nun folgende Frage: An welchem Gegenstand muss

17 *A. d. Ü.:* Der von Anscombe gebrauchte Ausdruck stammt aus dem Titel eines englischen Gesetzes von 1828 (*Offences Against the Person Act*), das früher die Grundlage für die Bestrafung von Tatbeständen wie Körperverletzung, Bedrohung oder Abtreibung bildete. Es geht also primär um physische Gewalt.

das Entsprechende geschehen, um solche Gedanken als wahr oder falsch zu erweisen? Die Antwort fällt für gewöhnlich leicht, weil man seinen Körper beobachten und auf ihn zeigen kann; und man kann auch einen Körperteil mit einem anderen befühlen. »Dieser Körper ist mein Körper« bedeutet dann also so viel wie »Mein Gedanke, dass ich aufrecht dastehe, lässt sich anhand dieses Körpers als wahr erweisen, sofern er denn aufrecht steht« usw. Aber diese Beobachtungen zeigen mir nicht, welcher Körper der richtige ist. Das wird mir durch nichts gezeigt.[18]

In der oben beschriebenen Situation,[19] in der ich keinerlei sinnliche Eindrücke empfange, könnte ich keine Gedanken wie »dieser Gegenstand« oder »dieser Körper« haben – denn es gäbe in dieser Situation nichts, worauf »dies« zugreifen könnte. Das bedeutet allerdings nicht, dass ich auch keine Vorstellungen von Handlungen, Bewegungen usw. haben könnte. Denn diese Vorstellungen sind keine Extrakte sinnlicher Erfahrungen. Wenn ich solche Vorstellungen in einer Situation habe, in der ich keinerlei sinnliche Eindrücke empfange, so werde ich vielleicht *denken*, dass es auch einen entsprechenden Körper gibt. Aber vielleicht kommt mir auch die Möglichkeit in den Sinn, dass es keinen solchen Körper gibt – also die Möglichkeit, dass es nichts gibt, was ich bin.

Wenn »ich« ein Name wäre, dann müsste es der Name von etwas sein, was in einer solchen Beziehung zum entsprechenden Körper steht. »Ich« könnte kein besonderer Name des jeweiligen Körpers sein. Denn selbst wenn man keinerlei sinnliche Eindrücke mehr empfinge und sich nicht einmal mehr seiner Körperstellung usw. bewusst wäre, so hätte man damit nicht sein *Ich* verloren. (So müsste man sich zumindest ausdrücken, wenn man »ich« wie einen Namen behandelt.)

»Ich« ist aber kein Name: Meine Ich-Gedanken sind beispielhafte Fälle des reflexiven Bewusstseins von Zuständen, Handlungen, Bewegungen usw. dieses Körpers hier und nicht eines Gegenstandes, den ich mit »ich« meine. Meine Ich-Gedanken – ich unterbreche hier kurz, um ein paar zu denken! … – sind unmittelbare Vorstellungen von Zuständen, Bewegungen usw. dieses Gegenstan-

18 Prof. Føllesdal und Herr Guttenplan meinen, es bestehe eine gewisse Ähnlichkeit zwischen dem, was ich sage, und dem, was Spinoza sagt. Ich bedanke mich für diesen Hinweis, kann aber nicht behaupten, dass ich Spinoza verstehe.

19 *A. d. Ü.:* Siehe oben, S. 218.

des hier (sie können Wissen oder Glauben darstellen, wahr oder falsch sein), von dem ich herausfinden kann (falls ich es nicht wissen sollte), dass er E. A. ist, und von dem ich gelernt habe, dass er ein Mensch ist.

Meine *gegenwärtigen* Ich-Gedanken, die *solch eine* Verbindung mit E. A. haben, sind Ich-Gedanken desselben Menschen, wie die Ich-Gedanken, die solch eine Verbindung vor zwanzig Jahren hatten. Es kann sich dabei kein Problem hinsichtlich der Kontinuität oder des Wiedererkennens des ›Ich‹ ergeben. Denn so einen Gegenstand gibt es gar nicht. Es gibt E. A., die solche Gedanken denkt – genauso wie das auch andere Menschen tun – und die das Denken solcher Gedanken wahrscheinlich gelernt hat, indem sie zu sagen gelernt hat, was sie getan hat, was sie gerade tut usw. – übrigens eine bemerkenswerte Leistung menschlicher Nachahmungsfähigkeit.

Es ist natürlich möglich, dass sich ein Bruch im ›Selbstgefühl‹ ereignet, dass das jetzige Selbstgefühl vom Selbstgefühl und Selbstbild, die man früher hatte, abgetrennt ist, obwohl man sich noch an sein früheres Selbstgefühl erinnert. Und vielleicht ist sogar ein vollständiger Verlust des Selbstgefühls möglich. Es ist sicherlich von psychologischem Interesse, was dieses ›Selbstgefühl‹ ist. Für gewöhnlich tritt weder ein derartiger Bruch auf noch solch eine Abtrennung oder so ein Verlust. Die Abwesenheit solcher Ereignisse kann man daher den Besitz des ›Selbstgefühls‹ nennen. Ich hege die Vermutung, dass man dieses ›Selbstgefühl‹ eher anhand des abnormen als anhand des normalen Falls zu fassen bekommt.

Wissen über sich selbst ist Wissen über den Gegenstand, der man ist, d. h. über den *homo sapiens*, der man ist. ›Introspektion‹ ist lediglich eine von mehreren Methoden, die zu solchem Wissen beitragen. Sie ist allerdings eine recht zweifelhafte, da sie manchmal eher in einer Ausarbeitung des Selbstbildes besteht als darin, etwas über einen selbst zu erfahren.

Wenn das Prinzip vernunftgeleiteten menschlichen Lebens in E. A. eine Seele ist (die E. A. vielleicht überleben und noch einmal das Lebensprinzip von E. A. sein kann),[20] so ist es dennoch nicht *diese Seele*, worauf sich das Wort »ich« bezieht. Und ich bin auch nicht diese Seele. Ich bin E. A. und existiere nur so lange, wie E. A.

20 *A. d. Ü.:* Hier spielt Anscombe auf die aristotelische Seelenlehre an.

existiert. Aber, um es nochmal zu sagen, »Ich bin E. A.« ist keine Identitätsaussage.

Der Leser wird wohl bemerkt haben, dass ich mich nur mit Ich-Gedanken beschäftigt habe, bei denen es um Handlungen, Körperstellungen, Bewegungen oder Absichten geht. Ich habe mich beispielsweise nicht mit solchen Gedanken beschäftigt wie: »Ich habe Kopfschmerzen«, »Ich denke über das Denken nach«, »Ich sehe unterschiedliche Farben«, »Ich hoffe, fürchte, liebe, beneide, begehre« usw. Ich schlage hier einen Weg ein, der dem kartesischen direkt entgegengesetzt ist. Er würde sich gerade mit Aussagen wie den soeben genannten beschäftigt haben; die anderen wären für ihn schwierig zu handhaben. Diejenigen Aussagen, die für ihn am schwierigsten waren, sind für mich am einfachsten.

Ich will noch einmal rekapitulieren, was ich bereits gesagt habe. Ich habe Gedanken wie »Ich stehe aufrecht da« oder »Ich bin gesprungen«. Wie ich anmerkte, ist folgende Frage wichtig: »An welchem Gegenstand muss das Entsprechende geschehen, um solche Gedanken als wahr oder falsch zu erweisen?« – Und meine Antwort lautete: »An diesem Gegenstand hier.« Ich habe mich deshalb nur mit Gedanken über Handlungen, Körperstellungen, Bewegungen und beabsichtigte Handlungen beschäftigt, weil nur solche Gedanken sowohl unmittelbar sind, d. h. nicht auf Beobachtung beruhen, als auch Beschreibungen darstellen (z. B. »aufrecht dastehen«), die sich direkt hinsichtlich der Person E. A. als wahr oder falsch erweisen lassen. Jeder – ich eingeschlossen – kann hinsehen und überprüfen, ob diese Person aufrecht dasteht.

Die Frage »An welchem Gegenstand muss das Entsprechende geschehen, um solche Gedanken als wahr oder falsch zu erweisen?« kann man auch bezüglich der anderen, aus kartesischer Perspektive näherliegenden Gedanken stellen. Meines Erachtens wäre die richtige Antwort darauf: »Wenn sie sich überhaupt durch Geschehnisse an einem Gegenstand als wahr oder falsch erweisen lassen, dann handelt es sich dabei um *diesen* Gegenstand hier« – nämlich die Person E. A. Aber die Beschreibung dieser Geschehnisse wäre nicht einfach dieselbe wie die Beschreibung der Gedanken. Damit meine ich Folgendes: Der Gedanke »Ich stehe aufrecht da« wird durch die Tatsache als wahr erwiesen, dass diese Person hier wirklich *aufrecht dasteht*; er wird als falsch erwiesen, wenn das nicht der Fall ist. Diese Übereinstimmung der Beschreibungen fehlt beispielsweise gänzlich bei dem Gedanken »Ich sehe unterschiedliche Farben«. Natürlich kann man annehmen, dass der Gedanke durch die Tatsache als wahr erwiesen wird, dass diese Person hier unterschiedliche Farben sieht. Aber die Frage ist doch, was es heißt, dass der Gedanke sich auf diese Weise als wahr erwiesen hat. Den aus kartesischer Perspektive näherliegenden Gedanken ist gemein, dass die in ihnen vorkommenden Beschreibungen weit entfernt sind von Beschreibungen von Vorgängen an einer Person – also von Beschreibungen, durch die man sie als wahr erweisen könnte. Vielleicht kann es sogar vorkommen, dass es gar keine entsprechenden Vorgänge gibt. Daher sind solche Gedanken, selbst wenn es entsprechende Vorgänge gibt, keine Gedanken an solche Vorgänge, so wie etwa der Gedanke, dass man aufrecht dasteht, der Gedanke an eine Körperstellung ist. Ich kann diese Fragen hier nicht weiter untersuchen. Ich will lediglich erläutern, warum ich die betreffenden Beispiele ausgewählt habe, um die Bedeutung von »Ich bin E. A.« zu erklären. Vielleicht reicht das, um klarzumachen, warum man nicht die aus kartesischer Perspektive näherliegenden Gedanken untersuchen sollte, wenn man auf ein philosophisches Verständnis von »ich« aus ist.

Nehmen wir einmal an – was durchaus möglich wäre –, es gäbe keinen besonderen Ausdruck für die erste Person, weder das Pronomen »ich« noch eine Flexion von Verben für die erste Person. Dort, wo wir »ich« verwenden, gebraucht jeder seinen eigenen Namen. (Manchmal reden Kinder so.) In einer solchen hypothetischen Sprache tritt also für jeden sein eigener Name an die Stelle von »ich«. Wie verhält es sich in so einem Fall? Ist dann der Name von jemandem etwa nicht mehr sein Name? Das ist wohl kaum der Fall! Der Ausdruck, den er verwendet, ist sowohl syntaktisch *als auch* semantisch betrachtet ein Name. Oder vielmehr: Er ist semantisch betrachtet ein Name, wenn er von anderen Leuten gebraucht wird. Aber wenn er selbst den Ausdruck ausspricht, dann handelt es sich nicht um einen Namen; dann ist die Bedeutung des Ausdrucks nicht die eines Namens.

Wenn ich »E. A.« derart gebrauchen würde und dabei keine Verbflexion für die erste Person hätte und kein Wort wie »ich«, dann hätte ich Schwierigkeiten, eine Aussage zu formulieren, die meiner gegenwärtigen Aussage »Ich bin E. A.« entspräche. Am nächsten käme ich dieser Aussage wohl mit etwas wie »E. A. ist der

Gegenstand E. A.«. Anders ausgedrückt: »E. A. ist derjenige Gegenstand, auf den sich die Leute beziehen, wenn sie etwas als E. A. erkennen.«

An dieser Stelle kann man leicht einen Fehler machen, indem man nämlich annimmt, der Unterschied, den das Selbstbewusstsein mit sich bringt – also der Unterschied, den ich hier anhand des Unterschieds zwischen »Ich«-Benutzern und »*A*«-Benutzern deutlich zu machen suchte –, bestehe in einer privaten Erfahrung. Damit würde man annehmen, dass es bei »ich« eine gewisse Asymmetrie gibt: Während es sich für den Hörer oder den Leser im Grunde nicht von »*A*« unterscheidet, gibt es für den Sprecher oder Denker – für das »ich« sagende Subjekt – hier durchaus einen Unterschied. Das ist aber nicht der Fall. Der Unterschied zwischen »Ich«-Benutzern und »*A*«-Benutzern könnte durchaus von Beobachtern wahrgenommen werden. Folgende Geschichte von William James verdeutlicht das: James behauptete (meines Erachtens zu Recht), dass das Bewusstsein sich vom Selbstbewusstsein unterscheide, und er gibt den aufschlussreichen Brief eines Freundes wieder: »Wir fuhren ... in einer Kutsche; die Tür sprang auf und *X*, nennen wir ihn ›Baldy‹, fiel auf die Straße. Wir hielten sofort an, und er sagte: ›Ist jemand aus dem Wagen gefallen?‹, oder ›Wer ist rausgefallen?‹ – ich kann mich nicht genau erinnern, was seine Worte waren. Als man ihm sagte, Baldy sei herausgefallen, sagte er: ›Baldy ist herausgefallen? Der arme Baldy!‹«[21]

Wenn wir auf Leute träfen, die zwar »*A*« verwendeten, aber auf keine andere Weise von sich selbst sprechen könnten, dann würden wir das sehr schnell bemerken; genau wie die Begleiter Baldys schnell bemerkten, was mit ihm nicht stimmte. Was nicht stimmte, war nicht, dass er seinen eigenen Namen verwendete. Das war nur eine weitere Folge. Die anderen erzählten ihm – so nehme ich an – die Sache wahrscheinlich deshalb mit den Worten »Baldy ist rausgefallen«, weil sein Verhalten bereits den Verlust des Selbstbewusstseins, wie James es nannte, anzeigte. Er war soeben aus dem Wagen gefallen, er war bei Bewusstsein, und er nahm an, dass jemand aus dem Wagen gefallen war – oder vielleicht wusste er, dass jemand rausgefallen war, und er fragte sich, wer das war! Und durch diese Tatsachen wird deutlich, was mit ihm los war.

21 William James, *Prinzipien der Psychologie,* Bd. 1, Leipzig 1909, Kapitel 9, Fußnote 31.

Selbst wenn seine Begleiter eine Sprache gesprochen hätten, die kein Wort wie »ich« und auch keine Flexionen für die erste Person besitzt,[22] und selbst wenn jeder seinen eigenen Namen bei Äußerungen seines Selbstbewusstseins gebraucht hätte, dann hätte Baldys Verhalten dennoch dieselbe Bedeutung gehabt. Das Entscheidende war nicht, dass er »Baldy« und nicht »ich« gebrauchte. Das Entscheidende war vielmehr, dass er sich nach einem Subjekt für die Zuschreibung »herausgefallen« umsah, dass sein Erfassen dieses Gedankens eines war, das ein Subjekt verlangte. Und das ließe sich auch dann erklären, wenn wir weder das Wort »ich« noch eine besondere Flexion für die erste Person hätten. Baldy fehlte, was ich als ein »unmittelbares Erfassen von Handlungen, Geschehnissen und Zuständen als Handelnder oder Leidender« bezeichnen will. Ein solches Erfassen ist subjektlos. Mit anderen Worten: Solch ein Erfassen besteht nicht im Verknüpfen des durch ein Prädikat Erfassten mit einem davon getrennt erfassten Subjekt. Die (tief verwurzelte) grammatikalische Illusion, dass es da ein Subjekt gibt, ist der Ursprung all der Irrtümer, mit denen wir uns hier beschäftigt haben.

22 So wie es das etwa im Lateinischen gibt, z. B. »ambul*o*« = »ich gehe«. Es kommt dabei kein Subjektausdruck vor; es ist keiner nötig.

9. Die Intentionalität der Wahrnehmung

Ein grammatischer Aspekt[1]

I. Intentionale Objekte

Laut Berkeley sind die »verschiedenen Farben mit unterschiedlichen Anteilen an Licht und Dunkelheit« die »eigentlichen« und »unmittelbaren« Objekte des Sehens.[2] Zumindest Ersteres galt lange Zeit als offensichtlich – sowohl vor wie auch nach Berkeley. Doch seit Kurzem sind Berkeleys Ansichten ziemlich in Verruf geraten. Viele heutige Philosophen betrachten den Begriff des Sinnesdatums – ein durch und durch von Berkeley geprägter Begriff, für den allerdings erst Russell diese Bezeichnung einführte – mit Geringschätzung und machen ihn lächerlich.

Die Bedeutung des Wortes »Objekt«, das in der Wendung »Objekt des Sehens« verwendet wird, hat sich im Laufe der Philosophiegeschichte gewandelt. Das Gleiche trifft auch auf das mit ihm verbundene Wort »Subjekt« zu; allerdings besteht zwischen diesen beiden Bedeutungsveränderungen kein historischer Zusammenhang. Früher war ein Subjekt dasjenige, worum es beispielsweise in einem Satz geht. Das Subjekt war das Ding selbst, so wie es in Wirklichkeit ist – unbearbeitet sozusagen durch einen Akt des Auffassens (falls hier eine Art Bearbeitung vorliegen sollte). Ein Objekt hingegen war früher stets ein Objekt *des* … oder *von* … Objekte des Begehrens oder Objekte des Denkens etwa sind keine Objekte im heute gängigen Sinne; sie sind keine Einzeldinge, wie etwa »die Objekte, die man in der Hosentasche des Angeklagten fand«.

Diese Umkehrung des Sinns lässt sich durch einen wahren Satz veranschaulichen, in dem beide Ausdrücke in ihrer *alten* Bedeutung gebraucht werden: Subjektiv muss an einem Ast, den ich sehe, eine ganz bestimmte Anzahl von Blättern sein; objektiv muss das

1 Ich verwende in diesem Aufsatz einfache Anführungszeichen, um mich von dem jeweiligen Ausdruck zu distanzieren, doppelte für die wörtliche Wiedergabe. (Eine wörtliche Wiedergabe innerhalb einer wörtlichen Wiedergabe steht natürlich ebenfalls in einfachen Anführungszeichen.)

2 *A. d. Ü.:* George Berkeley, *Versuch über eine neue Theorie des Sehens*, Hamburg 1987, §156.

nicht der Fall sein, d.h., ich muss keine bestimmte Anzahl von Blättern an diesem Ast sehen.

Als Descartes sagte, dass die Ursache einer Vorstellung mindestens so viel formale Realität haben müsse wie die Vorstellung objektive Realität hat, meinte er, dass die Ursache der Vorstellung mindestens so wirklich sein muss wie das Vorgestellte – vorausgesetzt, das Vorgestellte existiert. Die »realitas objectiva« einer Vorstellung ist also das, was wir heute den »Inhalt« der Vorstellung nennen würden – nämlich das, wovon die Vorstellung eine Vorstellung ist, als etwas ganz zur Vorstellung Gehöriges gedacht. Es ist leicht einzusehen, dass die Wendung »das, was auf einem Bild dargestellt wird« zwei Bedeutungen hat: Einerseits kann dasjenige gemeint sein, was als Vorbild des Bildes gedient hat, also dasjenige, wovon ein Bild gemacht wurde. Andererseits kann man auch dasjenige meinen, was auf dem Bild zu sehen ist und wovon es vielleicht gar kein Original gibt.

Wenn man früher etwas ein Objekt genannt hat, so warf das die Frage auf: »Objekt wovon?« Heutzutage kann man das Wort »Objekt« kaum noch in diesem Sinn gebrauchen, außer in festen Wendungen wie »das Objekt der Begierde« oder »das Objekt des Gedankens«. Man stelle sich etwa vor, jemand sagte: »Das Objekt einer Begierde, d. i. das begehrte Objekt, muss nicht notwendigerweise existieren; also muss es nicht notwendigerweise ein Objekt geben, das man begehrt.« Wer das sagt, wechselt dabei offensichtlich mittendrin von einer Gebrauchsweise von »Objekt« zu einer anderen. Wenn es aber um die Objekte des Sehens geht, also die gesehenen Objekte, wird »Objekt« normalerweise in seiner modernen Bedeutung gebraucht, also für Objekte, Dinge, Entitäten, die man sieht. Um Verwirrung zu vermeiden, werde ich daher den Ausdruck »intentionales Objekt« einführen für »Objekt« in der alten Bedeutung des Wortes – also in der Bedeutung, in der das Wort etwa in »Objekt der Begierde« vorkommt.

»Intentional« wird in solchen Zusammenhängen oft mit einem »s« geschrieben. Dabei handelt es sich um eine Idee von Sir William Hamilton, der das in der Logik schon lange gebrauchte Wort »Intention« so abändern wollte, dass es dem Wort »Extension« parallel ist.[3] Ich bevorzuge die alte Schreibweise, mit dem zweiten »t«.

3 *A. d. Ü.:* Diese Zuschreibung ist vermutlich falsch. Hamilton spricht lieber von »Comprehension« als Gegenstück zur Extension und betrachtet Leibniz als den

Denn es handelt sich hier um dasselbe Wort, das im allgemeinen Sprachgebrauch im Zusammenhang mit Handlungen gebraucht wird. Dieser Begriff der Intention, d.h. der Absicht, kommt natürlich auch in Verbindung mit *etwas sagen* vor, und dadurch kann man eine Brücke zur Gebrauchsweise des Wortes unter Logikern schlagen.

Drei hervorstechende Merkmale von Intentionen sind für mein gegenwärtiges Thema relevant: Erstens ist nicht jede wahre Beschreibung dessen, was man tut, eine Beschreibung der Handlung als einer Handlung, die man intendiert; jede Handlung ist nur unter manchen ihrer Beschreibungen intendiert, d.h. beabsichtigt. (»Benutzt du absichtlich gerade diesen Kugelschreiber?« – »Warum, was ist mit dem Kugelschreiber?« – »Es ist Schmitts Kugelschreiber.« – »Oh Gott, nein!«) Zweitens kann die Beschreibung, unter der man etwas intendiert, vage oder unbestimmt sein. (Man beabsichtigt beispielsweise, ein Buch auf den Tisch zu legen, und tut das auch; aber man beabsichtigt nicht, das Buch an eine ganz bestimmte Stelle auf den Tisch zu legen, obwohl man das ebenfalls tut.) Drittens kann es passieren, dass die Beschreibung, unter der man etwas zu tun intendiert, nicht wahr wird – man kann sich beispielsweise versprechen oder verschreiben. Dann handelt man zwar absichtlich, führt aber nicht die beabsichtigte Handlung aus.

Intentionalität, die ihren Namen von der Intention hernimmt und die genannten Merkmale des Begriffs *Intention* meint, findet sich auch in Verbindung mit vielen anderen Begriffen. Wie ich darlegen werde, sind darunter auch Begriffe, die im Zusammenhang mit Wahrnehmung verwendet werden. Wie viele Begriffe für Intentionales – und im Gegensatz zum Begriff der *Intention* selbst – werden diese Begriffe durch Verben ausgedrückt, die Konstruktionen mit einem Akkusativobjekt zulassen. In solchen Fällen spreche ich von intentionalen Verben, die bei einem intentionalen Objekt stehen können. Ich habe eingangs die Geschichte des Wortes »Objekt« erwähnt, um klarzustellen, dass »intentionales Objekt« nicht dasselbe bedeutet wie »intentionale Entität«.

Eindeutige Beispiele für intentionale Verben sind: »an etwas denken«, »anbeten« und »auf etwas schießen«. (Das Verb »intendieren« kommt, durch eine Metapher vermittelt, von letzterem

Erfinder des Ausdrucks »Intension« (Mary Spencer, »Why the ›S‹ in ›Intension‹?«, in: *Mind* 80/317 [1971], S. 114f).

Ausdruck her – »intendere arcum in«, was zu »intendere animum in« führte.) Steht ein solches Verb bei einem Objekt, dann ist die Beschreibung dieses Objekts, die als Objektausdruck hinter dem Verb steht, durch drei Merkmale gekennzeichnet. Diese drei Merkmale entsprechen den oben genannten Merkmalen intentionaler Handlungen.

Ich sagte, dass man intentional handeln kann, ohne die intendierte Handlung auszuführen, und ebenso kann es sein, dass ein Objekt der Wahrnehmung nicht existiert. Dieses dritte Merkmal intentionaler Objekte hat die meiste philosophische Aufmerksamkeit auf sich gezogen. Besonders das Verb »an etwas denken« bietet hier viele Fallstricke und Versuchungen. Bei »anbeten« gibt es weniger Gefahren, und das kann uns dabei helfen, einen klaren Kopf zu bewahren. Betrachten wir den Ausdruck »Objekt eines Gedankens«. Wenn ich an Winston Churchill denke, dann ist er das Objekt meiner Gedanken. Es verhält sich wie bei folgendem Fall: »Was ist das Objekt der Anbetung dieser Leute?« Antwort: »Der Mond.« Aber nehmen wir nun an, dass das Objekt meiner Gedanken Herr Pickwick[4] oder ein Einhorn ist oder dass ich Zeus oder Einhörner anbete. Mit den Eigennamen benenne ich weder einen Menschen noch einen Gott; denn schließlich handelt es sich ja um die Namen eines fiktiven Menschen und eines falschen Gottes. Außerdem handelt es sich bei Herrn Pickwick und Zeus um rein fiktive Dinge (anders als beim Mond, der zwar ein falscher Gott, aber außerdem auch ein einwandfreier Himmelskörper ist). Nichtsdestoweniger ist »Die Griechen haben Zeus angebetet« wahr. Daher können Sätze wie »*X* betete zu …« und »*X* dachte an …« nicht in Analogie zu »*X* hat … gebissen« verstanden werden. Denn sofern »*X*« der Name einer realen Person ist, muss die Leerstelle in »*X* hat … gebissen« mit dem Namen von jemandem oder etwas Realem gefüllt werden, damit der resultierende Satz überhaupt wahr sein *kann*. Bei »*X* betete zu …« und »*X* dachte an …« ist das nicht der Fall.

Diese Tatsache wird leicht dadurch verschleiert, dass in den meisten Fällen die Leerstelle in »*X* dachte an …« durch den Namen oder die Beschreibung von etwas Realem gefüllt wird; und wenn die Leerstelle in einem wahren Satz derart gefüllt ist, dann dachte *X* an das entsprechende reale Objekt und nicht an irgendetwas,

4 *A. d. Ü.:* Gemeint ist Samuel Pickwick, eine Romanfigur von Charles Dickens.

das zwischen der Realität und *X'* Gedanken vermittelt. Das kann den Eindruck erwecken, dass die Realität des Objekts von Bedeutung ist, so wie beim Beißen. Doch es können eben auch Namen, die nichts bezeichnen, die Leerstelle in solchen Satzformen füllen. Vielleicht bezeichnen sie in solchen Satzformen etwas, das *in gewisser Weise* Realität besitzt? Diese Vermutung ist kennzeichnend für den verwirrten Geisteszustand, in dem man sich mit Blick auf diese Sache befinden kann.

Ein recht unglücklicher Versuch, die Lage zu klären, besagt Folgendes: »Aber *X* hatte doch eine Vorstellung von Zeus, von Einhörnern oder von Herrn Pickwick; und damit haben wir auch das gesuchte Objekt.« Dieser Klärungsversuch ist in mehrerlei Hinsicht unglücklich. Erstens legt er nahe, dass *X* eine Vorstellung anbetet oder an eine Vorstellung gedacht hat. Zweitens kann die bloße Tatsache, dass irgendetwas wirklich existiert (macht man vielleicht mit diesem Ausdruck schon den ersten Schritt zur Einführung eines speziellen Existenzbegriffs?), die Analyse eines Satzes wie »*X* dachte an …« nicht grundlegend beeinflussen. Denn wenn der Vorschlag bei Fällen richtig ist, in denen das Objekt nicht existiert, dann sollte er auch richtig sein, wenn das Objekt existiert. Aber in unserem Beispiel denkt man doch sicherlich an Winston Churchill und nicht an eine Vorstellung von ihm; genau dieser Gedanke stand ja am Anfang unserer Überlegungen. Wenn man Locke liest, will man ihm ja auch stets entgegenhalten: »Der Geist wird nicht auf Vorstellungen gerichtet, sondern auf Dinge – es sei denn, man denkt gerade über Vorstellungen nach.« Was auch immer dadurch gewonnen sein mag, dass man auf Vorstellungen zu sprechen kommt und sagt: »Nun, diese Menschen hatten aber eine Vorstellung von Zeus«, man kann jedenfalls nicht behaupten, dass ihre Vorstellung das Objekt ihrer Anbetung oder ihrer Gedanken war; es ist schlicht falsch, zu sagen, dass *X* eine Vorstellung angebetet habe. Vielmehr ist es so, dass der Satz »*X* betete zu …« nur dann überhaupt wahr sein kann, wenn das Subjekt eine entsprechende Vorstellung hatte. Das trägt vielleicht im Fall von »anbeten« zu einer Klärung bei, aber wohl kaum im Fall von »an etwas denken«; denn dazu sind sich »an etwas denken« und »eine Vorstellung haben von« zu ähnlich. Wenn einer dieser Ausdrücke ein Problem aufwirft, dann auch der andere.

Wir sollten uns darauf konzentrieren, dass viele Sätze mit intentionalen Verben wahr sind, anstatt uns davon benebeln zu lassen, dass das entsprechende Objekt manchmal nicht existiert. Sätze mit intentionalen Verben haben auch noch andere wichtige Merkmale: Unterschiedliche Beschreibungen desselben Objekts können nicht durch jeweils andere ersetzt werden (sofern das Objekt denn existiert). Und das Objekt kann unbestimmt sein. Tatsächlich hängen diese drei Merkmale zusammen: Ich kann an einen Mann denken, ohne an einen Mann von einer bestimmten Größe zu denken; aber ich kann keinen Mann schlagen, ohne einen Mann von einer bestimmten Größe zu schlagen, weil es keinen Mann gibt, der keine bestimmte Größe hat. Durch diese mögliche Unbestimmtheit kann ich auch an einen Mann denken, ohne dass jede wahre Beschreibung dieses Mannes eine Beschreibung ist, unter der ich an ihn denke.

Ich will nun ein intentionales Verb als ein Verb definieren, das mit einem intentionalen Objekt verbunden werden kann. Intentionale Objekte sind Akkusativobjekte,[5] welche die drei genannten Merkmale aufweisen. Gemäß dieser Definition sind »glauben« und »intendieren« keine intentionalen Verben, was paradox erscheinen mag. Aber z. B. »... für einen Halunken halten« erfüllt meine Definition, die also nicht derart paradox ist, dass sie Überzeugungen und Absichten ganz außen vor lässt.

Es ergibt sich hier folgende Frage: Ist es wirklich richtig, zu sagen, dass ein intentionales Objekt ein sprachlicher Ausdruck ist, oder sollten wir nicht besser sagen, dass das intentionale Objekt dasjenige ist, wofür der sprachliche Ausdruck steht? Gemäß dem heute üblichen Sprachgebrauch unter Grammatikern und Linguisten stehen die Ausdrücke »Akkusativobjekt« und »Dativobjekt« für Satzteile. Indem wir intentionale Objekte als eine Untergruppe der Akkusativobjekte definieren, scheinen wir uns also schon darauf festzulegen, dass intentionale Objekte sprachliche Ausdrücke sind.

So einfach liegt die Sache aber nicht. Natürlich will ich mich nicht gegen die gängige Praxis der Grammatiker wenden. Aber es ist doch klar, dass der Begriff des Akkusativobjekts – und also auch das Identifizieren jenes Satzteils, der heutzutage »Akkusativobjekt«

5 *A. d. Ü.:* Anscombe scheint hier auch Dativobjekte zu meinen, wie im Folgenden klar wird. Es ist ihr hier nur wichtig, klarzumachen, dass es sich um das grammatische Objekt eines Verbs handelt.

genannt wird – ungefähr folgendermaßen gelernt wird: Der Lehrer gibt einen Beispielsatz, z. B. »Josef schickt Maria ein Buch«, und dann fragt er: »Wen oder was schickt Josef an Maria?« Worauf er zur Antwort bekommt: »Ein Buch.« Und dann sagt er: »Das ist das Akkusativobjekt.« Die Frage setzt aber nicht wirklich voraus, dass es dabei um irgendwelche realen Leute geht, auf die der Satz zutrifft; und wenn der Schüler den Lehrer versteht, dann versteht er auch das. Die Frage des Lehrers ist gleichbedeutend mit: »Wovon sagt der Satz ›Josef schickt Maria ein Buch‹, dass Josef es Maria schickt?« Wer solche Fragen beantworten kann, der hat den Begriff des Akkusativobjekts erworben. Die richtige Antwort auf eine derartige Frage gibt (gemäß dem älteren Sprachgebrauch) das Objekt an oder ist (gemäß dem neueren Sprachgebrauch) selbst dieses Objekt. Stellen wir uns nun vor, jemand fragte uns: »Was teilt der Ausdruck, in dem die richtige Antwort besteht, mit? Wird dieser Ausdruck in der Antwort gebraucht oder erwähnt?« Es ist klar, dass *diese* Frage nicht beantwortet wird, indem man sich entweder dafür entscheidet, dem alten Sprachgebrauch zu folgen und daher zu sagen, dass der Ausdruck das Objekt *angibt*, oder dafür, dem neueren Sprachgebrauch folgend zu sagen, dass »Akkusativobjekt« der Name eines Satzteils ist.

Aus Gründen, die später noch klar werden, schlage ich vor, dem alten Sprachgebrauch zu folgen. Demzufolge ist die Frage: »Was ist in diesem Satz das Akkusativobjekt des Verbs?« gleichbedeutend mit: »Wovon sagt der Satz, dass Josef es Maria geschickt hat?« Und statt: »Wird der Ausdruck, in dem die richtige Antwort besteht, gebraucht oder erwähnt?« könnte man auch fragen: »Ist das Akkusativobjekt ein sprachlicher Ausdruck, oder ist es dasjenige, wofür der sprachliche Ausdruck steht?« Und *dies* ist nicht nur eine Frage der Terminologie, sondern eine anscheinend gehaltvolle Frage, die zu einem merkwürdigen Gefühl der Verwirrung führen kann. Denn jemand, der sich über diese Frage Gedanken macht, könnte folgendermaßen argumentieren: In unserem Beispiel reicht es nicht aus, zu sagen, dass das Akkusativobjekt ein Buch ist. Denn das wirft die Frage auf: »Welches Buch denn?« Aber der Satz wird gar nicht als wahr angesehen, und die Frage: »Welches Buch?« hat gar keine Antwort (außer eben: »Kein Buch«). Trotzdem bezieht sich das Verb unseres Satzes zweifellos auf ein Akkusativobjekt, das durch »ein Buch« angegeben wird. Es kann sich hier also nicht um eine bloß terminologische Frage handeln. Vielmehr muss es schlicht falsch sein, zu sagen, dass der grammatikalische Ausdruck »Akkusativobjekt« nicht für einen sprachlichen Ausdruck stehe, sondern für dasjenige, wofür der jeweilige sprachliche Ausdruck steht. Und wenn intentionale Objekte eine Untergruppe der Akkusativobjekte sind, dann steht der Ausdruck »intentionales Objekt« ebenfalls für sprachliche Ausdrücke. Wir müssen uns also offensichtlich nicht in jene Untiefen begeben, die dadurch entstehen, dass es sein kann, dass der Ausdruck, der das intentionale Objekt angibt, im wichtigsten und einfachsten Sinne des Wortes für *gar nichts* steht.

Aber halt! Müssen wir in diesem Fall nicht eigentlich sagen: »der Ausdruck, der das intentionale Objekt ist« anstatt: »der Ausdruck, der das intentionale Objekt angibt«? Das aber führt zu folgender Schwierigkeit: Was das intentionale Objekt ist, erfährt man als Antwort auf die Frage: »Wen oder was?« Aber die Antwort auf die Frage: »Wen oder was beten sie an?« kann nicht sein, dass sie einen sprachlichen Ausdruck anbeten. Genauso wie die Antwort ja auch nicht sein kann, dass sie eine Vorstellung anbeten. Und eine ähnliche Überlegung trifft natürlich auch für Akkusativobjekte (und Dativobjekte) im Allgemeinen zu.

Man könnte einwenden, dass das kein gutes Argument ist.[6] Zwar wäre es vielleicht falsch, zu sagen: »Das, was Josef laut diesem Satz geschickt hat, ist ein sprachlicher Ausdruck.« Aber es wäre genauso falsch, zu sagen: »Das, was Josef laut diesem Satz geschickt hat, ist ein Akkusativobjekt.« Denn der Satz besagt nicht, dass Josef Maria ein Akkusativobjekt geschickt hat.

Was damit gezeigt wird, ist, dass es eine Lesart des Satzes »Ein Akkusativobjekt ist kein Akkusativobjekt« gibt, gemäß welcher der Satz wahr ist, nämlich jene Lesart, die den Satz nach dem Muster von »Das Akkusativobjekt dieses Satzes ist nicht Maria« versteht. (Wenn man ein Kind unterrichtet, könnte man etwa sagen: »Nicht Maria, sondern das Buch, das Josef geschickt hat, ist das Akkusativobjekt.«)

Frege kam aufgrund von ähnlichen Schwierigkeiten hinsichtlich der unterschiedlichen Gebrauchsweisen von Ausdrücken dazu, zu sagen: »Der Begriff Pferd ist kein Begriff.« Das Wort »cheval« steht für einen Begriff, und es steht für ein Pferd. Aber aus diesen Prä-

6 Gilbert Harman hat mir gegenüber diesen Einwand erhoben, wofür ich ihm verpflichtet bin.

missen folgt keineswegs, dass, wenn Bucephalus ein Pferd ist, er auch ein Begriff ist. Ähnlich ist es auch in unserem Fall. Der Beispielsatz besagt, dass Josef Maria ein Buch geschickt hat. Und dasjenige, was Josef laut dem Beispielsatz an Maria geschickt hat, ist ein Akkusativobjekt. Aber aus diesen Prämissen folgt keineswegs, dass, wenn Josef Maria ein Buch hat zukommen lassen, er ihr auch ein Akkusativobjekt hat zukommen lassen.

Frege will diese Schwierigkeit umgehen, indem er festlegt, dass man Wendungen wie »das, wofür ›*cheval*‹ steht« ausschließlich prädikativ gebrauchen darf. In unserem Fall entspräche das folgender Festlegung: Die Leerstelle in: »Von Josef wird gesagt, dass er Maria … geschickt habe« darf nur durch Ausdrücke gefüllt werden, die auch die Leerstelle in »Josef schickt Maria …« füllen könnten.

Obgleich diese Festlegung keinen Schaden anrichtet, bezeugt sie doch ein fehlendes Gespür für den besonderen Gebrauch der Wendung »dasjenige, wovon gesagt wird, dass Josef es Maria geschickt hat« in: »Dasjenige, wovon gesagt wird, dass Josef es Maria geschickt hat, ist das Akkusativobjekt des Satzes.« Aber wie im weiteren Verlauf dieser Überlegungen klar werden wird, können wir auf ein Gespür für diesen besonderen Gebrauch nicht verzichten.

Unsere gegenwärtigen Überlegungen haben damit begonnen, dass Gründe für die Annahme genannt wurden, dass ein Akkusativobjekt nicht dasjenige sein kann, wofür der Objektausdruck steht. Trotzdem kann man auf die Frage: »Wovon behauptet der Satz ›Josef hat Maria ein Buch geschickt‹, dass Josef es Maria geschickt hat?« richtig antworten, indem man sagt: »Ein Buch.« Und dieselbe Frage lässt sich auch folgendermaßen formulieren: »Was ist das Akkusativobjekt dieses Satzes?« Allerdings wird der Ausdruck »ein Buch« dabei so gebraucht, dass man nicht vernünftigerweise fragen kann: »Welches Buch?«

Wir müssen daher zu dem Schluss kommen, dass ›Objekte‹ (Akkusativ-, Dativ- und andere intentionale Objekte) weder sprachliche Ausdrücke sind noch dasjenige, wofür die entsprechenden sprachlichen Ausdrücke stehen. Aber was sind Objekte dann? Diese Frage beruht auf einem Fehler. Sie beruht auf der falschen Annahme, dass wir eine aufschlussreiche Erklärung der Form »Ein intentionales (Akkusativ-, Dativ-)Objekt ist dies-und-jenes« geben können und dass so eine Erklärung benötigt wird. Aber das muss keineswegs der Fall sein. Die einzigen plausiblen Kandidaten für eine solche Erklärung haben wir bereits zurückgewiesen. Aber wie gebrauchen wir denn diesen Ausdruck? Wenn man mit einem Satz konfrontiert ist, in dem das Verb zusammen mit einem Akkusativobjekt auftaucht, dann kann man auf die Frage »Was ist das Objekt dieses Satzes?« antworten, indem man den Objektausdruck wiederholt.

Falls man dadurch, dass man den Objektausdruck in Anführungszeichen setzt, schon impliziert, dass das Objekt – also z. B. das, was Josef an Maria geschickt hat, oder derjenige, den die Griechen angebetet haben – ein sprachlicher Ausdruck ist, dann ist es falsch, hier Anführungszeichen zu benutzen. Doch falls man dadurch, dass man den Objektausdruck nicht in Anführungszeichen setzt, impliziert, dass das Objekt derjenige Gegenstand ist, auf den sich der Objektausdruck bezieht, dann ist es falsch, keine zu benutzen. Um letzteren Einwand zu umgehen, will man vielleicht darauf bestehen, Anführungszeichen zu verwenden; und um den ersten Einwand zu umgehen, ist man vielleicht geneigt, sie wegzulassen. Das bringt einen in Versuchung, eine neue Art von Anführungszeichen zu erfinden. Die aber würden die Frage aufwerfen, wie ein Ausdruck, der zwischen solchen Anführungszeichen steht, zu verstehen ist – und wenn wir diese Frage beantworten könnten, dann bräuchten wir die neuen Anführungszeichen nicht. Beenden wir also diese Überlegungen.

Um es noch einmal zu sagen: Ich wende mich nicht gegen die gängige Praxis der Grammatiker und Linguisten, die »Akkusativobjekt« als Ausdruck für einen sprachlichen Ausdruck definieren; sie verwenden diesen Ausdruck so wie ich »Akkusativobjekt-Ausdruck«. Aber ich habe dafür argumentiert, dass die Frage: »Wovon sagt der Satz, dass Josef es jemandem gegeben hat?« entweder für das Verständnis von »Akkusativobjekt« oder von »Akkusativobjekt-Ausdruck« grundlegend ist, so wie ich diese Ausdrücke gebrauche. Daher stellt sich diese Frage auch, wenn man »Akkusativobjekt« für einen sprachlichen Ausdruck gebraucht. Obwohl die Frage (so wie viele andere Fragen) beantwortet wird, indem man einen sprachlichen Ausdruck gebraucht – in diesem Fall »ein Buch« –, macht man einen *besonderen Gebrauch* von diesem sprachlichen Ausdruck, wenn man die Frage beantwortet: »Wovon sagt der Satz, dass Josef es jemandem gegeben hat?« *Durch diesen Gebrauch* kann weder ein sprachlicher Ausdruck benannt werden noch dasjenige, wofür der sprachliche Ausdruck steht, noch irgendetwas, das anderweitig mit dem Ausdruck zusammenhängt, noch überhaupt irgendetwas anderes. Solche Fragen und die entsprechenden Antworten werden mit dem recht speziellen Interesse verwendet, die grammatische Struktur des jeweiligen Satzes zu verstehen. Das Verständnis von Grammatik und die grammatikalischen Begriffe – sogar die gebräuchlichsten wie Satz, Verb und Nomen – sind keine so klaren und einfachen Angelegenheiten der rein physischen Wirklichkeit, wie manch einer zu denken scheint. Der Begriff des Nomens etwa ist in deutlich geringerem Ausmaß ein Begriff von etwas Physischem als beispielsweise der Begriff einer Münze. Denn man könnte jemandem, der keine Ahnung davon hat, was Geld ist, beibringen, Münzen zu erkennen; aber man könnte niemandem, der nicht innig mit einer Sprache vertraut ist, beibringen, Nomina zu erkennen. Man besitzt auch nicht automatisch den Begriff des Nomens, indem man mit einer Sprache vertraut ist, doch man besitzt den Begriff der Münze, wenn man mit Münzgeld umgehen kann. In Wirklichkeit sind die Erklärungen grammatikalischer Begriffe lediglich Hinweise auf etwas, das man nur durch Beispiele richtig verstehen kann. Nur weil man dem Sprachgebrauch moderner Grammatiker folgt und »Akkusativobjekt« als ein Wort für ein anderes Wort benutzt, vermeidet man noch nicht die Verwendung problematischer Begriffe, und man stellt damit auch nicht sicher, nur von den alltäglichen Dingen, die es auch gemäß dem gesunden Menschenverstand gibt, sprechen zu müssen.

»Das Akkusativobjekt ist dasjenige, was Josef geschickt hat« (= »dasjenige, wovon der Satz sagt, dass Josef es geschickt hat«).

»Das intentionale Objekt ist dasjenige, woran *X* dachte.«

Diese zwei Sätze funktionieren parallel. Ich habe die etwas altmodische Gebrauchsweise von »Akkusativobjekt« aufgegriffen, um diese Parallele deutlich zu machen. Denn selbst gemäß dieser Gebrauchsweise wird keiner versucht sein zu denken, dass Akkusativobjekte eine besondere Art von Entität seien. Aber genau diese Versuchung ist sehr stark im Fall von Gedanken und Wahrnehmungen, d.h. für intentionale Objekte, die scheinbar Entitäten sind, die durch die Namen »Vorstellung« und »Empfindung« bezeichnet werden.

Man könnte mir Folgendes entgegenhalten: Der Kontext »Der Satz sagt, dass Josef Maria ... geschickt hat« ist selbst ein intentionaler Kontext. Wie können Überlegungen zu Akkusativobjekten also Licht auf das Thema der intentionalen Objekte werfen? Wenn man die Sache richtig ausbuchstabiert, dann sind solche Sätze schließlich selbst Beispiele für Sätze, deren Objekt ein intentionales Objekt ist.[7]

Die Behauptung, die dieser Einwand aufstellt, ist durchaus richtig. Aber Beispiele, bei denen es um Akkusativobjekte geht, sind trotzdem hilfreich und werfen kein Problem auf, weil hinsichtlich solcher Objekte bestimmte Vorschläge offensichtlicher Unsinn sind. Zum Beispiel würde niemand denken, dass, wenn ein Satz besagt, dass Josef Maria ein Buch geschickt hat, laut diesem Satz dasjenige, was geschickt wurde, ein Akkusativobjekt ist und dass der Satz nur indirekt, mittels dieses Akkusativobjekts, besagt, dass ein Buch geschickt wurde. Ich will also anhand von solch offensichtlichem Unsinn über Akkusativobjekte den weniger offensichtlichen Unsinn offenlegen, der sich in vielen scheinbar überzeugenden Ansichten zu Vorstellungen und Empfindungen findet. Nicht, dass man sich keine Gedanken bezüglich Vorstellungen und Empfindungen machen sollte; aber wenn diese Begriffe in der Erkenntnistheorie gebraucht werden, dann sollte man sie als grammatikalische Begriffe verstehen; ihre Rolle wird oft missverstanden. Und hier verwende ich »grammatikalisch« in dem gewöhnlichen Sinn dieses Wortes.

Es stellt sich nun folgende Frage: Gibt jeder Ausdruck, der in einem Satz das Akkusativobjekt eines intentionalen Verbs bezeichnet, ein intentionales Objekt an? Nein. Das kann man z. B. an folgendem Beispiel sehen: »Diese Leute beten Ombola an, d. h., sie beten ein Stück Holz an« (oder »Sie beten Stöcke und Steine an«). Oder auch: »Sie beten die Sonne an; d. h., sie beten etwas an, das in Wirklichkeit einfach eine riesige Menge fürchterlich heißer Materie ist.« Die so Beschriebenen werden diesen Beschreibungen wohl kaum zustimmen. Ihr Götze ist für sie ein göttliches Stück Holz, also eines, das irgendwie auch ein Gott ist; und Ähnliches gilt von der Sonne.

7 Ich bedanke mich bei den Professoren Bernard Williams, Arthur Prior sowie Herrn Peter T. Geach für diesen Einwand und eine diesbezügliche Diskussion.

Ein intentionales Objekt wird durch ein Wort oder eine Wendung angegeben, die man als *Beschreibung, unter der* … bezeichnen kann.

Folgende Überlegungen zum Unterschied zwischen Auf-etwas-Schießen und -Zielen verdeutlichen, was ich meine. Jemand zielt auf einen Hirsch. Aber was er für einen Hirsch hält, ist in Wirklichkeit sein Vater; und er schießt auf seinen Vater. Ein Zeuge könnte berichten: »Er hat auf seinen Vater gezielt.« Aber das ist doppeldeutig. In dem Sinne, in dem diese Beschreibung der Situation wahr ist, gibt »sein Vater« kein intentionales Objekt an. Führen wir für solche Fälle das Wort »materiales Objekt« ein. In dem Satz: »Er hat auf seinen Vater gezielt« gibt »sein Vater« also das *materiale* Objekt des Verbs an. Dazu ist es nicht notwendig, dass der Schütze seinen Vater auch getroffen hat; er hätte auch weit danebenschießen können. »Sein Vater« gibt das materiale Objekt an, weil dasjenige, was er für einen Hirsch gehalten hat, in Wirklichkeit sein Vater war. Wir können danach fragen, was er getan hat – worauf er gezielt hat –, so dass er, *indem er das tat*, auf den Hirsch zielte. Diese Frage verlangt nach einer Beschreibung »*X*«, so dass »Er hat auf *X* gezielt« immer noch ein intentionales Objekt enthält, die Beschreibung »*X*« aber etwas angibt, das in der entsprechenden Situation auch existiert. Eine Antwort auf diese Frage könnte etwa sein: Er hat auf einen dunklen Fleck im Blattwerk gezielt. Der dunkle Fleck im Blattwerk war in Wirklichkeit der Hut seines Vaters – und der Kopf seines Vaters war unter dem Hut.

Da das angegebene intentionale Objekt (der Hirsch) in unserer Situation nicht existiert, versuchen wir ein anderes intentionales Objekt zu finden, das existiert. Der Ausdruck, der dieses andere intentionale Objekt angibt, sowie auch jede weitere wahre Beschreibung des entsprechenden Gegenstands gibt das *materiale* Objekt des Satzes »Er hat auf … gezielt« an.

Hängt diese Erklärung davon ab, dass der Bericht wahr ist? Nein; aber wenn der Zeuge lügt oder sich irrt, dann kann man ihn trotzdem noch fragen, was er mit seinem Bericht gemeint hat. Hat er beabsichtigt, mit den Worten »sein Vater« das intentionale Objekt anzugeben, oder wollte er nur das materiale Objekt benennen? Wenn er lediglich das materiale Objekt angeben wollte, was meinte er mit »Er hat auf … gezielt«? Dass man sehen konnte, dass die fragliche Person auf ein Ziel angelegt hat und wo sich das Ziel befand? Vielleicht haben diese Fragen keine wahren Antworten; doch dann muss der Zeuge so tun, als gäbe es solche Antworten – anderenfalls wird man ihm nicht glauben.

Damit ich mich einfach und natürlich ausdrücken kann, werde ich von nun an schlicht von den materialen und intentionalen Objekten des Zielens, Anbetens und Denkens sprechen. Diese Redeweise ist stets mit Blick auf die jeweiligen Verben und ihre Objekte zu verstehen.

Es muss nicht immer ein materiales Objekt des Zielens geben. Wenn jemand intensiv halluziniert, auf etwas in der halluzinierten Szenerie schießt und dabei seinen Vater trifft, dann ist der Vater in diesem Fall nicht das *materiale* Objekt des Zielens. Genauso verhält es sich, wenn jemand etwas anbetet und es keine Beschreibung dieses *intentionalen* Objekts gibt, die zugleich auf etwas tatsächlich Existierendes passt. Im Sinne eines materialen Objekts ist das Angebetete ein Nichts.

Aber man kann in einem solchen Fall nicht sagen: »Sie beten nichts an.« Sondern nur: »Was sie anbeten, ist ein Nichts.« Denn »Sie beten nichts an« impliziert, dass es keinen wahren Satz der Form »Sie beten dies-und-jenes an« gibt; und in dem von uns vorgestellten Fall gibt es mindestens einen solchen wahren Satz.

Natürlich interessieren wir uns auch dann für Fragen bezüglich der Identität intentionaler Objekte, wenn diese sich nicht auf die Identität *materialer* Objekte reduzieren lässt. Wie kann man entscheiden, ob zwei Menschen oder zwei Völker denselben Gott anbeten? Wenn dasjenige, worauf man sich mit einem Eigennamen bezieht, historisch weit zurückliegt und unklar ist (wie etwa bei »König Arthur«), dann kann sich die Frage ergeben, ob zwei Leute dabei an dieselbe Person denken – ob sie unterschiedliche und unvereinbare Vorstellungen von der Person haben.

Meine Formulierung »wenn diese sich nicht auf die Identität *materialer* Objekte reduzieren lässt« könnte missverständlich sein. Denn mit »materialem Objekt« meine ich hier nicht das, was heutzutage »materiales Objekt« genannt wird – z. B. Tische, Pflanzen, Butterstücke usw. Lassen Sie mich deshalb ein klärendes Beispiel geben. Schulden in Höhe von 5 Euro sind kein materiales Objekt im soeben genannten Sinn; aber wenn jemand 5 Euro Schulden macht und ich an »seine Schulden von 5 Euro« denke, dann ist das materiale Objekt meines Gedankens etwas, das durch diesen Ausdruck, der das intentionale Objekt meines Gedankens angibt, beschrieben und bezeichnet wird. Wenn klar ist, dass der Ausdruck, der das intentionale Objekt angibt, ein materiales Objekt in diesem Sinne beschreibt und bezeichnet, dann reduzieren sich Fragen hinsichtlich der Identität des intentionalen Objekts auf Fragen hinsichtlich der Identität des materialen Objekts. Sprechen wir über dieselben Schulden? Das ist möglicherweise gar nicht so schwer herauszufinden. Aber wenn es tatsächlich gar keine Schulden gibt oder es unklar ist, ob es welche gibt, dann liegt der Fall ganz anders.

Die Tatsache, dass wir den Begriff der Identität mit Blick auf intentionale Objekte anwenden können, sollte uns nicht dazu verleiten, zu denken, dass man sinnvoll nach der Existenzweise – dem ontologischen Status – intentionaler Objekte als solcher fragen kann. Alle solchen Fragen sind unsinnig. Stattdessen können wir abermals Klarheit in unsere Gedanken bringen, indem wir über Akkusativobjekte nachdenken. Die Antwort auf die Frage »Was ist das Akkusativobjekt des Satzes ›Josef hat Maria ein Buch geschickt‹?« lautet: »Ein Buch.« Diese Antwort ist sowohl dann richtig, wenn der Satz wahr ist, als auch dann, wenn er falsch ist, als auch, wenn er frei erfunden ist – so wie hier, wo er nur als Beispiel dient. Es ist offensichtlicher Unsinn, nach der Existenzweise oder dem ontologischen Status eines Akkusativobjekts als solchen zu fragen oder zu fragen, was für ein Ding *ein Buch* ist, wenn man es so meint wie in der Antwort auf die Frage nach dem Akkusativobjekt.

II. Wahrnehmung

In der Wahrnehmungsphilosophie stehen sich zwei Ansichten gegenüber. Die eine besagt, dass dasjenige, dessen wir uns in der Wahrnehmung unmittelbar bewusst sind, Sinneseindrücke sind. Berkeley nennt diese Sinneseindrücke »Vorstellungen«; Russell nennt sie »Sinnesdaten«. Die andere Ansicht wird heutzutage vor allem von der »normalsprachlichen« Philosophietradition vertreten und hält dem entgegen, dass wir doch ganz eindeutig Objekte (in einem *weiten* modernen Sinn, der z. B. auch Schatten einschließt) *sehen*, ohne dass diese durch Sinneseindrücke vermittelt wären. Vertreter der zweiten Ansicht behaupten typischerweise auch, dass man nichts sehen (oder fühlen, hören, schmecken oder riechen) kann, was es nicht gibt; genauso wie man nichts treten kann, was es nicht gibt. Wenn es den entsprechenden Gegenstand nicht gibt, kann man lediglich *denken*, dass man ihn sieht (usw.); oder zumindest kann man nur in einem erweiterten Sinn von »sehen« etwas sehen, das es nicht gibt. Ich werde mich hier hauptsächlich auf das Sehen konzentrieren, so wie das auch in den meisten anderen Diskussionen zu diesem Thema geschieht. Die anderen Wahrnehmungsverben werden aus guten Gründen (die allerdings für mein gegenwärtiges Thema irrelevant sind) oft auf andere Weise analysiert – besonders in der normalsprachlichen Philosophie.

Ich halte beide Ansichten für falsch. Beide missverstehen die Verben der Sinneswahrnehmung, weil es sich dabei um intentionale Verben handelt oder um Verben, die einen intentionalen Aspekt aufweisen. Erstere Ansicht begreift die intentionalen Objekte der Wahrnehmung fälschlicherweise als materiale Objekte. Nach der zweiten Ansicht hat Wahrnehmen ausschließlich *materiale* Objekte; oder es gibt zumindest keine Beschreibung dessen, was man sieht, die neutral ist hinsichtlich der Frage, ob das Gesehene z. B. ein wirklicher Fleck (etwa ein Schmutzfleck) ist oder nur ein Nachbild. Das heißt, es gibt keine Beschreibung, die lediglich den Inhalt der Erfahrung des Sehens wiedergibt, die offenlässt, ob man einen wirklichen Fleck sieht oder ein Nachbild.[8]

Wenige Beispiele reichen aus, um die Intentionalität der Wahrnehmung zu illustrieren:

(1) »Wenn man in ein helles Licht sieht und seine Augen dabei zusammenkneift, dann kann man einen Strahlenkranz um das Licht herum sehen.«

(2) »Ich sehe die Buchstaben ganz verschwommen. Sind sie tatsächlich verschwommen, oder liegt das an meinen Augen?«

(3) »Bewegen Sie diese Hebel, bis Sie den Vogel im Nest sehen!« (So funktionieren Apparate, die messen, wie sehr jemand schielt; der Vogel und das Nest sind auf verschiedenen Folien.)

(4) »Ich sehe genau sechs Knöpfe am Mantel dieses Mannes, aber ich sehe bloß eine unbestimmte Menge an Schneeflocken durch das Fenster – keine bestimmte Anzahl.«

8 Ich bedanke mich bei Professor Frank Ebersole dafür, dass er mir von einem Erlebnis berichtet hat, das diesem Beispiel zugrunde liegt.

(5) »… eine Luftspiegelung. Ein sich nähernder Fußgänger hat anscheinend keine Füße (sie sind durch ein Stückchen Himmel ersetzt).«[9]

(6) »Mit diesem Hörgerät höre ich ein quietschendes Geräusch, wenn du redest – keine tiefen Töne, und die Konsonanten sind ganz undeutlich.«

(7) »Ich höre ein Klingeln in meinen Ohren.«

(8) »Ich hörte ein fürchterlich lautes Geräusch von draußen. Beunruhigt fragte ich mich, was für eine Maschine oder Flutwelle dieses Geräusch verursachte. Aber dann bemerkte ich, dass es nur mein Hündchen war, das direkt neben mir schnarchte.«[10]

(9) »Kennen Sie das, dass ein Geschmack ganz undeutlich sein kann, bis man weiß, was man da isst?«

(10) »Ich rieche selbst dann noch den Geruch von verbranntem Gummi, wenn ich weiß, dass nichts Derartiges in der Nähe ist.«

Jemand, der behauptet, dass Wahrnehmungsverben unter normalen Umständen *nur* dann richtig verwendet werden, wenn ihr Objekt etwas Wirkliches ist – oder vielleicht sogar nur dann, wenn ihr Objekt etwas Wirkliches ist, das richtig beschrieben wird –, könnte entgegnen, dass die angeführten Beispiele Ausnahmefälle sind: Das zeigt sich entweder in den besonderen Umständen (ein Apparat zur Untersuchung der Augen) oder in dem, was gesagt wird, zusammen mit dem entsprechenden Tonfall und der entsprechenden Betonung. Es gibt ja eine bestimmte Anzahl von Schneeflocken, die man aus einer bestimmten Perspektive sehen kann; das ist eben die Anzahl von Schneeflocken, die man gesehen hat. Es ist nur so, dass der Sehende nicht weiß, wie viele er gesehen hat; er ist nicht allein durch Hinsehen in der Lage zu sagen, wie viele es waren, so wie er das im Fall der Mantelknöpfe tun kann. Der Sehende drückt das aus, indem er sagt, er habe keine bestimmte Anzahl von Schneeflocken *gesehen*, aber dabei handelt es sich um einen außergewöhnlichen Gebrauch von »sehen«, der sich vom normalen Gebrauch unterscheidet. Folgendes Beispiel veranschaulicht den normalen Gebrauch:

9 Dieses Beispiel stammt von Matthew Luckiesh (*Visual Illusions. Their Causes, Characteristics and Applications*, Toronto 1965, S. 177).

10 Dieses Beispiel stammt von William James.

(11) »Ich habe gerade jemanden im Arbeitszimmer gesehen.« »Unsinn! Du kannst niemanden im Arbeitszimmer gesehen haben, weil dort keiner ist.« »Na, dann frage ich mich aber, was ich da gesehen habe.«

Vielleicht stimmt diese Behauptung. Andererseits muss der Augenarzt, der misst, wie sehr jemand schielt, seinem Patienten keinen neuen Gebrauch von »sehen« oder von »ich sehe einen Vogel in einem Nest/das Bild eines Vogels in einem Nest« beibringen, bevor er ihn fragen kann: »Sehen Sie den Vogel im Nest?« – Wobei das Bild des Vogels und das Bild des Nests tatsächlich räumlich voneinander getrennt sind. So einen Gebrauch »neu« zu nennen bedeutet lediglich, dass wir meinen, einen wichtigen Unterschied zwischen diesem Gebrauch und dem Gebrauch, den wir »alt« nennen, erkennen zu können.

Es gibt hier zwar tatsächlich einen wichtigen Unterschied. Trotzdem wäre es falsch, den »neuen« Gebrauch, der durch diesen Unterschied gekennzeichnet ist, als einen *abweichenden* Gebrauch zu bezeichnen; denn all diese Gebrauchsweisen sind für unsere Wahrnehmungsbegriffe charakteristisch. Der Unterschied, um den es hier geht, ist, dass in den angesprochenen Fällen Objektausdrücke vorkommen, die vollständig oder teilweise intentionale Objekte angeben. Das zeigt sich an zwei Umständen: Weder die mögliche Nichtexistenz des Objekts (in der entsprechenden Situation) noch seine Unbestimmtheit stellen einen Einwand gegen die Wahrheit des Gesagten dar.

›Normalsprachliche‹ Ansätze und ›Sinnesdaten‹-Ansätze begehen denselben Fehler, nämlich dass sie die Intentionalität der Wahrnehmung verkennen; doch sie reagieren darauf mit unterschiedlichen Positionen. Im Fall des normalsprachlichen Philosophen zeigt sich dieser Fehler deutlich, wenn er darauf besteht, dass es das Gesehene auch wirklich geben muss – sofern der davon Berichtende nicht lügt, sich irrt oder seine Worte in einem »seltsam« erweiterten Sinn gebraucht (der vernachlässigt werden kann).

Der berkeleysche Sinnesdaten-Philosoph macht denselben Fehler, wenn er z. B. behauptet, man sehe visuelle Eindrücke, visuelle Daten. Meines Erachtens zieht so ein Philosoph einen falschen Schluss aus der Wahrheit der grammatischen Bemerkung, dass das intentionale Objekt, der visuelle Eindruck, das visuelle Objekt, dasjenige ist, was man sieht. Er versteht den Ausdruck »was man sieht« material. Der Satz: »Der visuelle Eindruck ist dasjenige, was man sieht« ist in Wirklichkeit wie der Satz: »Das Akkusativobjekt ist dasjenige, was geschickt wurde«; doch er wird derart missverstanden, dass er zu der Behauptung führt: »Man sieht einen visuellen Eindruck.« Den anderen Satz würde man niemals derart missverstehen; er würde einen nie zu der Behauptung verleiten: »Er hat ihr ein Akkusativobjekt geschickt.«

Dieser Fehler ist interessanter als der andere Fehler, und es gibt in dieser Richtung eine ständige Verlockung. Der andere Fehler erscheint nur deshalb verlockend, weil es sich dabei um den Widerstand des gesunden Menschenverstands gegen die berkeleysche Ansicht handelt. Aber beide Ansätze haben auch eine gewisse Plausibilität. Betrachten wir zuerst den ›normalsprachlichen‹ Ansatz.

Als Erstes fällt auf, dass es wirklich einen entsprechenden Gebrauch von Verben der Sinneswahrnehmung gibt; ich will ihn als deren »materialen« Gebrauch bezeichnen. Der materiale Gebrauch von »sehen« ist ein Gebrauch, der verlangt, dass es ein *materiales* Objekt des Verbs gibt. »Du kannst kein Einhorn gesehen haben; Einhörner gibt es gar nicht.« »Du kannst keinen Löwen gesehen haben; da war kein Löwe.« Dieser Sprachgebrauch ist durchaus normal. Es ist dabei nicht einfach so, dass der Objektausdruck material verstanden wird – wie wir gesehen haben, kommt das auch bei intentionalen Verben vor, ohne ihre Intentionalität in Frage zu stellen. Doch beim materialen Gebrauch darf »sehen« kein *bloß* intentionales Objekt bei sich führen: Wenn das Objekt nicht existiert (absolut oder im entsprechenden Kontext), dann zeigt das, dass der Satz nicht wahr sein kann. Diese zweite Gebrauchsweise von »sehen« gibt es bei »anbeten« nicht. Keiner würde etwa sagen: »Sie können keine Einhörner angebetet haben; Einhörner gibt es gar nicht.«

Zweitens ist es notwendigerweise so, dass man meistens beabsichtigt, mit den Ausdrücken, die das Objekt eines Verbs der Wahrnehmung angeben, ein *materiales* Objekt der Sinne anzugeben. Das ist der primäre Gebrauch dieser Ausdrücke. Folgendes Beispiel verdeutlicht das. Stellen wir uns vor, ein hellroter Spielzeugelefant aus Plastik erschiene mir unter bestimmten Lichtverhältnissen graubraun. Nur wenn ich nicht weiß, dass die graubraune Farbe lediglich ein falscher Anschein ist, sage ich, ohne dass die Umstände besondere wären (z. B. wenn ich meinen Sinneseindruck beschreiben soll), ohne verteidigende Bemerkungen und ohne dass ich einen Witz machen will: »Ich sehe einen graubraunen Spielzeugelefanten aus Plastik.« Das liegt daran, dass wir »graubraun« als die Beschreibung-eines-Anscheins nur deshalb verstehen, weil wir »graubraun« als eine Beschreibung verstehen, durch die etwas richtig beschrieben wird. Hier beschreibt die Beschreibung das, wovon der Anschein ein Anschein ist. Um das zu tun, muss sie zuallererst eine Beschreibung dessen sein, wovon sie wirklich wahr ist (und der Anschein ist dann ein Anschein davon) – sie kann nicht primär die Beschreibung eines Anscheins sein. In der Beschreibung dessen, wovon die Beschreibung wahr ist, besteht die primäre Anwendung dieser Beschreibung. Da es sich aber um die Beschreibung einer Sinnesqualität handelt, muss die Beschreibung in ihrer primären Anwendung auch im Objektausdruck eines entsprechenden Verbs der Wahrnehmung vorkommen. Schließlich lernen wir Sinnesqualitäten durch den jeweiligen Sinn kennen.

Des Weiteren sollten wir auch nicht sagen: »Rot zu sein heißt unter normalen Bedingungen für einen normalsichtigen Beobachter, rot auszusehen.« Vielmehr sollten wir sagen: »Rot auszusehen heißt, so auszusehen, wie etwas, das rot ist, unter normalen Bedingungen für einen normalsichtigen Beobachter aussieht.« Denn wenn Ersteres richtig wäre, wie sollten wir dann »rot aussehen« verstehen? Jedenfalls nicht, indem wir »rot« und »aussehen« verstehen. Wir müssten dann »rot aussehen« als einen einfachen, nichtzusammengesetzten Begriff verstehen – und Entsprechendes gälte auch für die anderen Farben. Hierauf könnte man Folgendes einwenden: Das sind wirklich alles einfache Begriffe. »Gelb aussehen« und »rot aussehen« sind die *richtigen* Ausdrücke für dasjenige, was man jemandem zeigt, wenn man ihm Beispiele von etwas Gelbem oder Rotem zeigt. Denn anhand dieser Beispiele kann man nur dann die Begriffe »gelb« oder »rot« erlernen, wenn das Gezeigte gelb oder rot aussieht. Was man also in dieser Situation wirklich erfasst und erlernt, sind die Begriffe *gelb aussehen* und *rot aussehen*; und zwar obwohl man üblicherweise *sagt*, dass in solchen Situationen die Bedeutung von »gelb« oder »rot« erklärt würde. Das bedeutete, dass streng genommen jedes Farbwort, das in einem Wahrnehmungsbericht vorkommt, »aussehen« enthält. Dann aber könnte »aussehen« nicht die Funktion erfüllen, die es tatsächlich erfüllt. Es ist plausibel, zu sagen: Nur wenn der entsprechende Gegenstand rot für ihn aussieht, kann er lernen, was gemeint ist. Aber es ist falsch, daraus zu schlussfolgern: Was er dadurch als das Korrelat von »rot« erfasst hat, ist ein rotes Aussehen. Selbst wenn wir annehmen, dass der Schüler weiß, dass er ein Farbwort erlernen soll, kann es leicht zu Missverständnissen führen, wenn man versucht ihm das Wort »rot« beizubringen und dabei etwas benutzt, was lediglich rot *aussieht*. Denn wenn der Schüler bemerkt, dass der Gegenstand bloß rot aussieht, nimmt er wahrscheinlich an, dass »rot« der Name der *tatsächlichen* Farbe des Gegenstandes sei. Wenn man ihm sagt »Ich meine die Farbe, die der Gegenstand dem Aussehen nach zu haben scheint«, dann setzt das voraus, dass »*F* aussehen« und »*F* sein« sich schon von Anfang an – und nicht nur später – voneinander unterscheiden. Es setzt also kurz gesagt voraus, dass »rot sein« doch nicht als *rot aussehen* erklärt werden kann.

Außerdem sehen Gegenstände hinsichtlich ihrer Form, Farbe, Größe usw. nicht immer gleich aus; trotzdem sehen wir sie uns normalerweise an und beschreiben sie dann, ohne darauf zu achten, wie sie erscheinen, z. B. indem wir sagen: »Es ist rechteckig, schwarz und ungefähr zwei Meter hoch.« Man könnte sogar sagen, dass Gegenstände für uns oft so *aussehen* – sich uns so präsentieren –, wie sie sind, und nicht, wie sie aussehen. (Die Überzeugung, dass man »aussehen« *nur* so richtig verwenden kann, sorgte bei einem allzu selbstsicheren Philosophen der normalsprachlichen Tradition für Verlegenheit bei einem Anlass, der es in Oxford zu einiger Bekanntheit brachte: F. Cioffi brachte diesem Philosophen ein mit Wasser gefülltes Glasgefäß mit einem Stock darin und fragte: »Willst du behaupten, dass dieser Stock nicht geknickt aussieht?« Der andere antwortete unverdrossen: »Nein! Er sieht aus wie ein gerader Stock, der teilweise in Wasser getaucht ist.« Daraufhin nahm Cioffi den Stock aus dem Wasser, und der Stock hatte wirklich einen Knick.)

So viel also lässt sich hinsichtlich unseres Themas für die Seite der normalsprachlichen Philosophie sagen. Wenden wir uns nun der Sinnesdaten-Philosophie zu. Es gibt sehr viel, worauf die Sinnesdaten-Theorie aufmerksam und was sie einer Untersuchung zugänglich macht, was die andere Seite einfach mürrisch beiseiteschiebt! Man kann tatsächlich einfach seinen Sinneseindruck beschreiben; man kann einfach die sinnliche Erscheinung beschreiben, die sich jemandem – oder einem *selbst* – aus einer bestimmten Perspektive darbietet.

Zweitens liegt die Sinneseindrucksphilosophie richtig hinsichtlich ihrer Interpretation des Platonischen Ausspruchs: »Wer sieht, muss etwas sehen.« Platon verglich diese Aussage mit folgender: »Wer denkt, muss etwas denken.« Das wird manchmal auf der Grundlage kritisiert, dass »sehen« eine Beziehung zwischen einem Subjekt und einem Objekt – im modernen Sinn dieser Worte – ausdrücke, während dies für »denken« nicht gelte; denn dass dies-und-jenes der Fall ist, sei kein Gegenstand. Aber man versteht den Satz »Wer sieht, muss etwas sehen« falsch, wenn man denkt, er besage: »Wenn man von jemandem wahrheitsgemäß sagen kann, dass er sieht, dann muss es etwas geben, was er sieht.« Wenn man den Satz so versteht, ist er nicht wahr. Zu behaupten, dass der Satz so verstanden wahr sei, heißt, jeden Gebrauch von »sehen« außer dem materialen Gebrauch für unzulässig zu erklären. Der Satz ist in dem Sinne wahr, dass, wenn jemand sieht, seine visuelle Erfahrung einen Inhalt besitzt. Wenn jemand sagt, dass er sieht, können wir ihn fragen: »Was siehst du denn?« Worauf er antworten kann: »Ich weiß es nicht.« Das kann dann entweder bedeuten, dass er nicht weiß, was das materiale Objekt seines Sehens ist, oder dass er nicht ausmachen kann, wie dasjenige, was er (in irgendeinem Sinne) sieht, aussieht. Aber dann können wir sagen: »Beschreib doch zumindest, welche Farben und welches Muster von hell und dunkel du siehst!« Darauf könnte er sagen: »Das ist höllisch schwierig; es verändert sich alles so schnell – ganz viele Farben, die sich die ganze Zeit verändern. Ich kann es nicht beschreiben, dazu verändert es sich zu schnell.« Aber das ist schon eine Beschreibung. Er kann nicht sagen: »Was meinst du denn? Was soll ich denn sehen? Ich habe nur gesagt, dass ich sehe, nicht, dass ich etwas sehe – es braucht kein ›was‹, das ich sehe.« Es wäre nicht klar, was mit einer derartigen Antwort gemeint sein könnte.

Hier zeigt sich ein dritter Vorzug der Sinnesdaten-Philosophie – der sogar in ihrer strengen berkeleyschen Formulierung für sie spricht. Die minimale Beschreibung, die möglich sein muss, wenn jemand sieht, ist eine Beschreibung von Farben und der Verteilung von Licht und Dunkelheit. Auf die Frage, was man denn *jetzt gerade* sieht, kann man nicht antworten: »Farben? Licht? Dunkelheit? Solche Fragen stellen sich bei dem von mir Gesehenen gar nicht.«

Zumindest ist das bei uns so. Man kann sich natürlich Leute vorstellen, deren Sprache keine Farbwörter enthält, obwohl sie

Farben sehen können, d. h., obwohl sie Augen haben und Licht brauchen, um sich erfolgreich in ihrer Umgebung zurechtzufinden usw. Ein Angehöriger dieses Volks könnte lernen, mit den Augen zu lesen; er könnte die Namen der Buchstaben lernen; und er könnte dann schwarze Wörter auf weißem Grund vorlesen, ohne aber die Wörter »schwarz« oder »weiß« zu verstehen. In so einem Fall würden wir wohl sagen, wir wüssten, wie er Wörter – ihre geometrische Form – erkennt. Aber heißt das mehr, als dass wir Farben erwähnen, wenn wir erklären, wie wir Formen erkennen? Vielleicht gibt es für ihn in dem hier relevanten Sinn gar nichts, wodurch er Formen erkennt; so wie es für uns nichts gibt, wodurch wir Farben erkennen. Wir fragen uns nicht, wodurch wir erkennen, dass etwas rot ist; so wie man etwa fragen kann, wodurch jemand das Wort »rot« erkennt und Folgendes als Teil einer Antwort akzeptiert: »Weil ich diese Formen sehe, d. h. Farbflecken von dieser Form.« Hier mag man sich fragen: »Wie sollte es solch ein *unmittelbares* Erkennen von so etwas wie der Form von Wörtern geben können? Muss so ein Erkennen nicht durch die Wahrnehmung von Farben vermittelt sein?« (Hier liegt eine der Quellen des Begriffs von einfachen, elementaren Vorstellungen.)[11] Es ist zwar richtig, dass wir in dem genannten Fall das Erkennen von Mustern als durch die Wahrnehmung von Farben vermittelt erklären können, aber man denke nur an unsere Fähigkeit, den Gesichtsausdruck anderer Menschen zu erkennen. Wir haben das Gefühl, dass es sich hier um eine *Art* von Sehen handelt, die vermittelt sein muss; aber wenn wir versuchen die Elemente und deren Anordnung zu beschreiben, durch die wir einen freudigen oder einen ironischen Gesichtsausdruck erkennen, stellen wir fest, dass wir dazu nicht in der Lage sind. Hierauf könnte jemand einwenden: Aber rein optisch betrachtet muss die jeweilige Person durch Lichtstrahlen mit Wellenlängen, die zu bestimmten Farben gehören, beeinflusst worden sein. Ja; aber zeigt das, dass sich der Inhalt eines Farbbegriffs sozusagen in die Person eindrückt und sie ihn nur noch mit einem Namen belegen muss, dessen Anwendungsbereich sie später in Übereinstimmung mit dem Wortgebrauch anderer Leute bringt? Mir scheint, dass dies gemeinhin angenommen wird. (Vgl. Quines

11 *A. d. Ü.:* Anscombe spielt hier auf die einfachen Vorstellungen bei Locke und anderen Empiristen an.

Bemerkungen zu »Quadrat« und den unterschiedlichen Projektionen einer quadratischen Platte auf unsere Retina.)[12] Wenn man diese These ausformuliert, erscheint sie aber wenig glaubwürdig. Denn erstens ist es nicht so, dass der optische Prozess demjenigen, in dem er stattfindet, irgendetwas präsentiert. Zweitens ist überhaupt kein Begriff, gleich welcher Art, einfach gegeben; zu jedem Begriff gehört eine komplizierte Gebrauchsweise des Wortes für den Begriff, und diese kann nicht einfach als Inhalt einer Sinneserfahrung gegeben werden. Die Tatsache, dass es beim Erkennen von Farben nichts gibt, wodurch wir sie erkennen, bedeutet nicht, dass man Farbbegriffe – im Gegensatz etwa zu Begriffen von chemischen Substanzen und Quadratwurzeln – erlernen könnte, ohne sich in einer Praxis zu üben; und eine solche Praxis beinhaltet vor allem eine bestimmte Gebrauchsweise des entsprechenden Wortes.

Das Ausbuchstabieren dieser falschen Ansicht davon, was einfach gegeben ist, brachte Berkeley – und auch Russell – zu dem Gedanken, alles, was bei der Beschreibung von etwas Gesehenem über die Anordnung von Farbflecken im visuellen Feld hinausgeht, beruhe auf Schlussfolgerung und Konstruktion. Das kann nicht richtig sein. Man kann beispielsweise einen Eindruck davon haben, wie weit etwas weg ist oder wie groß es ist, ohne Annahmen darüber zu machen, um was für einen Gegenstand es sich handelt. Es kommt vor, dass man etwas gar nicht erkennen kann, eben weil man es als weiter weg oder näher sieht, als es in Wirklichkeit ist; und damit sieht man es auch nicht als von der wirklichen Größe. Auch das Umgekehrte kommt vor. Als ich einmal nach dem Erwachen die Augen aufschlug, sah ich die schwarze Reibefläche einer aufgestellten Streichholzschachtel, deren andere Seiten ich nicht sehen konnte. Die Streichholzschachtel war nur einige Zentimeter von mir entfernt, und ich fragte mich ganz verwundert, was das wohl sein könne. Wenn ich den Eindruck aus meiner Erinnerung beschreiben sollte, würde ich Folgendes sagen: »Etwas Schwarzes, Rechteckiges, vertikal Orientiertes, das ein oder zwei Meter entfernt ist und ein oder zwei Meter hoch.« Mir sah der Gegenstand am ehesten wie ein dicker Pfahl aus, aber ich wusste, dass in meinem Schlafzimmer kein solcher Pfahl steht. Und ich habe auch

12 Willard Van Orman Quine, *Wort und Gegenstand* (übersetzt von Joachim Schulte), Stuttgart 1980, S. 27.

schon ein kleines Gebetbuch für eine großformatige Bibel gehalten, weil ich dachte, es liege auf einer Fußstütze, die etwa einen Meter entfernt war, anstatt auf einem Absatz, der meinen Augen näher war. Diese Urteile über den Abstand beruhten nicht auf einem Erkennen des Gegenstands; sondern meine Annahme, worum es sich handeln könnte, beruhte umgekehrt auf dem Eindruck der Größe, hervorgerufen durch einen falschen Entfernungseindruck.

Wir sollten in diesem Punkt also nicht Berkeley folgen, sondern anerkennen, dass die Beschreibung von visuellen Eindrücken sehr vielfältig und gehaltvoll sein kann. Es gibt Eindrücke von Tiefe, Abstand, relativer Lage und Größe; es gibt Eindrücke davon, welche Art von Gegenstand etwas ist, woraus etwas ist, von Oberflächenstrukturen und sogar von Temperatur; Eindrücke von Gesichtsausdrücken, von Gefühlen, von Stimmungen, von Gedanken und von Charaktereigenschaften; von Handlungen und Bewegungen (in einem *unbewegten* Sinneseindruck), von Leben und Tod. Sogar die Eindrücke, die unter die Beschreibung »verschiedene Farben mit unterschiedlichen Anteilen an Licht und Dunkelheit« fallen, können von unterschiedlicher Art sein.

Als Nächstes müssen wir uns über die Beziehung zwischen intentionalen und materialen Objekten der Wahrnehmung klar werden. Ich werde mich dabei auf das Sehen konzentrieren, so wie ich das auch bisher großteils getan habe.

Es muss immer ein intentionales Objekt des Sehens geben, aber nicht immer ein materiales Objekt. Mit anderen Worten: »*X* hat *A* gesehen«, wobei »gesehen« material verwendet wird, impliziert einen Satz der Form »*X* hat … gesehen«, wobei »gesehen« intentional gebraucht wird; doch das Umgekehrte gilt nicht. Dadurch wird das Gefühl erzeugt, die intentionale Gebrauchsweise sei in gewisser Weise primär gegenüber der materialen Gebrauchsweise. Diesem Gefühl widerspricht aber die Erkenntnis – und das Gefühl –, dass bei Beschreibungen der Objekte des Sehens die materiale Gebrauchsweise die primäre ist. Wir können diese beiden Gefühle auf legitime Weise miteinander verbinden, indem wir annehmen, dass es beim Sehen notwendigerweise intentionale Objekte gibt, während wir die Idee ablehnen, dass dies den rein intentionalen Sätzen einen epistemologischen Vorrang einräumt. Solche Sätze werden beim Beschreiben dessen, was man sieht, unter normalen Umständen weder formuliert noch überhaupt in Betracht gezogen.

John Austin war ein Gegner der Ansicht, dass »sehen« in zwei Bedeutungen gebraucht wird, je nachdem, ob eine entsprechende Aussage nur dann wahr ist, wenn das Gesehene auch der Fall ist, oder nicht. Trotzdem bemerkte er einmal beiläufig, dass »Objekt des Sehens« vielleicht in zwei Bedeutungen gebraucht werde. Wenn ich mich recht erinnere, verglich er folgende beiden Sätze: »Heute habe ich einen Mann gesehen, der in Jerusalem geboren wurde« und »Heute habe ich einen Mann gesehen, der in Oxford rasiert wurde«, wobei beide Sätze in Oxford geäußert werden.[13] Darauf kann man sagen: Sie haben heute nicht *gesehen*, wie der Betreffende geboren wurde, aber vielleicht haben Sie gesehen, wie jemand rasiert wurde. Die erste Beschreibung ist also zwar eine wahre Beschreibung desjenigen, den Sie gesehen haben, aber sie ist in einem gewissen Sinn keine Beschreibung von Gesehenem. Eine wahre Beschreibung eines materialen Objekts des Verbs »sehen«, die etwas beschreibt, was der Sehende absolut oder in der entsprechenden Situation »nicht *gesehen* haben kann«, gibt notwendigerweise *lediglich* das materiale Objekt des Sehens an.

Als ich oben über das materiale Objekt des Zielens sprach, sagte ich, dass, wenn jemand auf einen dunklen Fleck im Laub zielt und dieser Fleck der Hut seines Vaters samt Kopf ist, der Vater das materiale Objekt dieses Zielens ist. Wenn er aber auf einen Fleck in einer bloß halluzinierten Szenerie zielt und seinen Vater trifft, dann wäre es falsch, zu sagen, dass der Vater das materiale Objekt sei.

Wenn wir versuchen, diese Erklärung auf den Fall des Sehens anzuwenden, kommen wir in Schwierigkeiten, die wiederum Zweifel hinsichtlich des Zielens aufkommen lassen. In dem von uns betrachteten Fall könnte man nämlich behaupten, dass das materiale Objekt des Zielens ein *intentionales* Objekt des Sehens ist. Denn was sonst – so könnte man fragen – sollte ein dunkler Fleck vor einem Laub-Hintergrund sein?

Das kann zu einiger Verwirrung führen. Denn was ein *bloß* intentionales Objekt des Sehens ist, kann doch sicherlich kein materiales Objekt des Zielens sein? Wann gibt man also mit einer Be-

13 *A. d. Ü.:* Die Sätze im englischen Original (»Today I saw a man born in Jerusalem« und »Today I saw a man shaved in Oxford«) sind in einer Weise zweideutig, die sich im Deutschen nicht nachahmen lässt. Der zweite Satz z. B. kann entweder heißen: »Heute sah ich einen Mann, der in Oxford rasiert wurde«, oder er kann heißen: »Heute sah ich, wie ein Mann in Oxford rasiert wurde.«

schreibung das materiale Objekt des Sehens an? Einen Fall haben wir bereits kennengelernt: Eine Beschreibung gibt das Gesehene korrekt wieder, aber sie gibt *kein* intentionales Objekt an. »Ich sehe einen Mann, dessen Großonkel in einer Irrenanstalt gestorben ist« – hier gibt der Relativsatz eine gänzlich nichtintentionale Beschreibung wieder. »Ich sehe ein Mädchen, das einen Leberfleck zwischen den Schulterblättern hat« wäre eine nichtintentionale Beschreibung, falls die Umstände so sind, dass das Mädchen mich anblickt usw. In einem solchen Fall kann man sagen: »Das kannst du gar nicht gesehen haben.«

Aber warum? Warum kann ich Professor Price' Tomate sehen,[14] wenn ich das Entsprechende in den eben geschilderten Fällen nicht sehen kann? Die Tomate hat ebenfalls eine Rückseite, die ich nicht sehe. Thompson Clarke weist darauf hin, dass der Anblick einer Tomate und einer halben Tomate sich exakt gleichen können. Das ist richtig; aber das lässt sich nicht mit der Tatsache vergleichen, dass der Anblick von jemandem mit und jemandem ohne Leberfleck zwischen den Schulterblättern genau der gleiche sein kann. Wenn man eine Tomate nur aus einem einzigen Blickwinkel ansieht, dann *muss* man etwas sehen, das auch bloß eine halbe Tomate sein *könnte*. Darin besteht das Sehen einer Tomate. Man kann aber den Leberfleck ansehen, und wenn man die entsprechende Person von vorn ansieht, dann ist das niemals ein Sehen des Leberflecks zwischen den Schulterblättern. So ein Leberfleck drückt sich nicht in dem Anblick von vorn aus, so wie sich der herannahende Tod oder große Sorge darin ausdrücken können; und daher gibt es vom Leberfleck keine entsprechende Empfindung – genauso wie es auch kein »Wurde-in-Jerusalem-geboren«-Aussehen gibt.

Jedoch gibt eine Beschreibung dessen, was vor mir ist, wenn ich die Augen offen habe und sehe, nicht notwendigerweise das materiale Objekt des Sehens an. Wenn ich vollständig halluziniere, sehe ich nicht, was sich vor meinen Augen befindet. Es ist also einem materialen Objekt des Sehens wesentlich, dass man es durch eine wahre Beschreibung des *Gesehenen* herausgreifen kann. Wir müssen uns deshalb fragen, was der Ausdruck »das *Gesehene*« hier bedeutet.

14 *A. d. Ü.:* Gemeint ist Professor Henry Habberley Price (1899-1984). Das Tomatenbeispiel entstammt seinem nicht ins Deutsche übersetzten Hauptwerk zur Wahrnehmung (*Collected Works*, hg. v. Martha Kneale, Bd. 2: *Perception*, Bristol 1996, S. 3).

Unser Problem ist folgendes: Es gibt ein materiales Objekt der Tätigkeit φ, wenn es eine Beschreibung eines intentionalen Objekts der Tätigkeit φ gibt, die eine Beschreibung von etwas Existierendem ist, das in einer geeigneten Beziehung zu demjenigen steht, der φ tut. Diese Beschreibung von etwas Existierendem kann nicht die Beschreibung eines bloß intentionalen Objekts einer *anderen* Tätigkeit sein (wie: »Er zielt auf den dunklen Fleck, den er sieht«). Wenn die Beschreibung eines intentionalen Objekts von φ nicht notwendigerweise eine Beschreibung eines materialen Objekts von φ ist – und das ist sie nicht –, wie kann dann eine solche Beschreibung das materiale Objekt eines anderen Verbs, ψ, angeben?

Die Sache wäre ganz einfach, wenn wir sagen könnten: Ein materiales Objekt des Sehens gibt es *nur*, wenn *zumindest eine* intentionale Beschreibung von etwas wahr ist, das es wirklich – physisch – gibt. Und vielleicht können wir auch tatsächlich sagen, dass der dunkle Fleck vor dem Laub-Hintergrund nicht bloß ein intentionales Objekt des Sehens ist; es gibt in diesem Fall wirklich ein dunkles Objekt oder einen dunklen Bereich.

Aber das ist nicht immer der Fall, wenn man etwas sieht. Stellen wir uns vor, ich hätte schlechte Augen. Ich kann lediglich etwas verschwommen Glänzendes in einer bestimmten Richtung sehen. Nehmen wir an, das Verschwommene ist meine Armbanduhr. Dann können wir sagen, dass ich meine Armbanduhr sehe, wenn auch nur sehr ungenau. Und ich will in diesem Fall sagen, dass die Armbanduhr das materiale Objekt des Sehens ist. Vielleicht kann ich den Gegenstand dabei nicht als eine Uhr sehen; ich sehe nur etwas Verschwommenes, das glänzt. Aber es gibt in dieser Situation nichts, was physisch existiert und von dem die Beschreibung »etwas Verschwommenes, das glänzt« wahr ist. Wenn der Vater einen dunklen Hut aufhat, so kann man vielleicht folgern – um ein Problem zu erwähnen, das Moore lange beschäftigt hat –, dass der dunkle Fleck vor dem Laub-Hintergrund ein *Teil der Oberfläche eines materiellen Objekts* (*im modernen Sinn*) ist. Aber »etwas Verschwommenes« ist sicherlich nicht Teil der Oberfläche meiner Armbanduhr. Und trotzdem kann es vorkommen, dass ich das, was ich sehe, nicht anders beschreiben kann denn als »etwas Verschwommenes, Glänzendes dort drüben«. Gibt es also in so einem Fall eine intentionale Beschreibung, die gleichzeitig eine Beschreibung des materialen Objekts des Sehens ist?

Ja. Denn obwohl meine Uhr nicht verschwommen ist, so glänzt sie doch und ist dort drüben. Stellen wir uns vor, ich hätte Folgendes gesagt: Ich sehe dort drüben ein verschwommenes Etwas, das annähernd dreieckig und rot ist. Und nehmen wir an, dass wir eine kausale Verbindung zwischen diesem Eindruck und dem Vorhandensein meiner Uhr an dem entsprechenden Ort festgestellt hätten, die durch die visuellen Zentren meines Gehirns vermittelt wäre. Könnten wir in diesem Fall sagen: »Ich sehe meine Uhr«? Ich glaube nicht.

Ein interessanter Fall sind die sogenannten *mouches volantes.*[15] Sollten Sie einmal daran leiden, dann gehen Sie vielleicht zum Arzt und sagen: »Ich frage mich, ob etwas mit meinen Augen oder meinem Gehirn nicht stimmt. Ich sehe« – oder vielleicht sagen Sie auch: »Mir scheint, ich sehe« – »herumschwimmende Flecken vor meinen Augen«. Worauf der Arzt erwidern würde: »Das ist nicht schlimm. Es ist nicht ungewöhnlich, dass diese Flecken da sind (dass Sie diese Flecken sehen); das sind nur Ablagerungen, die im Inneren des Auges herumschwimmen. Sie sind müde, und deshalb blendet ihr Gehirn die Flecken nicht aus. Kein Grund zur Sorge.« Die Gegenstände, von denen der Arzt sagt, dass Sie sie sehen, sind nicht *vor Ihnen*, wo Sie berichten, dass Sie sie sehen – *dieser* Teil der intentionalen Beschreibung ist von nichts Relevantem wahr. Aber der Arzt sagt nicht nur deshalb, dass Sie die Ablagerungen sehen, weil diese die Ursache für den Seheindruck sind. Es gibt wirklich umherschwimmende Flecken. Würden diese dazu führen, dass Sie ein kleines rotes Teufelchen oder die Ziffer Acht sähen, dann würden wir wohl kaum sagen, dass Sie diese Flecken sehen. Vielleicht kann man sich Fälle vorstellen, in denen das intentionale Objekt keinerlei Anhaltspunkte für eine Beschreibung des material Gesehenen gibt. Aber ich bezweifle, dass das wirklich der Fall sein kann, außer bei einer äußerst konfusen Wahrnehmung. Wie sollte eine genaue intentionale Beschreibung mit einem materialen Objekt zusammenhängen, das damit nichts gemein hat? Wenn wir in einem solchen Fall ins Zweifeln kommen, versuchen wir normalerweise, das scheinbare materiale Objekt zu bewegen, und prüfen dann, ob das verschwommene, nicht farbtreue und an einem falschen Ort erscheinende Abbild sich ebenfalls bewegt.

15 *A. d. Ü.:* Es handelt sich hier um Trübungen des Glaskörpers, die einen charakteristischen visuellen Eindruck erzeugen. Der Betreffende sieht kleine Punkte oder fadenartige Strukturen, die sich auf eine bestimmte Weise zu bewegen scheinen.

Wenn Sie unter den genannten Umständen sagen: »Ich sehe«, aber denken, dass die Objekte eine bloße Illusion sind, dann *beabsichtigen* Sie, mit Ihrer Beschreibung lediglich eine intentionale Beschreibung zu geben; Sie gebrauchen die Worte »herumschwimmende Flecken« in einer abgeleiteten, analogen Weise. Es wäre dann eine Überraschung für Sie, dass Sie Ihren Worten auch eine materiale Bedeutung beimessen dürfen. Im wohlbekannten Fall von H. H. Price' Meskalin-Halluzination, bei der er, ohne jegliche Einschränkung seines Urteilsvermögens, in der Lage war zu beschreiben, was er sah – nämlich einen großen Blätterhaufen auf seiner Tagesdecke, von dem er wusste, dass ein solcher dort nicht wirklich sein konnte –, haben wir es ebenfalls mit einem abgeleiteten Gebrauch zu tun. Das Wort »Blätterhaufen« war lediglich als die Beschreibung eines Eindrucks gemeint.

Es ist wichtig, zu erkennen, dass es oft keine Antwort auf die Frage gibt, ob jemand das Wort »sehen« *material* gebraucht oder nicht – ob der Betreffende also das Wort so gebraucht, dass er das Gesagte zurücknehmen müsste, wenn sich herausstellte, dass es das, was er zu sehen behauptet, gar nicht gibt. Wenn der Betreffende etwas Reales falsch wahrgenommen hat, wird er sich normalerweise korrigieren wollen und sich dafür interessieren, »was er denn in Wirklichkeit gesehen hat«. Aber was ist, wenn er halluzinierte?

Die Frage an den Betreffenden wäre dann: »Gesetzt den Fall, dass es sich tatsächlich um eine Halluzination handelt, würden Sie dann behaupten, dass Sie ›sehen‹ so gemeint haben, dass Sie lediglich die Absicht, mit der Sie Ihre Beschreibung gegeben haben, ändern müssten, so dass Sie nun nicht mehr beabsichtigten, die Beschreibung in ihrem primären Sinn zu gebrauchen, d. h. als eine Beschreibung des *materialen* Objekts des Sehens, sondern dass Sie nun stattdessen beabsichtigten, die Beschreibung in ihrem abgeleiteten Sinn zu gebrauchen, d. h. als Beschreibung eines bloßen *Eindrucks*?«

Wenn uns eine derartige Frage gestellt wird, dann haben wir im Allgemeinen das Recht, sie zurückzuweisen und wie Tommy Traddles zu sagen: »Aber, wissen Sie, das ist nicht der Fall, also werden wir, wenn's recht ist, auch nicht annehmen, dass es der Fall wäre.«[16] Und selbst wenn wir dieses Recht nicht haben, denken wir im All-

16 *A. d. Ü.:* Tommy Traddles ist der beste Freund der Hauptfigur David Copperfield in Charles Dickens' gleichnamigem Roman.

gemeinen nicht darüber nach, was wäre, wenn derartige Annahmen zuträfen, und haben *deshalb* keine Antwort parat. Wir müssen das Wort »sehen« nicht eindeutig so oder anders gemeint haben.

Etwas Ähnliches lässt sich auch über ›Phantomgliedmaßen‹ sagen. Ich betrachte den Körperteil, in dem man den Schmerz fühlt, als das Objekt des folgenden, verbähnlichen, transitiven Ausdrucks: »den Schmerz in ... fühlen«. Wenn *X* beispielsweise keine Füße mehr hat, das aber nicht weiß und sagt, dass er Schmerzen im Fuß habe, dann kann er später entweder sagen, dass er falschlag (»Ich habe dort keinen Löwen gesehen, denn da war gar kein Löwe«). Oder er kann nachträglich erklären, dass er mit »mein Fuß« etwas anderes meint, so dass lediglich ein rein intentionales Objekt des verbähnlichen Ausdrucks gemeint ist. Aber in einem normalen Fall, in dem man Schmerzen hat, muss man nicht im Vorhinein entscheiden, ob man den Ausdruck »Ich habe Schmerzen in ...« so meint, dass man das Gesagte zurücknehmen müsste, wenn sich herausstellte, dass es die genannten Körperstelle nicht gibt, oder ob man ihn so meint, dass es ausreicht, die Beschreibung der Körperstelle anders zu verstehen.

10. Die Wirklichkeit des Vergangenen

Als Erster hat Parmenides das Problem der Wirklichkeit des Vergangenen formuliert: »Was sich denken lässt, das kann auch der Fall sein und umgekehrt.«[1] Also kann man sich nichts denken, was weder der Fall ist noch der Fall sein kann. Was vergangen ist, ist aber weder der Fall, noch kann es der Fall sein. Also kann man sich Vergangenes nicht denken, und folglich trügt der Anschein, dass wir einen Begriff von der Vergangenheit haben.

Der sich daraus ergebende Zweifel ist kein kartesischer Zweifel darüber, was der Fall ist. Die Frage ist nicht: »Könnte es nicht sein, dass all unser scheinbares Wissen über die Vergangenheit in Wirklichkeit falsch ist?« Vielmehr lautet die Frage: »Ist es nicht völlig unmöglich, einen Begriff von der Vergangenheit zu haben?« Daher gibt Parmenides' Bemerkung Anlass zu der Frage: »Wie ist es möglich, dass Aussagen über die Vergangenheit eine Bedeutung haben?«

Im Folgenden geht es nur um solche Gegenstände wie Einzeldinge, Ereignisse, Umstände, Orte, Personen usw. Ich befasse mich nicht mit Abstrakta, allgemeinen Tatsachen oder fiktiven Gegenständen. Wenn ich an meinen Bekannten *A* denke und denke, dass er in Birmingham ist, dann denke ich wirklich an ihn, an *A* selbst, und an Birmingham, an die Stadt selbst, und nicht an irgendwelche vermittelnden Vorstellungen dieser Dinge. Ich könnte das veranschaulichen, indem ich zu meinem Bekannten und der Stadt hinginge und auf sie zeigte. Nicht, dass ich dadurch erklären könnte, was es heißt, dass ich diese Dinge meine, aber ich könnte

1 *A. d. Ü.:* Parmenides, *Über die Natur*, 8.34. Unsere Übersetzung orientiert sich hier am englischen Text und ist recht weit vom griechischen Original entfernt. Eine deutsche Übersetzung des Originals findet sich beispielsweise bei Hermann Diels: »Denken und des Gedankens Ziel ist ein und dasselbe; denn nicht ohne das Seiende, in dem es sich ausgesprochen findet, kannst Du das Denken antreffen. Es gibt ja nichts und wird nichts anderes geben außerhalb des Seienden, da es ja das Schicksal an das unzerstückelte und unbewegliche Wesen gebunden hat. Darum muß alles leerer Schall sein, was die Sterblichen [in ihrer Sprache] festgelegt haben, überzeugt, es sei wahr: Werden sowohl als Vergehen, Sein sowohl als Nichtsein, Veränderung des Ortes und Wechsel der leuchtenden Farbe« (Hermann Diels [Hg.], *Die Fragmente der Vorsokratiker. Griechisch und Deutsch*, Bd. 1, Berlin 1912, S. 157).

dann die Dinge selbst vorzeigen; und es gibt für mich keinen Zweifel, dass ich wirklich die Dinge selbst meine – ebenso direkt, wie ich auch auf sie zeige. Ein Name, den ich für einen wirklich existierenden Gegenstand gebrauche, ist gleichsam ein Pfeil, der auf den Gegenstand zeigt. Und indem ich dem Pfeil folge, komme ich zu dem Gegenstand, auf den der Pfeil aber bereits davor gezeigt hat. Daran zeigt sich, dass es wirklich der Gegenstand selbst und nichts Vermittelndes war, worauf der Pfeil gezeigt hat. Und das, worauf ich dann zeige, ist nicht bloß eine *Veranschaulichung* dessen, was ich meine, wie man etwa eine Verallgemeinerung veranschaulichen kann, indem man auf ein Beispiel zeigt. Es *ist* das, was ich meine. (Auf diese Art kann man Humes Behauptung,[2] dass die Vorstellung der Existenz eines Gegenstandes identisch mit der Vorstellung des Gegenstandes sei, einen Sinn verleihen – wenn auch nicht den von ihm intendierten. Diese Behauptung scheint ja eigentlich absurd zu sein. Richtig ist aber, dass die Vorstellung eines wirklichen Gegenstands nicht die Vorstellung einer Möglichkeit ist, zu der irgendwie noch eine Prise Wirklichkeit dazugetan wird, oder die Vorstellung einer Möglichkeit, der eine Wirklichkeit entspricht.)

Auf den ersten Blick scheint es, als zeige der Name oder die Vorstellung von etwas Vergangenem in genau demselben Sinn auf den entsprechenden Gegenstand, wie das der Name oder die Vorstellung von jedem wirklichen Gegenstand tut. Aber wie sollte das möglich sein, wo doch der entsprechende Gegenstand gar nicht existiert?

Kants Behauptung,[3] dass sich allein durch die Vorstellung der Zeit Veränderung widerspruchsfrei denken lasse, ähnelt der des

2 *A. d. Ü.:* Bei Hume heißt es: »Die Vorstellung der Existenz muß also genau dasselbe sein wie die Vorstellung dessen, was wir uns als existierend vergegenwärtigen«, siehe *Traktat über die menschliche Natur* (übersetzt von Theodor Lipps), Hamburg 1904, 1.2.6, Absatz 4.

3 *A. d. Ü.:* Beim frühen Kant heißt es in *De mundi sensibilis atque intelligibilis forma et principiis*: »Jeder Versuch, den Begriff der Zeit mit Hilfe der Vernunft wo anders herzuleiten oder zu erklären, ist so vergeblich, daß sogar der Satz des Widerspruchs sie vorausschickt und sich als Bedingung unterlegt. Denn *A* und Nicht-*A* widersprechen sich nur, wenn sie zugleich (d. h. in derselben Zeit) an Demselben vorgestellt werden; nach einander (zu verschiedenen Zeiten) können sie ihm zukommen. Deshalb ist die Möglichkeit der Veränderungen nur in der Zeit vorstellbar, und die Zeit wird nicht durch die Veränderungen vorstellbar, sondern umgekehrt« (Immanuel Kant, *Gesammelte Schriften*, Berlin 1900 ff., Band II, S. 401).

Parmenides. Aber Parmenides lehnt den Begriff der Zeit als widersinnig ab, eben weil er zu Widersprüchen führt. Stellen wir uns einmal Folgendes vor: (1) Wir bringen jemandem bei, »rot« zu sagen, wenn vor ihm eine rote Lampe aufleuchtet, »gelb«, wenn eine gelbe Lampe aufleuchtet, usw. (2) Anschließend bringen wir ihm bei, dann »rot«, »gelb« usw. zu sagen, wenn eine entsprechende Lampe an *war*, jetzt aber wieder aus ist. Ein Zuschauer könnte Phase 2 für unsinnig halten, weil der Schüler in Phase 2 nicht korrigiert wird, wenn er »rot« sagt, ohne dass eine rote Lampe leuchtet – im Gegenteil, genau das gilt als richtig. Diesem Zuschauer scheint es, als ob man den Schüler erst lehrte, einer bestimmten Regel zu folgen, und ihn dann lehrte, sie zu brechen. In der Tat werden die in Phase 1 und 2 gegebenen Anweisungen nur dadurch vereinbar, dass wir die Regel, nach welcher der Schüler handeln soll, mit Hilfe der Unterscheidung zwischen Gegenwart und Zukunft formulieren: »Er soll erst lernen, ›ist rot‹ zu sagen, wenn die rote Lampe an ist, und dann ›war rot‹, wenn die rote Lampe nicht an ist, aber an war.« Nun wurde ihm aber gar nicht beigebracht, »ist rot« und »war rot« zu sagen, sondern er sollte immer nur »rot« sagen – zuerst so, wie unter (1), und dann so, wie unter (2) beschrieben. Aber was er in Phase 2 tut, *widerspricht* dem, was er in Phase 1 gelernt hat, es sei denn, wir nehmen an, dass der Ausdruck »rot« in Phase 2 eigentlich »war rot« bedeutet. Es ist natürlich möglich, dass sich der Schüler der Beschreibung gemäß verhält – er kann ja schließlich sein Verhalten den veränderten Umständen anpassen. Aber wenn man die Sache so betrachtet, besteht das Erlernen der Prozedur in Phase 2 zum Teil darin, die Prozedur aus Phase 1 zu verlernen; und das wollen wir nicht behaupten. Wir würden sagen, dass der Schüler in Phase 1 etwas lernt, was er dann in Phase 2 anwendet. Aber genau das, was er in Phase 1 lernt – nämlich die Namen von Farben zu sagen, wenn eine entsprechende Lampe angeht –, gilt in Phase 2 nicht mehr. Er sagt zwar wieder die Farbnamen, aber er gebraucht sie anders als zuvor. Trotzdem sind wir geneigt zu sagen, dass er sie genau wie vorher gebraucht, nämlich indem er bestimmte Worte für bestimmte Farben gebraucht – nur eben jetzt nicht mehr für die Farben, die er gerade *sieht*, sondern für Farben, die er *gesehen hat*. Wie erklärt man nun aber dieses »hat«, das wir eingeführt haben, um behaupten zu können, dass der Schüler die gelernten Farbnamen weiterhin richtig gebraucht? Man ist vielleicht versucht, auf etwas Rotes zu zeigen und zu sagen: »Was der Schüler gesehen *hat*, *war* das Gleiche wie dies hier.« Und wenn man über diese Erklärung nachdenkt, neigt man dazu, sich auf »das Gleiche« und »dies hier« zu konzentrieren, ohne dabei das Problem zu bemerken, das in den Wörtern »hat« und »war« steckt. Um dieses Problem in den Blick zu bekommen, können wir uns vorstellen, dass wir unserem Schüler »das Gleiche« und »dies hier« beibringen und dass er nicht nur die Farbnamen lernt, sondern auch lernt, wenn man ihm verschiedene Farbmuster zeigt, in den richtigen Situationen »das Gleiche wie dies hier« zu sagen. Haben wir ihm damit alles beigebracht, was er braucht, um ohne weiteren Unterricht »*war* das Gleiche wie dies hier« gebrauchen zu können? Anders gefragt: Kann man sich nicht vorstellen, dass unser Schüler zwar bis zu diesem Punkt kommt, aber alle Versuche, ihm Phase 2 beizubringen, scheitern? Wäre es nicht sogar natürlich, wenn er in Phase 2 zögern würde – als ob man ihn zu etwas bringen wollte, wofür man ihn anschließend zurechtweisen wird? Aber nehmen wir an, der Schüler reagiert so, wie unter (2) beschrieben, und gebraucht die Farbnamen entsprechend. Die Erklärung »In Phase 2 bedeutet ›rot‹ eigentlich ›war rot‹« oder »In Phase 2 bezieht sich ›rot‹ auf etwas Rotes, das der Schüler gesehen *hat*« hilft nur jemandem, der schon versteht, was »war rot« bedeutet, und der nicht weiß, dass dies die Regel ist, der gemäß man den Schüler instruiert. Aber wir interessieren uns hier nicht für solche Missverständnisse, sondern für dasjenige, was der Betreffende schon verstehen muss, um diese Erklärungen zu verstehen. Der Gebrauch von »rot« in Phase 2 – oder von »war rot« – ist ein neuartiger Gebrauch von »rot«, dessen hervorstechendstes Merkmal es ist, dass man »rot« sagen kann, wenn es nichts Rotes um einen herum gibt. Wen das philosophisch verblüfft, dem kann man nicht weiterhelfen, indem man sagt, dass »rot« auch dann verwendet werden muss, wenn es etwas Rotes gab. Denn so jemand sucht nach einem Unterschied zwischen einer Situation, wo es etwas Rotes gab, und einer Situation, wo es nichts Rotes gab; und er kann keinen Unterschied finden. »Er sucht den Unterschied in der falschen Richtung, nämlich in der Gegenwart anstatt in der Vergangenheit«, mag man einwenden. Aber was heißt es hier, in der richtigen Richtung zu suchen? Er sucht nach einer Rechtfertigung; denn wo man gerechtfertigterweise »war rot« sagen kann, muss es doch eine Rechtfertigung geben. Aber man scheint keine Rechtfertigung geben zu können, außer indem man wieder etwas von genau derselben Art sagt, also etwas, dessen Rechtfertigung genauso in Frage steht.

Wenn man jemandem beibringen will, mit dem Wort »rot« das Richtige zu meinen, kann man, so scheint es, einfach auf das zeigen, was er meinen soll. Das funktioniert nicht, wenn er mit »war rot« das Richtige meinen soll. Denn wie sollte man seine Aufmerksamkeit auf das lenken, wovon er sprechen soll? Wenn man jemandem das Wort »rot« beibringt, kann man wenigstens sicherstellen, dass der Schüler in die richtige Richtung blickt; und man würde wohl kaum erwarten, ihm das Wort beibringen zu können, wenn das nicht der Fall wäre. Wenn man aber die Vergangenheitsform lehren soll, dann gibt es weder etwas, worauf man die Aufmerksamkeit des Schülers lenken könnte, noch gibt es etwas an ihm, das man auf etwas lenken könnte, um damit seine Aufmerksamkeit auf das Richtige zu lenken, wie das im anderen Fall mit den Augen möglich war. Trotzdem kann der Schüler die Bedeutung von »Da war etwas Rotes« anscheinend nur erfassen, wenn er seine Aufmerksamkeit auf das Richtige richtet, nämlich darauf, dass da etwas Rotes war. Und das geht nur, wenn sein Geist gleichsam in die richtige Richtung schaut. Aber muss er nicht schon eine Vorstellung von der Vergangenheit besitzen, damit sein Geist in die richtige Richtung ›schauen‹ kann? Man könnte meinen, es reiche aus, seine Aufmerksamkeit auf die rote Lampe gelenkt *zu haben*, was man dann wieder ins Gedächtnis ruft, indem man »war rot« sagt. Dass er aber seine Aufmerksamkeit auf die rote Lampe gerichtet *hat*, heißt nicht, dass er *jetzt* eine Erfahrung hat, durch die er den Ausdruck »war rot« erlernen kann. Genau wie das Auftreten einer Folge von Vorstellungen nicht hinreicht, um die Vorstellung einer Folge zu erklären, so reicht auch eine vergangene Erfahrung nicht aus, um die Vorstellung der Vergangenheit zu erklären.

Es scheint, dass der Schlüssel zu diesem Problem in der Erinnerung liegen muss; dass es das Gedächtnis ist, durch das man die Kernbedeutung der Vergangenheitsform erfasst; dass die Erinnerung einem Auge gleicht, mit dem man in die richtige Richtung schauen kann, oder einer Form des Sehens, etwa dem räumlichen Sehen. Wenn also der Schüler in Phase 2 »rot« sagt, sich an das rote Licht erinnert und dieses Licht meint, *dann* gebraucht er »rot« richtig – genau wie er ja auch in Phase 1 »rot« richtig gebraucht, wenn er die rote Lampe sieht und sie meint. Ich weiß, was es heißt, mich an etwas zu erinnern, und eine Erinnerung bezieht sich stets auf Vergangenes. Natürlich kann man von vergangenen Zeiten und Ereignissen sprechen, an die man sich selbst nicht erinnert. Aber, so der gegenwärtige Vorschlag, ein vergangenes Ereignis ist etwas, an das sich jemand erinnern könnte, und derjenige würde dieses Ereignis als ein vergangenes Ereignis erfassen. Andere können seine Aussagen verstehen, weil die grammatische Form, die er zur Beschreibung des Ereignisses gebraucht, aufgrund ihrer eigenen Erinnerung eine entsprechende Bedeutung für sie hat. Ist aber das, woraus man angeblich die Vorstellung der Vergangenheit gewinnt, Erinnerung im Sinne von Wissen oder im Sinne von Erfahrung? Als Erfahrungen unterscheiden sich anscheinende Erinnerungen nicht von wirklichen. Eine anscheinende Erinnerung kann aber falsch sein, und selbst wenn sie korrekt ist, so ist sie keine wirkliche *Erinnerung*, es sei denn, die sich erinnernde Person hat erlebt, woran sie sich (anscheinend) erinnert. Daran zeigt sich, dass man die Vorstellung der Vergangenheit nicht mittels der Vorstellung der Erinnerung als einer Form des Wissens – d. h. als eine Erinnerung, die sowohl korrekt als auch wirklich eine *Erinnerung* ist – ›analysieren‹ kann. Denn diese Analyse würde eine implizite unanalysierte Bezugnahme auf die Vergangenheit beinhalten. Trotzdem kann man, ohne eine solche Analyse geben zu wollen oder Bedingungen angeben zu wollen, unter denen eine Erinnerung Wissen ist, durchaus Beispiele von Erinnerungen geben, die Wissen *sind*.

Ich denke gerade daran, dass ich heute Morgen Kaffee zum Frühstück getrunken habe, und ich bitte den Leser, ebenfalls an etwas zu denken, an das er sich mit Gewissheit erinnern kann. (Meine Prämisse ist nicht, *dass* ich heute Morgen Kaffee getrunken habe. Schließlich wird das wohl kaum das Beispiel des Lesers sein, es sei denn, er hat heute Morgen mit mir Kaffee getrunken und kann sich daran erinnern. Es geht mir darum, dass der Leser eine Vorstellung davon hat, was es heißt, ein entsprechendes Beispiel zu finden.) Und nun sage ich: »Was die Vergangenheitsform bedeutet, müssen Ihnen dieses und ähnliche Beispiele zeigen. Denn hier sind Sie sich gewiss, dass die Erinnerung richtig ist. Und dabei würden Sie doch wohl von ›Wissen‹ sprechen, oder? Wenn man aber etwas weiß, dann muss man auch verstehen, was man weiß. Ihre Erinnerung ist ein Wissen, und daher ist die Bedeutung der

Vergangenheitsform Teil dessen, was Sie in diesem Wissen erfassen. Betrachten Sie genau, was Sie da wissen, und Sie werden die Bedeutung der Vergangenheitsform erfassen.« Nehmen wir an, ich denke an eine Vorstellung *V* von einer Tatsache *T* und ich will die Bedeutung von *V* verstehen. Ich versichere, dass ich weiß, dass *T* der Fall ist, und dass ich *V* dadurch verstehe, dass ich es als eine Vorstellung von *T* verstehe. Wenn ich gefragt werde, woher ich weiß, dass *T* der Fall ist, oder was es heißt, dass *T* der Fall ist, sage ich, dass ich das einfach weiß und verstehe, ohne dieses Wissen weiter erklären zu können. Und genau auf diesem Wissen und Verständnis gründet die Erklärung von *V*. Durch weiteres Nachfragen zieht man *T* nur in Zweifel; und da ich gewiss bin, dass *T*, weise ich solche Fragen zurück.

Aber wie kann ich die Bedeutung von *V* erklären, indem ich es als eine Vorstellung von *T* verstehe, ohne eine andere Vorstellung von *T* zu haben, auf die ich dabei zurückgreife? Wenn man *T* selbst direkt vor sich hat, dann kann man vielleicht um diese Schwierigkeit herumkommen. Aber wenn man *T* nicht direkt vor sich hat und auch gar nicht direkt vor sich haben kann, weil es in der Vergangenheit liegt, dann kann man *V* nicht zu erklären versuchen, indem man auf *T* hinweist. Denn um auf *T* hinzuweisen, braucht man eine Vorstellung von *T*, und hinsichtlich dieser Vorstellung, worin sie auch bestehen mag, stellt sich wieder dieselbe Frage. Das Wissen um eine in der Vergangenheit liegende Tatsache kann nur demjenigen die Bedeutung einer Vorstellung klarmachen, der schon eine *andere* Vorstellung von dieser Tatsache hat. So eine Erklärung ist also trivial und hat keinen philosophischen Wert. Die Behauptung, dass man von etwas *weiß*, was in der Vergangenheit passiert ist, hilft uns daher philosophisch nicht weiter, obgleich ich keinen Zweifel an der Existenz solchen Wissens aufwerfen will. Darauf zu bestehen, man *wisse*, dass etwas passiert sei, heißt, zu behaupten, dass dieses Ereignis passiert *ist*. Wenn die Frage aber ist, was die Aussage, dass es passiert ist, *bedeutet*, dann hilft einem die Antwort, dass es ganz gewiss passiert ist, nicht weiter.

Der Fall liegt aber anders, wenn man das Gesagte so versteht, dass wir den Begriff der Vergangenheit von der Erinnerung als einer *Erfahrung* herleiten, die also weder eine wirkliche Erinnerung sein noch den Tatsachen entsprechen muss. Sowohl falsche als auch bloß scheinbare Erinnerungen haben etwas zum Inhalt, von dem es scheint, dass es passiert ist. Wenn man das sagt, so nimmt man an, dass die Erinnerung uns ermöglicht, die Form der Vorstellung von Vergangenem zu erfassen, indem sie uns mit lauter Vorstellungen von ebendieser Form versorgt – wobei die Unterscheidung zwischen bloß anscheinenden und wirklichen Erinnerungen sowie die zwischen richtigen und falschen Erinnerungen erst später relevant wird. Schließlich ist der *Sinn* einer Vorstellung nicht davon abhängig, ob sie wahr oder falsch ist. Wenn man also annimmt, dass das Verständnis der Vergangenheitsform aus Erinnerungsvorstellungen stammt, und man solche Vorstellungen als das Fundament dieses Verständnisses betrachtet, dann macht man dabei keinen Unterschied zwischen richtigen und falschen Erinnerungen.

Eine andere Möglichkeit: Ich frage mich, woher ich weiß, was die Vergangenheitsform bedeutet. Und dann sage ich mir: »Ich erinnere mich, dass …« Damit gebe ich mir ein Beispiel für eine Aussage über die Vergangenheit, die – so der Gedankengang – für mich einen Sinn hat, weil sie Ausdruck eines Inhalts ist, der sich gegenwärtig in meinem Geist befindet. Ich kann mir hinsichtlich meines Verständnisses der Vergangenheitsform sicher sein, weil es keinen Zweifel daran gibt, was ich da sage; selbst wenn das, woran ich mich erinnere, gar nicht stattgefunden haben sollte oder ich selbst nicht dabei war. Wenn ich mein Verständnis darauf gründe, bin ich also auf der sicheren Seite. Man kann mir nicht vorwerfen, dass ich unter der Hand einen unanalysierten Gebrauch der Vergangenheitsform in meine Erklärung des Verständnisses dieser Form einschmuggele. Denn ich behaupte nur, dass ich meinen eigenen Geistesakt des Mich-Erinnerns verstehe, und ich verstehe diesen Akt, einfach indem ich ihn vollziehe. Und ich behaupte gar nicht, mich auf eine wahre oder eine echte Erinnerung zu beziehen.

Wenn man eine Theorie des Gedächtnisses aufstellen will, liegt es nahe, das Gedächtnis mit der Wahrnehmung zu vergleichen, indem man den Begriff von Erinnerungsdaten einführt und Letzteren jene Stelle zuweist, die Sinnesdaten in der Theorie der Wahrnehmung einnehmen. Wenn wir etwas wahrnehmen, dann empfangen wir durch unsere Sinne bestimmte Eindrücke, und eine wichtige Frage in der Philosophie der Wahrnehmung ist, ob man diese Eindrücke als »Daten« betrachten sollte, als Material für Wahrnehmungsurteile. Wenn jemand etwas wahrnimmt, so kann man ihn bitten, sich auf das sinnliche Erscheinungsbild seiner

Wahrnehmung oder auf die empfangenen Eindrücke zu konzentrieren und diese zu beschreiben. Das folgende Beispiel soll nun Zweifel an der Analogie von Wahrnehmung und Gedächtnis wecken, die durch die Vorstellung von ›Erinnerungsdaten‹ nahegelegt wird. Nehmen wir an, dass ich Zeugin eines Verbrechens wurde und nun behaupte, mich daran zu erinnern, einen gewissen Mann am Tatort gesehen zu haben. Jemand, der nicht glaubt, dass der Mann dort war, muss nicht unbedingt glauben, dass ich lüge oder dass meine Erinnerung falsch sei. Vielleicht hat er eine Wachsfigur entdeckt, die dem Verdächtigen ähnelt, und stellt sie dorthin, wo ich behaupte, den Mann gesehen zu haben. Wenn er sie mir dann zeigt, sage ich vielleicht: »Ja! Genau das habe ich gesehen« oder: »Stellen Sie die Figur etwas weiter da rüber, und machen Sie den Vorhang zu. Jetzt ist es genau so, wie ich es gesehen habe!« Daraufhin wächst in mir vielleicht die Überzeugung, dass mein ursprüngliches Urteil falsch war. Doch selbst wenn das Urteil wirklich falsch gewesen sein sollte, hätte es sich hier nicht um einen Fehler meines Gedächtnisses gehandelt. Auf den ersten Blick scheint der Grund hierfür zu sein, dass ich den Fehler machte, als ich das Verbrechen beobachtete, und nicht, als ich mich an meine Beobachtungen erinnerte. Aber es wäre durchaus möglich, dass ich, als ich das Verbrechen beobachtete, nicht dachte: »Das ist der Soundso«, dass ich gar nicht darauf achtete, was ich beobachtete, und dennoch später sage: »Ich sah den Soundso.« In diesem Fall hätte ich den Fehler allem Anschein nach nicht während des Beobachtens gemacht, sondern erst während des Erinnerns, und trotzdem handelte es sich auch in diesem Fall nicht um einen Fehler meines Gedächtnisses. Aber wäre es hier denn nicht so, dass, *wenn* ich darauf geachtet hätte, was ich beobachte, ich gedacht *hätte*: »Das ist der Soundso«? Schon möglich, dass ich das gedacht hätte. Doch woher weiß ich, was ich gedacht hätte, wenn ich der Sache mehr Aufmerksamkeit geschenkt hätte? Wenn ich sage: »Ich hätte das gedacht, wenn ich der Sache mehr Aufmerksamkeit geschenkt hätte«, dann schließe ich damit nicht notwendigerweise aus, dass eine explizite Überlegung mich unmittelbar zu ganz anderen Gedanken hätte führen können. Mit der Aussage »Ich hätte das gedacht« drücke ich aus, dass es sich nicht um einen Fehler meines Gedächtnisses handelt; sie kann deshalb nicht als *Beweis* dafür dienen. Erinnere ich mich vielleicht nur an einen Geisteszustand, der kein artikulierter Gedanke war, sondern nur der noch-nicht-bewusst-artikulierte Gedanke »Das ist der Soundso«? Erinnere ich mich also *in Wirklichkeit* an diesen noch-nicht-bewusst-artikulierten Gedanken? Aber wenn ich sage: »Ich sah den Soundso«, dann muss ich doch nicht an meinen damaligen Geisteszustand denken. Oder sollten wir sagen, dass ich mich in Wirklichkeit an die sinnliche Erscheinung erinnere, die ich als die Erscheinung dieses Mannes fehlinterpretiert habe und die in Wirklichkeit die Erscheinung einer Wachsfigur war? Aber es kann doch sein, dass ich mich gar nicht an die sinnliche Erscheinung erinnere, bis ich danach gefragt werde oder bis ich die Erscheinung wieder sehe. Und wenn ich sie dann wieder sehe, habe ich einfach eine neue Erinnerung, die mich dazu bringt, meine Meinung zu ändern. Wenn sich jemand an etwas erinnert, dann kann man ihn bitten, sich auf die sinnliche Erscheinung zu konzentrieren, die er gesehen hat. Aber damit lenkt man seine Aufmerksamkeit nicht auf irgendwelche Erinnerungsdaten, vielmehr versucht man damit, eine neue Erinnerung hervorzurufen – eine Erinnerung an Sinnesdaten. Wenn wir also an der Vorstellung von Erinnerungsdaten festhalten wollen, so müssen wir versuchen zu klären, was das ist. Besteht in dem von mir beschriebenen Fall das Erinnerungsdatum etwa einfach in der Erinnerung, dass ich den Soundso gesehen habe? Aber es wäre merkwürdig, das ein Datum zu nennen, denn diese Erinnerung entspricht ja gar nicht der Wahrheit. Also muss das Datum wohl eine Halluzination oder – wie das manchmal ausgedrückt wird – eine »nicht der Wahrheit entsprechende Erscheinung« sein; doch solche Ausdrücke sind hier fehl am Platze. Die Erinnerung ist natürlich ein Urteil. Doch die Frage, ob dieses Urteil das Auftreten eines Datums *ausdrückt* oder indirekter damit zusammenhängt, scheint sich hier nicht stellen zu lassen – es sei denn, wir nehmen an, dass das Datum bereits in der ursprünglichen Situation auftrat; aber das ist nicht das, was man sich unter einem ›Erinnerungsdatum‹ vorstellt. Wenn es uns um ein Datum geht, sollten wir dann nicht vielleicht denjenigen, der sich erinnert, bitten, sich genau auf das zu konzentrieren, was er beim Erinnern erlebt (so wie man auch fragen kann: »Welche Sinneseindrücke haben Sie jetzt, wenn Sie diesen Stuhl sehen?«)? Aber wenn er kein Bild vor Augen hat, dann kann er vielleicht gar kein entsprechendes Erlebnis beschreiben; und er muss nicht notwendigerweise ein Bild vor Augen haben. Man kann natürlich mit »Erinnerungsdaten« auch einfach »erinnerte Daten« meinen, oder man kann Erinnerungen selbst als Daten bezeichnen. (»Die einzigen Daten, nach denen ich mich bei der Rekonstruktion dieser Szene richten konnte, waren die Erinnerungen meines Vaters.«) Aber es wäre falsch, zu behaupten, dass Erinnerungen aus einer besonderen Art von Daten und darauf gegründeten Urteilen bestehen. Die Vorstellung eines Datums stammt ursprünglich aus der philosophischen Diskussion über die Sinneswahrnehmung, bei der es einen Unterschied gibt zwischen der Beschreibung von Eindrücken und der Beschreibung von Gegenständen, wobei keine von beiden auf Schlussfolgerungen beruht. Es hätte einen gewissen Witz, von Erinnerungsdaten zu sprechen, wenn es zwei Arten von Erinnerungsurteilen gäbe: Urteile über Erinnerungseindrücke und Beschreibungen von erinnerten Gegenständen. Wenn man das Gedächtnis und die Sinneswahrnehmung in der soeben beschriebenen Weise als analog betrachtet, dann führt das zu der Annahme, dass eine Erinnerung immer von einem Erinnerungsbild begleitet sein muss. Denn man kann sich schwer vorstellen, was ein Erinnerungsdatum anderes sein könnte als ein Erinnerungsbild. Tatsächlich ist es aber nicht notwendig, dass ein Erinnerungsurteil von einer bildhaften Vorstellung begleitet ist.

Da wir nun die Analyse des Sich-Erinnerns mittels Erinnerungsdaten verworfen haben, scheint es auch nicht mehr so plausibel, dass der Begriff der Vergangenheit von Gedächtnisinhalten abgeleitet ist oder dass Gedächtnisinhalte so unter diesen Begriff fallen, dass er ›in ihnen erkannt‹ werden kann.

Die Beispiele, die wir betrachten müssen, um das Problem zu klären, sind also solche, in denen sich jemand (offensichtlich) an etwas erinnert, ohne dass er ein Erinnerungsbild vor Augen hat. Jemand könnte mich beispielsweise fragen, was ich zum Frühstück getrunken habe, und ich könnte antworten: »Kaffee.« Woraufhin er mich fragt: »Hattest du irgendein Bild vor Augen, als du ›Kaffee‹ sagtest?«, was ich verneine. Und trotzdem habe ich mich doch daran erinnert, dass ich zum Frühstück Kaffee getrunken habe. Wenn ich überlege, was dabei in mir vorgegangen ist, dann kann ich nur sagen, dass ich mich daran erinnert habe oder zumindest scheinbar daran erinnert habe, dass ich heute Kaffee zum Frühstück getrunken hatte. Ich bin mir keines weiteren inneren Vorkommnisses bewusst, das in irgendeiner Hinsicht dafür relevant wäre oder von dem ich sagen könnte, dass darin die Erinnerung bestanden hätte. Wenn wir daran festhalten wollen, dass man die Bedeutung von Aussagen über die Vergangenheit über das Erlebnis des Sich-Erinnerns erfasst, dann müssen wir auch behaupten, dass man diese Bedeutung in solchen Erinnerungserfahrungen wie der eben geschilderten erfassen kann. Aber die einzige relevante Erfahrung, die ich in diesem Fall habe, ist, dass es mir so scheint, als wisse ich, dass die entsprechende Aussage in der Vergangenheitsform wahr ist, und dieses Wissen scheine ich aus direkter Beobachtung zu haben, ohne dabei auf Schlussfolgerungen oder auf das Zeugnis anderer angewiesen zu sein. Daher wird man an dieser Stelle vielleicht Folgendes behaupten: Man versteht die Vergangenheitsform, weil man versteht, was es heißt, zu urteilen, dass etwas geschehen ist, weil man es direkt beobachtet hat, ohne dieses Urteil auf Schlussfolgerungen zu gründen. Gegen diese Behauptung lässt sich aber derselbe Einwand erheben, den wir schon gegen die Ansicht ins Feld geführt haben, dass wir anhand unseres *Wissens* um vergangene Ereignisse erkennen können, was die Vergangenheitsform bedeutet. Wenn man sich die Frage stellt: »Was heißt es, dass dies-und-jenes passiert ist?«, dann hilft einem die Antwort: »Es *ist* passiert« nicht weiter, noch hilft einem die Mitteilung weiter: »Ich habe die Vorstellung davon, dass es passiert ist, aufgrund dessen, dass ich es direkt beobachtet habe und ohne dass mir jemand davon berichten muss.« Denn die Frage ist ja gerade: »Worin besteht diese Vorstellung?« Wenn wir annehmen könnten, dass ein Erinnerungsurteil notwendigerweise in Anbetracht eines davon verschiedenen Erinnerungsdatums gefällt wird, so könnten wir nach etwas an diesem Datum suchen, worin sich der Sinn des Urteils zeigt, oder nach etwas, das eine Grundlage für dieses Urteil darstellt. Ich beschäftige mich aber gerade mit einem Beispiel, in dem etwas allem Anschein nach eine Erinnerung ist, einfach weil es (zumindest allem Anschein nach) das Urteil eines Augenzeugen über die Vergangenheit ist. Wenn ich also behaupte, dass ich aufgrund der Erfahrung des Mich-Erinnerns weiß, was die Vergangenheitsform bedeutet, dann sage ich eigentlich, dass mein Verständnis der Vergangenheitsform auf einer Erfahrung beruht, in der es mir scheint, dass ich etwas über die Vergangenheit weiß, und zwar aufgrund dessen, dass ich es direkt beobachtet habe. Indem ich mich in meiner Erklärung auf das Gedächtnis berufe, berufe ich mich also auf etwas, dessen Verständnis schon ein Verständnis der Vergangenheitsform voraussetzt.

Wir waren versucht, den Begriff des Gedächtnisses zu verwenden, um zu erklären, wie der Schüler, der die Farben der Lampen benennt, nachdem sie ausgeschaltet worden sind, diese Farben auch meinen kann. Wenn er »rot« usw. sagt und sich dabei an die Farben *erinnert*, dann ist sein Verhalten ebenso nachvollziehbar wie intelligent, dann verwendet er das Wort »rot« in Phase 2 durchaus nicht falsch. Denn er verwendet die Farbnamen für die richtigen Gegenstände, so wie er es in Phase 1 gelernt hat; nur dass er sie jetzt für einen vergangenen und nicht für einen gegenwärtigen Gegenstand verwendet. Aber nun scheint es, dass wir nicht verstehen können, was es heißt, dass er »rot« sagt und sich dabei *erinnert*, ohne zu verstehen, was es heißt, dass er ein vergangenes Ereignis meint. Also ist unsere Erklärung überhaupt keine Erklärung, sondern enthält bereits dasjenige, was erklärt werden soll. Und wir können auch nicht behaupten, die Aussage, dass er sich erinnert, impliziere, dass er etwas hat, woran er die Bedeutung der Vergangenheitsform *ablesen* kann. Ich sagte, dass der Schüler intelligent handelt, wenn sein Aussprechen von »rot« ein Ausdruck seines Wissens davon ist, dass in der Vergangenheit eine rote Lampe geleuchtet hat. Doch damit gebe ich keine unabhängig von einem Verständnis der Vergangenheitsform verstehbare *Bedingung* an, unter der seine Äußerung ein solches Wissen ausdrückt.

Das scheint mir die Ansicht aufzunötigen, dass *ich* weiß, was es heißt, ein solches Wissen zu haben (oder anscheinend zu haben), und dass der Schüler in Phase 2 nur dann »rot« als einen Bericht vom Aufleuchten der roten Lampe in der Vergangenheit meinen kann, wenn er dasselbe Verständnis hat, das auch *ich* habe. Nehmen wir an, ich befinde mich in einem bestimmten Bewusstseinszustand: Ich habe jene Art von Erfahrung, die ich eine »Erinnerung« nenne. Wodurch wird dieser Bewusstseinszustand eine Erinnerung an etwas Vergangenes? Die Erinnerung ist eine Vorstellung davon, dass dies-und-jenes geschehen ist. Nehmen wir an, dasjenige, woran ich mich erinnere, ist tatsächlich geschehen und ich habe es tatsächlich beobachtet. Und jetzt habe ich die besagte Erfahrung. Sicherlich könnte ich genau dieselbe Erfahrung auch dann haben, wenn meine Erinnerung nicht richtig wäre und ich das Ereignis nicht beobachtet hätte. Was also macht meinen Bewusstseinszustand oder Bewusstseinsakt zu einer Erinnerung an *genau dieses Ereignis*? Etwa die bloße Tatsache, dass das Ereignis geschehen ist und ich es beobachtet habe? Wenn dem so wäre, dann gäbe es nichts an der Erinnerung selbst, wodurch sie sich auf das tatsächlich stattgefundene Ereignis bezöge. Und wenn das wiederum der Fall wäre, warum sollten wir dann annehmen, dass die Erinnerung etwas mit dem tatsächlich stattgefundenen Ereignis zu tun hat oder dass sich an ihr erkennen lässt, was es heißt, dass etwas geschehen ist? Wenn die Worte »es ist geschehen« für einen Sprecher dadurch Sinn ergeben, dass er sie als Ausdruck eines bestimmten Bewusstseinszustandes betrachtet, dann kann er diese Worte nicht anders verstehen als ebenden Ausdruck dieses Bewusstseinszustandes. Man versteht, was es heißt, in dem entsprechenden Bewusstseinszustand zu sein, indem man die entsprechende Erfahrung hat. Aber was sollte dieser Zustand mit den *Tatsachen* zu tun haben? Wenn ich mich in meiner Erklärung dessen, was es heißt, die Vergangenheitsform zu verstehen, auf die Erfahrung des Sich-Erinnerns stütze, dann lässt sich durch diese Erklärung bestenfalls verstehen, was es heißt, eine bestimmte *Vorstellung* zu haben, die man aus einem ungeklärten Grund als Vorstellung von der Vergangenheit bezeichnet. Ich kann aber nicht behaupten, aufgrund dieser Erklärung zu verstehen, was es heißt, dass etwas *vergangen* ist. Lassen Sie mich das folgendermaßen veranschaulichen: Ich richte meine Aufmerksamkeit auf ein Ereignis, das jetzt gerade vor meinen Augen (oder meinetwegen auch in mir) geschieht. Später kann ich von diesem Ereignis berichten. In welcher Beziehung stünde dieser Bericht dann zu dem gegenwärtigen Ereignis? Wie sollte irgendeine Eigenschaft des Geisteszustands, in dem ich mich *später* befinden werde, eine Verbindung zwischen den Worten herstellen, die ich *dann* ausspreche, und dem Ereignis, das *jetzt* stattfindet? Wenn ich mir die Vergangenheit vor mein inneres Auge rufe und mich frage, wie ich mit dem, was ich sage, etwas Vergangenes meinen kann – wie meine Gedanken etwas in der Vergangenheit erreichen können –, so kann ich dieses Etwas nicht anders erfassen als durch eine Vorstellung. Das legt nahe, dass meine Frage, wie Worte wirklich geschehene vergangene Ereignisse darstellen können, vielleicht unbeantwortbar ist. Wie sollte ich mir ein Ereignis-an-sich unabhängig von meiner Vorstellung desselben vorstellen können, um mich dann zu fragen, in welcher Beziehung meine Vorstellung und das Ereignis-an-sich zueinander stehen?

Mein Beispiel mit dem Ereignis, das jetzt gerade geschieht und von dem ich später berichten werde (das, wie gesagt, auch ein Ereignis in meinem Inneren sein kann), macht ganz deutlich, wie schwierig es ist, eine Eigenschaft meines zukünftigen Bewusstseinszustands zu finden, durch die mein Bericht sich auf *dieses* Ereignis bezieht. Ganz gleich, welche Eigenschaft wir meinem zukünftigen Bewusstseinszustand auch zuschreiben wollen, wenn er diese Eigenschaft besitzen kann, ohne dass meine Erinnerung der Wahrheit entspricht, so steht dieser Zustand in keiner Beziehung zu dem betreffenden Ereignis, außer vielleicht dergestalt, dass er nach dem Ereignis vorliegt und möglicherweise durch das Ereignis verursacht wurde. Aber solche Beziehungen würden den Bewusstseinszustand noch nicht zu einer *Erinnerung* an *dieses* Ereignis machen.

Wir werden den Sinn von Aussagen über die Vergangenheit nicht erklären können, solange wir uns dabei auf etwas Gegenwärtiges stützen, sei es eine gegenwärtige Erinnerung oder das Bewusstsein einer Bedeutung, seien es die Eigenschaften von Vorstellungsbildern oder sonst etwas von dieser Art. Denn entweder spielt die tatsächliche Vergangenheit in solch einer Erklärung gar keine Rolle, oder wir beziehen uns bei unserer Erklärung heimlich auf die Vergangenheit und geben nur vor, das nicht tun zu müssen.

Wenn man über die Bedeutung von Aussagen über die Vergangenheit nachdenkt, dann denkt man oft an Aussagen wie: »Wenn ich (oder ein anderer) damals dort gewesen wäre, dann hätte ich Folgendes gesehen oder gehört: …« So behauptet etwa Rush Rhees, dass man (auch als Phänomenalist) leicht erklären könne, was es heißt, dass ein Gegenstand existiert hat, bevor es Lebewesen gab.

> Wenn es hier Schwierigkeiten gibt, so erstrecken sie sich auf das phänomenalistische Verständnis *jedweder* Aussage über Dinge, die gerade nicht beobachtet werden. […] Der Phänomenalist würde sagen, dass man eine Erklärung geben muss […], die darauf beruht, dass gewisse Beobachtungen möglich gewesen wären. […] Die Frage, ob zu dem entsprechenden Zeitpunkt irgendein Mensch diese Beobachtungen tatsächlich hätte machen können, ist eigentlich irrelevant.[4]

Die wirklich relevante Frage ist aber gar nicht, ob es möglich gewesen wäre, dass Menschen zu dem entsprechenden Zeitpunkt die

4 Rush Rhees, »Critical Notices«, in: *Mind* 56 (1947), S. 374-392, hier S. 380.

entsprechenden Beobachtungen machen, sondern vielmehr, ob wir verstehen, was »zu dem entsprechenden Zeitpunkt« bedeutet. Wir tun so, als ob bereits ein leeres System der Zeiten vorhanden sei und es die einzig verbleibende Aufgabe sei, herauszufinden, was an die unterschiedlichen Stellen des Systems gehört. Wenn mir jemand aufzählte, worin die Kriterien dafür bestehen, dass ein anderer tot ist, so würde ich ihn nicht fragen, an welchem Datum diese Kriterien denn gelten. Es wären Kriterien für jedes beliebige Datum, oder besser gesagt: Das Datum spielt gar keine Rolle. Die Kriterien sagen uns, unter welchen Umständen man etwas Bestimmtes sagen kann. Wir meinen sozusagen, dass uns die Situation, in der die Kriterien für den Gebrauch eines Wortes erfüllt sind, einen Apparat bereitstellt, der den Sinn dieses Wortes festlegt. Aber wir gebrauchen Wörter, ohne einen derartigen Apparat zu haben. Und wenn wir versuchen, Kriterien zu finden, dann denken wir vor allem an die *Möglichkeit*, diese Kriterien anzuwenden. So wird beispielsweise manchmal gesagt, dass es Kriterien dafür gebe, dass ein Tisch vor einem steht; und dann wird die Bedeutung von »Im Zimmer nebenan steht ein Tisch« folgendermaßen erklärt: »Wenn man ins Nebenzimmer ginge, dann würde man … sehen« usw. Man kann sich nun aber vorstellen, dass jemand hinsichtlich der Bedeutung solch hypothetischer Aussagen folgenden Einwand erhebt: Es gibt einen großen Unterschied zwischen »Wenn *p* passieren würde, dann würde auch *q* passieren« und »Wenn *p* passiert wäre, dann wäre auch *q* passiert«. Denn das Antezedens von »Wenn *p* passieren würde, dann würde auch *q* passieren« kann wahr gemacht werden. Die Bedeutung dieses »wenn … dann« kann man verdeutlichen, indem man entsprechend handelt, oder sie zeigt sich an Fällen, in denen das Antezedens wahr ist. Man kann z. B. eine bedingte Drohung aussprechen und sie dann wahr machen, wenn das Antezedens erfüllt wird. Oder man macht eine bedingte Vorhersage und weist darauf hin, dass man richtiglag, falls das Konsequens eintritt; und man sagt, dass man falschlag, wenn es nicht eintritt; wenn das Antezedens selbst nicht eintritt, dann sagt man weder, dass man widerlegt wurde, noch, dass sich die Vorhersage bestätigt hat. Die Bedeutung des Konditionals wird anhand solcher Beispiele erlernt. Doch die Bedeutung einer Konditionalaussage über die Vergangenheit, deren Antezedens nicht wahr ist, kann nicht auf diese Weise erklärt werden. Es scheint unmöglich, dass jemand einen Sinn mit entsprechenden Aussagen verbinden könnte, der nicht bereits in der Lage ist, sowohl Konditionalaussagen mit erfüllbaren Antezedenzien als auch Beschreibungen der Vergangenheit zu verstehen – und zwar Beschreibungen genau derjenigen Vergangenheit, von der in der Konditionalaussage die Rede ist, nicht einer anderen Vergangenheit, an die er sich vielleicht erinnern kann. Wenn wir die Kriterien für das Stattfinden eines bestimmten Ereignisses angeben, indem wir angeben, welche Beobachtungen die Aussage, dass dieses Ereignis stattfindet, rechtfertigen, so folgt daraus, dass, wenn ein solches Ereignis zu einer bestimmten Zeit an einem bestimmten Ort stattgefunden hat, man zu dieser Zeit und an diesem Ort auch entsprechende Beobachtungen hätte machen können. Dabei handelt es sich aber um ein mechanisches Ausbuchstabieren von Folgerungen aus der gegebenen Erklärung; das erklärt nicht, wie Aussagen über die Vergangenheit Bedeutung haben können.

An diesem Punkt ist man geneigt, Folgendes zu sagen: Für eine Aussage über die Vergangenheit kann es gar keine Kriterien in der Gegenwart geben; in der Gegenwart kann es nur entsprechende Hinweise geben. Denn wenn man annimmt, dass es für Aussagen über die Vergangenheit Kriterien in der Gegenwart gibt, muss man dann nicht annehmen, dass sich die Vergangenheit verändern kann? Bringt dann nicht eine Veränderung derjenigen Dinge, die als Kriterien dienen, eine Veränderung des Wahrheitswerts der entsprechenden Aussage über die Vergangenheit mit sich? Aber was geschehen ist, kann nicht durch etwas, das jetzt geschieht, verändert werden. So etwas zu denken wäre absurd – außer in den besonderen Fällen, in denen die Beschreibung eines Ereignisses von dem abhängt, was danach passiert. (Aristoteles z. B. beschreibt so den Gebrauch jenes griechischen Wortes, das oft als »unfreiwillig« übersetzt wird. Er sagt, dass eine Handlung im Nachhinein unfreiwillig werden kann, nämlich wenn sie Folgen zeitigt, die der Handelnde bedauert.)

»Die Vergangenheit kann sich nicht ändern.« Dagegen ließe sich einwenden, dass die Vergangenheit sich ständig verändert: Erst hat ein bestimmtes Ereignis stattgefunden, dann hat ein weiteres stattgefunden usw. Aber das will man mit diesem Satz natürlich nicht bestreiten. Die Dinge entwickeln sich in eine bestimmte Richtung, die sich vielleicht verändern lässt, vielleicht aber auch nicht; manche Handlungen kann man rückgängig machen. Doch wenn man sich wünscht, dass sie nicht ausgeführt worden wären, stellt der Hinweis »Die Vergangenheit kann sich nicht ändern« klar, dass dieser Wunsch unerfüllbar ist. Eine »Veränderung der Vergangenheit« ist Unsinn, was sich daran zeigt, dass, wenn eine Veränderung vorliegt, man immer fragen kann, wann sie stattfand. Wenn die Vorstellung, dass sich die Vergangenheit verändert, Sinn ergäbe, dann müssten wir fragen können: »Wann war es der Fall, dass die Schlacht bei Hastings im Jahre 1066 stattfand?« Und das würde dann nicht etwa so viel heißen wie: »Wann genau im Jahre 1066 fand die Schlacht bei Hastings statt?« Die Vorstellung einer Veränderung der Vergangenheit schließt die Vorstellung ein, dass sich ein Datum datieren lässt. Unter besonderen Umständen kann man dieser Vorstellung natürlich einen Sinn verleihen, beispielsweise bei einer Kalenderreform. Solange man ihr aber nicht so einen besonderen Sinn verleiht – was bei unseren gegenwärtigen Überlegungen nicht weiterhilft –, ist diese Vorstellung Unsinn. Die soeben angestellten Überlegungen räumen mit dem Eindruck auf, dass man mit der Aussage »Die Vergangenheit kann sich nicht ändern« etwas sagt, das einen Sinn hat, aber eine Unmöglichkeit darstellt.

Wenn jemand sagte: »Die Zukunft kann sich nicht ändern; denn wenn es wahr ist, dass etwas geschehen wird, dann wird es geschehen«, würde uns diese Behauptung sicherlich leer erscheinen. Dementsprechend scheint auch die Behauptung: »Wenn es wahr ist, dass etwas geschehen ist, dann ist es geschehen« leer zu sein. Darauf kann man Folgendes erwidern: »Es gibt doch einen Unterschied zwischen der Vergangenheit und der Zukunft, und in diesem Unterschied zeigt sich, was gemeint ist, wenn man sagt: ›Die Vergangenheit kann sich nicht ändern.‹ Wenn etwas geschehen wird, dann wird es geschehen; aber gerade indem es geschieht, verändert sich etwas. Wenn ein Ereignis bereits geschehen ist, dann liegt es nicht mehr in der Zukunft. Die Zukunft ändert sich also in genau dem Sinne, in dem sich die Vergangenheit nicht ändert.« Wenn man die Sache so formuliert, betrachtet man das Geschehen eines Ereignisses als eine irreversible Veränderung an dem Ereignis, wodurch dessen Eigenschaften festgelegt werden. Damit sind zwei Dinge gesagt. Sie lassen sich durch folgenden Vergleich veranschaulichen: Nehmen wir an, vor mir befinden sich Bilder in einer Reihe. Die Bilder zur Rechten repräsentieren die Zukunft, die zur Linken die Vergangenheit. Dann könnte man die Vorstellung, dass das Geschehen eines Ereignisses eine irreversible Veränderung an diesem Ereignis ist, dadurch repräsentieren, dass ich ein Bild nicht mehr aus der Reihe entfernen kann, wenn es sich nach links geschoben hat, wohingegen ich ein Bild auf der rechten Seite entfernen könnte. Die Vorstellung, dass das Geschehen eines Ereignisses dessen Beschaffenheit festlegt, kann dadurch repräsentiert werden, dass die Bilder, indem sie sich nach links an mir vorbeischieben, fixiert werden, wohingegen die Bilder zur Rechten noch veränderbar oder vielleicht sogar nur leere Flächen sind. Dieser Vergleich veranschaulicht detailgetreu, was ich damit meine, dass sich die Vergangenheit nicht ändert. Im Vergleich ist die Unmöglichkeit, die Bilder auf der linken Seite zu verändern oder zu entfernen, etwas, das sich auch anders verhalten könnte. Ich verwende den Vergleich jedoch, um etwas darzustellen, das sich *nicht* anders verhalten könnte. Ich gebe zu, dass die Überzeugungskraft der Vorstellung, dass man eine Tatsache wiedergäbe, wenn man sagt, dass die Vergangenheit sich nicht ändern kann, auf der Neigung beruht, so einen Vergleich anzustellen. In meinem Vergleich ist die Unmöglichkeit eine empirische. Ich behalte den Vergleich bei, sage aber, dass im Original die Unmöglichkeit nichtempirisch ist. Wenn ich aber solche Vergleiche verwerfe, so kann ich nicht sagen, was noch übrig bleibt.

Diese Vorstellung von der Vergangenheit als etwas, das *es gibt* und dem wahre Aussagen über die Vergangenheit entsprechen, wie eine Beschreibung dem Gegenstand, den wir mit ihr vergleichen können, entspricht – diese Vorstellung ist für die philosophische Verwirrung verantwortlich, die der vorliegende Aufsatz bespricht. Denn wenn man versucht, den entsprechenden Gegenstand zu finden, so schlägt der Versuch fehl. Ein Gedanke an die Vergangenheit scheint wie ein Pfeil zu sein, der ins Leere zeigt. Wenn man aber diese ganze Vorstellung für falsch hält, so scheint man damit die Wirklichkeit der Vergangenheit anzuzweifeln. Natürlich präsentiert niemand die beschriebene Vorstellung als eine *Theorie* der Bedeutung von Aussagen über die Vergangenheit. Vielmehr hat man diese Vorstellung einfach – und dann versucht man, sie zu rechtfertigen. Oder man versucht herauszufinden, ob sie überhaupt Sinn ergibt, ob sie irgendeine sinnvoll formulierbare Einsicht enthält oder ob man diese Vorstellung ganz aufgeben kann, ohne damit etwas aufzugeben, das für das Verständnis der Vergangenheitsform wesentlich ist.

Es ist offensichtlich Unsinn, zu sagen, dass sich die Vergangenheit verändert habe. Das allein macht aber noch nicht deutlich, dass es ein ebensolcher Unsinn ist, die Möglichkeit einer solchen Veränderung der Vergangenheit zu bestreiten. Denn es könnte scheinen, als ob die Vorstellung, dass sich die Vergangenheit verändert, unsinnig ist, *weil* diese Unveränderlichkeit absolut notwendig ist. Man kann dieses Problem auch nicht lösen, indem man sagt, dass es sich hier um eine begriffliche Notwendigkeit handelt und nicht um eine Notwendigkeit der Tatsachen. Denn damit ergibt sich die Frage, was eine begriffliche Notwendigkeit ist. Erfassen wir im Begriff gleichsam eine Wahrheit, die sich in der Vorstellung ausdrückt, dass sich die Vergangenheit nicht verändern kann? Und ist es etwa die Aufgabe der Philosophie, dieses Erfassen auf den Punkt zu bringen, es vom Erfassen empirischer Tatsachen zu unterscheiden und die Dinge damit auf sich beruhen zu lassen? Wie kann man in der Vorstellung, dass die Vergangenheit sich verändere, gleichsam eine Bedeutung erfassen, die gar keine Bedeutung ist?

Nehmen wir an, ein Kind will einen Kuchen wiederhaben, den es schon aufgegessen hat. Dass es ihn nicht haben kann, ist eine rein physische Tatsache. Nehmen wir jetzt aber an, es will noch einmal einen Knall hören, den es gehört hat – genau diesen einen Knall, den es schon einmal gehört hat. (Ich ignoriere hier die Schwierigkeit, überhaupt eine solche Annahme zu machen.) Wie könnte es diesen Wunsch auch nur ausdrücken? Der Satz »Mach noch mal diesen Knall!« drückt nicht aus, was wir ausdrücken wollen. Wir können eine höchst künstliche[5] Methode erfinden, um das Verlangte auszudrücken. Wir wissen, wie man Eigennamen verwendet. Wir können also einem einzelnen Knall einen Eigennamen geben und ihn beispielsweise »*K*« nennen. Dann lässt sich der Wunsch des Kindes folgendermaßen ausdrücken: »Ich will den *K* noch einmal.« Und wir sagen, dass es unmöglich ist, diesen Wunsch zu erfüllen. Wenn *K* ein bereits aufgegessener Kuchen wäre, dann wäre die Unmöglichkeit, *K* wiederzubekommen, von einer anderen Art. Dabei drängt sich uns die Vorstellung auf, dass der Grund für diesen Unterschied in der Natur des Kuchens und des Knalls liegen muss und dass wir ebendas erkennen, wenn wir erkennen, dass man *K* nicht noch einmal haben kann, in Fällen

5 Dieser Kunstgriff lässt die Lösung des Problems wesentlich einfacher erscheinen, als sie in Wirklichkeit ist.

wo »*K*« der Name für einen Knall ist. Es scheint, dass wir, indem wir festlegen, dass »*K*« der Eigenname eines Knalls sein soll, die Aufmerksamkeit auf etwas lenken, von dem wir erkennen, dass es nicht noch einmal auftreten kann. Diese Unmöglichkeit liegt in seiner Natur begründet, und zwar nicht in seiner physischen Natur, sondern in seiner logischen Natur. Es liegt in der physischen Natur eines Kuchens und des Verdauungsprozesses – zusammen mit einigen Naturgesetzen –, dass man ihn nicht wiederhaben kann, wenn man ihn einmal aufgegessen hat. Hingegen liegt es – und dabei ist es wichtig, dass wir den Gegensatz und nicht die Gemeinsamkeiten betonen wollen – in der *logischen* Natur eines Knalls, dass man ihn nicht wiederholen kann. Wittgenstein[6] erklärt, warum wir in solchen Situationen – wo wir glauben, einen Unterschied zu betonen – in Wahrheit den zweiten Fall aufgrund der Analogie mit dem ersten Fall missverstehen. In Wirklichkeit ist nämlich unsere Gebrauchsweise des Namens »*K*« – also dass wir *nicht* sagen, dass man *K* wiederholen könne – ein *Teil* (und keine Folge) davon, dass es sich um den Eigennamen eines Knalls handelt. Es handelt sich hier um einen Aspekt der Gebrauchsweise, die »*K*« erst seine Bedeutung verleiht. Wenn man z. B. auf die Bitte des Kindes hin einen zweiten Knall produzierte und damit dessen Wunsch erfüllte, so würde sich daran zeigen, dass »*K*« hier nicht als Eigenname eines Knalls gebraucht wurde. Schließlich können wir nicht behaupten, der Bittsteller sei befriedigt worden, weil er fälschlicherweise dachte, der neue Knall sei noch einmal der alte Knall. Welchen Sinn könnte die Vorstellung der numerischen Identität eines Knalls haben (eine Vorstellung, deren Existenz wir hier vorausgesetzt haben), wenn man einen Knall, den man gerade hört, für identisch halten könnte – wenn auch nur fälschlicherweise – mit einem Knall, den man zuvor gehört hat? Dass »*K*« der Eigenname eines Knalls ist, heißt, dass man nicht davon reden kann, dass *K* noch einmal auftritt. Der Ausdruck »den *K* noch einmal« ähnelt Ausdrücken, die in anderen Kontexten eine Verwendung finden, eben zum Beispiel wenn »*K*«

6 Bei diesem Beispiel habe ich einige Bemerkungen Dr. Wittgensteins aus Gesprächen übernommen. Ich ahme im gesamten vorliegenden Aufsatz seine Ansichten und Diskussionsmethoden nach; aber selbst das Beste, was ich zu Papier bringe, ist lediglich ein fader Abklatsch einiger Aspekte des Originals. Der Wert dieser Arbeit wird also durch meine Fähigkeit begrenzt, Dr. Wittgensteins Werk zu verstehen und zu benutzen.

der Name eines Kuchens ist. Und wenn wir auch den Ausdruck in unseren gegenwärtigen Kontext übertragen, so übertragen wir doch nicht seine Gebrauchsweise. Denn um diese Gebrauchsweise zu übertragen, müssten wir angeben können, unter welchen Bedingungen man sagen kann, dass man *K* noch einmal begegnet, so wie man das angeben kann, wenn »*K*« der Name eines Kuchens ist. Aber obwohl wir die Gebrauchsweise nicht übernehmen, meinen wir einen Aspekt der Bedeutung zu übernehmen, und daher meinen wir, dass der Ausdruck etwas Unmögliches bedeute. Wir meinen, die Unfähigkeit, uns vorzustellen, *K* noch einmal zu begegnen, liege in dem Wesen der benannten Sache begründet. Der wahre Grund ist aber, dass wir für den Ausdruck »*K* noch einmal« in diesem Kontext erst noch einen Gebrauch erfinden müssten; bis jetzt hat der Ausdruck in diesem Kontext nämlich gar keinen Gebrauch. Aber damit ist die Sache noch nicht erledigt. Man meint nämlich nun, dass man dem Ausdruck gar keinen Gebrauch geben *kann*, und das soll heißen, dass man dem Ausdruck nicht denjenigen Gebrauch geben kann, den er in anderen Kontexten hat – denjenigen Gebrauch, den die Worte, aus denen dieser Ausdruck besteht, nahelegen oder an den sie uns zumindest erinnern. Vielleicht gibt man also den Gedanken auf, dass der Grund dafür, warum es unmöglich ist, das Verlangen zu erfüllen, darin liegt, dass es ein Verlangen nach etwas Unmöglichem ist; und man denkt stattdessen, dass es unmöglich ist, weil es unsinnig ist, d. h., weil es eine notwendige Tatsache ist, dass der Gebrauch von »*K*« als der Eigenname eines Knalls den Gebrauch des Ausdrucks »den *K* noch einmal« ausschließt. Und das liegt daran, dass wir keine Umstände beschreiben *können*, unter denen man sagen könnte, dass *K* noch einmal auftrete. Doch wenn wir uns hier auf den Hinweis beschränken, dass man einfach nicht davon redet, dass *K* noch einmal auftrete, so kann das willkürlich und zufällig erscheinen. Es legt den Einwand nahe, dass man das doch tun *könnte*, auch wenn wir, wie die Dinge nun einmal stehen, es nicht tun – es sei denn, es ist eben unmöglich, das zu tun.

Stellen wir uns einen Schüler vor, der folgende Übung lernt – ohne jedwede Verbindung zu seinem sonstigen Reden und Handeln (so wie das bei einem Kind der Fall ist, das ohne irgendwelche Vorbildung Jahreszahlen auswendig lernt): Er lernt, seinem Lehrer Folgendes nachzusprechen: »Die Schlacht bei Hastings war im Jahre 1066; die Schlacht bei Waterloo war im Jahre 1815« und so weiter mit einigen anderen Schlachten. Daraufhin wird das Wort »wann« eingeführt, und zwar folgendermaßen: Der Lehrer fragt: »Wann war die Schlacht bei Hastings?« Der Schüler antwortet »1066« und Entsprechendes bei den anderen Schlachten. Nichts geschieht, was darüber hinausgeht; aber es gibt richtige und falsche Antworten, und der Schüler lernt, nur die richtigen Antworten zu geben. Wenn nun der Lehrer fragt: »Wann war die Schlacht bei Hastings im Jahre 1066?«, dann hat der Schüler nicht gelernt, was er darauf antworten soll. Der bisherige Unterricht dazu, wie man auf Wann-Fragen antworten muss, enthält keinen Hinweis darauf, wie diese neue Wann-Frage zu beantworten ist. Nehmen wir an, der Schüler gibt nicht einfach spontan eine den Lehrer befriedigende Antwort. Dann *könnte* der Lehrer ihm beibringen, etwas auf diese neue Frage zu antworten; doch solange er das nicht tut, gehört diese Frage nicht zur Übung. So wie ich die Übung beschrieben habe, ist sie witzlos. Aber die tatsächliche Sinnlosigkeit von »Wann war die Schlacht bei Hastings im Jahre 1066?« scheint der Sinnlosigkeit derselben Frage in der Übung zu entsprechen. Um der Frage einen Sinn zu verleihen, muss man sich Umstände ausdenken, unter denen es Sinn ergibt, von der Datierung von Daten zu reden, wie beim Beispiel der Kalenderreform. Die Sinnlosigkeit scheint in der Tatsache zu bestehen, dass wir für diese Kombination von Wörtern keine Verwendung haben. Daraus folgt allerdings, dass der einzige Sinn, den man der philosophischen Behauptung, dass sich die Vergangenheit nicht verändere, verleihen kann, darin besteht, dass, wer von einer Veränderung der Vergangenheit spricht, einen Ausdruck hervorbringt, für den es keine Gebrauchsweise gibt und der deshalb *keinen* Sinn hat. Denn wenn man von einer Veränderung der Vergangenheit reden könnte, dann ließe sich auch die Frage stellen: »Wann war die Schlacht bei Hastings im Jahre 1066?« Daraus scheint auch zu folgen, dass die *Art* der Sinnlosigkeit dieser Frage dieselbe ist wie die *Art* der Sinnlosigkeit von Aussagen über eine Veränderung der Vergangenheit. Und die tatsächliche Sinnlosigkeit dieser Frage scheint ihrer Sinnlosigkeit in der eben erfundenen Übung zu gleichen.

Wenn man sich diese Beispiele vergegenwärtigt, ist man weniger geneigt zu sagen: »Die Vergangenheit kann sich nicht verändern« – und dabei so zu tun, als ob man etwas sage, das sich mit einer Aussage über physische Unmöglichkeit vergleichen ließe. Trotzdem scheint die Vorstellung einer Veränderung der Vergangenheit noch eine scheinbare Bedeutung zu haben, und daraus entsteht ein Gefühl der Verwirrung. Denn diese scheinbare Bedeutung besteht darin, dass man versucht ist zu sagen, man könne erkennen, dass es sich bei ihr nicht um eine *legitime* Bedeutung handeln kann. Deshalb scheint es einem, als ob man mit der Aussage, dass sich die Vergangenheit nicht verändern kann, wirklich etwas sagte. Man kann das ausdrücken, indem man sagt, dass »eine Veränderung der Vergangenheit« ein Ausdruck ist, dem man keinen Sinn geben *kann*; womit man dann meint, dass der vage Sinn, den man diesem Ausdruck geben zu können meint, sich nicht in einer Verwendungsweise niederschlagen kann – als ob man diesen Sinn, den man dem Ausdruck eben nicht geben kann, verstehen könnte. Wahrscheinlich wird dieser falsche Eindruck einer scheinbaren Bedeutung durch zwei besondere Verwendungen der Vergangenheitsform hervorgerufen: Erstens formulieren wir manchmal unerfüllbare Konditionalaussagen in der Vergangenheitsform, und zweitens äußern wir manchmal den Wunsch, die Vergangenheit möge anders gewesen sein. Ich habe bereits darauf hingewiesen, dass man sich nicht vorstellen kann, dass jemand die erste Verwendung der Vergangenheitsform versteht, ohne dass er bereits das Konditional und Sätze im Indikativ der Vergangenheitsform versteht. Ähnliche Bemerkungen ließen sich *mutatis mutandis* auch hinsichtlich der zweiten Verwendung machen. Man kann sich vorstellen, dass es einen Volksstamm gibt, dessen Sprache keinen Ausdruck für den Wunsch hat, die Vergangenheit möge anders verlaufen sein. Man könnte so einen Wunsch zwar in ihrer Sprache formulieren – indem man den Ausdruck für einen Wunsch mit der Vergangenheitsform verbindet –, aber der resultierende Satz würde sich für diese Leute völlig unverständlich anhören oder wie ein grammatischer Fehler. Wenn es solche Leute gäbe, so würden sie sich psychologisch wohl sehr von uns unterscheiden. Die Tatsache, dass so ein Wunsch für uns Sinn ergibt, kann dabei helfen, zu erklären, warum der Satz »Die Vergangenheit kann sich nicht ändern« eine echte Aussage zu sein scheint. Wenn ich mich aber frage: »Warum ergibt dieser Wunsch für uns Sinn?«, so finde ich darauf keine Antwort außer derjenigen, dass wir die Vergangenheitsform auf diese Weise in Verbindung mit Wünschen gebrauchen.

Ich habe mich mit der Aussage »Die Vergangenheit kann sich

nicht ändern« beschäftigt, weil ich mich mit der Idee auseinandergesetzt habe, dass die Kriterien für Aussagen über die Vergangenheit in der Gegenwart liegen müssen.[7] Dass die Kriterien für Aussagen über die Vergangenheit in der Gegenwart liegen, schien die Möglichkeit einer Veränderung der Vergangenheit zu implizieren. Das wiederum war deshalb der Fall, weil man, wenn man die Kriterien für eine Aussage angibt, zu behaupten scheint – und vielleicht auch tatsächlich behauptet –, dass man damit eine Übersetzung oder eine Analyse dieser Aussage gibt. Und in diesem Fall würde aus einer Veränderung der Dinge, die als Kriterien für Aussagen in der Vergangenheitsform dienen, folgen, dass sich der Wahrheitswert der Aussage ändert. Wenn man aber die Vorstellung aufgibt, dass die Kriterien anzugeben eine Übersetzung anzugeben heißt, so ergibt sich diese Folgerung gar nicht. Es ist ganz fraglos der Fall, dass wir Kriterien in der Gegenwart für Aussagen über die Vergangenheit verwenden; aber es ist auch so, dass uns keine Veränderung dazu bringen könnte, zu sagen: »Es war früher einmal der Fall, dass Brutus Caesar getötet hat, aber seit dann-und-dann ist es so, dass Caesar Brutus getötet hat.« Man kann sich durchaus Veränderungen vorstellen, welche die Anwendung gegenwärtiger Kriterien für Aussagen über die Vergangenheit unmöglich machen würden: beständige, sich widersprechende Veränderungen der Erinnerungen aller Leute, chaotische Veränderungen von Denkmälern und Dokumenten usw. Ich bin nun versucht, Folgendes zu sagen: Was immer auch geschehen mag – und die eben genannten Dinge sind durchaus vorstellbar –, es kann durch nichts, was in der Zukunft geschieht, wahr werden, dass Ereignisse in der Vergangenheit *nicht mehr* geschehen sind – und zwar so, wie sie tatsächlich geschehen sind, ganz gleich, ob jemand davon weiß oder nicht. Durch den Ausdruck »nicht mehr« zeige ich aber, dass ich nicht richtig begriffen habe, was es heißt, dass die Frage »Wann war die Schlacht bei Hastings im Jahre 1066?« keinen Sinn ergibt. Denn nun könnte man einwenden: »Ja, Brutus hat Caesar getötet. Aber wie sollte man diesem Satz einen anderen Sinn verleihen als denjenigen, der ihm aufgrund desjenigen Gebrauchs eigen ist, anhand dessen man den Satz gelernt hat? Wie kann man denken, dass man dem irgendetwas hinzufügt, indem man sagt, dass nichts geschehen kann,

7 *A. d. Ü.:* Siehe oben, S. 277.

durch das der Satz ›nicht mehr‹ wahr ist?« Aber es geht ja nicht um die Behauptung, dass etwas den Satz falsch machen könnte. Es geht darum, dass etwas den Sinn des Satzes zerstören könnte, dass etwas es unmöglich machen könnte, dass der Satz einen Sinn hat. Man ist versucht zu sagen, dass die Wahrheit des Satzes außerhalb der Reichweite von allem liegt, wodurch der Gebrauch des Satzes zerstört werden könnte. Es ist, als ob man *durch* den Gebrauch *hindurch* auf die Tatsache blickt, auf die sich der Satz bezieht.

Möglicherweise lasse ich mich in der gegenwärtigen Diskussion zu sehr von dem Gedanken leiten, dass eine philosophische Untersuchung der Bedeutung der Vergangenheitsform klarmachen müsse, was man weiß, wenn man etwas über die Vergangenheit weiß, oder von dem Gedanken, dass eine solche Untersuchung den Begriff der Vergangenheit rechtfertigen müsse (im Gegensatz zu den gewöhnlichen Rechtfertigungen einzelner Aussagen über die Vergangenheit). Als ich das Beispiel von dem Schüler besprach, dem farbige Lampen gezeigt werden, suchte ich nach etwas, wodurch das, was der Schüler zu sagen gelernt hat, für eine Lampenfarbe steht. Nun kann man mir entgegenhalten: »Du wirst nicht finden, wonach du suchst. Du hast ja selbst gezeigt, dass es gar nichts von der *Art* des Gesuchten geben kann. Über etwas in der Vergangenheit zu sprechen heißt, eine gewisse Praxis auszuüben, die man dem Schüler im obigen Beispiel beigebracht hat. Das Beispiel war natürlich recht künstlich; aber eine Beschreibung, die im Prinzip ganz ähnlich wäre – nur viel detailreicher und komplizierter –, würde angeben, wie man Wörter gebraucht, um über die Vergangenheit zu sprechen. Und Wörter in dieser Weise zu gebrauchen *heißt*, über die Vergangenheit zu sprechen.« Diese Kritik ist aus vielerlei Gründen sehr überzeugend. Insbesondere lässt sich mit dem Begriff der Bedeutung, den diese Kritik verwendet, das Problem lösen, dass ein Sinn nicht nur in einer wahren, sondern auch in einer falschen Darstellung vorkommt. Denn diese Tatsache legt den Gedanken nahe, dass man bei der Untersuchung dessen, was eine Vorstellung bedeutet, von der Erfahrung ausgehen sollte, die entsprechende Vorstellung zu haben, ganz gleich, ob diese wahr oder falsch ist. Und damit gerät man in Schwierigkeiten, wenn man die Vorstellung zu den Tatsachen in Beziehung setzen will. Nehmen wir an, eine Person *A* sitzt neben einer Person *B*, die einer dritten Person *C* über das Telefon Mitteilungen darüber macht, was sich vor *A* und

B abspielt. *A* hört und sieht zu, und es kommen dabei Wörter vor, deren Bedeutung *A* nicht kennt, die er aber bei dieser Gelegenheit lernt. (Was sich daran zeigt, dass er sie danach richtig gebraucht.) Person *C* erfährt dabei etwas Neues über die entsprechenden Tatsachen, Person *A* hingegen erfährt nichts Neues über die Tatsachen, sondern über die Bedeutung bestimmter Wörter. Wenn wir annehmen, dass *B* lügt, so wird *C* dadurch falsch über die Situation informiert. *A* hingegen wird nicht falsch informiert, sondern *A* lernt – sofern denn überhaupt etwas mit ihm passiert – lediglich für manche Worte die falsche Bedeutung. In einem solchen Szenario kann *A* nicht die richtige (d. h. die gewöhnliche) Bedeutung der Wörter lernen; das geht nur, wenn die Wörter dazu gebraucht werden, *wahre* Mitteilungen zu machen. Dabei ist es nicht so, dass *A* sieht, unter welchen Umständen die Mitteilungen wahr *sind*; denn er kann nicht sehen, dass eine Aussage wahr ist, wenn er ihre Bedeutung nicht kennt. Die Umstände, die eine Bemerkung wahr machen, und die Umstände, die den Sinn der Bemerkung deutlich machen, können dieselben sein; und man ist sehr geneigt zu denken, dass das Verständnis eines Sinns im Erfassen einer Tatsache oder einer scheinbaren Tatsache besteht. Nimmt man das aber an, so taucht die Ausgangsfrage »Worin besteht das Verständnis eines Sinns?« erneut auf; diesmal hinsichtlich des Sinns der Beschreibung *derjenigen* Tatsache, oder scheinbaren Tatsache, die man erfassen muss, um den Sinn zu verstehen.

Es gibt jedoch folgenden Einwand dagegen, eine Beschreibung des Gebrauchs als eine Antwort auf die Frage nach der Bedeutung der Vergangenheitsform zu akzeptieren: Letzteres scheint nahezulegen, dass dasjenige, was wir wissen, wenn wir etwas über die Vergangenheit wissen, Wissen um einen Gebrauch ist. Oder vielleicht besser (weil man schlecht behaupten kann, jemand habe Wissen von einem Gebrauch, ohne ihn beschreiben zu können): Man kommt mit dieser Untersuchungsmethode allem Anschein nach zu dem Ergebnis, dass, wer etwas von der Vergangenheit weiß, eigentlich nichts wissen kann, außer dass man bestimmte Wörter auf eine bestimmte Weise gebraucht. Diesem Einwand liegt jedoch ein Missverständnis hinsichtlich des Zwecks der Beschreibung des Gebrauchs zugrunde; denn diese Beschreibung dient nicht dazu, klarzumachen, was man eigentlich weiß, wenn man etwas von der Vergangenheit weiß. Wäre das der Zweck der Beschreibung, so könnte sie ihn in der Tat nicht erfüllen. Denn man muss die Vergangenheitsform *schon* verstehen, um z. B. die Beschreibung zu verstehen, die ich von der Praxis des Schülers mit den farbigen Lampen gegeben habe – schließlich habe ich in dieser Beschreibung die Vergangenheitsform verwendet. Der Zweck der Beschreibung liegt vielmehr darin, uns dazu zu bringen, uns nicht mehr zu fragen: »Was weiß ich in so einem Fall eigentlich?«, und damit aufzuhören, nach einer Grundlage unserer Vorstellung von der Vergangenheit zu suchen. Ich habe bereits die Verwirrung erwähnt, die dadurch entsteht, dass man nach einer *Rechtfertigung* für »rot« oder »war rot« in Phase 2 des oben beschriebenen Unterrichts sucht und nichts finden kann, was dem Gesuchten entspricht. Wenn ich also die Frage »Wodurch hat die Vergangenheitsform eine Bedeutung?« mittels einer Beschreibung des Gebrauchs beantworte, so liegt der Zweck meiner Antwort darin, uns auf den Gedanken zu bringen, dass die ganze Suche nach einer Rechtfertigung ein Fehler ist.

Bisher habe ich nur von demjenigen Gebrauch der Vergangenheitsform gesprochen, bei dem ein Augenzeuge etwas wiedergibt, wovon er Zeuge geworden ist. Aber wir teilen auch anderen etwas über die Vergangenheit mit, verlassen uns selbst auf solche Mitteilungen anderer, hören und erzählen Geschichten, ziehen Schlüsse über die Vergangenheit, stellen Vermutungen über die Vergangenheit an, gebrauchen unerfüllbare Konditionalaussagen über die Vergangenheit, drücken Wünsche hinsichtlich der Vergangenheit aus, stellen historische Thesen auf und strengen entsprechende Untersuchungen an. Würden wir den Gebrauch der Wörter in all diesen Situationen beschreiben, so wäre diesen Beschreibungen eine Eigenschaft gemeinsam: Die Beschreibungen würden keine wirklichen Ereignisse erwähnen, die dem betreffenden Satz (oder Teilsatz) entsprechen, so wie das bei der Beschreibung des Gebrauchs der Vergangenheitsform geschieht, bei dem man etwas berichtet, das man selbst erlebt hat. Daraus scheint sich kein Problem zu ergeben, außer bei jenem Gebrauch der Vergangenheitsform, mit dem Aussagen über tatsächlich vorgefallene Ereignisse gemacht werden sollen. In diesen Fällen hat man nämlich den Eindruck, dass einem die philosophische Beschreibung dessen, was es heißt, um die entsprechende Tatsache zu wissen, notwendigerweise auch sagt, *was* es ist, was man weiß, wenn man solches Wissen besitzt, d. h., worin die Tatsache selbst besteht. Und da die Beschreibung diese Tatsache selbst nicht erwähnt, scheint es, als ob damit dasjenige, worin unser Wissen eigentlich besteht, auf dasjenige reduziert wird, was man in der Beschreibung erwähnt.

Nun kann aber anscheinend keine Theorie des Wissens bei der Beschreibung dessen, was man weiß, wenn man um eine Tatsache in der Vergangenheit weiß, die Erwähnung von tatsächlich vorgefallenen Ereignissen zulassen – außer von solchen, an die sich die entsprechende Person erinnert. Und soweit ich sehen kann, erlaubt einem allein die wittgensteinsche Theorie der Bedeutung, bei einer Erklärung des Wissens um ein *vergangenes*, persönlich beobachtetes Ereignis tatsächlich vorgefallene Ereignisse zu erwähnen, ohne sich damit einer *petitio principii* schuldig zu machen. Dies ermöglicht genau derjenige Aspekt der Theorie, der am schwersten zu akzeptieren ist, nämlich dass Wittgenstein das Bemühen kritisiert, eine Rechtfertigung zu geben, dass er den Wunsch angreift, zu sagen: »Aber man sagt doch ›war rot‹, weil man weiß, dass die Lampe rot *war*!« Man sagt unter diesen Umständen[8] »war rot« (nicht: wenn man *erkennt*, dass diese Umstände vorliegen), und darin *besteht* dasjenige, was man unter diesen Umständen das »Wissen um die vergangene Tatsache« nennt. Dies zu sagen bedeutet aber nicht, dass man eine Analyse dessen geben will, was es ist, was man da weiß. Wenn man nun weitergeht und ähnliche Beschreibungen des Gebrauchs von Aussagen über die Vergangenheit gibt, die *keine* eigenen Erinnerungen wiedergeben, und wenn man in solchen Beschreibungen eine Antwort auf die Frage findet, wodurch solche Aussagen eine Bedeutung haben, so werden diese Beschreibungen keine tatsächlich vorgefallenen Ereignisse erwähnen. Da diese Beschreibungen aber keine Analysen oder Übersetzungen sein sollen, haben wir auch nicht die Schwierigkeit, dass es scheint, als hätten wir die tatsächlichen Ereignisse weganalysiert. Wir sagen dann: »Unter diesen Umständen sprechen wir davon, dass jemand dies-und-jenes weiß; durch diesen Gebrauch hat eine solche Aussage einen Sinn.« Es ist ein Ziel dieser Beschreibung, einen davon abzuhalten, die Frage zu stellen: »Was ist es eigentlich, was man da weiß?« – außer so, wie man diese Frage im Alltag, d. h. auf nichtphilosophische Weise, stellt. Und wenn nun einer

8 *A. d. Ü.:* An dieser Stelle kann man den Umstand, dass die Lampe rot war, benennen, ohne sich damit einer *petitio principii* schuldig zu machen. Schließlich beschreiben wir nun den Gebrauch und geben keine Analyse.

sagt: »Jetzt scheint es mir aber, dass ich eigentlich gar kein Wissen von der Vergangenheit besitze; ich kann lediglich sagen, dass ich bestimmte Wörter auf diese-und-jene Weise gebrauche«, so lautet die Antwort darauf: Der Satz »Ich habe kein Wissen von der Vergangenheit« hat einen Sinn (z. B. wenn ihn jemand ausspricht, der sein Gedächtnis verloren hat), und dieser Sinn stimmt sicherlich nicht damit überein, wie der Satz hier verwendet wird; in der neuen Gebrauchsweise, in der man den Satz in dem Einwand verwendet, hat man ihm aber noch keinen Sinn gegeben.

III Exegetische Aufsätze

11. Denken und Handeln bei Aristoteles

Was ist »praktische Wahrheit«?

Ist das, was Aristoteles an verschiedenen Stellen der *Nikomachischen Ethik* über προαίρεσις (meistens als »Wahl« übersetzt) sagt, konsistent? Es scheint sich dabei folgende klare Inkonsistenz zu ergeben: Einerseits sagt Aristoteles in Buch III,[1] dass man dasjenige *wählt*, »wofür die Überlegung sich entschieden hat«[2] (τὸ ἐκ τῆς βουλῆς κριθὲν προαιρετόν ἐστιν).[3] Doch gleichzeitig besteht er an mehreren Stellen darauf, dass der Willensschwache, der ἀκρατής, sein Tun nicht wählt. Mit anderen Worten, Aristoteles bezeichnet es nicht als das Ergebnis einer Wahl, wenn der Willensschwache etwas tut, das er selbst nicht gutheißt. Der Willensschwache handelt nicht aufgrund einer Wahl (ἐκ προαιρέσεως), nicht wählend (προαιρουμενος). Andererseits erwähnt Aristoteles in Buch VI[4] die Möglichkeit eines kalkulierenden Willensschwachen, der *durch Berechnung* erreicht, was er sich vornimmt, ἐκ τοῦ λογισμοῦ τεύξεται, und folglich richtig überlegt hat: ὀρθῶς ἔσται βεβουλευμένος. Aristoteles vertritt also folgende drei Thesen: (1) Eine Wahl wird immer durch Überlegung bestimmt. (2) Insofern der Willensschwache willensschwach handelt, wählt er seine Handlungen nicht. (3) Manchmal bestimmt der Willensschwache durch Überlegung, was zu tun ist, selbst wenn er gegen seine eigene Überzeugung handelt.

Falls wir annehmen, dass es sich bei jedem Fall, in dem etwas durch Überlegung bestimmt wird, um eine Wahl handelt, müssen die genannten Textstellen zweifellos als inkonsistent gelten. Und diese Annahme wird anscheinend durch obige Aussage nahegelegt: »Wofür man sich aufgrund von Überlegung entschieden hat, ist eben das Gewählte.«

1 Aristoteles, *Nikomachische Ethik* (*EN*), 1113a4.

2 *A. d. Ü.:* Diese Übersetzung orientiert sich an der von Eugen Rolfes (Leipzig 1985). Die weiteren Übersetzungen von Zitaten aus der *Nikomachischen Ethik* folgen entweder ebenfalls Rolfes' Übersetzung oder der von Ursula Wolf (Reinbek b. Hamburg 2006) – je nachdem welche besser zu Anscombes Text passt. (Die zugehörigen Fußnoten machen entsprechende Angaben.)

3 *A. d. Ü.:* Im Original heißt es: »τὸ γὰρ ἐκ τῆς βουλῆς κριθὲν προαιρετόν«.

4 *EN* 1142b18.

Falls Aristoteles sich aber nicht widerspricht, dann muss »Wahl« bei ihm mehr bedeuten als *nur* ein Bestimmen durch Berechnung oder Überlegung. Für letztere Annahme spricht Folgendes: Obwohl er sagt, dass dasjenige, was durch Überlegung bestimmt wird, gewählt *ist* (κριθὲν ἐκ τῆς βουλῆς), macht der *Kontext* doch klar, dass Aristoteles hier mit »Überlegung« ein Nachdenken darüber meint, was man *in Anbetracht der eigenen Ziele* zu tun habe; und dass er unter solchen »Zielen« Dinge versteht wie Ehre, Gesundheit, ein tugendhaftes Leben, ein Leben in Reichtum oder eines, das dem Wissen oder der sinnlichen Lust gewidmet ist. Nun ist es aber nicht das übergeordnete Ziel des Willensschwachen, des ἀκρατής, ein Leben voll sinnlicher Genüsse zu führen; vielmehr hat er eine *auf einen Einzelfall beschränkte* Absicht – beispielsweise, die Frau seines Nachbarn zu verführen.

Durch diese Lesart lässt sich der Widerspruch vermeiden. Denn ihr zufolge kann eine »Wahl« nicht durch irgendeine beliebige Überlegung bestimmt werden; es muss sich vielmehr um eine Überlegung darüber handeln, wie man einen Gegenstand seines *Willens* (βουλήσις) bekommt – im Gegensatz zu einem Gegenstand der bloßen *Begierde* (ἐπιθυμία). Dieser Unterschied besteht selbst im Falle des ἀκόλαστος, des Zügellosen. *Dessen Wille* ist es nämlich, *seine Begierden zu befriedigen, seine sinnlichen Triebe*. Seine Entscheidung, beispielsweise die Frau des Nachbarn zu verführen, ist nicht nur Ausdruck seiner Wollust, sondern auch eine »Wahl«, und zwar deshalb, weil sein Lebensziel *darin besteht*, seine Wollust zu befriedigen. Dass er dieses Ziel hat, muss gezeigt werden, bevor man von jemandem, der seine »Begierden« auf üble Weise zu befriedigen sucht, sagen kann, dass seine »Wahl« schlecht sei.

Das soeben Gesagte scheint mir zwar Aristoteles' Ansichten wiederzugeben, es legt aber folgenden Einwand nahe: Im Allgemeinen lassen sich die ›Ziele‹ der Menschen bei Weitem nicht so einfach in die zwei angedeuteten Kategorien einteilen, wie Aristoteles sich das vorstellt. Nehmen wir einmal an, der »Wille« (βουλήσις) sei einfach das Streben (ὄρεξις), mit dem man sich *in* allem, was man absichtlich tut, auf sein jeweils letztes Ziel bezieht. Dann lässt sich vom Willensschwachen, den *EN* 1151a2 im Blick hat, durchaus sagen, dass er zum Zeitpunkt seiner Berechnungen den *Willen* hat, die Frau seines Nachbarn zu verführen, oder einen Willen zur damit verbundenen Lust. (Denn der Willensschwache, der kalkuliert, wie er bekommt, was ihn reizt, gehört ja zweifellos zum Typus der Schwachen und nicht zum Typus der Impulsiven.)[5] Die Tatsache, dass er deshalb ein schlechtes Gewissen hat, scheint irrelevant für die Frage, *ob die Verführung einstweilen sein Ziel ist.* Es ist aber genau dieses schlechte Gewissen, das ihn zu einem Willensschwachen im Unterschied zu einem Zügellosen macht, zu einem ἀκρατής im Unterschied zu einem ἀκόλαστος.

Vielleicht kann man den Vorwurf der Inkonsistenz aber auch zurückweisen, ohne sich dem Einwand auszusetzen, man gehe unrealistischerweise davon aus, dass alle menschlichen Ziele sich eindeutig einordnen ließen. Denn manche Überlegungen, die dem Treffen einer »Wahl« (προαίρεσις) dienen, beruhen auf vorausgegangenen »Wahlen«. Wie in *EN* 1144a20 deutlich wird, stellen wir manche Überlegungen mit Blick auf die *Ausführung* einer »Wahl« an: »Dass nun die Wahl die rechte sei, ist das Werk der Tugend, dass aber alles das geschehe, was von Natur aus zum Erreichen des von der Tugend gewählten Zieles dient, ist nicht das Werk der Tugend, sondern eines anderen Vermögens – der Geschicklichkeit.«[6] (Τὴν μὲν οὖν προαίρεσιν ὀρθὴν ποιεῖ ἡ ἀρετή, τὸ δ' ὅσα ἐκείνης ἕνεκα πέφυκε πράττεσθαι οὐκ ἔστι τῆς ἀρετῆς ἀλλ' ἑτέρας δυνάμεως.)

Auch im Buch III spricht Aristoteles darüber, dass wir *versuchen,* den Ergebnissen unserer Überlegungen gemäß zu handeln: »Scheint es dagegen möglich, versucht man zu handeln. Möglich ist, was durch uns geschehen *kann.*«[7] Man kann sich also für etwas entscheiden, wenn man denkt, dass es möglich sei und dass es ein Mittel zum Erreichen der eigenen Zwecke sei. *Dass* man dann entsprechend handelt (oder es zumindest versucht), stellt eine »Wahl« dar, und an diese Wahl können sich weitere Überlegungen darüber anschließen, wie denn zu verwirklichen sei, was da möglich scheint. In Buch III wird nirgends nahegelegt, dass das Streben (ὄρεξις) nach einem direkt verfügbaren Mittel (das erstrebt wird, um ein weiteres

5 *A. d. Ü.:* Aristoteles teilt die Willensschwachen – in Wolfs Übersetzung als die »Unbeherrschten« bezeichnet – in zwei Typen ein: die Schwachen und die Impulsiven (s. *EN* 1150b19-28).

6 *A. d. Ü.:* Das Originalzitat endet wie folgt: »[...] ist nicht das Werk der Tugend, sondern eines anderen Vermögens. Wir müssen uns das noch deutlicher zum Verständnis bringen und noch etwas ausführlicher davon reden. Es gibt ein Vermögen, das man als *Geschicklichkeit* bezeichnet« (*EN* 1144a20-25, Übersetzung von Rolfes).

7 *EN* 1112b26 [Übersetzung von Wolf].

Mittel zu erreichen, für das man sich schon entschieden hat) nicht selbst *auch* eine »Wahl« (προαίρεσις) darstellt. Wenn wir aber die Behauptung (aus Buch III, 1111b14), dass der Willensschwache sein willensschwaches Handeln nicht *wählt* (προαιρούμενος), mit den Ausführungen zum berechnenden Willensschwachen aus Buch VI in Einklang bringen wollen, so müssen wir Folgendes sagen: Wenn eine Überlegung über die Ausführung einer Entscheidung zu einer Handlung führt – wenn unser Willensschwacher etwa geschickt eine Annäherung an die Frau einfädelt –, die Entscheidung selbst aber nicht das Ergebnis einer Überlegung war, dann ist das Handeln kein Fall von »Wahl«.

Obwohl also Aristoteles das Überlegen als etwas beschreibt, das erst bei dem, was man hier und jetzt tun kann, sein Ende findet, und obwohl er »Wahl« als dasjenige beschreibt, was durch Überlegung erreicht wird, darf uns das nicht zu dem Gedanken verleiten, dass ein Gegenstand der »Wahl« *nur* dort erreicht werde, wo es keinen Raum für irgendeine weitere Überlegung mehr gibt.

So weit diese zweite Verteidigung der aristotelischen Position. Nun hat uns ja die erste Verteidigung im Unklaren darüber gelassen, was Aristoteles unter einer βουλήσις, einem »Willensakt«, versteht; denn anscheinend ist die Lust, die der berechnende Willensschwache erstrebt, kein Gegenstand seines Willens. Ähnlich aber lässt uns nun die zweite Verteidigung im Dunkeln darüber, was eine »Wahl« ist. Man könnte ja durchaus meinen, wir wüssten, was eine »Wahl« ist. Denn ›was man hier und jetzt tun kann, was sich als Ergebnis einer Überlegung darüber ergibt, wie man ein Ziel erreichen kann‹ – die erste Ursache (πρῶτον αἴτιον), das Letzte im Ermitteln und das Erste im Ausführen –, das scheint doch ein relativ klarer Begriff zu sein.[8] Wenn man aber Überlegungen darüber anstellen kann, wie man eine »Wahl« am besten ausführt – und das muss auf der Grundlage des Textes zugestanden werden –, wo genau tritt dann die erste »Wahl« auf in einer Kette von Überlegungen, die einen von einem Ziel zu etwas führen, was man unmittelbar tun kann, ohne darüber nachzudenken, *wie* man es tut?

Man muss zugeben, dass Aristoteles' Ausführungen zur Überlegung (βούλευσις oder βουλή) oft besser auf Überlegungen hinsichtlich der Ausführung einer Entscheidung zu passen scheinen

8 *A. d. Ü.:* Vgl. *EN* 1112b19-24.

und dass sie insbesondere auf technische Überlegungen besser passen als auf eine Überlegung hinsichtlich der hier und jetzt vorhandenen Mittel, um »im Allgemeinen gut zu leben« – πρὸς τὸ εὖ ζῆν ὅλως.[9] Aristoteles schreibt am klarsten, wenn es um Beispiele geht, wie das des Arztes, der überlegt, dass man die Gesundheit eines Patienten wiederherstellen kann, indem man das Ungleichgewicht seiner Körpersäfte reduziert, indem man ... usw. Das jedoch ist eine technische Überlegung.

Ich behaupte nicht, dass Aristoteles »προαίρεσις« (»Wahl«) so gebraucht, dass der Endpunkt einer technischen Überlegung keine »Wahl« ist. Vielmehr denke ich, dass dies durchaus im Widerspruch zu den Ausführungen in Buch III stünde.[10] Jedoch lehrt uns Buch VI, dass es keine *ausschließlich* technische »Wahl« gibt; etwas, was man in Buch III leicht übersehen kann. (Ich verwende »technisch«, um die praktische Geschicklichkeit im Hervorbringen bestimmter Situationen zu beschreiben, selbst wenn es sich dabei streng genommen nicht um eine Technik handelt.) Nach Aristoteles' Auffassung steht hinter jeder technischen oder bloß ausführenden »Wahl« eine weitere »Wahl«.[11] Deshalb verweigert er den technischen oder ausführenden Entscheidungen, obwohl sie aus Überlegung entspringen, den Namen »προαίρεσις«, »Wahl«, wenn man sich für das, um dessentwillen die Entscheidung getroffen wird, nicht *seinerseits* aufgrund von Überlegung entschieden hat.

Betrachten wir noch einmal den Mann, der unbeherrscht handelt, aber nicht impulsiv, sondern berechnend. Er lehnt Ehebruch ab, ist aber versucht, sich mit der Frau seines Nachbarn einzulassen. Er gibt dieser Versuchung nach und schickt sich an, sie zu verführen; er überlegt, was das beste Vorgehen wäre, und zeigt dabei großes Geschick. Wäre er ein Zügelloser – ein ἀκόλαστος –, so wäre die Entscheidung, die Nachbarin zu verführen, eine »Wahl«. Und der jeweilige Willensakt, jeden der erfolgversprechenden Schritte auszuführen, wäre dementsprechend auch eine »Wahl«. Denn die Entscheidung, die Frau zu verführen, wäre dann einfach eine Anwendung seines allgemeinen Grundsatzes, sich sinnliches Vergnügen zum Ziel zu setzen. Aber obwohl der Willensschwache – wenn

9 *A. d. Ü.:* Vgl. *EN* 1140a26; unsere Übersetzung. Wolf übersetzt: »was überhaupt dem guten Leben zuträglich ist«.

10 *A. d. Ü.:* Vgl. *EN* 1112a13-1113a14.

11 *EN* 1139b1-3.

er sich erst einmal der Versuchung ergeben hat, sich an die Frau heranzumachen – vielleicht genau die gleichen Überlegungen wie der Zügellose darüber anstellt, was zu tun ist, so sind doch seine Willensakte beim Ausführen der ihm erfolgversprechend erscheinenden Schritte keine »Wahlen«. (Natürlich kennt Aristoteles kein Wort für »Willen«, so wie ich es hier gebraucht habe.) Wir müssen also sagen, dass der Willensschwache eine Überlegung anstellt, wie etwas auszuführen ist, und dass dies eine »Wahl« darstellen würde, wenn er ein ἀκόλαστος wäre. Dafür steht Aristoteles kein gebräuchliches Wort zur Verfügung, denn in seinem Sprachgebrauch findet sich kein psychologisches Verb oder abstraktes Nomen, das sich zu »ἑκούσιον« (normalerweise als »willentlich« übersetzt) verhält, wie sich »προαιρεῖσθαι« (»wählen«) oder »προαίρεσις« (»Wahl«) zu »προαιρετόν« (»gewählt«) verhält. Doch selbstverständlich betrachtet er den Willensschwachen als willentlich handelnd. Wenn er ihn als geschickt und berechnend beschreibt, so heißt das, dass der Willensschwache erreicht, was er »sich vornimmt« (προτίθεται); und dieses Verb drückt einen Willensakt aus – oder vielleicht eher eine Absicht. Man möchte meinen, Aristoteles hätte erkennen müssen, dass er hier einen Schlüsselbegriff der Handlungstheorie verwendet. Aber er schenkt dem harmlosen, unscheinbaren Verb, das er hier gebraucht, keine Beachtung.

Kommen wir nun zurück auf die Feststellung, dass eine technische »Wahl« niemals die einzige »Wahl« ist, die jemand trifft. Die Definition von »Wahl« als ὄρεξις βουλευτική (überlegtes Wollen) scheint dies auf den ersten Blick nicht zu rechtfertigen. Der berechnende Willensschwache wählt Mittel, um zu verführen: Sicherlich *will* er diese Mittel, d. h., er hat eine auf sie gerichtete ὄρεξις, und die ist das Ergebnis einer Überlegung. Jedoch gibt es – und das sollte unsere Kritik ins Stocken bringen – eine verwirrende Bemerkung in demjenigen Abschnitt des sechsten Buches,[12] in dem Aristoteles sich am ausführlichsten der Definition der »Wahl« widmet. Dieser Stelle zufolge »gibt es keine Willenswahl ohne Verstand und Denken einerseits *und* sittlichen Charakter andererseits« (»οὔτ' ἄνευ νοῦ καὶ διανοίας οὔτ' ἄνευ ἠθικῆς ἐστὶν ἕξεως ἡ προαίρεσις«).[13] Der

12 *EN* 1139a17-b13.

13 *A. d. Ü.: EN* 1139a33 f. (Die Übersetzung orientiert sich an Rolfes'). Wolf übersetzt: »Deswegen kann es einen Vorsatz weder ohne intuitives und diskursives Denken geben noch ohne eine Charakterdisposition.«

Satz beginnt mit dem Wort »διό« – »Darum«. Das ist verwirrend, weil die vorhergehenden Sätze zwar ausreichende Gründe dafür liefern, dass eine Wahl Verstand erfordert, jedoch keinerlei Gründe dafür zu geben scheinen, dass sie auch einen sittlichen Charakter voraussetzt. Der darauffolgende Satz beginnt mit »denn« – vielleicht sollten wir also dort mit unserer Suche nach einer Erklärung beginnen. »Denn richtiges und verkehrtes Handeln ist ohne Denken und ein Verhältnis zur Sittlichkeit unmöglich.«[14] (»εὐπραξία γὰρ καὶ τὸ ἐναντίον ἐν πράξει ἄνευ διανοίας καὶ ἤθους οὐκ ἔστιν.«) Das scheint uns nicht sehr weiterzuhelfen. Etwas später sagt uns Aristoteles aber: Das Hervorbringen »ist nicht schlechthin Zweck. Wohl aber ist die Handlung und ihr Inhalt schlechthin Zweck. Denn das richtige Handeln ist ein absoluter Zweck, und auf diesen ist auch der Wille gerichtet (ἡ δ' ὄρεξις τούτου). Und so ist denn die Wahl entweder begehrendes (ὀρεκτική) Denken oder denkendes Begehren«.[15]

Dies führt uns zurück zu unserer ersten Reaktion auf jene anscheinende Inkonsistenz in der *Nikomachischen Ethik*, die unser Ausgangspunkt war. Diese erste Reaktion bestand darin, zu sagen, dass etwas nur dann eine »Wahl« ist, wenn es sich auf Mittel richtet, den Gegenstand eines »Willens« (βούλησις) zu erreichen. Daraus folgt, dass nichts eine »Wahl« sein kann, was sich lediglich auf die Mittel richtet, den Gegenstand einer ἐπιθυμία, einer Begierde, zu erreichen, ganz gleich, wie viel Berechnung man darauf verwendet – es sei denn, dass es der übergeordnete »Wille« der jeweiligen Person ist, ihre Begierden zu befriedigen (was auf den Zügellosen zutrifft). Das aber bedeutet, dass die zweite Verteidigung der aristotelischen Position in der ersten aufgeht. Denn diese zweite Verteidigung beruhte darauf, dass manche Überlegungen hinsichtlich der *Ausführung* einer »Wahl« angestellt werden. Sie besagte: Etwas kann selbst dann Resultat einer Überlegung sein, wenn die relevante Entscheidung darüber, was zu tun ist, schon vorher gefällt wurde –

14 *A. d. Ü.: EN* 1139a34f. (Die Übersetzung orientiert sich an derjenigen Rolfes'). Wolf übersetzt: »Denn gutes Handeln und das Gegenteil davon gibt es nicht ohne Denken und Charakter.«

15 *A. d. Ü.: EN* 1139b2-5 (Übersetzung Rolfes). Wolf übersetzt: »[Das] Ziel [ist] letztlich nicht der Gegenstand des Herstellens [...], sondern der Gegenstand des Handelns. Ziel ist das gute Handeln und Streben richtet sich auf dieses. Daher ist der Vorsatz entweder strebendes Denken oder denkendes Streben.«

und wenn diese vorausgehende Entscheidung *nicht* aufgrund einer Überlegung gefällt wurde (κριθὲν ἐκ τῆς βουλῆς), stellt sie keine »Wahl« dar, so dass das Ergebnis jener weiteren Überlegungen, die ihre Ausführung betreffen, auch keine »Wahl« sein kann. Die Frage aber, ob die relevante Entscheidung aufgrund einer Überlegung gefällt wurde, scheint sich auf die Frage zu reduzieren, ob sie im Hinblick auf einen Gegenstand des »Willens« (βούλησις) der jeweiligen Person getroffen wurde. Nun war aber unsere Frage diesbezüglich: Was heißt »Wille« (βούλησις) für Aristoteles? Warum, so fragt man sich, sollten wir nicht sagen, dass der Willensschwache die Lust »will«, die er sich durch die Verführung der Frau seines Nachbarn erhofft? Die Textstelle aus Buch VI legt folgende Antwort nahe: Der Willensschwache ist nicht bereit zu sagen »Dies ist meine Vorstellung vom Guthandeln (εὐπραξία),[16] solch ein Leben will ich führen.« Der Zügellose hingegen, der ἀκόλαστος, hat natürlich genau diese Einstellung. Ein Leben, das so verbracht wird, entspricht seiner Vorstellung von einem gut verbrachten Leben – er pfeift auf die sittliche Tugend. (Der Zügellose denkt ja nicht etwa, Zügellosigkeit sei eine sittliche Tugend; sondern er denkt, so zu leben sei gut. »Man sollte die unmittelbare Lust anstreben« – δεῖ τὸ παρόν ἡδὺ διώκειν[17] – heißt nicht: »Es ist tugendhaft oder moralisch geboten, das zu tun« – sondern: »So muss man's machen!«)

Warum aber sollte man keine »Wahl« treffen können, ohne einen moralischen Charakter zu haben? Meines Erachtens erklärt

16 *A. d. Ü.:* Anscombe übersetzt »εὐπραξία« hier mit »good work« und an anderen Stellen mit »doing well«. Weder der griechische Ausdruck noch die englischen Formulierungen besitzen eine ethische Konnotation, sie bezeichnen lediglich dasjenige, was zu tun ist, und zwar so, wie dies beispielsweise auch von einem moralischen Skeptiker oder einem Nihilisten verstanden werden kann. Da es bei εὐπραξία um ein Tun oder Handeln geht, kann man die entsprechenden englischen Ausdrücke nicht etwa mit »Wohlergehen« oder »Glückseligkeit« übersetzen. Im Deutschen gibt es keinen gebräuchlichen Ausdruck für das Gemeinte. Die hier gewählte Übersetzung »Guthandeln« hat den Nachteil, eine ethische Konnotation zu besitzen und daher nahezulegen, dass »εὐπραξία« die Richtigkeit des Tuns in einem ethischen Sinn bezeichnet. Das entspricht zwar der Auffassung des Aristoteles, beruht jedoch auf seiner keineswegs selbstverständlichen Annahme, dass das ethisch richtige Handeln auch das rationale ist und dass (u. a.) in diesem Handeln das eigene Wohlergehen besteht. Es ist eine kontroverse aristotelische These, dass diese drei Kriterien zusammenfallen, und Anscombe will diese These in ihrem Aufsatz nicht voraussetzen.

17 *A. d. Ü.:* Die Stelle, die dieser am nächsten kommt, ist: *EN* 1156a32.

Aristoteles das nicht weiter, außer indem er sagt, dass das »Guthandeln«, »die beste Art, sein Leben zu führen«, das Ziel jeder »Wahl« sei. Das heißt, eine Entscheidung kann niemals als eine »Wahl« bezeichnet werden, wenn sie nicht der eigenen Vorstellung von einer guten Lebensgestaltung entspringt.

Aristoteles behauptet also ganz klar, dass es eine Ausrichtung des eigenen Handelns auf das »Guthandeln«, εὐπραξία, bei einem Menschen ohne moralischen Charakter, sei dieser tugendhaft oder lasterhaft, nicht geben kann. Warum aber sollte das der Fall sein? Betrachten wir ein paar Beispiele.

Stellen wir uns jemanden vor, der denkt, eine gute Lebensweise bestehe darin, andere stets auszunutzen, indem man sie hereinlegt, übers Ohr haut und betrügt; das zu tun bedeute, stark und nicht verweichlicht zu sein und sich nichts vorzumachen. So bekomme man immer das größte Stück vom Kuchen. Der Ehrliche hingegen, so denkt er, sei schwach, verweichlicht und ein Dummkopf, der am Ende immer der Gelackmeierte ist. Wenn jemand solche Ansichten vertritt, dann stellt eine einzelne Entscheidung, z. B. Person *X* zu betrügen, eine konkrete »Wahl« dar, die er trifft, um richtig zu handeln – gemäß seiner Vorstellung vom »Guthandeln«.

Ein anderer Fall: Jemand denkt, dass »Guthandeln« für ihn darin liegt, sein Leben mit wissenschaftlicher Arbeit zuzubringen. Hierzu benötigt er Muße. Um das Geld für seinen Lebensunterhalt aufzubringen, begeht er eine einzige schändliche, aber nicht sehr zeitaufwendige Tat, z. B. einen großen Betrug.

Das sind zwei sehr unterschiedliche Fälle, aber es wäre in beiden ganz natürlich, zu sagen, dass der Betreffende als ein Mensch beschrieben wurde, der einen moralischen Charakter besitzt. Nach Aristoteles' Auffassung existiert ein Charakter nur dann, wenn es eine gewohnheitsmäßige Handlungsweise gibt, die typisch für diesen Charakter ist. Ich habe die Fälle so beschrieben, dass die Ziele der jeweiligen Personen offensichtlich sind, aber ich habe jeweils nur *eine* ihrer Handlungen geschildert. Der erste Fall kann nicht glaubhaft beschrieben werden unter der Annahme, dass es nur eine einzige solche Handlung gibt. Was sollte dieser *einen* Handlung, welche die entsprechende Art von »Guthandeln« im Blick hat, vorausgegangen sein? Hat die Person zuvor ähnliche Dinge getan, aber nicht mit derselben Gesinnung? Mit welcher Gesinnung dann? – Vielleicht im Gehorsam gegenüber einem Mentor oder angezogen von den einzelnen Vorteilen der jeweiligen Handlung? Schön und gut, aber was bringt uns dazu, genau *diese* Handlung die »erste« zu nennen, die mit Blick auf die genannte Art von »Guthandeln« ausgeführt wurde? Es reicht nicht hin, zu sagen, dass der Handelnde die oben beschriebenen Gedanken hatte. Angenommen, er hatte sie nur bei einer einzigen Gelegenheit. Das würde nicht zeigen, dass er so gehandelt hat, um auf diese Weise richtig zu handeln, sondern nur, dass er sich zu einer bestimmten Betrachtungsweise seiner Handlung hat verleiten lassen. Nur wenn diese Gedanken schließlich gewohnheitsmäßig solche Handlungen inspirieren, sind wir in der Lage zu sagen: *Das* ist sein Ziel, *das* ist seine Vorstellung von einer guten Art zu handeln. Hat er aber vorher noch nie eine Handlung dieser Art begangen, so bedürfte es erst recht einer Vielzahl solcher – unter dem Einfluss seiner neuen Gedanken ausgeführter – Handlungen, bevor man eine Handlung als Verwirklichung jenes scheinbaren »Guthandelns« einordnen könnte und nicht z. B. als Ausprobieren von Fehlverhalten.

Der zweite Fall liegt anders. Hier ist die einzelne Handlung, die der Gegenstand der Wahl ist, nicht die Art von Handlung, die der Handelnde als eine Weise betrachtet, sein Leben gut zu verbringen. Hätte der Handelnde nie wissenschaftlich gearbeitet oder geforscht, so wäre die Beschreibung des Falls suspekt. Sie wäre entweder Unsinn oder die Beschreibung einer Person unter dem Eindruck einer phantastischen Illusion. Vielleicht ist es möglich, sich eine Tätigkeit vorzustellen, der man sein Leben widmen will, selbst wenn man die Tätigkeit noch nie ausgeführt hat, noch nicht einmal in einer dürftigen oder sehr einfachen Weise. Aber dann muss es entweder etwas sein, das man verstehen kann, ohne es zu tun (wie z. B. Reiten); oder es geht einem lediglich um den Namen der Sache – mit dem man natürlich gewisse Vorstellungen verbindet. Letzteres wäre etwa der Fall, wenn jemand, der nichts von Mathematik versteht und der keine andere Vorstellung von einer guten Lebensweise hat, ein Mathematiker werden will, einfach aufgrund des Gesichtsausdrucks eines ihm bekannten Mathematikers. So etwas wäre wohl eher eine verrückte Besessenheit und nicht das Auffassen einer bestimmten Art von »Guthandeln« als Ziel.

Wenn es folglich eine »Wahl« nur hinsichtlich solcher Handlungen gibt, die man als ein Mittel zum »Guthandeln« ausführt, so können wir Aristoteles zustimmen, wenn er sagt, dass eine »Wahl«

nie ohne einen moralischen Charakter auftritt, d.h. ohne gute oder schlechte gewohnheitsmäßige Handlungen. Das ist aber kein Grund zu sagen, dass die Handlungen, um die es bei einer »Wahl« geht, selbst die Verwirklichung einer Tugend oder eines Lasters sind. Das wird nur dann der Fall sein, wenn die Gegenstände der »Wahl« *konstitutive* Mittel (im Sinne Greenwoods)[18] dafür sind, in der (vermeintlich) guten Weise zu handeln. Im zweiten von mir beschriebenen Fall war die betrügerische Handlung nur ein hervorbringendes Mittel; und wenn der Mann keine anderen betrügerischen Handlungen begeht, würde sein Handeln nicht bedeuten, dass der Mann ein Betrüger wäre – in dem Sinne, dass er dieses Laster hätte.

Der Begriff der »Wahl«, wie Aristoteles ihn versteht – seine προαίρεσις –, ist ein sehr eigentümlicher Begriff. Früher hielt ich ihn für verfehlt. Wenn er, wie manch anderer aristotelische Begriff, ein erfolgreicher Begriff wäre, müsste dann nicht »prohairetisch« ein ebenso gebräuchliches Wort sein wie »praktisch«?

Auf jeden Fall kann der Begriff »Wahl« nicht all das leisten, was er bei Aristoteles leisten soll. Betrachten wir noch einmal den Willensschwachen, der bei seinem Tun fernere Absichten hegt, dessen Handlungen auf Überlegung beruhen, obwohl diese Überlegungen im Dienste eines von ihm verurteilten Verlangens stehen, und dessen Handeln also in Konflikt mit dem steht, was er als richtiges Handeln betrachtet. Um die Handlungen einer solchen Person zu beschreiben, benötigen wir einen Begriff (nämlich den der Absicht), der mit dem Willen oder dem Streben zu tun hat, nicht nur mit ἐπιθυμία, »Begierde«. Denn eine Begierde kann ein bloßes Gefühl sein.

Aristoteles redet, als sei eine »Begierde« eine Kraft,[19] aber das ist nur eine Metapher. Wenn man gegen seine eigene Überzeugung handelt, so ist, laut Aristoteles, stets das Urteil irgendwie fehlgegangen – unter dem Einfluss einer »Begierde« oder einer anderen Leidenschaft. Entweder weiß man die letzte Prämisse (den Untersatz) eines praktischen Schlusses oder auch dessen Konklusion nicht, oder man besinnt sich nicht darauf. Solche Fälle gibt es tatsächlich.

18 *A. d. Ü.:* Anscombe bezieht sich hier auf Leonard H. Greenwood, *Aristotle. Nicomachean Ethics* (Book Six, with Essays, Notes, and Translation), Cambridge 1909, S. 46 ff.

19 *EN* 1147a34.

Beispielsweise kann ein Mann, der Ehebruch ablehnt, etwas nicht wissen, was er leicht hätte herausfinden können, und einen Ehebruch begehen aufgrund seiner schuldhaften Unkenntnis der Wahrheit des Untersatzes: »Diese Frau, die ich auf der Party aufgegabelt habe, ist verheiratet.« Wobei seine Leidenschaft eine Erklärung dafür liefert, warum er diese Tatsache nicht in Erfahrung gebracht hat. Andere Fälle, auf die Aristoteles' Beschreibung zutrifft, sind solche, in denen man sich schon bekannter Tatsachen – und ihrer Konsequenzen für das eigene Handeln – nicht klar bewusst ist oder wird, oder auch Fälle, in denen man sich selbst oder andere belügt, weil man etwas Unrechtes tun will. Aber Aristoteles tut so, als seien dies die einzigen Fälle, in denen man etwas tut, was man für falsch hält. Anscheinend kann er nicht zugeben, dass es Fälle gibt, in denen jemand völlig bewusst die Absicht hat, gegen seine Überzeugung zu handeln. Einer Interpretation zufolge betrifft das Problem immer den Untersatz; nach einer anderen Interpretation erkennt Aristoteles an, dass es Fälle gibt, in denen sich der Sünder über alle Prämissen im Klaren ist, aber die Konklusion nicht zieht. Bestenfalls zieht er die Konklusion bloß verbal, ohne zu wissen, was er damit sagt.

Die üblichen Erklärungen hierfür sind, dass Aristoteles ein Grieche war, dass er noch unter dem Einfluss Platons stand usw. Sicherlich steckt darin ein Körnchen Wahrheit. Das zeigt sich besonders dort, wo er seine Erklärung: »Der Willensschwache sagt etwas, aber das ist ein Sprechen wie das eines Betrunkenen, der Verse des Empedokles aufsagt«,[20] auf den Untersatz einschränkt – oder vielleicht auch auf diesen und die Konklusion. Diese Erklärung passt sicherlich besser auf die Äußerung der allgemeinen Prämisse (des Obersatzes), z. B. wenn jemand sagt »Niemand sollte Ehebruch begehen« oder »Es ist schändlich, sich völlig zu betrinken«, während er gerade dabei ist, genau das zu tun. Aristoteles will explizit das Wissen allgemeiner Grundsätze davon ausnehmen, »herumgeschleppt zu werden wie ein Sklave«.[21]

20 *A. d. Ü.:* Bei Aristoteles heißt es: »Da die zweite Prämisse eine Meinung über einen Wahrnehmungsgegenstand enthält und diese das Handeln bestimmt, besitzt der Willensschwache, da er sich im Affekt befindet, diese entweder gar nicht, oder er besitzt sie so, dass das Besitzen kein Wissen ist, sondern ein Sprechen wie das eines Betrunkenen, der Verse des Empedokles aufsagt« (*EN* 1147b9-13, Übersetzung Wolf).

21 *A. d. Ü.:* Diese Formulierung findet sich ursprünglich bei Platon (*Protagoras,*

Ich vermute aber, dass er auch durch seine eigene Theorie des praktischen Schlussfolgerns beeinflusst war. Die Form des praktischen Schlussfolgerns darzustellen heißt, die Form der praktischen Überlegung (βούλευσις) darzustellen. Wenn alles explizit gemacht wird (was im Alltag so gut wie nie vorkommt, da man Offensichtliches nicht erwähnen muss), tritt die formale Struktur deutlich hervor. Man hat eine Menge von Prämissen. Die erste ist eine allgemeine Prämisse, die besagt, dass etwas von der Art *A* vorteilhaft für ein Lebewesen der Art *B* sei. Des Weiteren hat man vermittelnde Prämissen wie etwa »*C*s sind *A*s«, »Ein *C* kann man durch das Verfahren *D* bekommen« und »Das Verfahren *D* kann angewandt werden, indem man *E* tut«; und schließlich hat man eine Prämisse, die besagt, dass man selbst oder jemand, dessen Wohlergehen einem am Herzen liegt, ein *B* ist. Und wenn die Handlung *E* etwas ist, was man selbst tun kann, so ist klar, dass man aus diesem Schluss die Konklusion zieht, *E* zu tun. Doch überlegen wir, was das heißt! Heißt es, dass man *E* tun *muss*, wenn man einmal mit dem Schlussfolgern begonnen hat? Aristoteles scheint das gedacht zu haben. Zumindest hat er gedacht, man müsse *E* tun, sofern einen nichts davon abhält – wobei das, was einen abhält, auch das Drängen einer »Begierde«, ἐπιθυμία, sein kann, *E nicht* zu tun. Wenn er hierfür argumentiert, führt er oft Beispiele praktischer Syllogismen an, bei denen die Konklusion mit einer bestimmten Notwendigkeit verbunden ist: »Man muss alles Süße essen, und das hier ist süß«,[22] »Jeder Mensch muss gehen, und ich bin ein Mensch« oder »Jetzt darf kein Mensch gehen, und ich bin ein Mensch«. Die letzten zwei Beispiele stammen aus *Über die Bewegung der Tiere (De motu animalium)*, Kapitel VII.[23] Der Mensch vollzieht die fragliche Handlung (Gehen oder Innehalten) sofort, es sei denn, er wird, im ersten Fall, vom Gehen abgehalten oder, im zweiten Fall, zum Gehen gezwungen. Es gibt zwei Dinge, welche die Notwendigkeit

352b-c). Aristoteles zitiert sie in *EN* VII (1145b22-24): »Denn es wäre – wie Sokrates dachte – seltsam, wenn, obwohl Wissen vorhanden ist, etwas anderes es beherrscht und wie einen Sklaven herumzerren würde« (Übersetzung Wolf).

22 *EN* 1147a29. [*A. d. Ü.:* Wolf übersetzt die Stelle wie folgt: »Wenn man alles Süße genießen soll, dieses hier als ein bestimmtes Einzelding aber süß ist, dann muss notwendigerweise derjenige, der das Vermögen hat und nicht gehindert wird, dies zugleich tun.«]

23 *A. d. Ü.:* Aristoteles, *De motu animalium (De motu)*, 701a12-15.

der Konklusion nahelegen: die Verwendung des Gerundivums und die Allgemeinheit der ersten Prämisse.

Jeder Mensch muss gehen.

Ich bin ein Mensch.

Ich muss gehen.

Das ist ein formal gültiges deduktives Argument. Ich nenne ein solches Argument einen »Beweissyllogismus«. Ich will damit sagen, dass es sich dabei um einen Beweis der Konklusion handelt, sofern die Prämissen wahr sind. Nun hegt Aristoteles einige besondere Ansichten hinsichtlich des Beweises, aufgrund deren er dem soeben von mir Gesagten nicht zustimmen würde. »Jeder Mensch muss gehen« ist keine unwandelbare Wahrheit. Daher hätte er hier nicht von einem apodiktischen Schluss gesprochen.[24] Vernachlässigen wir das aber einmal, und halten wir lediglich die formale Gültigkeit des Schlusses als einer Deduktion fest. Gestehen wir außerdem zu, dass, wenn ich den Prämissen und daher auch der Konklusion zustimmte, es ziemlich seltsam wäre, wenn ich mit vollem Ernst sagte: »Ich muss gehen« und dann nicht ginge, obwohl mich nichts davon abhält.

Sehen wir uns noch ein anderes Beispiel aus *Über die Bewegung der Tiere* an:

Ich brauche etwas zum Überziehen.

Ein Mantel ist etwas zum Überziehen.

Ich brauche einen Mantel.

Was ich brauche, das muss ich herstellen.

24 Siehe z. B. [*EN*] 1140a33-35. [*A. d. Ü.:* Bei Aristoteles heißt es an dieser Stelle: »Wenn also die Wissenschaft Beweise enthält, es aber von den Dingen, deren Ursprünge auch anders sein können, keinen Beweis gibt (da sich [dies] alles auch anders verhalten kann), und wenn man nicht Dinge überlegen kann, die mit Notwendigkeit sind, wird folglich die Klugheit weder Wissenschaft noch Herstellungswissen sein« (*EN* 1140a33-1140b2, Übersetzung Wolf).]

Ich brauche einen Mantel.

Ein Mantel ist herzustellen.[25]

Laut Aristoteles *besteht* die Konklusion – also, dass ein Mantel hergestellt werden muss – in einer Handlung: τὸ συμπέρασμα, τὸ ἱμάτιον ποιητέον, πρᾶξίς ἐστι.[26] Es liegt also eine Wahl vor. Aber – so fährt er fort – das Handeln hat einen Anfangspunkt; und daher skizziert er die Folgerung, die man mit Blick auf die Verwirklichung der »Wahl« vornimmt: »Wenn es einen Mantel geben soll, muss zunächst dies gegeben sein, und wenn dies, dann jenes« (εἰ ἱμάτιον ἔσται, ἀνάγκη τόδε πρῶτον, εἰ δὲ τόδε, τόδε),[27] und das Letzte tut der Mensch unmittelbar. Es ist schwer, zu sagen, ob Aristoteles sich je Gedanken darüber gemacht hat, dass »Ich brauche einen Mantel« keine formal gültige deduktive Folgerung aus »Ich brauche etwas zum Überziehen, und ein Mantel ist etwas zum Überziehen« ist. Dass dies nicht der Fall ist, bietet – so würde ich behaupten – keinen Anlass, den Syllogismus, sofern er ein praktischer Schluss ist, zu kritisieren. Vielleicht hätte Aristoteles auf kritisches Nachfragen geantwortet, dass man den Syllogismus vervollständigen kann, indem man hinzufügt, dass ein Mantel die beste Art von Umhüllung oder am einfachsten herzustellen ist, oder etwas anderes von der Art.[28] Denn er ist stets eifrig bemüht, das praktische Schlussfolgern möglichst weitgehend dem theoretischen anzugleichen. »Sie funktionieren genau gleich«,[29] sagt er in *Über die Bewegung der Tiere* (ἔοικε παραπλησίως συμβαίνειν); und er scheint sich damit auf die *Notwendigkeit* der Konklusion zu beziehen. Aber eine solche Notwendigkeit besteht nicht, wo es mehrere Wege gibt, ein Ziel zu erreichen.

Aristoteles' Ansicht zeigt sich auch darin, dass, wenn er den

25 *A. d. Ü.:* Dies entspricht *De motu* 701a17-20. Die Übersetzung orientiert sich an der von Jutta Kollesch, siehe Aristoteles, *Aristoteles' Werke in deutscher Übersetzung*, Bd. 17: *Zoologische Schriften II*, Berlin 1985.

26 *A. d. Ü.: De motu* 701a19 f.

27 *A. d. Ü.: De motu* 701a21-23. Kollesch gibt eine andere Übersetzung; wir folgen Anscombe.

28 Siehe *EN* 1112b16. [*A. d. Ü.:* Dort heißt es, wenn das Ziel »anscheinend durch mehreres verwirklicht werden kann, erwägt man, wodurch am leichtesten oder besten« (1112b16, Übersetzung Wolf).]

29 *A. d. Ü.: De motu* 701a8 f.

praktischen Syllogismus mit Blick auf die Notwendigkeit der Konklusion betrachtet, die erste, allgemeine Prämisse seiner Beispiele stets eine der folgenden Formen hat: »Dies-und-jenes wird benötigt«, »Dies-und-jenes ist angebracht«, oder: »Ein Lebewesen von solcher Art sollte diese-und-jene Dinge tun.« Ein »Muss« erscheint ihm in den Verbalisierungen der Konklusionen unabdingbar, die er in *Über die Bewegung der Tiere* angibt, obwohl er zu jeder dieser Konklusionen hinzufügt: »Und dies ist eine Handlung.« Wenn er aber nicht über diesen automatischen, maschinenartigen Aspekt des praktischen Syllogismus spricht – von dem er begeistert ist, weil er denkt, dass er dabei helfe, zu erklären, wie der Syllogismus κινεῖ, d. h., wie er den menschlichen Organismus in Bewegung setzt –, dann verwendet er allgemeine Prämissen wie: »Schwere Wasser sind ungesund.«[30] An dieser Stelle kommt die *De-anima*-Formulierung ins Spiel, der zufolge der Ausgangspunkt des ganzen Tuns dasjenige ist, was man will (die ἀρχή ist das ὀρεκτὸν). (Diese These kommt auch, allerdings undeutlicher, in der *Nikomachischen Ethik* 1140b16 zum Ausdruck.)[31] Bemerkenswerterweise lassen sich zwei unterschiedliche Konklusionen aus den Prämissen über schwere Wasser ziehen, je nachdem, ob man gesund sein will oder nicht. Das klingt natürlich absurd. Aber wenn man als allgemeine Prämisse »Starke Laugen sind tödliche Gifte« nimmt, ist es leicht, die praktische Schlussfolgerung eines Selbstmörders auszubuchstabieren. Aristoteles erkennt in *Metaphysik* IX[32] diese zweifache Möglichkeit an.

Aristoteles war anscheinend so darauf aus, das praktische Schlussfolgern dem theoretischen anzugleichen und zu erklären, wie es den Menschen in Bewegung setzen kann, dass er einige wichtige Eigenschaften seiner Entdeckung gar nicht bemerkte (wobei ihn sicher

30 *A. d. Ü.: EN* 1142a21-23.

31 *A. d. Ü.:* Dort heißt es: »Denn die Ursprünge [*arche*] des Getanen liegen in ihrem Zweck und ihrem Grund« (Übersetzung Wolf).

32 *Metaphysik* 1046b5-8. [*A. d. Ü.:* Dort heißt es: »Und zwar sind alle mit dem Begriff verbundenen Vermögen immer zugleich auch Vermögen für das Gegenteil, die aber ohne Begriff je eines nur für Eines; wie etwa das Warme nur Vermögen des Wärmens ist, doch die Heilkunst zugleich das Vermögen der Krankheit und der Gesundheit. Die Ursache davon aber liegt darin, daß die Wissenschaft Begriff ist; doch derselbe Begriff erklärt die Sache und ihre Privation.« Aristoteles, *Metaphysik. Schriften zur ersten Philosophie* (übersetzt von Franz F. Schwarz), Stuttgart 2000.]

auch seine Ansichten zum Beweis und seine unvollständige Ablösung von dem platonischen Gedanken, dass die Sünde eine Art Irrtum sei, beeinflussten). So bemerkte er nicht, dass sich die Form praktischer Syllogismen im Allgemeinen deutlich von der Form von Beweissyllogismen unterscheidet, obwohl es völlig richtig ist, das praktische Schlussfolgern ein »Schlussfolgern« zu nennen, und obwohl es manche praktischen Syllogismen gibt, die tatsächlich Beweissyllogismen (im oben erläuterten Sinn),[33] d.h. Implikationen, sind.

Betrachten wir folgendes Beispiel:

Einen Waschsalon zu besitzen würde mich reich machen.

Es besteht die Möglichkeit, hier einen Waschsalon zu eröffnen.

Und so fort, bis zu dem Punkt, an dem ich aktiv werden kann. Das ist ein praktischer Schluss; und wenn alle Prämissen gegeben sind, ist es eine formale Frage, wie die Konklusion – in der Form »Also werde ich …« – lautet. Ob ich den Schluss auch *ziehe*, hängt – sofern ich die Überlegung selbst anstelle – davon ab, ob ich aktiv darauf aus bin, reich zu werden, und ob ich diese eine der vielen Möglichkeiten, reich zu werden, tatsächlich mit Blick aufs *Handeln* durchdenke. Ich könnte ja auch »nur so« darüber nachdenken oder ein Beispiel für akademische Zwecke konstruieren. Wenn man – wie Aristoteles[34] – unter einem praktischen Syllogismus einen Syllogismus versteht, der zu einer Handlung führt und dessen Zweck in der Handlung liegt, so ist der Syllogismus in letzterem Fall kein praktischer. Aber wenn man darunter eine *Weise* des Schlussfolgerns versteht – ein Schlussfolgern, das von einem allgemeinen Ziel zu etwas führt, das man hier und jetzt zu tun wählen kann –, dann handelt es sich hier um einen praktischen Syllogismus. (Thomas von Aquin hätte ihn »theoretisch *de practicis*« genannt.)[35] Ohne das

33 *A. d. Ü.:* Siehe S. 306.

34 *De anima* 433a15.

35 *Summa theologica* Ia, q. 14, art. 16. [*A. d. Ü.:* An dieser Stelle heißt es bei Thomas von Aquin, dass ein Baumeister, der über den Bau eines Hauses nachdenkt, ohne es bauen zu wollen, sondern nur, um zu wissen, wie man es bauen könnte, theoretische Überlegungen über praktische Dinge anstellt: »speculativa consideratio,

Handeln im Blick zu haben, machen sich die Leute im Allgemeinen nicht die Mühe, sich so etwas zu überlegen.

Wir sind bei Aristoteles auf folgende zwei Leitgedanken gestoßen: Erstens findet sich da eine Erklärung, wie Menschen durch Überlegungen in Bewegung gesetzt werden können, und zweitens die Idee, dass das Gewollte den Ausgangspunkt für solche Überlegungen darstellt. Aufgrund des ersten Gedankengangs hat Aristoteles anscheinend nicht nur eine Notwendigkeit in der Verknüpfung zwischen den Prämissen und der Konklusion postuliert, die beim praktischen Schlussfolgern nicht immer vorliegt, sondern auch einen Zwang, ein »Muss« hinsichtlich der allgemeinen Prämisse verlangt. Er brauchte anscheinend eine allgemeine Prämisse, die man nicht annehmen kann, ohne sie mit dem Verstand als handlungsleitend anzuerkennen. Dieses Postulat einer Notwendigkeit in der Verknüpfung von Prämissen und Konklusion kann aber getrost beiseitegeschoben werden. Damit können wir die beiden Leitgedanken auf das Glücklichste miteinander verbinden, indem wir annehmen, dass hinter all den Prämissen eine einzelne erste Prämisse steckt, die besagt, dass Guthandeln nur in diesem-und-jenem bestehen kann, dass es nur dies-und-jenes ist, was Glück, Glückseligkeit oder ›das menschliche Gut‹ ausmacht. Aristoteles' große, allgemeine Prämisse lautet, dass Glückseligkeit eine Tätigkeit gemäß den Tugenden ist, insbesondere gemäß den Verstandestugenden. Sein Argument für diese Prämisse ist nichts weniger als die gesamte *Nikomachische Ethik*. Wer die Wahrheit dieser Prämisse anerkennt, wird auch anerkennen, dass sie die letztgültige Richtschnur allen Handelns darstellt. Denn Glückseligkeit oder Guthandeln ist ein Ziel, das jeder haben muss, der überhaupt ein rationales Ziel hat, jeder also, der einen Willen hat, d. h. die Strebensweise des vernünftigen Seelenteils.[36]

Damit kommen wir zum Unterschied zwischen Aristoteles und

tamen de re operabili«. Die Formulierung, die Anscombe zitiert, findet sich bei Thomas nicht.]

36 Siehe Aristoteles, *De anima* 432b5-7. [*A. d. Ü.:* Dort heißt es: »Hinzu kommt der strebende Teil, der nach Begriff und Vermögen von allen anderen verschieden zu sein scheint; denn im überlegenden Teil tritt der Wille auf, und im irrationalen die Begierde und der Mut. Wenn die Seele aber dreiteilig ist, wird in jedem Teil ein Streben sein.« Aristoteles, *Über die Seele* (übersetzt von Willy Theiler), Hamburg 1995.]

Hume. Humes Lehre, dass die Vernunft untätig ist, dass es stets eines Gefühls, einer Leidenschaft bedarf, damit Überlegungen zu einer Handlung führen, gleicht folgender These des Aristoteles: »Das Denken als solches bewegt jedoch nichts, sondern nur dasjenige Denken, das auf einen Zweck bezogen, das heißt praktisch ist.«[37] Was Aristoteles den »Willen« nennt, ist in Humes Terminologie eine »ruhige Leidenschaft«. Worüber die beiden aber geteilter Meinung sind, ist die Anwendbarkeit der Beschreibungen »in Übereinstimmung mit der Vernunft« und »nicht in Übereinstimmung mit der Vernunft« auf Handlungen und Begehren.

Ich schlage vor, dass die Idee eines vernünftigen Wollens dadurch erklärt werden muss, dass dabei das Gewollte als etwas gewollt wird, was dem »Guthandeln« oder der Glückseligkeit dienlich oder ein Teil von ihr ist. Wenn man zugibt, dass das, was man will, in keiner Weise gut ist, man es aber nichtsdestoweniger will, so handelt es sich, gemäß der aristotelischen Position, lediglich um den Gegenstand einer Leidenschaft. Wenn man beispielsweise eine bestimmte Art der Annehmlichkeit will, die in keiner Weise gut ist (wie das manche Leute vom Rauchen annehmen), so lässt man sich schlicht durch eine »Begierde«, ἐπιθυμία, leiten. Zwar ist das, was die Glückseligkeit ausmacht, notwendigerweise ausgesprochen angenehm, aber es ist nichts, was man aufgrund seiner Annehmlichkeit selbst dann wollen würde, wenn es in keiner Weise gut wäre. Im Gegenteil! Was die Glückseligkeit ausmacht, wird als das Beste gewollt, was es für einen Menschen gibt – als Verwirklichung des vernünftigen Teils seiner selbst und als eine Wirklichkeit, die Ziel und nicht Mittel ist.

Denn so wie das Sehen als dasjenige betrachtet werden kann, wofür die Augen da sind, so kann das Verstehen – der Genuss der Wahrheit – als dasjenige betrachtet werden, wofür der Geist da ist. Hier müssen wir aber einen gewissen Bruch in Aristoteles' Denken feststellen. Denn die höchste Glückseligkeit betrachtet er als etwas Göttliches, das wir nur auf unsere unzureichende Art erfassen können, indem wir uns auf die Seite der Unsterblichkeit schlagen und das Unsterbliche nachahmen. Den Ausdruck, den er dafür prägt, ist »sich unsterblich zu machen« (ἀθανατίζειν).[38] Das klingt

37 *EN* 1139a36 [Übersetzung Wolf].
38 *EN* 1177b33.

wie »medisieren«,[39] was bedeutet, sich auf die Seite der Perser zu schlagen und sie nachzuahmen.[40] Doch er erkennt auch an, dass im normalen Leben der meisten Menschen das »Guthandeln« etwas Alltäglicheres ist: eine erfolgreiche und ehrbare Lebensführung, deren Kern in einem Handeln besteht, das den *moralischen* Tugenden entspricht – sofern man korrekt urteilt.

Abgesehen von Fällen, in denen man von Leidenschaften beherrscht wird (wobei man etwas will, auch wenn es nichts Gutes ist), will jeder auf eine dunkle und unbestimmte Weise sein eigenes »Guthandeln«. Man könnte es denjenigen Aspekt der Glückseligkeit nennen, für den das eigene Handeln unerlässlich ist. Aristoteles' unrealistische Vorstellung von der Bestimmtheit der menschlichen Ziele ist bei Lichte besehen gar nicht so übel, wie es zunächst schien. Denn die vielen Ziele, die nichts taugen, schließt seine Auffassung nicht aus. Die Annahme der Bestimmtheit besteht lediglich in der Annahme, dass die Leute im Allgemeinen wissen, was sie als »Guthandeln« bezeichnen würden, d. h., dass manche eindeutig ein reiches Leben, andere ein berühmtes oder ein der Erkenntnis gewidmetes Leben so bezeichnen würden.

Mein eigentliches Ziel ist es, den Begriff der »praktischen Wahrheit« und die Diskussion der »Wahl« im sechsten Buch der *Nikomachischen Ethik*, Kapitel 2, zu erklären. Ich beginne bei *EN* 1139a21: »Was beim Denken Bejahung und Verneinung ist, ist beim Streben das Aufsuchen und Meiden.«[41] Mit anderen Worten: Man kann sowohl zu einer Behauptung als auch zu einem Vorschlag »Ja« oder »Nein« sagen. Nehmen wir an, eine Behauptung charakterisiere dieses-oder-jenes Handeln als »Guthandeln«. Hinsichtlich dieser Behauptung gibt es ein »Ja« des Urteils und ein »Ja« des Willens, wobei Letzteres bedeutet, dass man tun will, was als gut charakterisiert worden ist. Denn etwas als »Guthandeln« zu beschreiben heißt schon, es als einen möglichen Gegenstand des »Willens«

39 *A. d. Ü.:* Das Verb »athanatizein« ist auf dieselbe ungewöhnliche Weise gebildet wie »medizein« (μηδίζειν).

40 *A. d. Ü.:* »Medisieren« bedeutete ursprünglich, als Grieche mit den Persern zu kollaborieren, die im 6. und 5. Jahrhundert v. Chr. Teile Griechenlands eroberten. Später bedeutete es auch, ihre Kultur nachzuahmen. (Nachdem Medien im persischen Weltreich aufgegangen war, bildeten die Meder nach den Persern das zweite Staatsvolk dieses Reiches. Von den Griechen wurden die Meder meist mit den Persern gleichgesetzt.)

41 *A. d. Ü.:* Übersetzung Wolf.

zu betrachten, d.h., es als einen Kandidaten für den »Willen«, βουλήσις, hinzustellen.

Aristoteles fährt fort: »Darum muss, da die sittliche Tugend ein Habitus der Willenswahl und die Willenswahl ein überlegtes Begehren ist, der Ausspruch der Vernunft wahr und das Begehren des Willens recht sein, wenn die getroffene Wahl der Sittlichkeit entsprechen soll, und es muss ein und dasselbe von der Vernunft bejaht und von dem Willen erstrebt werden.«[42] Wir können hier hinzufügen, dass das Bejahen der Vernunft und das Streben des Willens auf dasselbe gerichtet sein müssen, damit es sich überhaupt um eine »Wahl« handeln kann – sowohl bei einer richtigen als auch bei einer falschen Wahl. Bis jetzt haben wir nur von Urteilen darüber gesprochen, was εὐπραξία, Guthandeln, ist. Urteilt man diesbezüglich falsch, so bedeutet dies notwendigerweise, dass, wenn es überhaupt zu einer »Wahl« kommt, das entsprechende Wollen falsch ist. Um diesen Punkt zu verdeutlichen, können wir uns die Ansichten eines Lebemannes vom Guthandeln vorstellen. Wenn der Lebemann irgendeinen auf echtes Guthandeln gerichteten Willen haben sollte, so taucht dieser Wille nicht in seinen »Wahlen« auf. Sofern er wählt, schließt seine Wahl einen falschen Willen ein, denn bei der »Wahl« strebt der Wille nach dem, was das Urteil als Guthandeln bestimmt.

Kann ein Urteil auf einer Ebene unterhalb der Ansichten vom Guthandeln falsch sein, ohne dass das damit übereinstimmende Wollen falsch ist? Betrachten wir folgenden Fall: Jemand urteilt (entsprechend der Meinung des Aristoteles, wie auch meiner eigenen) wahrheitsgemäß, dass es für das Guthandeln notwendig ist, gerecht zu handeln. Aber er urteilt fälschlicherweise, dass es gerecht wäre, eine Verlosung zu veranstalten, bei der jedem Bürger eines Landes ein gleich großer Anteil von allen verfügbaren Gütern zugewiesen wird; oder dass es gerecht sei, wenn ein Armer dafür bestraft wird, einen Reichen angegriffen zu haben, aber nicht umgekehrt. Ich meine hier nicht Urteile über einzelne Ereignisse, sondern Urteile darüber, welche allgemeinen Vorgehens*weisen* gerecht sind.

42 *A. d. Ü.: EN* 1139a21-25, Übersetzung Rolfes. Wolf übersetzt: »Also muss, da die charakterliche Tugend eine sich in Vorsätzen äußernde Disposition und der Vorsatz ein überlegtes Streben ist, ebendeshalb die Überlegung wahr und das Streben richtig sein, wenn der Vorsatz gut sein soll, und was der denkende Teil bejaht und der strebende verfolgt, muss dasselbe sein.«

Kann also in einem solchen Fall das Wollen von etwas, das man als Mittel zur Erreichung des Guthandelns beurteilt, richtig sein, obwohl das Urteil selbst falsch ist? Mir scheint, dass die folgenden beiden Fälle die *einzigen* sind, in denen diese Möglichkeit besteht: Zum einen gibt es ethische Probleme, bei denen es schwierig ist, die Wahrheit zu wissen; und zum anderen Tatsachenfragen, bei denen man nicht erwarten kann, dass der Handelnde die Antwort in Erfahrung gebracht hat. Hier liegt der Grund dafür, dass Aristoteles in Buch III sagt, dass Unwissenheit bei der Wahl, ἡ ἐν τῇ προαιρέσει ἄγνοια, nicht Unfreiwilligkeit, sondern Schurkerei konstituiere.[43] Er selbst vertritt die genannte Regel, die von der Schwierigkeit, etwas zu wissen, handelt, in *EN* 1113b33-1114a2.[44]

Damit nähern wir uns der großen Frage: Was meint Aristoteles mit »praktischer Wahrheit«? Er beschreibt sie als die erfolgreiche Verwirklichung oder auch das Werk des praktischen Urteilsvermögens; und ein praktisches Urteil ist für ihn ein Urteil der oben beschriebenen Art, eines, das zu einer Handlung führt. Praktische Wahrheit liegt vor, wenn sämtliche Urteile wahr sind, die im Zuge einer in eine Handlung mündenden »Wahl« gefällt werden. Aber die praktische Wahrheit besteht nicht einfach in der Wahrheit dieser *Urteile*. Denn es ist ganz eindeutig die Wahrheit, »die mit dem richtigen Streben übereinstimmt« (ἀλήθεια ὁμολόγως ἔχουσα τῇ ὀρέξει τῇ ὀρθῇ),[45] welche Aristoteles als erfolgreiche Verwirklichung (εὖ) oder als Werk (ἔργον) der praktischen Vernunft bezeichnet. Dieses Werk wird durch eine Handlung hervorgebracht, d.h. wahr gemacht (denn die Beschreibung dessen, was jemand tut, wird dadurch, dass er es tut, wahr gemacht), vorausgesetzt, dass die jeweilige Person eine gute »Wahl« trifft und ausführt. Auch derjenige, der eine üble »Wahl« trifft und ausführt, macht *eine* Beschreibung dessen, was er tut, wahr. Er wird beispielsweise

43 *EN* 1110b31. [*A. d. Ü.:* Wolf übersetzt: »Nicht die Unwissenheit im Vorsatz macht ja die Handlung zu einer gegen das Wollen (sie macht sie vielmehr schlecht).«]

44 *A. d. Ü.:* Dort sagt Aristoteles: »Man bestraft auch diejenigen, die etwas in den Gesetzen nicht kennen, das man kennen muss und das nicht schwierig ist. Und so bei allem anderen, bei dem man die Unwissenheit für eine Folge der Nachlässigkeit hält, sofern es bei den Betreffenden liege, nicht unwissend zu sein; denn sie hatten schließlich die Kontrolle darüber, Sorgfalt zu üben« (Übersetzung Wolf).

45 *A. d. Ü.: EN* 1139a30 (Übersetzung Wolf).

sicherstellen, dass dieser-und-jener Mann geblendet wird oder dass ihm die Hand abgehackt wird, wenn er die entsprechenden Möglichkeiten hat und urteilt, dass es gerecht sei, dies zu tun. Aber seine Beschreibung dessen, was er tut, d. i. »gerechtes Handeln«, ist eine Lüge. Er bringt also eine praktische Falschheit hervor.

»Was immer bei diesen Göttern geschieht, ist falsch. Wie kann einer da glauben oder behaupten, dass sie wirklich Götter seien?«[46] – Bestimmt werden viele den Begriff der *Wahrheit oder Falschheit von Handlungen* mit dem Hinweis ablehnen, dass »wahr« und »falsch« Prädikate sind, die nicht sinnvoll auf etwas angewandt werden können, das getan wird. Wenn ich Recht habe, dann findet sich bei Aristoteles eine Philosophie, die dem widerspricht. Und wenn ich darüber hinaus mit meiner Behauptung Recht habe, dass die Idee einer *Beschreibung, unter der* das Getane freiwillig ist, für Aristoteles' Begriff der Handlung (πρᾶξίς) zentral ist, dann treffen diese Prädikate auch im strengen Sinn auf Handlungen (πράξεις) zu und nicht nur in einem erweiterten Sinn, den man wegzuerklären hätte.

46 *A. d. Ü.:* Baruch 6.44. Unsere Übersetzung weicht hier geringfügig von der deutschen Einheitsübersetzung ab, da Anscombe das Wort »false« (dt. »falsch«) dort benutzt, wo in der Einheitsübersetzung »Trug« steht.

12. Ist Wittgenstein linguistischer Idealist?

I

Wer glaubt, gewisse Begriffe seien schlechtweg die richtigen, wer andere hätte, sähe eben etwas nicht ein, was wir einsehen, – der möge sich gewisse sehr allgemeine Naturtatsachen anders vorstellen, als wir sie gewohnt sind, und andere Begriffsbildungen als die gewohnten werden ihm verständlich werden.[1]

Das ist eine jener Wittgensteinschen Bemerkungen, die – zumindest mich – fragen lassen: Vertritt Wittgenstein in der letzten Phase seiner philosophischen Entwicklung so etwas wie eine linguistische Variante des Idealismus? Linguistisch deshalb, weil er Begriffe als Sprachpraktiken beschreibt. Und er sagt: »Das *Wesen* ist in der Grammatik ausgesprochen.«[2]

Darunter könnte man Folgendes verstehen: Wie Platon im *Kratylos* anzunehmen scheint, sind Wörter, die denselben Gegenstand in unterschiedlichen Sprachen bezeichnen – etwa *equus*, *cheval*, Pferd, ἵππος –, wie dasselbe Werkzeug in unterschiedlichen Materialausführungen – sagen wir einmal aus Eisen, einmal aus Stahl, einmal aus Bronze, einmal aus Blech. Die Form eines Greifwerkzeugs ähnelt manchmal dem zu greifenden Gegenstand. Und genauso hat auch ein Wort etwas, das ich seine logische Form nennen will und das zum Wesen dessen passt, was das Wort herausgreifen (oder ausdrücken) soll. Obwohl mit jedem der angeführten Wörter ein anderer Sinneseindruck einhergeht, ist ihre logische Form dieselbe. Diese logische Form besteht in ihrer Grammatik. Damit bezeichne ich nicht jene oberflächlichen grammatischen Eigenschaften, die sich von Sprache zu Sprache unterscheiden können –

1 Ludwig Wittgenstein, *Philosophische Untersuchungen (PU) II*, in: Ludwig Wittgenstein, *Tractatus logico-philosophicus* (u. a.) (*Werkausgabe*, Band 1), Frankfurt/M. 1997, § xi; bzw. in: Georg Henrik von Wright, Universitetet i Bergen (Wittgenstein-arkivet) und Oxford University Press (Hg.), *Wittgenstein's Nachlass. The Bergen Electronic Edition (Nachlass)*, Oxford 1998-2000, item 144, S. 88. [*A. d. Ü.:* Der Verweis auf den Nachlass wurde hier und an allen folgenden Stellen nachträglich hinzugefügt.]

2 *PU* § 371; bzw. *Nachlass* 227a, S. 217.

wie etwa die, flektiert zu sein oder in speziellen Satzkonstruktionen aufzutauchen (so wie es früher im Deutschen den militärischen Befehl »An die Pferde!« gab). Es geht also nicht um jene Feinheiten, die ein Grammatiker wie Panini beschreiben würde.[3] Sondern es gibt eine gröbere Grammatik, die all den genannten Ausdrücken gemeinsam ist – sie alle etwa sind Zählbezeichnungen (*count nouns*) und Namen für ein Lebewesen als Ganzes.

Akzeptieren wir diesen Gedanken einmal für den Moment, und setzen wir außerdem voraus, dass seine Grammatik ein Wort zu dem Wort macht, das es ist. Dann würde das, was ich als »linguistischen Idealismus« bezeichne, noch weiter gehen und behaupten: »Das Wesen wird durch die Grammatik *erzeugt*.« Denn: »›Wesentlich‹ ist nie die Eigenschaft des Gegenstandes, sondern das Merkmal des Begriffes.«[4] (Der Ausdruck »Merkmal des Begriffs« stammt natürlich von Frege).[5]

Wer der Aussage »Das Wesen ist in der Grammatik ausgesprochen« zustimmt, denkt wahrscheinlich auch Folgendes: »Die Wörter, mit denen ich über etwas spreche, *müssen* diese Grammatik haben.« So muss vielleicht unsere Rede von Sinneseindrücken durch eine Asymmetrie zwischen erster und dritter Person gekennzeichnet sein. Das soll nicht heißen, dass die entsprechende Eigenschaft (hier also die Erste/Dritte-Person-Asymmetrie) dem Gegenstand selbst (hier also dem Sinneseindruck) zugeschrieben werden kann. Schließlich ist die fragliche Eigenschaft eine Eigenschaft der Sprache. Mit einer Sprache, die diese Eigenschaft nicht hätte – die nicht

3 *A. d. Ü.:* Panini lebte im 6. oder 5. Jahrhundert v. Chr. im heutigen Pakistan. Seine umfassende Grammatik des Sanskrits gilt als eines der Urwerke der Linguistik.

4 Ludwig Wittgenstein, *Bemerkungen über die Grundlagen der Mathematik* (*BGM*) (*Werkausgabe*, Band 6), Frankfurt/M. [2]1989, Teil I, § 73; bzw. *Nachlass* 119, S. 78.

5 *A. d. Ü.:* Für Frege sind es die Merkmale eines Begriffs, »die den Begriff zusammensetzen« (Gottlob Frege, *Die Grundlagen der Arithmetik. Eine logisch mathematische Untersuchung über den Begriff der Zahl*, Stuttgart 1987, § 53). Ein Begriff lässt sich nach Frege durch seine Merkmale definieren. Frege schreibt: »Wenn der Gegenstand Γ die Eigenschaften Φ, X und Ψ hat, so kann ich diese in Ω zusammenfassen, so daß es dasselbe ist, ob ich sage, Γ habe die Eigenschaft Ω, oder ob ich sage, Γ habe die Eigenschaften Φ und X und Ψ. Ich nenne dann Φ, X und Ψ Merkmale des Begriffes Ω« (Gottlob Frege, »Über Begriff und Gegenstand«, in: *Vierteljahresschrift für wissenschaftliche Philosophie* 16 (1892), S. 192-205, hier S. 201 f.). Frege greift hier wahrscheinlich einen Begriff Kants auf (und verändert ihn).

diese Grammatik besäße –, könnte man nicht von Sinneseindrücken sprechen. Umgekehrt könnte man mit einer Sprache, in der sich über Sinneseindrücke sprechen lässt, nicht mehr von Sinneseindrücken sprechen, wenn man ihr ebendiese Eigenschaft nähme. Auf jeden Fall besteht Sprache in einer komplizierten Menge von Praktiken, von denen die meisten mit artikulierten Geräuschen zu tun haben. Damit ergibt sich folgendes Bild: *Entweder* passt die Grammatik zum Gegenstand, also zu seinem wahren Wesen, das er unabhängig davon hat, ob jemals jemand über ihn spricht oder nicht. *Oder aber* der ›Gegenstand‹ selbst hängt von der Sprache ab. Der erste Vorschlag ähnelt demjenigen Platons im *Kratylos*; der zweite besteht in dem, was ich als »linguistischen Idealismus« bezeichnet habe (sofern er konsequent vertreten wird).

Kommen wir noch einmal auf das einleitende Zitat zurück. Jemand könnte Folgendes sagen: »Ich möchte nicht behaupten, dass diese-oder-jene Begriffe *die* allein richtigen sind. Ich will einfach nur wissen, ob es überhaupt richtige Begriffe gibt.« Um eines von Wittgensteins eigenen Beispielen zu nehmen: In einer Welt, in der Farbe und Form nicht unabhängig voneinander sind, hätten die Menschen vielleicht Farbformbegriffe, aber keine reinen Farb- oder reinen Formbegriffe.[6] Wir müssen dabei nicht annehmen, diese Menschen sähen »etwas nicht ein, was wir einsehen«, wie eben Farbähnlichkeiten. Haben wir denn überall einen Begriff, wo wir eine Ähnlichkeit bemerken?[7] Wir wollen wissen, ob das, »was wir einsehen«, wirklich existiert und nicht bloß eine Projektion unserer Denkkategorien auf die Wirklichkeit ist.

Wittgenstein scheint nahezulegen, dass das, was unserem Begriff der Farbe »entspricht«, nicht eine einzelne Eigenschaft der Dinge ist (wie wir vielleicht gerne sagen würden), sondern die »allgemeine Naturtatsache«, dass Farbe und Form unabhängig voneinander sind.

Welche Vorteile dieser Vorschlag auch haben mag, er besagt nicht, dass das in der Grammatik ausgedrückte Wesen der Farbbegriffe auch von der Grammatik erschaffen wird. Doch er bringt einen von dem Versuch ab, sich auf das in der Grammatik ausge-

6 *A. d. Ü.: Nachlass* 130, S. 73.

7 Ludwig Wittgenstein, *Zettel*, in: Ludwig Wittgenstein, *Bemerkungen über die Farben* (u. a.) (*Werkausgabe*, Band 8), Frankfurt/M. 1984, § 380; bzw. *Nachlass* 233b, S. 4.

drückte Wesen zu konzentrieren und es möglichst genau beschreiben zu wollen. Eine scholastische Ansicht zu Farben war, dass sie »das Ganze im Ganzen und das Ganze in jedem Teil« seien.[8] Wittgenstein würde das vielleicht wie folgt ausdrücken: »Man kann von etwas sagen, dass es ein Quadrat halbiert, nicht aber, dass es seine Farbe halbiert.« Oder: »Wenn wir hier ein Ding haben, das nicht rot ist, und dort ein anderes, das ebenfalls nicht rot ist, beide zusammen aber etwas ergäben, was man ›Röte‹ nennen könnte, dann bezeichnen wir die beiden Dinge trotzdem nicht als ›Hälften der Röte‹.« Das sind grammatische Bemerkungen, also Bemerkungen darüber, wie wir diese Worte gebrauchen: »Wer über das *Wesen* spricht –, konstatiert bloß eine Übereinkunft.«[9]

Wenn wir aber behaupten, dass das in der Grammatik des Wortes »rot« ausgedrückte Wesen selbst ein Werk oder Erzeugnis dieser Grammatik ist, behaupten wir damit dann nicht, dass es ohne menschliche Sprache keine roten Dinge gäbe? Sagen wir nicht, dass die Existenz roter Dinge von der Existenz einer Sprachpraxis abhängt – von der Gebrauchsweise eines Wortes, an der man sieht, dass die Benutzer über den Begriff ›rot‹ verfügen? Und genau *das* wollen wir eben nicht sagen.

An einer Stelle denkt sich Wittgenstein einen Stamm aus, dessen Schmerzbegriff sehr von unserem abweicht.[10] Der Begriff dieses Stamms bezieht sich nur auf sichtbare Verletzungen wie offene Wunden. Wittgenstein beantwortet die Frage: »Aber merken sie denn wirklich nicht die Ähnlichkeit?« (die zwischen Schmerzen mit und ohne sichtbare Verletzungen besteht), mit der bereits erwähnten Gegenfrage: »Haben wir denn überall einen Begriff, wo eine Ähnlichkeit besteht?« Und er sagt: »Den *Begriff* ›Schmerz‹ hast Du mit der Sprache gelernt.«[11] Die bloße Erfahrung von Schmer-

8 *A. d. Ü.:* Wird dieses Prinzip auf Latein zitiert, so meist als: »Totum in toto, et totum in qualibet parte« (siehe etwa Hume, *Traktat über die menschliche Natur*, 1.4.5, Absatz 13). Gewöhnlich wird es auf Thomas von Aquin zurückgeführt, der wörtlich sagt: »[…] [Q]uantitas dimensiva corporis Christi est in hoc sacramento […] per modum substantiæ, cuius natura est tota in toto et tota in qualibet parte.« (*Summa theologiae* III, q. 76, art. 4, ad obj. 1). Die Anwendung dieses Prinzips beschränkte sich also nicht auf Farben; es wurde für viele philosphische Themen aufgegriffen (bis hin zur Rechtslehre).

9 *BGM* I § 74; bzw. *Nachlass* 119, S. 81 f.

10 *A. d. Ü.: Zettel* § 380; bzw. *Nachlass* 233b, S. 4.

11 *A. d. Ü.: PU* § 384; bzw. *Nachlass* 227a, S. 220.

zen lehrt uns eben nicht die Bedeutung des Wortes »Schmerz«. Wie sollte auch eine Erfahrung die Grammatik eines Wortes festlegen? Man mag fragen, ob die Erfahrung bestimmte Anforderungen an die Grammatik stellt, wo doch das Wort ein Wort für *diese* Erfahrung sein soll. Doch das Wort ist mehr als eine Reaktion auf eine einzelne Erfahrung. Worauf soll es sich denn *in anderen Fällen* beziehen? Die Erfahrung kann z. B. nicht festlegen, was man mit ihr zusammen gruppiert. »Na, eben alles, was ähnlich ist«, mag man einwenden wollen. Und woran denkt man dabei? »Nun, an die Ähnlichkeit, die das Wort ausdrückt.« Doch weiß man, worin diese Ähnlichkeit besteht, schon bevor man das Wort gelernt hat? Die Erfahrung sagt einem sicherlich nicht, was die Grenzen der Anwendung des Wortes sind oder wofür das Wort als Mittel fungieren soll. Ist es etwa ein bloßer Ausruf, oder besitzt es eine Syntax? Und falls Letzteres der Fall ist: Bezeichnet es ein Merkmal von Gegenständen, das wir mit den Sinnen wahrnehmen? Man kann sich also durchaus einen Stamm vorstellen, dessen Schmerzbegriff anders ist als unserer, der sich mit unserem aber noch genug überschneidet, um als ein Begriff von Schmerzen zu gelten.

Hindert uns irgendetwas an dieser Ansicht zu sagen: »Selbst wenn es menschliche Sprache nie gegeben hätte und deshalb auch *keinen* ›Begriff des Schmerzes‹, würde es trotzdem Schmerz geben (vorausgesetzt, es gäbe Tiere)«? Nein. – »Doch über welchen ›Schmerz‹ reden wir hier – über das, was wir als Schmerz bezeichnen, oder über irgendeinen anderen denkbaren Schmerzbegriff, z. B. den ausgedachten von oben?« Nun, wir unterhalten uns in unserer Sprache. Folglich behaupten wir, dass Schmerzen – im Sinne dessen, was wir als »Schmerzen« bezeichnen – auch dann existierten, wenn es keinen Begriff des Schmerzes gäbe.

Dasselbe gälte, wenn es niemals Menschen gegeben hätte, die sich über Pferde hätten unterhalten können. Auch hier bestünde absolut kein Grund zu sagen, dass es dann keine Pferde geben würde. Jenes Wesen, das in der Grammatik ausgesprochen wird, wird also nicht von der Grammatik selbst erzeugt. Das zu denken hieße, den Begriff des ›Wesens‹ misszuverstehen, also etwa zu denken, dass jenes in »Pferd« ausgesprochene Wesen nur im menschlichen Geist und in der menschlichen Sprache existiert, auch wenn es zweifellos Pferde gegeben hätte.[12] Können wir dem Vorschlag des Eingangszitats folgen und uns ›gewisse sehr allgemeine Naturtatsachen‹ so anders geartet vorstellen, dass der Mensch den Begriff ›Pferd‹ nicht besäße, obwohl es in seiner Umgebung Pferde gäbe? Das scheint schwierig. Aber Wittgensteins Bemerkung, dass Menschen mit anderen Begriffen nicht unbedingt etwas übersehen, was wir bemerken, soll wohl kaum heißen, dass das niemals der Fall sein *könnte*. Das ist im Einzelfall einfach eine offene Frage. Stellen wir uns eine Welt vor, in der es nur sehr wenige Säugetierarten gibt, sagen wir nur Pferde und Menschen, und auch keine Zählbezeichnung wie »Pferd«, sondern nur eine Verbform, die so etwas wie die Gegenwart von Pferden anzeigt. Dort gäbe es wohl auch den Begriff ›Pferd‹ nicht. Trotzdem dächten wir vielleicht nicht, die betreffenden Menschen sähen »etwas nicht ein, was wir einsehen«. Dasselbe gälte, wenn sie eine Zählbezeichnung »Pferd« hätten und anfingen, die auch auf Kühe anzuwenden, wenn sie welche zu Gesicht bekommen.

Oben habe ich vorgeschlagen, dass eine Sprache, in der man über Sinneseindrücke sprechen kann, eine gewisse Grammatik aufweisen muss – etwa eine Erste/Dritte-Person-Asymmetrie.[13] Aber sage ich *nun* nicht, dass eine Sprache, in der man über Pferde sprechen kann, keine besondere Grammatik aufweisen muss, in der sich das Wesen des Pferdes ausdrückt – dass sie beispielsweise keine Zählbezeichnung enthalten muss, die der Name für eine Tierart ist? Das sage ich doch anscheinend. Sollte ich dann nicht auch meine ursprüngliche Idee bezüglich der Sinneseindrücke aufgeben? Schließlich scheine ich doch gerade gezeigt zu haben, dass sich Sprache auf Pferde beziehen kann, ohne ein Wort für das *einzelne* Pferd zu haben. Warum sollte man sich dann nicht auch sprachlich auf Sinneseindrücke *beziehen* können, ohne diese auszudrücken oder von ihnen zu berichten? Es wären doch z.B. Menschen vorstellbar, die sinnlich wahrnehmbare Eigenschaften erwähnen oder sogar ganze Situationen beschreiben und die auf solche Beschreibungen unterschiedlich reagieren, je nachdem, ob

12 Diesen Fehler macht Locke, für den das Wesen in einer allgemeinen Idee besteht und der das Allgemeine und Universelle für Erzeugnisse des Geistes hält. [*A. d. Ü.:* Siehe seinen *Versuch über den menschlichen Verstand*, Buch 3, Kapitel 3, Absatz 15-18.]

13 *A. d. Ü.:* Siehe oben, S. 317.

sie von etwas handeln, was dem Berichterstatter gegenwärtig ist, oder ob er vom Hörensagen berichtet oder aus der Erinnerung.[14] Und trotzdem könnte es sein, dass diese Menschen keine Bezeichnungen für die Sinnesmodalitäten hätten und dass sie ihre Bezeichnungen für sinnlich wahrnehmbare Eigenschaften nie rein ›subjektiv‹ verwenden würden, also nie so, dass die entsprechende Aussage nicht prinzipiell von anderen richtiggestellt werden könnte. Und wenn ein direkter Augenzeugenbericht über sinnlich wahrnehmbare Eigenschaften sich als falsch herausstellt, würden sie das vielleicht einfach der Unfähigkeit des Zeugen anlasten.

Um kurz zusammenzufassen: *Das Wesen ist in der Grammatik ausgesprochen. Doch wir können uns unterschiedliche Begriffe vorstellen; d. h., wir können uns eine Sprache vorstellen, die eine andere Grammatik hat. Diese Sprache zu sprechen hieße, eine Sprache zu sprechen, in deren Grammatik ein anderes Wesen ausgesprochen wäre. Dadurch übersähe der Sprecher aber nicht zwangsläufig etwas, das wir bemerken.*

Es ist außerordentlich schwierig, diesen schmalen Grat zu beschreiten, also einerseits die Irrtümer des Idealismus und andererseits die Dummheiten des empiristischen Realismus zu vermeiden.

Wenn ich »Pferd« höre, lese oder sage, dann begreife ich oder meine ich eine Tierart oder denke über sie nach. Dieses Begreifen, Meinen oder Nachdenken besteht aber nicht in einem Geistesakt, wie etwa dem Entstehenlassen eines Bildes vor meinem geistigen Auge oder darin, sich etwas vorzustellen. Denn ein Bild oder eine Vorstellung könnte nicht die zukünftige oder vergangene Anwendung des Wortes festlegen. Sie könnten also nicht festlegen, was ich und andere ein »Pferd« genannt haben und nennen werden. *Das* wird vielmehr dadurch festgelegt, dass die Grammatik des Wortes ein Wesen ausspricht. Man selbst ist der Herr dieser Grammatik: Dadurch, dass in der Grammatik ein Wesen ausgesprochen ist, kann das Wort eine Tierart bedeuten, und dadurch kann *ich* ebendiese Tierart damit meinen. Das Wesen ist nicht das, *was* ich meine oder wovon ich rede, sondern das Wesen ist das, *wodurch* ich überhaupt begreife, wodurch ich überhaupt an etwas denke,

14 *A. d. Ü.:* Es gibt tatsächlich Sprachen, in denen die Quelle des Mitgeteilten durch grammatische Mittel zum Ausdruck gebracht wird (z. B. Quechua). Linguisten bezeichnen das als »Evidentialität«. Ob Anscombe über diese Information verfügte, ist unklar.

wodurch ich etwas meine u. Ä. Es ist das, wodurch mein Gebrauch des Worts zum Meinen einer Tierart wird. Locke irrt sich erstens darin, dass er die ›Ideen‹ für den Gegenstand des Denkens hält: Er glaubt, dass Worte für Ideen stünden und dass wir diese Ideen meinten, wenn wir die Worte gebrauchen. Zweitens irrt er sich darin, dass wir mit dem Ausdruck »Tierart« eine allgemeine Idee meinen müssen, die er wiederum mit dem ›nominalen Wesen‹ gleichsetzt und als ein Konstrukt des Verstandes betrachtet.[15] Doch wer das Wort »Pferd« erklären soll, der zeigt vielleicht einfach auf ein Pferd und sagt: »Das ist ein Pferd.« Dann zeigt er vielleicht auf ein anderes Pferd und sagt: »Und das ist auch eines.« Und wenn sein Schüler die Erklärung versteht, dann versteht er auch, dass das Wort eine Art bezeichnet. Falls er dann einen Esel sieht und ihn ebenfalls für ein Pferd hält, sagt er vielleicht: »Aber ist das nicht genau dasselbe wie das, worauf Sie vorhin gezeigt haben?« Und damit würde er deutlich machen, dass es um eine Gleichheit der Art geht. Der Ausdruck »zweimal auf dasselbe zeigen« allein bestimmt noch nicht, was als dasselbe zählt. Die Antwort auf die Frage des Schülers steht nur dann fest, wenn wir wissen, um was für eine Gleichheit es dabei geht – also wie gezählt werden muss. Angenommen, man hat mit einem Pferd zu zählen begonnen und nun kommt noch ein Pferd vorbei. Wenn man dann sagt »Das haben wir ja schon«, aber dann bei, sagen wir, einer Giraffe mit »zwei« weiterzählt, dann zählt man offenbar Arten (vorausgesetzt, dass bis dahin noch keine Giraffe vorbeigekommen ist). Auch in diesem Fall zählt man aber etwas, was außerhalb von einem selbst liegt, und keine ›Konstruktion des Verstandes‹. Wenn es in diesem Zusammenhang so etwas wie eine Konstruktion des Verstandes gibt, dann ist es die Grammatik der Ausdrücke, die man benutzt. Wenn wir mit »Idee« das in der

15 *A. d. Ü.:* Locke unterscheidet zwischen »nominalem« und »realem Wesen« (siehe seinen *Versuch über den menschlichen Verstand,* 3.3, Absatz 15). Beide Ausdrücke bezeichnen definitorische Eigenschaften eines Gegenstandes, wobei mit *realem Wesen* die betreffenden Eigenschaften des Einzelgegenstandes gemeint sind (also jene, die ihm *qua* Exemplar der entsprechenden Art zukommen), während sein *nominales Wesen* in den Eigenschaften der allgemeinen Idee besteht, unter die der Mensch alle Exemplare der betreffenden Art gruppiert. Nur das reale Wesen eines Gegenstandes existiert also in der empirischen Welt; sein nominales Wesen ist der Inhalt unserer Vorstellung vom Gegenstand, und diese kann von seinem realen Wesen abweichen. (Laut Locke kann nur Gott das reale Wesen der Gegenstände schauen.)

Grammatik ausgesprochene Wesen meinen, dann ist beispielsweise die Idee des Pferdes *keine* Konstruktion des Verstandes – und auch kein Gegenstand des Denkens. Dann bezieht sich »Idee« auf jene Merkmale der Grammatik des Wortes, durch die man mit diesem Wort über Pferde sprechen und folglich auch an sie denken kann. Diese Merkmale sind den ansonsten unterschiedlichen Worten für »Pferd« in unterschiedlichen Sprachen gemeinsam.

Doch wenn wir beispielsweise den Ausdruck »Tierarten zählen« dem Ausdruck »Pferde zählen« gegenüberstellen, dann üben recht oberflächliche Merkmale der Grammatik eine ungeheure Suggestivkraft auf uns aus. Es scheint uns, als ob der erste Ausdruck eine neue Art von Gegenstand einführte, die man zusätzlich zu Pferden, Giraffen, Menschen usw. auch noch zählen kann; man scheint zu behaupten, dass es einen weiteren, bisher noch nicht aufgeführten Teil der Wirklichkeit gebe. Doch man führt nur eine weitere Methode ein, das bereits Vorhandene zu zählen. Das ist so, als wenn man die Zeichen auf einer Buchseite zählen soll. ›Sie zählen‹ kann nur, wer eine Zählmethode voraussetzt. Mit dieser Methode verbindet sich ein Begriff, der angibt, ›was‹ man zählt: die verwendeten Buchstaben des Alphabets? Die einzelnen Lettern? Die verwendeten Buchstaben des Alphabets eines bestimmten Schrifttyps? Schrifttypen? Oder noch etwas anderes? – Die Erklärung, wie man diese bestimmten Gegenstände zu zählen hat, besteht letzten Endes immer in der jeweiligen Zählmethode selbst.

Ist die Ansicht erst einmal in die Welt gesetzt, dass, wer Arten zählt, eine besondere Art von Gegenständen zählt, die keine Einzeldinge sind (schließlich ändert sich ja das grammatische Objekt des Verbs »zählen«!), dann ergibt sich nahtlos die Frage: Wo sind denn diese Gegenstände? Im platonischen Ideenhimmel? Im Geist?

Es ist ganz erstaunlich, wie tief viele in diesem Morast versinken, der nur aus einem grammatischen Missverständnis entsteht. Wer Wittgenstein verstehen will, muss verstehen, dass er niemals auch nur mit der Schuhspitze in diesem Sumpf gesteckt hat. In einem seiner Notizbücher schreibt er: »Numerische Identität: ein fehlgeleiteter Begriff.«[16] Das stimmt in der Tat, denn wenn man

16 *A. d. Ü.:* Das Thema Identität durchzieht Wittgensteins gesamtes Werk, doch sein *Nachlass* enthält keine Stelle, die der hier von Anscombe aus dem Gedächtnis zitierten entspricht. Eine Niederschrift der oben vertretenen Ansicht findet sich aber etwa im *Blauen Buch.* »[Du musst Dich daran erinnern, dass] die

von »dem Gleichen der Anzahl nach« spricht – im Sinne von »das Gleiche, wenn man durchzählt« –, dann stellt sich immer noch die Frage: »Das gleiche *Was* der Anzahl nach?« oder: »Das Gleiche, wenn man *wie* zählt?« Beispielsweise gibt es im lateinischen Alphabet den Buchstaben *e* nur einmal. Als *Buchstabe des lateinischen Alphabets* sind deshalb alle einzelnen *e* numerisch identisch. Das griechische Alphabet dagegen verfügt über zwei *e* – ε und η.

Diesen Überlegungen zufolge müssen wir folgenden Test durchführen, um herauszufinden, ob Wittgenstein ›linguistischer Idealist‹ war. Wir müssen fragen: Hängt diese-oder-jene Existenz oder Wahrheit von einer menschlichen Sprachpraxis ab? Für die *Bedeutung eines Ausdrucks* trifft das natürlich zu. Dass aber auch der Besitz von Begriffen von einer Sprachpraxis abhängt, scheint weniger offensichtlich zu sein. Schließlich könnte auch ein Taubstummer, der keine syntaktisch geregelte Sprache erlernt hat und auch kein auf Übereinkunft beruhendes Zeichensystem beherrscht, Ansprüche an seine Mitmenschen stellen und solchen genügen, Geld verdienen und ausgeben sowie an spezifisch menschlichen Tätigkeiten teilnehmen und auf sie reagieren. Wir wären z. B. nicht verblüfft zu hören, dass er über pantomimische Witze lachen und vielleicht auch selbst welche machen kann. Andererseits würden wir annehmen, dass ihm eine ganze Menge Begriffe und Überlegungen unzugänglich bleiben müssen. Spekulationen darüber, in welchem Grad er die vorhandenen Fähigkeiten nur deshalb besitzen kann, weil es in seiner Umgebung Sprache gibt, scheinen allerdings unergiebig. Denn der richtige Gebrauch von Sprache ist *ein* Kriterium für den Besitz eines in ihr wiedergegebenen Begriffs, weshalb man sagen kann: Diese-oder-jene Sprachpraktiken zu haben heißt, über diese-oder-jene Begriffe zu verfügen. Mit »Sprachpraxis« ist dabei mehr als das Formen von Worten in einem Satzzusammenhang und zu einigermaßen passendem Anlass gemeint. Zentral sind auch Tätigkeiten, die *nicht* in Sprachproduktion bestehen, wie: etwas messen, etwas wiegen, etwas hergeben oder empfangen oder es an einem

Grammatik der Wörter, von denen wir sagen, daß sie für physikalische Gegenstände stehen, durch die Weise charakterisiert ist, in der wir den Ausdruck ›*derselbe* so-und-so‹ oder ›der identische so-und-so‹ gebrauchen, wo ›so-und-so‹ den physikalischen Gegenstand bezeichnet«, siehe Ludwig Wittgenstein, *Das Blaue Buch. Eine philosophische Betrachtung* (übersetzt von Petra von Morstein; *Werkausgabe*, Bd. 5), Frankfurt/M. 1984, S. 101; bzw. *Nachlass* 309, S. 106; Herv. i. O.

bestimmten Ort abstellen, sich auf bestimmte Art bewegen oder einen Kalender oder eine Tabelle zu Rate ziehen und entsprechend handeln. So scheint es plausibel, dass wir ohne die Tätigkeit des Messens keinen Begriff der *Länge* haben könnten und dass es keinen präzisen Begriff des Vergleichs der Längen weit entfernter Gegenstände gäbe, wenn die Tätigkeit des Messens nicht auf vielerlei Weise mit dem Gebrauch von Sprache verflochten wäre.

Kronecker sagte einmal: »Die ganzen Zahlen hat der liebe Gott gemacht, alles andere ist Menschenwerk.«[17] Wie soll man das verstehen? Auf den ersten Blick überhaupt nicht. Ich vermute, der Mensch würde nicht über den Begriff der natürlichen Zahlen verfügen, wenn er nicht die Praxis des Zählens von Gegenständen hätte. (Wie ist das nun wieder zu verstehen? Wahrscheinlich ungefähr so: Ohne die Praxis des Zählens von Gegenständen wäre unklar, wie etwas überhaupt als eine Reihe natürlicher Zahlen identifiziert werden könnte.) Das heißt aber nicht, dass es keine Ereignisse gegeben hätte, wie dass *ein* Wolf *drei* Rehe in *sieben* Tagen tötet, bevor es Menschen mit ihren Sprachpraktiken gab. In diesem Sinne sind die natürlichen Zahlen ebenso wenig eine Erfindung wie Wölfe, Rehe oder Tage. Das gilt allerdings auch für Tatsachen, bei denen Bruchzahlen eine Rolle spielen. Warum sollten *Bruchzahlen* also eher eine menschliche Erfindung sein?

Meinte Kronecker vielleicht, die natürlichen Zahlen seien gleichsam gegeben, doch der Mensch könne mit ihnen tun, was er will – mathematische *Wahrheiten* seien menschliche Erfindungen? Meinte er, der Mensch habe Dinge erfunden wie 2 × 2, obwohl er die 2 selbst nicht erfunden habe? Und auch wenn er Hälften nicht erfunden hat, so hat er doch ½ erfunden? Was der Mensch erfunden hat, ist dieser Umgang mit den Vorstellungen der *Eins* und der *Zwei* (das römische Zahlensystem kannte keine solche Darstellung der Hälfte),[18] und der Mensch hat auch die Gepflogenheit erfunden, ½ als Darstellung der Hälfte beliebiger Dinge zu gebrauchen.

17 *A. d. Ü.:* Laut seinem Kollegen Heinrich M. Weber sagte der Mathematiker Leopold Kronecker dies »in einem Vortrag bei der Berliner Naturforscher-Versammlung im Jahre 1886«. Siehe »Leopold Kronecker«, in: Georg Cantor u. a. (Hg.), *Jahresbericht der deutschen Mathematiker-Vereinigung. Chronik für 1891-92*, 2 (1893), S. 5-31, hier S. 19.

18 Vgl. Karl Menninger, *Zahlwort und Ziffer. Eine Kulturgeschichte der Zahlen*, Göttingen ²1957/58.

Es war eine Erfindung des Menschen, Einhalb als eine Zahl zu betrachten. Man könnte sogar sagen: Was der Mensch erfunden hat, ist, dass Einhalb eine Zahl *ist.* – Wahrscheinlich geht das in die richtige Richtung.

Das wiederum macht es möglich, eine Position einzunehmen, die man als »partiellen Idealismus« bezeichnen könnte. Wir waren (unter einigen Vorbehalten) zu der Überzeugung gelangt, dass die Existenz menschlicher Begriffe im Grunde gleichgesetzt werden kann mit der Existenz einer großen Menge menschlicher Sprachpraktiken.[19] Doch wie wir oben gesehen haben, beinhaltet das nicht, dass die unter einen Begriff fallenden Dinge in ihrer Existenz vom menschlichen Denken und der menschlichen Sprache abhingen.

Natürlich gibt es eine ganze Reihe von Dingen, für die eine solche Abhängigkeit besteht. In vielen Fällen ist sie unproblematisch und trivial. Doch nicht in allen, und diese Fälle berühren den Kern grundlegender philosophischer Probleme. Dabei denke ich besonders an folgende drei Fälle: Regeln, Rechte und Versprechen.[20]

Alle drei gehen mit einem besonderen Gebrauch modaler Ausdrücke einher. Wegen der Regeln eines Spiels oder anderer Prozeduren ›muss‹ man etwas tun und ›darf‹ anderes nicht tun. Wenn man das Recht hat, etwas zu tun, ›können‹ andere einen nicht daran hindern. Und wenn man einen Vertrag abgeschlossen hat, ›hat‹ man gemäß dem Vertrag dies zu tun, und man ›kann‹ jenes nicht tun.

Für sich genommen sind sowohl die Regeln als auch der Vertrag einfach Sprachwerkzeuge – zumindest können sie das sein, und vielleicht müssen sie es sogar sein. Wenn man in einer philosophischen Stimmung anfängt, solche Werkzeuge unter die Lupe zu nehmen, dauert es nicht lange, bis sie einem wirklich rätselhaft erscheinen. Wie erzeugen sie bloß die ihnen eigene Notwendigkeit? Und was *sind* sie überhaupt? Sie enthalten Verhaltensbeschreibungen – positive wie negative – oder Beschreibungen, die wie Tatsachenbeschreibungen aussehen, etwa die Mitgliedschaft in einem Verein. Diese Beschreibungen stehen entweder im Präsens oder Fu-

19 *A. d. Ü.:* Sieheoben, S. 325.

20 *A. d. Ü.:* Aufsatz 3 (»Warum Versprechen binden«), Aufsatz 4 (»Regeln, Rechte und Versprechen«) und Abschnitt II von Aufsatz 6 (»Über die Grundlage staatlicher Autorität«) des vorliegenden Bandes behandeln diese Fälle ausführlich.

tur oder in einer ganz eigenen Zeitform, die man vielleicht als die »verpflichtende Zukunft« bezeichnen könnte. Manchmal scheinen sie auch ›erlaubend‹ zu sein, wenn das die Handlung bezeichnende Verb durch »darf« modifiziert wird. Doch die verpflichtende oder genehmigende Form deutet nicht an, dass hier eine Person den Befehl oder die Erlaubnis erteilt, etwas zu tun. Denn dann ergäbe sich bezüglich Regeln und Versprechen kein besonderes philosophisches Problem. Dann wäre es einfach so: Jemand sagt einem anderen, dass er etwas tun soll; der andere macht deutlich, dass er das verstanden hat; und er gehorcht oder widersetzt sich. In einem solchen Fall verstehen wir, was vorgeht.

Doch bei Versprechen und Verträgen liegt die Sache anders. In diesen Fällen geht es nicht bloß um eine Beschreibung, die dann entweder wahr gemacht wird oder nicht. Versprechen zeichnen sich dadurch aus, dass sie dem Betreffenden eine Art von Notwendigkeit auferlegen, die betreffende Beschreibung wahr zu machen. Worin aber besteht diese Notwendigkeit? Man kann sagen: Na, in der Notwendigkeit, entweder die Beschreibung wahr zu machen *oder* ein Unrecht zu begehen. Aber was für eine Art von Unrecht wäre das? – Das Unrecht, ein Versprechen zu brechen! Zu versprechen heißt, ein Zeichen zu geben, dass man eine neue Möglichkeit erzeugt, ungerecht zu handeln. Plötzlich handelt man ungerecht, wenn man die mit dem Versprechen verbundene Beschreibung einer Handlung nicht wahr macht – was einem zuvor völlig freistand. Darin besteht die Bedeutung dieses Zeichens. Wenn man dieses Zeichen gibt, bewirkt also seine Bedeutung, dass bestimmte Handlungen als Verstoß gegen diese Bedeutung zu gelten haben. Doch wie *kann* ein Zeichen so etwas bedeuten? Diese Erklärung seiner Bedeutung muss falsch sein. Ebendas war eine der scharfsichtigsten Beobachtungen David Humes. Er selbst sprach in diesem Zusammenhang von der »natürlichen Unverstehbarkeit« des Versprechens.[21]

Hume selbst unterschied hier zwei Probleme: zum einen das Problem der Bedeutung, zum anderen das Problem der Verpflichtung. Das Problem der Verpflichtung lässt sich wie folgt formulieren: Nehmen wir an, es könnte ein Zeichen geben, dessen Bedeutung

21 *A. d. Ü.:* Hume sagt in seinem *Traktat über die menschliche Natur*, dass die durch ein Versprechen auferlegte Notwendigkeit letzten Endes auf menschlichen Konventionen beruhe, also nicht »natürlich verstehbar« sei (3.2.5, Absatz 2).

darin besteht, den, der es gibt, zu etwas zu verpflichten. Dann bliebe immer noch die Frage, wie jenes bloße Zeichen die Verpflichtung erzeugt.[22] Warum sollten das *zwei* Probleme sein? Die erste Frage lautet schließlich, wie die Bedeutung eines Zeichens darin bestehen kann, *dass* eine Verpflichtung erzeugt, wer das Zeichen gibt. Es scheint doch, als ob eine Antwort auf diese Frage die zweite Frage gleich mitbeantworten würde (vorausgesetzt, es kann ein solches Zeichen geben). Denn wenn die Bedeutung des Zeichens darin besteht, dass es die Verpflichtung erzeugt, dann erzeugt man die Verpflichtung doch einfach durch das Geben des Zeichens. Hume aber hat Recht; man muss diese Fragen tatsächlich getrennt behandeln. Denn nehmen wir einmal an, dass ich, statt etwas zu versprechen, einfach sage: »Es bestehe die Verpflichtung für mich, so-und-so zu handeln.« *Dabei* ergibt sich kein Problem hinsichtlich der Bedeutung. Denn so eine Aussage unterscheidet sich von einem Versprechen dadurch, dass in diesem Fall die Verpflichtung nicht darin besteht, dass man *aufgrund des Zeichens* dem Zeichen gemäß handeln muss. Auch hier ergäbe sich aber immer noch die Frage, ob ich mich tatsächlich verpflichtet *habe*. Und das wiederum ist beim Versprechen genauso: Selbst wenn man annimmt, dass die Probleme hinsichtlich der Bedeutung des Zeichens geklärt wären (dass das Versprechen also *per impossibile* »natürlich verstehbar« wäre), würde sich immer noch die Frage stellen, ob man sich denn tatsächlich verpflichtet hat, als man das Zeichen gegeben hat. Und falls ja, wie das funktionierte.

Humes eigene Diskussion dieser Frage konzentriert sich auf einen »Geistesakt«, den das Versprechen angeblich ausdrückt; doch das ist für sein Argument nicht wesentlich. Man kann dieses Argument so umformulieren, wie ich es gerade getan habe. Das betreffende Kapitel ist sehr berühmt und hat eine Welle von Schriften zu folgender Frage angestoßen: Wie muss man Versprechen und

22 *A. d. Ü.:* Hume selbst formuliert wie folgt: »Um dieses Ergebnis abzulehnen [dass Versprechen ›natürlich unverstehbar‹ sind], müsste man folgende zwei Sätze beweisen: *dass Versprechen mit einem besonderen Geistesakt einhergehen* und *dass dieser Geistesakt eine Neigung erzeugt, das Versprechen zu erfüllen, die über Pflichtgefühl hinausgeht*« (*Ein Traktat über die menschliche Natur*, 3.2.5, Absatz 7; Herv. i. O.). Dass Hume hier von »Neigung« statt von objektiver Verpflichtung spricht, welche das Versprechen schaffen soll, liegt an seiner Ethik, nach der moralische Verpflichtungen letztendlich auf Neigungen gründen.

die aus ihnen resultierenden Verpflichtungen beschreiben? Hume selbst kam hier zu folgendem Ergebnis: »Versprechen haben, ehe menschliche Abmachungen bestehen, keinerlei bindende Kraft.«[23] Für wen das unmoralisch klingt, der missversteht Humes Diagnose. Denn deren Richtigkeit hängt weder von Humes Psychologie noch von seiner ethischen Theorie ab, nach der die Moral auf einem besonderen Gefühl beruht. Sie folgt rein aus dem von Hume entdeckten Bedeutungsproblem und daraus, dass hier eine linguistische Praxis das Wesen dessen erzeugt, was die Grammatik ausspricht.

Ich habe auf eine besondere Art des Gebrauchs von Modalausdrücken hingewiesen, wie etwa »müssen« oder »zu tun haben«. Dieser Gebrauch reicht sehr viel weiter, als in der Philosophie bisher wahrgenommen wird. Ein gutes Beispiel ist folgendes Kinderspiel: Die Spieler stapeln ihre Hände in der Tischmitte aufeinander, und derjenige, dessen Hand ganz unten liegt, ›muss‹ sie herausziehen und obendrauf legen. Die Worte »Du musst« werden hier ganz primitiv gebraucht: In Verbindung mit ihnen führt man dem Neuling die Hand. Zu Beginn also »muss« er im wahrsten Sinne des Wortes: Er wird gezwungen. Doch wenn er über ein normales Maß an menschlicher Intelligenz verfügt, wird die Aufforderung »Du musst!« selbst zu einem Mittel werden, ihn das Entsprechende tun zu lassen.

Dieses »Du musst!« gebraucht man etwa im Zusammenhang mit ›sein Wort halten‹, also damit, sein Wort unter bestimmten Umständen wahr zu machen. Eine andere Gelegenheit, dieses »Du musst!« zu gebrauchen, ist, wenn man jemandem beibringt, wie genau man etwas Bestimmtes tut. Dieses »Du musst!« wird außerdem im Zusammenhang mit einer Reihe von mehr oder weniger ausgeklügelten Vorgängen gebraucht, etwa bei Spielen, Ritualen, Zeremonien oder wenn es um angemessenes Benehmen geht. Nehmen wir z. B. die Aussage: »Jetzt musst du mit dem König ziehen!«, gerichtet an einen Schachanfänger. Diese Aussage heißt nichts anderes als: »Die Regeln des Spiels erfordern, dass du jetzt mit dem König ziehst.« Doch ein Kind, das so etwas gerade erst lernt, kann eine Idee wie »Die Regeln des Spiels erfordern, dass …« vielleicht noch gar nicht begreifen. Zu akzeptieren, dass »man mit dem Kö-

23 *A. d. Ü.:* Hume, *Ein Traktat über die menschliche Natur*, 3.2.5, Absatz 2.

nig ziehen muss, wenn er im Schach steht«, und diese Akzeptanz zu verinnerlichen ist Teil des Erlernens des Begriffs ›die Regeln des Spiels erfordern es‹. Dass der Zug »erforderlich« ist, heißt, dass man einer bestimmten Art von Notwendigkeit unterliegt. Worin aber besteht diese Notwendigkeit? Schließlich gibt es noch einen anderen Sinn von ›notwendig‹, in dem man nicht mit seinem König ziehen ›muss‹ (es sei denn, der andere zwingt einen). Man könnte ohne Weiteres einfach eine andere Figur über das Brett bewegen. »Das *wäre* aber kein Zug im Spiel!« Das stimmt; doch damit sagt man nur: Nichts als das Bewegen des Königs könnte an diesem Punkt des Spiels noch als ein »Spielzug« *bezeichnet werden*. All die folgenden Dinge hängen zusammen: dieses bestimmte Spiel erlernen, einen Begriff dieser Art von Spiel erwerben, diesen Begriff von ›Du musst!‹ erwerben und den Begriff einer Regel erwerben. Der Ausdruck »ein Zug im Spiel sein« hat keine unabhängige Bedeutung, die den Ausdruck »Du musst!« erklären könnte oder implizieren würde, den man lernt, wenn man zu spielen lernt (außer in Fällen, wo per Analogie erklärt wird – also indem man ein schon bekanntes, ähnliches Spiel voraussetzt).

Dass hier zwischen Regeln und Versprechen eine Parallele besteht, ist leicht zu übersehen, weil ein Versprechen ein Zeichen ist, während eine Regel nicht selbst ein Zeichen darstellt, sondern die Bedeutung eines Zeichens, und weil es außerdem unausgesprochene Regeln gibt. Beim Versprechen tritt das Problem offen zutage; denn hier geht jeder davon aus, dass eine Handlung notwendig wird rein dadurch, dass man dieses besondere Zeichen gibt. Im Gegensatz dazu muss man nicht tun, was eine Regel sagt, rein dadurch, dass man die Regel ausspricht. Trotzdem stellt sich ein gleichartiges Problem. Denn die Notwendigkeit soll sich aus dem Bestehen der Regel ergeben. Doch bei dem Versuch zu erklären, was eine Regel zu mehr als einer bloßen Regelmäßigkeit macht, muss man auf so etwas zurückgreifen wie, dass sie in Form einer Formel für Handlungen gegeben wird, deren Bedeutung darin besteht, dass man sich an diese Formel halten muss. Aber wie das? – Weil sie eine Regel ist. Wir verstricken uns in genau denselben Zirkel, über den Hume sich im Zusammenhang mit Versprechen beschwert. Hume hätte gefragt, was für ein Geistesakt denn bitte schön mit dem Anerkennen der Regel einhergehen soll – außer vielleicht ein Vorsatz, sich entsprechend zu verhalten.

Handelt es sich bei festgelegten Verhaltensweisen um eine Praxis, ergibt sich das Problem manchmal nicht. Denn manchmal erlegen die Regeln einer Praxis nur dem eine Notwendigkeit auf, der an dieser Praxis teilnehmen *möchte*. Wer etwa einen bestimmten Tanz tanzen möchte, führt die entsprechenden Schritte und sonstigen Bewegungen aus. Es gibt eine Beschreibung jenes Verhaltens, das als ›diesen Tanz tanzen‹ gilt, und man kann sein eigenes Verhalten an dieser Beschreibung ausrichten. Doch das ist nicht die Art und Weise, in der die Regeln einer Praxis Handlungen rechtfertigen oder notwendig machen. Zwar kann man sowohl sagen: »Wer diese Schrittfolge nicht einhält, tanzt nicht diesen Tanz« als auch: »Wer diese Regel nicht als bindend behandelt, spielt kein Schach.« Doch diese Äußerungen wären etwas seltsam, vor allem wenn der Betreffende alles *richtig* macht. Denn durch welche seiner Bewegungen ›behandelt er die Regeln als bindend‹ oder verstößt gegen sie? Entscheidend ist vielmehr seine Haltung gegenüber Fehlern. Ein Tänzer tut nicht, was er zu tun versucht, wenn er sich nicht an die Schrittfolge hält. Doch wen ein falscher Schritt nicht stört, den stört eben nicht, dass er den Tanz falsch ausführt oder abwandelt. Beim Schach dagegen würde man fragen: »Verändert er das Spiel? Und falls ja, was sind denn die neuen Regeln?« Der falsche Schachzug ist ›nicht erlaubt‹; die Regeln *verbieten* ihn. Und erst dieses letztere Verständnis der Sache – ihre Beschreibung in Begriffen wie ›erlaubt‹ und ›verboten‹ – grenzt eine Regel ab von der bloßen Beschreibung eines Verhaltens, das man zu zeigen versucht. Und damit finden wir auch hier jene Eigenschaft, die Hume für ›natürlich unverstehbar‹ hielt.

In Fällen, wo die Regeln eine Praxis festlegen, an der man freiwillig teilnimmt und die beliebig abgewandelt werden kann, entsteht also kein philosophisches Problem. Sobald es aber um Regeln wie etwa die Regeln der Logik geht, sieht die Situation anders aus. Natürlich vertreten manche auch hier die Ansicht, dass man Varianten logischer Regeln entwerfen kann; und wenn von logischen Wahrheiten die Rede ist, halten andere auch solche Wahrheiten für grundsätzlich revidierbar, einfach weil sie denken, dass letztlich nichts sicher gewusst werden kann. Doch diese Einwände sind reine Ablenkungsmanöver. Denn erstens beschäftigt sich die Logik nicht mit logischen Wahrheiten, sondern mit gültigen Schlüssen. Zweitens rechtfertigt sich eine Konklusion überhaupt nicht durch die Regeln der Logik, sondern entweder unmittelbar durch die Wahrheit ihrer Prämissen oder durch die Schritte zu ihr – man führt vielleicht eine Hypothese ein, zeichnet ein Diagramm oder legt eine Tabelle an. Drittens gilt, dass sich selbst im Rahmen einer Logik mit mehr als zwei Wahrheitswerten stets fragen lässt, ob ihre Regeln in einem gegebenen Fall befolgt wurden. Nach welchen Regeln wurde deduziert? Nach welchen Regeln wurde der Übergang von gegebenen Regeln zu einer bestimmten Praxis gemacht? Welches System wir auch wählen, es gibt immer ein logisches *Müssen*: Man *kann nicht* gleichzeitig dies *und* jenes behaupten; *das-und-das* kann man nicht im Einklang mit den Regeln tun; angesichts dieses einen muss man jenes andere zugestehen usw. Und genau wie »Du kannst nicht mit dem König ziehen« ein grundlegender Ausdruck für jemanden ist, der das Schachspielen lernt, weil dieser Ausdruck dem Erfassen dieses Spiels und seiner Regeln zugrunde liegt, so sind auch Ausdrücke wie »Du musst« und »Du kannst nicht« grundlegend für das logische Denken. Allerdings sind sie nicht »natürlich verstehbar« im Humeschen Sinne, d. h., sie bezeichnen keine Wahrnehmungen oder Erfahrungen.[24] Wer über das übliche Maß an Intelligenz verfügt, lernt solche Ausdrücke, und zwar einfach dadurch, dass er in die Praktiken der Vernunft eingeführt wird.

Eine andere Praxis derselben Art – also eine andere Praxis, die wesentlich auf Modalausdrücken beruht – erzeugt Gewohnheitsrechte. Solche Rechte gibt es, soweit mir bekannt ist, in jeder menschlichen Gesellschaft. Es mag Gesellschaften ohne den *Begriff* ›ein Recht‹ geben. Aber soweit ich weiß, gibt es überall Einschränkungen des Verhaltens, die durch eine Sprachpraxis aufrechterhalten werden – etwa das Verbot, zu tun, was einem anderen gebührt, oder das Verbot, diesen anderen daran zu hindern. Der Begriff ›ein Recht‹ ergibt sich erst durch abstraktes Nachdenken über das Bestehende – ähnlich wie der Begriff der Relation.

»Ist diese Wahrheit, diese Realität ein Erzeugnis menschlicher Sprachpraktiken?« Das war meine Ausgangsfrage, mein Prüfstein. Ich hätte dabei vielleicht unterscheiden sollen zwischen »Ist das tatsächlich so?« und »Sagt Wittgensteins Philosophie, dass es so

24 Hume selbst war dieser Zusammenhang nicht bewusst: Er setzt Schlussfolgerungen, Urteile und das Erfassen eines Terms gleich und bezeichnet alle drei als »Ideen«. (Man vergleiche die lange Fußnote in 1.3.7, Absatz 6 seines *Traktats über die menschliche Natur*.)

ist?«. Auf jeden Fall haben wir nun einige Teilantworten: Pferde, Giraffen, Farben und Formen sind keine Erzeugnisse menschlicher Sprachpraktiken – weder tatsächlich noch Wittgenstein zufolge. Doch die metaphysischen Notwendigkeiten, die dem Wesen der Dinge anhaften, *scheint* Wittgenstein als »Regeln der Grammatik« betrachtet zu haben. »Überlege: ›Das einzige Korrelat in der Sprache zu einer Naturnotwendigkeit ist eine willkürliche Regel. Sie ist das Einzige, was man von dieser Naturnotwendigkeit in einen Satz abziehen kann.‹«[25] Diese Art von Formulierung reserviert Wittgenstein für Aussagen, die er *irgendwie* für überzeugend, aber gleichzeitig auch für beunruhigend hält. *Könnte* er das wirklich allgemein so denken? Sind diese Dinge wirklich ›zufällig‹? (Man denke etwa an seine Bemerkungen zum Thema »Jeder Stab hat eine Länge«.)[26] Wie dem auch sei, falls man Idealist bezüglich Regeln sein kann und bezüglich der Notwendigkeit, *dies-und-jenes* zu tun, um *dieser-und-jener* Regel zu entsprechen, dann war Wittgenstein bezüglich dieser Dinge linguistischer Idealist. Denn er besteht darauf, dass es sich bei ihnen um Erzeugnisse menschlicher Sprachpraxis handelt. Nur um das noch einmal zu verdeutlichen: Sprachpraktiken bestehen aus mehr, als dass Menschen Worte aneinanderreihen und sie in entsprechenden Kontexten äußern. Sie umfassen z. B. auch das *Handeln* gemäß einer Regel – man muss *diesen* Weg einschlagen, um jenem Wegweiser zu folgen. Der Wegweiser, und auch jeder andere Pfeil, kann selbst wieder Gegenstand der Interpretation mit Hilfe einer Regel werden. Die nach oben weisenden Pfeile in einem Flughafen ›interpretiert‹ man im Geiste vielleicht zu horizontalen Pfeilen um, die in die entsprechende Richtung weisen; doch dann muss man eben der interpretierten Regel folgen. Was man allgemein tut, zählt als das, was gemeint war; die Tat legt die Bedeutung fest. Ebenso verhält es sich mit den Regeln richtigen Schlussfolgerns: Man zieht den Schluss so, wie man ›muss‹. Das ist es eben, »was Menschen ›denken‹ nennen«.[27] Was sagt Wittgenstein denn dann zu ›unlogischem‹ Denken? Dass es gar kein Denken ist, so wie ich selbst das behaupten würde? Bei einer Sitzung des *Moral Science Club*[28] zitierte er einmal den heiligen Augustinus, welcher, in

25 *PU* § 372; bzw. *Nachlass* 227a, S. 217.

26 *PU* § 251; bzw. *Nachlass* 227a, S. 164.

27 *BGM* I § 131; bzw. *Nachlass* 118, S. 80r.

28 *A. d. Ü.:* Der *Moral Science Club* ist eine 1878 gegründete philosophische Diskus-

seiner gewohnt paradoxen Art, sich auszudrücken, etwas scheinbar Widersprüchliches über Gott sagt. Für Wittgenstein stellte selbst die Formulierung: »He moves without moving« (»Movet, non movetur«) einen bewussten Widerspruch dar. Den Einwand, dass die erste Verwendung von »(to) move« transitiv und die zweite »intransitiv« sei, gestand er zwar ungeduldig zu, wollte den Satz aber trotzdem als bewusst widersprüchlich formuliert betrachten und diesen Widerspruch mit Respekt behandeln.[29] Das hing mit seiner Ablehnung von Vernunft oder scheinbarer Vernunft in Fragen der Religion zusammen. Er würde das in einem der ihm eigenen Vergleiche ausdrücken: Wir haben da ein unregelmäßig geformtes, löcheriges Etwas, und einige von uns packt der unwiderstehliche Drang, eine glatte Hülle darüberzuziehen. Wer ein Loch in die Hülle sticht, sieht all die abstehenden Kanten und Löcher, aber die Oberfläche ist schön glatt. Wittgenstein wollte die Dinge lieber so kantig lassen, wie sie eben sind. Ich weiß nicht, ob das mehr auf seine philosophischen Beobachtungen zurückzuführen war oder auf seine Persönlichkeit. Im Katholizismus werden manche Glaubensinhalte (wie die Dreifaltigkeit, die Inkarnation oder die Eucharistie) als »Mysterien« bezeichnet. Das heißt, dass sie weder bewiesen noch endgültig als widersprüchlich oder absurd widerlegt werden können – was nicht bedeutet, dass der gläubige Katholik einem Widerspruch oder einer Absurdität zustimmt. Zu sagen: »Das

sionsrunde an der Universität Cambridge. Wittgenstein nahm regelmäßig teil und saß ihr von 1944 bis 1947 vor. In der Anfangsphase der Analytischen Philosophie war der *Moral Science Club* sehr einflussreich; viele maßgebliche Aufsätze wurden dort zum ersten Mal vorgestellt.

29 *A. d. Ü.:* »Movet, non movetur« heißt: »Er bewegt, ohne *sich* zu bewegen.« Im Deutschen (wie im Lateinischen) klingt Augustinus' Aussage also nicht schon auf den ersten Blick paradox, während das Englische »He moves without moving« sowohl als »Er bewegt (ein anderes), ohne sich selbst zu bewegen«, wie auch als »Er bewegt sich selbst, ohne sich selbst zu bewegen«, verstanden werden kann. Die anderen Mitglieder des *Moral Science Club* denken, Wittgenstein hätte den Satz fälschlich im zweiten Sinne verstanden und hielte ihn nur deshalb für paradox. Doch Wittgenstein weist darauf hin, dass der Satz auch bei erster Lesart paradox ist (also auch im Lateinischen und Deutschen). Denn er stellt sich die bereits von Aristoteles aufgebrachte Frage, wie etwas ein anderes bewegen können soll, ohne dabei selbst eine Bewegung zu vollführen (vgl. *Metaphysik* 1072a22-27) – wie also jene Fähigkeit, die den »unbewegten Beweger«, kennzeichnet, überhaupt logisch möglich sein kann. Welche Textstelle Wittgenstein in der betreffenden Sitzung zitiert hat, ist unbekannt.

kann man widerlegen, aber ich glaube es trotzdem« ist überhaupt kein Ausweis von Frömmigkeit. Ein gläubiger Mensch nimmt an, dass etwaige Beweise der Absurdität dieser Inhalte widerlegbar seien, dass also jedes Mal, wenn jemand einen solchen scheinbaren Beweis vorbringt, er widerlegt werden könne. Wittgenstein selbst hat diese Art von Haltung einmal mit folgenden Worten beschrieben (in einem persönlichen Gespräch): »Man kann Angriffe *einzeln* abwehren – dann, wenn sie erfolgen.« Eine solche Haltung zu haben heißt nicht, den Widerspruch zu feiern, ganz im Gegenteil. Doch natürlich sind religiöse Mysterien keine Theorien, also keine Erzeugnisse der Vernunft; sie haben eine ganz andere Quelle. Wittgenstein betrachtete Religion im Ganzen als so etwas wie ein Mysterium; er verabscheute die natürliche Theologie. Auch hier weiß ich nicht, ob das eher an seinen philosophischen Ansichten lag (ob es sich also um etwas handelt, das andere ebenfalls einsehen können – vorausgesetzt, dass er damit Recht hatte) oder ob es eine persönliche Eigenart war. Die natürliche Theologie versucht, aus der diesseitigen Welt Schlüsse auf die jenseitige zu ziehen. Und Wittgenstein arbeitete und dachte zweifellos im Rahmen einer Tradition, für die das unmöglich war. Denn ein logischer Schluss[30] »wird gezogen, wenn keine Erfahrung dem Schlußresultat widerstreiten kann, sie widerstreite denn den Prämissen«, d. h., »wenn der Schluss nur eine Bewegung in den Mitteln der Darstellung ist«.[31]

Das ist etwas vage, doch es scheint die These zu beinhalten, dass logisches Schließen (im engeren Sinne) nie zu neuen Informationen führt. Anderswo schlägt Wittgenstein Folgendes vor:[32] Wenn man lernen könnte, die An- oder Abwesenheit von Farben durch wahrheitsfunktionale Formeln wie »Entweder nicht grün oder weiß« auszudrücken, wären dann nicht drei voneinander unabhängige Beobachtungen möglich, die drei miteinander unvereinbaren derartigen Formeln entsprächen? Doch wenn diese Beobachtungen unabhängig voneinander sind, dann müssten sie auch alle gleich-

30 Ich möchte betonen, dass ich mich hier *ausschließlich* mit Wittgensteins Haltung zur Logik befasse, d. h. zu logischem Schlussfolgern als einer Praxis, und nicht mit seinen Ansichten zur Mathematik, die viel ausgearbeiteter und vielschichtiger sind. Denn die Mathematik ist zweifellos eine weitverzweigte Struktur (oder vielleicht auch ein aus mehreren solchen Strukturen bestehendes Gebilde).

31 *BGM* VII § 25; bzw. *Nachlass* 124, S. 100.

32 *BGM* VII § 64; bzw. *Nachlass* 124, S. 172-177.

zeitig am selben Gegenstand auftreten können. Stärker kann man die These, dass logisches Schließen keine neuen Informationen ergeben kann, kaum formulieren: Nur weil eine logische Schlussfolgerung einer möglichen unabhängigen Beobachtung widerspräche, will Wittgenstein zugestehen, dass eine tatsächliche Beobachtung einer anderen tatsächlichen Beobachtung widerspricht – nur um nicht sagen zu müssen, dass eine Beobachtung eine andere *logisch ausschließen* kann.[33] Scheint es in Wahrheit aber nicht so zu sein, dass *wir* einfach nichts als die Beschreibung eines Sachverhalts betrachten, wonach sich alle drei Beobachtungen gleichzeitig (und richtigerweise) machen lassen? Natürlich verfügen wir über gewisse ›Mittel der Darstellung‹, mit denen wir solchen Fällen begegnen können. Wir können etwa sagen, dass es den ›Anschein erweckt‹, als ob irgendetwas der Fall sei, und es scheint doch sogar *einzelne* Sinneseindrücke und ganze Bilder von unmöglichen Sachverhalten zu geben. Diese Darstellungsmöglichkeiten könnte man als ein Problem für Wittgensteins Ansicht von den unvereinbaren ›Beobachtungen‹ ansehen. Wittgenstein könnte allerdings schlicht abstreiten, dass es sich in derartigen Fällen tatsächlich um ein Gewinnen neuer Informationen handelt, also um einen Fall, in dem die Logik uns ›diktiert‹, wie eine Beobachtung ausfallen muss. Er könnte einfach auf dieselbe Art reagieren wie ich gerade und sagen: Das Einzige, was die Logik uns in solchen Fällen diktiert, ist unsere Weigerung, etwas eine »Beobachtung« zu *nennen*.

Folgende Textstelle bringt die Abhängigkeit des logisch Mögli-

33 *A. d. Ü.:* Anscombes Beispiel mit den Wahrheitsfunktionen beinhaltet einige Schwierigkeiten, die mit dem hier besprochenen Thema nichts zu tun haben. Folgendes einfachere Beispiel illustriert denselben Sachverhalt: Der Satz »*X* ist vollständig grün« und der Satz »*X* ist vollständig weiß« können nicht vom selben Gegenstand (zum selben Zeitpunkt) wahr sein. Ist ein Gegenstand vollständig grün, so kann er unmöglich auch vollständig weiß sein und umgekehrt. Wir sind geneigt zu sagen, dass es sich bei dieser Unmöglichkeit um eine logische handelt, dass also, wenn etwas vollständig grün ist, es *logisch* unmöglich ist, dass es gleichzeitig auch vollständig weiß sein könnte. Doch zwischen den Sätzen »*X* ist vollständig grün« und »*X* ist vollständig weiß« besteht, zumindest nach vielen logischen Theorien – und zwar auch der in Wittgensteins *Tractatus* – kein logischer Widerspruch; diese beiden Sätze sind logisch unabhängig voneinander. (Derartige Überlegungen zum Thema Farben waren der Auslöser dafür, dass Wittgenstein seine im *Tractatus* entwickelte Theorie zum Zusammenhang von Sprache und Welt neu überdachte.)

chen von der Grammatik auf den Punkt sowie auch die Beliebigkeit, die das doch anscheinend beinhaltet:

»Wenn man auch den Satz als Bild eines möglichen Sachverhalts auffaßt und sagt, er zeige die Möglichkeit des Sachverhalts, so kann doch der Satz bestenfalls tun, was ein gemaltes, oder plastisches Bild, oder ein Film, tut; und er kann also jedenfalls nicht hinstellen, was nicht der Fall ist. Also hängt es ganz von unserer Grammatik ab, was (logisch) möglich genannt wird, und was nicht, – nämlich eben was sie zuläßt?« – Aber das ist doch willkürlich! – Ist es willkürlich? – Nicht mit jeder satzartigen Bildung wissen wir etwas anzufangen, nicht jede Technik hat eine Verwendung in unserm Leben, und wenn wir in der Philosophie versucht sind, etwas ganz Unnützes unter die Sätze zu zählen, so geschieht es oft, weil wir uns seine Anwendung nicht genügend überlegt haben.[34]

Dass die Logik nicht willkürlich ist, kann also nicht dafür verwendet werden, »daß man ihr etwas von ihrer Strenge abhandelt«.[35] Doch trotz all ihrer Strenge betrachtet Wittgenstein sie ganz klar als ein Erzeugnis der Sprache.

Wittgenstein lädt uns ein, ›logisch möglich‹ mit ›chemisch möglich‹ zu vergleichen. Man kann von einer chemisch möglichen Verbindung sprechen, wo es eine Strukturformel mit den richtigen Werten gibt, so wie bei der Verbindung H-O-O-O-H. »Eine solche Verbindung muß natürlich nicht existieren; aber auch einer Formel HO_2 kann nichts weniger als keine Verbindung in der Wirklichkeit entsprechen.«[36] Das ist ein erhellender Vergleich. Unsere Notation ermöglicht uns zwar, die Formel HO_2 zu konstruieren, doch im Gegensatz zu H-O-O-O-H schließt unser System diese Formel anschließend aus.[37] Es gibt also eine Art von Unmöglichkeit: Man sieht sich die Formel an, um festzustellen, ob ihre Bindewertigkeiten richtig sind. Der dann folgende Ausschluss ist Teil des Systems und damit einer menschlichen Konstruktion. Und doch ist er objektiv, nämlich in dem Sinne, dass man nicht frei entscheiden kann, was erlaubt ist.

34 *PU* § 520; bzw. *Nachlass* 227a, S. 265 f.
35 *PU* § 108; bzw. *Nachlass* 227a, S. 83.
36 *PU* § 521; bzw. *Nachlass* 227a, S. 266.
37 *A. d. Ü.:* »H-O-O-« wäre kein wohlgeformter Ausdruck.

II

Angesichts dieser Überlegungen könnte die Frage, ob Wittgenstein linguistischer Idealist war, auch etwas anderes heißen. »›So sagst du also, daß die Übereinstimmung der Menschen entscheide, was richtig und was falsch ist?‹ – Richtig und falsch ist, was Menschen *sagen*; und in der *Sprache* stimmen die Menschen überein. Dies ist keine Übereinstimmung der Meinungen [...].«[38] Was bedeutet eine solche »Übereinstimmung in der Sprache«?

Ein Gedanke, der Wittgensteins ganzes Werk durchzieht, ist, dass, wer eine vollständige Folge von Worten äußert, die mit einer wahren Wortfolge unverträglich ist, damit nicht zwangsläufig *irrt*. Man *irrt* sich z. B., wenn man weiß, wann eine Aussage wahr ist und diese Bedingungen für erfüllt hält, obwohl das nicht der Fall ist. (Und in Fällen, wo man Recht hat, ist die Bedingung erfüllt.) Irren kann sich nur, wer sich ordnungsgemäß der Sprache bedient.[39] Der Umgang mit den betreffenden Worten muss Teil des Gedankengebäudes sein, dem die Frage angehört. Ansonsten bedeutet die vermeintliche Aussage vielleicht gar nichts, sondern ist »Aberglaube«[40] oder einfach eine »seltsame Reaktion«[41] oder die Manifestation eines anderen »Weltbilds«. Oder es könnte sich auch um eine derart seltsame Überzeugung handeln, dass eigentlich Offensichtliches dagegen spräche, wenn sie nur nicht so seltsam wäre. Vielleicht verwendet der Betreffende die entsprechenden Ausdrücke auch in einem übertragenen Sinn, oder es handelt sich um eine Manifestation kindlicher Unwissenheit oder einfach um Verrücktheit. All das sind Fälle, in denen man nach Wittgenstein nicht von einem ›Irrtum‹ sprechen kann.

Das heißt nicht, dass Wittgenstein hier alles für zulässig hielte. Wer etwas als »Aberglaube (nicht Irrtum!)«[42] bezeichnet, kritisiert

38 *PU* § 241; bzw. *Nachlass* 227a, S. 159; Herv. i. O.

39 »Wer träumend sagt ›Ich träume‹, auch wenn er dabei hörbar redete, hat sowenig recht, wie wenn er im Traum sagt ›Es regnet‹, während es tatsächlich regnet.« Ludwig Wittgenstein, *Über Gewißheit* (*ÜG*), in: Ludwig Wittgenstein, *Bemerkungen über die Farben* (u. a.) (*Werkausgabe*, Band 8), Frankfurt/M. 1984, § 676; bzw. *Nachlass* 177, S. 11.

40 *PU* § 110; bzw. *Nachlass* 227a, S. 84.

41 *A. d. Ü.: PU* § 288; bzw. *Nachlass* 227a, S. 182.

42 *A. d. Ü.: PU* § 110; bzw. *Nachlass* 227a, S. 84.

die entsprechende Ansicht, und Wittgenstein macht diesen Vorwurf im Rahmen seiner Kritik gewisser philosophischer Ansichten. Doch das Wort »Irrtum« will er für Fälle reservieren, in denen man Kriterien für die Richtigkeit der Aussage hat, die unerfüllt bleiben, die der Sprecher aber angesichts seiner Absichten erfüllen müsste. In diesem Sinne hätte Aristoteles vielleicht Platons Ideenlehre als einen »Aberglauben (nicht Irrtum!)« bezeichnen können: ein Aberglaube, der »durch grammatische Täuschungen« hervorgerufen wird.[43]

Wer die Frage, ob Wittgenstein linguistischer Idealist war, in diesem zweiten Sinne stellt, fragt Folgendes: Schließt Wittgensteins Ansicht aus – abgesehen von Beispielen wie den soeben gegebenen –, dass wir sagen: »Sie aber haben weder Einsicht noch Verstand, sie tappen dahin im Finstern«?[44] Können wir Wittgenstein zufolge z. B. andere Weltbilder gar nicht kritisieren – etwa das Weltbild der Azteken, die alle zweiundfünfzig Jahre Angst hatten, dass sich die Naturgesetze ändern könnten?[45] Oder so eigenartige Überzeugungen wie den tibetischen Lamaismus? Oder magische Praktiken und überhaupt den Glauben an Magie? Natürlich stellt uns auch Wittgenstein frei, solche Weltbilder abzulehnen. Aber können wir das aus gutem Grund tun? Können wir mit dieser Ablehnung Recht haben?

Wer seine Bemerkungen über Frazers *Der goldene Zweig* gelesen hat,[46] weiß, dass Wittgenstein die Idee ablehnte, ›unsere Wissenschaft‹ erweise magische Praktiken als falsch. Insbesondere hält er

43 *A. d. Ü.: PU* § 110; bzw. *Nachlass* 227a, S. 84.

44 *A. d. Ü.:* Psalm 82,5 EÜ. Wahrscheinlich meint Anscombe hier Folgendes: Können wir sagen: »Was diese Leute glauben, lässt sich in ihrem Weltbild nicht in Frage stellen, also nicht als falsch erweisen; aber das ganze Weltbild ist falsch«?

45 *A. d. Ü.:* Ein aztekischer Kalenderzyklus dauerte zweiundfünfzig Jahre, und es herrschte der Glaube, dass nach Ablauf eines solchen Zyklus die Götter die Erde zerstören könnten.

46 *A. d. Ü.:* Der schottische Anthropologe James George Frazer veröffentlichte zwischen 1890 und 1915 diese mehrbändige Untersuchung über griechische und römische Kulte, Untertitel: »Eine Studie über Magie und Religion«. Frazer zufolge entwickelt sich aus der Magie die Religion und aus dieser die Wissenschaft; alle drei sind Versuche, die Naturvorgänge zu erklären und zu beeinflussen. Wittgenstein machte sich über einen Zeitraum von fast zwei Jahrzehnten immer wieder kritische Notizen zu Frazers Werk, die in verschiedenen Zusammenstellungen veröffentlicht wurden, etwa in: Ludwig Wittenstein, *Vortrag über Ethik und andere kleine Schriften*, Frankfurt/M. 1989.

es für Unfug, Magie als verunglückte Wissenschaft zu betrachten. Die Wissenschaft kann nur wissenschaftliche Irrtümer aufdecken, also Irrtümer auf ihrem eigenen Gebiet – Gedanken, die im Rahmen ihres Denksystems fehlerhaft sind. Über den Wert und Unwert anderer Praktiken hat sie nichts zu sagen – oder höchstens insofern, als man mit ihr Vorhersagen machen kann.

Als ich einmal mit Wittgenstein über diese Themen sprach, fragte ich ihn, ob er versuchen würde, einen Freund umzustimmen, der einen Medizinmann konsultieren wollte.[47] Wittgenstein dachte eine Weile nach und meinte: »Ja, das würde ich; aber ich weiß nicht, warum.« Ich glaube, dass sein Einwand ein religiöser gewesen wäre. Ein Wissenschaftler kann die Magie nicht auf der Grundlage von Wissenschaft verdammen. Er könnte das vielleicht aufgrund einer szientistischen Philosophie tun, aber man braucht keine solche Philosophie, um Wissenschaft zu treiben. Wittgenstein selbst hing natürlich keiner szientistischen Philosophie an, und er glaubte auch nicht, dass man einer solchen Philosophie anhängen müsse, um Wissenschaft anzuerkennen oder ein Interesse für wissenschaftliche Fragen zu hegen. Bis zu *Über Gewißheit* scheint sein Werk von folgender Annahme durchzogen zu sein: Es kann keine ›rationalen Gründe‹ dafür geben, Praktiken zu kritisieren, die sich stark von den unseren unterscheiden. Für solche fremdartigen Praktiken und Sprachspiele gilt: Es gibt sie einfach. Sie sind nicht die unseren; und wir sind unfähig, uns in ihnen zu bewegen.

In *Über Gewißheit* (*ÜG*) beschäftigt sich Wittgenstein u. a. mit Moores Behauptung, er wisse, dass er sich noch nie weit von der Erdoberfläche entfernt und dass die Erde schon lange vor seiner Geburt existiert habe.[48] Wittgenstein bespricht auch die Frage, ob man wisse, dass man nie auf dem Mond war. Der technische Fortschritt hat Wittgensteins Besprechung zu einem Intelligenztest werden lassen, den eine erstaunliche Anzahl von Lesern nicht

47 *A. d. Ü.:* Laut Anselm Müller dachte Anscombe hier an einen afrikanischen Freund, der dabei war, in seine Heimat zurückzukehren.

48 *A. d. Ü.:* George E. Moore stellt diese u. ä. Behauptungen auf in *Eine Verteidigung des Common Sense* (1925) und in seinem *Beweis einer Außenwelt* (1939). Dort dienen sie ihm als Prämissen eines Arguments gegen den Skeptizismus und den Idealismus (vgl. George E. Moore, *Eine Verteidigung des Common Sense. Fünf Aufsätze aus den Jahren 1903-1941*, [übersetzt von Eberhardt Bubser], Frankfurt/M. 1969).

besteht. Als Wittgenstein dieses Beispiel benutzte, unterschied sich die Gewissheit, dass man noch nie auf dem Mond war, noch grundlegend von der Gewissheit, dass man beispielsweise noch nie in China war.[49]

»Ich *weiß*, daß ich nie auf dem Mond war.« – das klingt ganz anders unter den tatsächlichen Umständen, als es klänge, wenn manche Menschen auf dem Mond gewesen wären und vielleicht mancher, ohne es selbst zu wissen. In *diesem* Fall könnte man Gründe für dies Wissen angeben. Ist hier nicht ein ähnliches Verhältnis, wie zwischen der allgemeinen Regel des Multiplizierens und gewissen ausgeführten Multiplikationen? Ich will sagen: Daß ich nicht auf dem Mond gewesen bin, steht für mich *ebenso* fest wie irgendeine Begründung dafür feststehen kann.[50]

Was Wittgenstein sich nur vorgestellt hat, ist inzwischen Wirklichkeit geworden, aber das sollte den Leser nicht verwirren! Was er schrieb, war wahr, als er es schrieb, und hatte nie den Anspruch, notwendigerweise auf immer wahr zu bleiben.

Im Jahre 1871 besuchte der russische Entdecker Nikolai Miklouho-Maclay Papua-Neu-Guinea und lebte dort anschließend zweimal für jeweils mehr als ein Jahr (1871-1872 und 1876-1877). Er hatte einen polynesischen Diener, der starb und den er heimlich im Meer bestattete. Als die Einwohner ihn fragten, wo der Diener sei, wies Maclay auf den Horizont. Maclay zufolge glaubten die Leute daraufhin, der Diener sei übers Meer davongeflogen. Sie glaubten außerdem, Maclay selbst komme vom Mond. Als er ihnen sagte, dass er von einem Ort namens Russland sei, nahmen sie an, dass Russland auf dem Mond läge. Ihr Ältestenrat stellte eine Liste von Fragen an Maclay zusammen, unter anderem die, ob er »jemals sterben könne oder werde«.[51]

Einen ähnlich denkenden Stamm stellt sich Wittgenstein vor:

Ich könnte mir den Fall denken, daß Moore von einem wilden Volksstamm gefangen wird und die den Verdacht aussprechen, er sei von irgendwo zwi-

49 *A. d. Ü.:* Die erste Mondlandung eines Menschen erfolgte 18 Jahre nach der Niederschrift von *Über Gewißheit.*

50 *ÜG* § 111; bzw. *Nachlass* 174, S. 25r; Herv. i. O.

51 Vgl. Peter Lawrence, *»Road Belong Cargo«. A Study of the Cargo Movement in the Southern Madang District, New Guinea*, Manchester 1964. *Wir* wissen, dass die Papua vollständig falschlagen, dass es überhaupt keine Frage ist, dass Maclay nie auf dem Mond war.

schen Erde und Mond gekommen. Moore sagt ihnen, er wisse, ..., kann ihnen aber die Gründe für seine Sicherheit nicht geben, weil sie phantastische Ideen vom Flugvermögen eines Menschen haben und von Physik nichts wissen. Dies wäre eine Gelegenheit, jene Aussage zu machen.[52]

Das heißt, *diese Situation* wäre eine echte Gelegenheit für Moore, die Aussage »Ich *weiß*, dass ich nie auf dem Mond war« zu benutzen. Wittgenstein fragt weiter: »Aber was sagt sie mehr, als ›Ich bin nie dort und dort gewesen, und habe zwingende Gründe, das zu glauben‹? Und hier müßte man noch sagen, was zwingende Gründe sind.«[53] Zwingende Gründe sind »objektiv«,[54] in dem Sinne, dass es mir nicht freisteht, einfach festzulegen, was ein »triftiger Grund« ist.[55]

Woran wir glauben, hängt von dem ab, was wir lernen. Wir alle glauben, es sei unmöglich auf den Mond zu kommen; aber es könnte Leute geben, die glauben, es sei möglich und geschehe manchmal. Wir sagen: diese wissen Manches nicht, was wir wissen. Und sie mögen ihrer Sache noch so sicher sein, – sie sind im Irrtum, und wir wissen es. Wenn wir unser System des Wissens mit ihrem vergleichen, so zeigt sich ihres als das weit ärmere.[56]

Vergleichen wir diese Gedanken mit folgenden Überlegungen zum selben Thema (ebenfalls aus *Über Gewißheit*), die sich in wesentlichen Punkten unterscheiden und einen anderen Schluss nahelegen:

Ein Erwachsener hätte einem Kind erzählt, er wäre auf dem Mond gewesen. Das Kind erzählt mir das und ich sage, es sei nur ein Scherz gewesen, so und so sei nicht auf dem Mond gewesen; niemand sei auf dem Mond gewesen; der Mond sei weit, weit von uns entfernt und man könne nicht hinaufsteigen oder hinfliegen. – Wenn nun das Kind darauf beharrte: es gebe vielleicht doch eine Art wie man hinkommen kann und sie sei mir nur nicht bekannt, etc. – was könnte ich erwidern? Was könnte ich Erwachsenen eines Volksstamms erwidern, die glauben, Leute kämen manchmal auf den Mond (vielleicht deuten sie ihre Träume so) und die allerdings zugeben, man könnte nicht mit gewöhnlichen Mitteln hinaufsteigen oder

52 *ÜG* § 264; bzw. *Nachlass* 175, S. 23r.

53 *ÜG* §§ 264 f. [*A. d. Ü.:* Anscombe scheint eigentlich *ÜG* §§ 265 f. zu meinen; bzw. *Nachlass* 175, S. 23v-24r.]

54 *ÜG* § 270; bzw. *Nachlass* 175, S. 24v.

55 *ÜG* § 271; bzw. *Nachlass* 175, S. 25r.

56 *ÜG* § 286; bzw. *Nachlass* 175, S. 30v.

hinfliegen? – Ein Kind wird aber für gewöhnlich nicht an so einem Glauben festhalten und bald von dem überzeugt werden, was wir es lehren.

Ist dies nicht ganz so, wie man einem Kind den Glauben an einen Gott, oder daß es keinen Gott gibt, beibringen kann, und es je nachdem für das eine, oder andere triftig scheinende Gründe wird vorbringen können?

»Aber gibt es denn da keine objektive Wahrheit? Ist es nicht wahr, oder aber falsch, daß jemand auf dem Mond war?« Wenn wir in unserm System denken, so ist es gewiß, daß kein Mensch je auf dem Mond war. Nicht nur ist uns so etwas nie im Ernst von vernünftigen Leuten berichtet worden, sondern unser ganzes System der Physik verbietet uns dies zu glauben. Denn dies verlangt Antworten auf die Fragen: »Wie hat er die Schwerkraft überwunden?«, »Wie konnte er ohne Atmosphäre leben?« und tausend andere, die nicht zu beantworten wären. Wie aber wenn uns statt allen diesen Antworten entgegnet würde: Wir wissen nicht, *wie* man auf den Mond kommt, aber die dorthin kommen, erkennen sofort, daß sie dort sind; und auch Du kannst ja nicht alles erklären. Von Einem, der dies sagte, würden wir uns geistig sehr entfernt fühlen.[57]

Zwischen dem in § 106 beschriebenen Stamm und dem Stamm aus § 264 (der Moore entführt hat) besteht ein grundlegender Unterschied. Bezüglich des zweiten Stamms sagt Wittgenstein, Moore »kann ihnen [...] die Gründe für seine Sicherheit nicht geben«, bezüglich des ersten fragt er: »[W]as könnte ich erwidern?« Beim Stamm in § 106 ist es nämlich nicht so, dass man keine Gründe geben könnte, sondern diese Gründe werden von den Stammesmitgliedern nicht als solche wahrgenommen; sie überzeugen sie nicht. (Diese Leute *meinen* auch etwas anderes mit dem Ausdruck »auf den Mond kommen« als wir.)[58] Es ist nicht so, dass unsere Gründe ihr Verständnis übersteigen würden – wie im Falle des Stammes, mit dem Moore konfrontiert ist. Und genauso verhält sich der Gesprächspartner in § 108, der sagt: »Wir wissen nicht, *wie* man auf den Mond kommt, aber die dorthin kommen, erkennen sofort, daß sie dort sind; und auch Du kannst ja nicht alles erklären.« Wittgensteins Kommentar lautet, dass »wir uns geistig sehr entfernt fühlen« würden »[v]on Einem, der dies sagte«. Doch

57 *ÜG* §§ 106-108; bzw. *Nachlass* 174, S. 23v-24v; Herv. i. O.

58 Sobald tatsächlich Menschen auf dem Mond waren und der Stamm davon hört, ändert sich die Situation. Dann sind mehrere Entwicklungen möglich: Die Stammesmitglieder fragen sich vielleicht, ob sie die Kosmonauten jemals treffen werden. Oder sie verwerfen diese Idee als ein Missverständnis. Oder ... usw.

einen solchen Menschen kann man nicht widerlegen. Denn was uns als ein triftiger Grund erscheint, stellt für ihn keinen triftigen Grund dar. Wir müssen es vielleicht »dabei bewenden lassen«.[59] Dazu sind wir erstens dadurch gezwungen, dass zwischen Gründen und Überzeugung eine ›Lücke‹ besteht: Ebenso wie Erklärungen, Rechtfertigungen und wie Interpretationen einer Regel kommen Gründe an ein Ende – und dann ist man eben überzeugt, bzw. dann handelt man eben *so* (geht z. B. in *diese* Richtung). Zweitens handelt es sich hier nicht um einen jener Fälle, in denen, »wenn Einer dort Zeichen des Zweifels gibt, wo wir nicht zweifeln, wir seine Zeichen nicht mit Sicherheit als Zeichen des Zweifels verstehen können«.[60] Das heißt, § 108 beschreibt keinen jener Fälle, wo man seine Hypothese bezüglich der Überzeugung des Gegenübers nicht aufrechterhalten kann, weil unklar wäre, was es hieße, die entsprechende Überzeugung zu hegen. Auch handelt es sich nicht um einen jener Fälle, wo schon die bloße Annahme, dass er Recht hat, alles Urteilen unmöglich macht.

Stellen wir uns einmal vor, das Kind aus § 106 gäbe seinen Glauben an Mondreisen nicht auf. Wittgenstein fragt: »[W]as könnte ich erwidern?« Er stellt also dieselbe Frage wie bezüglich des Stammes. Auch im Fall des Kindes gäbe es keine Möglichkeit, ihm das Gegenteil zu beweisen. Doch ein Kind ist nicht so stark wie ein Stamm, es ist formbarer; es wird »nicht an so einem Glauben festhalten und bald von dem überzeugt werden, was wir es lehren«. Was »lehren« wir es denn? Dass das, was es gehört hat, Unsinn ist und dass die Gründe, *die wir ihm dafür geben, ausreichende Gründe für diese Feststellung sind*? Warum können wir dem Erwachsenen nicht dasselbe sagen, sondern müssen es »dabei bewenden lassen«?

Nehmen wir an, ich sagte zu Wittgenstein: »Deine Überlegungen zeigen, dass wir das Kind einfach anlügen.« Könnte er dann erwidern: »Nein, wir belügen das Kind dabei nicht mehr, als wenn wir es Arithmetik lehren und darauf bestehen, dass es nur *dieses* Verhalten als ein Befolgen der Regel betrachtet«? Das könnte er eigentlich nicht sagen. Denn das Erlernen einer Regel besteht einfach darin, nur *dieses* Verhalten als ein Befolgen der Regel zu betrachten. Das »müssen« in »Siehst du, wenn das die Regel ist, dann musst

59 *ÜG* § 258. [*A. d. Ü.:* Anscombe scheint eigentlich *ÜG* § 238 zu meinen; bzw. *Nachlass* 175, S. 15r.]

60 *ÜG* § 154; bzw. *Nachlass* 174, S. 33v.

du dies hier tun« ist selbst ein Erzeugnis der Sprache; und wenn das Kind dieses »müssen« erfasst, dann ist das, wie wir gesehen haben, ein unverzichtbarer Bestandteil des Erwerbs von Begriffen und Praktiken, über die der normal intelligente Mensch verfügt.[61] Das kann man aber mit Blick auf die Mondreise nicht behaupten.

Sollten wir dem Kind also *nicht* ›mit vollem Ernst‹ sagen, dass es solchen Geschichten keinen Glauben schenken soll? Sollten wir es auffordern, ›offen‹ zu sein, alle logischen Möglichkeiten im Geiste durchzugehen und auch die seltsamsten ernsthaft zu erwägen? Das wäre absurd! Hinter diesem Vorschlag steht ein falsches Bild davon, wie Menschen lernen, wie man überhaupt die Fähigkeit erwirbt, sich andere Möglichkeiten vorzustellen. Nein, wir fordern das Kind auf, das Gehörte nicht zu glauben, und wir führen unsere Gründe an. Auf diese Weise lehren wir es auch, keine Idee von Mondfahrten zu entwickeln, gegen die *diese* Gründe keine Kraft hätten. Wir lehren es, dass nichts Wahres an solchen Geschichten ist und dass auch gar nichts Wahres daran sein kann; und damit geben wir ihm implizit zu verstehen, dass es das Gehörte nicht glauben und keine entsprechende Vorstellung entwickeln soll.

In § 107 nennt Wittgenstein zum Vergleich die Art, »wie man einem Kind den Glauben an einen Gott, oder daß es keinen Gott gibt, beibringen kann«. Dieser Vergleich ist aufgrund der sich anschließenden Überlegung interessant, dass das Kind, »je nachdem für das eine, oder andere triftig scheinende Gründe wird vorbringen können«. Dadurch ergibt sich eine Parallele zu dem, was wir dem Mann, der auf dem Mond gewesen sein will, entgegnen würden. Das Kind hat also gehört, jemand habe die Welt gemacht, halte sie am Laufen und bestimme über ihren Gang. Ein Einwand, den man dagegen machen kann, ist der des Lukrez:

> Wer könnte das ganze unermessliche All lenken?
>
> Wer könnte in seiner Hand kontrollierend die mächtigen Zügel halten?[62]

Also: »Wer könnte – im Sinne von: wie kann überhaupt jemand –

61 *A. d. Ü.:* Siehe S. 330.

62 *A. d. Ü.:* Die Übersetzung orientiert sich an der von Josef Martin (Lukrez, *Die Natur der Dinge*, Berlin 1972, S. 157). Das Original lautet: »Quis regere immensi summam, quis habere profundi / Indu manu validas potis est moderanter habeas?« (Titus Lucretius Carus, *De rerum natura*, Buch 2, Zeilen 1095 f.).

dazu in der Lage sein?« In der Geschichte mit der Mondraumfahrt gab es auf der Gegenseite keine derart »triftig scheinenden Gründe«.

Deren Reaktion auf den Satz »Niemand war je auf dem Mond« war aber ohnehin von ganz anderer Art als diejenige des Stamms, mit dem Moore diskutierte. Das Wissenssystem des Stammes aus § 264 war weit ärmer als das unsere. Das trifft auf den Stamm in § 106 vielleicht gar nicht zu. Diese Leute haben vielleicht dieselbe *Physik* wie wir, doch sie sagen: »Was haben Traumreisen auf den Mond mit Physik zu tun?«

Kommen wir zu einem anderen Beispiel Moores: Die Erde existiert schon seit langer Zeit.

Ich kann mir einen Menschen vorstellen, der unter ganz besondern Umständen aufgewachsen ist, und dem man beigebracht hat die Erde sei vor 50 Jahren entstanden, und der es deshalb auch glaubt. Diesen könnten wir belehren: die Erde habe schon lange etc. – Wir würden trachten ihm unser Weltbild zu geben

Dies geschähe durch eine Art *Überredung*.[63]

Hier verwendet Wittgenstein die Idee eines Weltbilds. Bei seinen Bemerkungen zu Moores Sätzen über Mondreisen spielte das Weltbild keine derartige Rolle. Hier hatte er gesagt:

Was könnte mich dazu bringen, das Gegenteil davon zu glauben? Entweder eine Erinnerung, oder daß es mir gesagt wurde. – Alles was ich gesehen oder gehört habe macht mich der Überzeugung, daß kein Mensch sich je weit von der Erde entfernt hat. Nichts spricht in meinem Weltbild für das Gegenteil.[64]

Diese Überzeugungen sind also nicht selbst Bestandteil seines »Weltbilds«, d. h. jenes »überkommenen Hintergrunds, auf welchem ich zwischen wahr und falsch unterscheide«.[65] Andererseits kollidiert die Behauptung des anderen, sich weit von der Erdoberfläche entfernt zu haben, mit unserem *Wissenssystem*. Jemandes ›Weltbild‹ ist nicht dasselbe wie sein ›Wissenssystem‹. Doch die beiden sind verbunden: Das ›Weltbild‹ des Menschen aus § 262, der keine Ahnung vom Alter der Erde hat, wäre wohl kaum mit

63 *ÜG* § 262; bzw. *Nachlass* 175, S. 23r; Herv. i. O.

64 *ÜG* § 93; bzw. *Nachlass* 174, S. 21r.

65 *ÜG* § 94; bzw. *Nachlass* 174, S. 21v.

unserer Physik vereinbar; und ein Bild, das mit dieser Physik unvereinbar ist, könnte leichter zu dem Glauben führen, dass Menschen den Mond besuchen. So jemandem würden wir aber eher Geschichtswissen beibringen: »Die Erde ist schon lange bewohnt, sehr lange. Wir wissen, was die Menschheit in den letzten paar tausend Jahren gemacht hat. Hier z. B., diese Gebäude sind mehrere hundert Jahre alt« usw.

An einer anderen Textstelle stellt Wittgenstein sich vor, wie Moore mit einem König diskutiert, der in dem Glauben erzogen wurde, die Welt habe mit seiner Geburt begonnen:

> Und wenn nun Moore und dieser König zusammen kämen und diskutierten, könnte Moore wirklich seinen Glauben als den richtigen erweisen? Ich sage nicht, daß Moore den König nicht zu seiner Anschauung bekehren könnte, aber es wäre eine Bekehrung besonderer Art: der König würde dazu gebracht, die Welt anders zu betrachten. Bedenke, daß man von der *Richtigkeit* einer Anschauung manchmal durch ihre *Einfachheit*, oder *Symmetrie* überzeugt wird, d. h.: dazu gebracht wird, zu dieser Anschauung überzugehen. Man sagt dann etwa einfach: »*So* muß es sein.«[66]

Dieser Fall liegt wieder anders als der des zuvor besprochenen Mannes (und auch anders als ein von Wittgenstein zu Beginn von § 92 besprochener Fall).[67] Denn der König wurde nicht einfach dazu erzogen, zu glauben, die *Erde* existiere erst seit Kurzem, sondern er glaubt, dass *die Welt mit ihm begonnen habe*. *Ihm* wurde in dieser Welt eine Vorrangstellung zugewiesen. Wenn Moore ihn erfolgreich bekehrte, würde der König »dazu gebracht, die Welt anders zu betrachten«. Das wäre etwas anderes, als »ihm unser Weltbild zu geben«, vielleicht verbunden mit unserer Physik. Denn diesem König könnte man unser Weltbild geben, und er könnte trotzdem die Überzeugung beibehalten, dass er eine herausgehobene Stellung einnehme. *Wann* hat er zu existieren begonnen? Falls er, laut dem ihm vermittelten Selbstverständnis, erst so lange gelebt hat, wie es auch scheint, dann würde ein recht kurz zurückliegendes Datum für ihn einen ganz besonderen Unterschied markieren. Die

66 *ÜG* § 92; bzw. *Nachlass* 174, S. 20v; Herv. i. O.

67 *A. d. Ü.:* Dort sagt Wittgenstein: »Man kann aber fragen: ›Kann Einer einen triftigen Grund haben, zu glauben, die Erde existiere erst seit kurzem, etwa erst seit seiner Geburt?‹ – Angenommen, es wäre ihm immer so gesagt worden, – hätte er einen guten Grund es zu bezweifeln?«

Dinge, von denen *wir* sagen, dass sie vor seiner Geburt geschehen sind, wären *für ihn* Teil einer Szenerie, die erst mit ihm begonnen hätte. Was in dieser Szenerie auf die Existenz einer Vergangenheit hinweist, würde der König als Teil der Szenerie selbst interpretieren – so wie Philipp Gosse glaubte, Fossilien seien zusammen mit den Gesteinen erschaffen worden, in denen man sie findet (nämlich beide 4004 v. Chr.).[68] Würde der König das aufgeben, so könnte man ihn mit Fug und Recht als »bekehrt« bezeichnen. An diesen Überlegungen sieht man, warum Wittgenstein in § 92 von »Einfachheit« und »Symmetrie« spricht. Der Mann in § 262, der glaubt, die Erde existiere erst seit Kurzem, ist wie Moores wilder Stamm: Das System seines Wissens ist vergleichsweise arm. Der König aber kann durchaus ein umfangreiches Wissenssystem besitzen. Der Dalai Lama etwa kann unsere Physik, Astronomie und Geschichte lernen und trotzdem an dem Glauben festhalten, *dieselbe* Person zu sein wie all die vorherigen Lamas.

Eines der Hauptthemen von *Über Gewißheit* ist die »Grundlosigkeit« von Weltbildern. Vorgänge wie das Finden von Gründen, etwas Überprüfen, Beweisen, Argumentieren, Bestätigen, Verifizieren finden *innerhalb* einer lebendigen Sprachpraxis statt. Immer gibt es Überzeugungen, die so etwas wie das ›unerschütterliche Fundament‹ dieser Vorgänge bilden. Das heißt einfach, dass sie eine Grundlage sind, die von diesen Vorgängen unberührt bleibt. Man kann nichts bezweifeln oder hinterfragen, solange es nicht etwas gibt, was feststeht. Dazu gehört etwa der Sinn (zumindest einiger) meiner eigenen Worte oder dass, falls ich andere Worte nachschlagen muss, das Nachschlagewerk wirklich eines ist usw. Dazu gehören auch Tatsachen, die Teil meines ›Weltbilds‹ sind, wie: dass es Sinn ergibt, zu fragen, ob dieser-oder-jener Vulkan vor tausend Jahren ausgebrochen ist.

Nicht alles, was unberührt bleibt, gehört zum Fundament. Und es gibt Dinge, die man für unzweifelhaft hält, obwohl man sie nie explizit gelernt hat:

68 *A. d. Ü.:* Der englische Naturforscher und Erfinder Philipp Henry Gosse vertrat diese These in *Omphalos* (1857), einem populärwissenschaftlichen Werk, das versucht, Charles Lyells Theorie der Erdzeitalter (veröffentlicht 1830-1833) mit der biblischen Schöpfungsgeschichte zu vereinen.

Die Sätze, die für mich feststehen, lerne ich nicht ausdrücklich. Ich kann sie nachträglich *finden* wie die Rotationsachse eines sich drehenden Körpers. Diese Achse steht nicht fest in dem Sinne, daß sie festgehalten wird, aber die Bewegung um sie herum bestimmt sie zur Unbeweglichkeit.

Niemand hat mich gelehrt, daß meine Hände nicht verschwinden, wenn ich auf sie nicht aufpasse.[69]

Es wäre falsch, zu glauben, dass all die tastenden, mühsamen Untersuchungen in *Über Gewißheit* dasselbe sagen. All die unterschiedlichen Zweifel, die Wittgenstein bespricht – ob das ein Baum ist, ob sein Name Ludwig Wittgenstein ist, ob das Wasser im Kessel, der überm Feuer steht, kochen und nicht gefrieren wird, ob er selbst nie auf dem Mond war –, behandelt er unterschiedlich. So sind beispielsweise nicht alle der entsprechenden Tatsachen Teil eines ›Weltbilds‹. Ein Weltbild wiederum ist etwas anderes als ein religiöser Glaube, obwohl für beide Fälle gilt, dass man eben glaubt und nicht vermutet. Ein Motto Wittgensteins war: »Ich werde Euch unterscheiden lehren.«[70] Wer all diese Überlegungen in einen Topf wirft, versteht Wittgenstein nicht, sondern erzeugt im Gegenteil eine heillose Verwirrung.[71]

Doch kehren wir zu unserer Ausgangsfrage zurück. Treffen zwei unvereinbare Weltbilder aufeinander, so scheint man nach Witt-

69 *ÜG* §§ 152 f.; bzw. *Nachlass* 174, S. 33r; Herv. i. O.

70 *A. d. Ü.:* Wittgenstein trug sich eine Weile mit dem Gedanken, dieses Zitat aus Shakespeares *König Lear* seinen *Philosophischen Untersuchungen* voranzustellen (»I'll teach you differences«, Zeile 618 bzw. 1. Aufzug, 4. Szene). Im Original verweist der Graf von Kent mit diesem Ausspruch den anmaßenden Diener Oswald auf seinen Platz in der höfischen Rangordnung.

71 Norman Malcolms Artikel »The Groundlessness of Belief« (in: Norman Malcolm, *Thought and Knowledge. Essays*, Ithaca/NY 1977, S. 199-216) etwa erklärt Wittgensteins Gedanken sehr gut und vertritt eine interessante Position hinsichtlich »philosophischer Krankheiten«. Doch Malcolm ruiniert alles durch seine Gleichbehandlung von religiösem Glauben, dem Glauben an das eigene ›Weltbild‹, dem Glauben an ein Wissenssystem *und* dem routinierten Handeln eines Obsthändlers. Wittgenstein selbst sagt: »Wenn der Kaufmann jeden seiner Äpfel ohne Grund untersuchen wollte, um ja recht sicher zu gehen, warum muß er (dann) nicht die Untersuchung untersuchen? Und kann man nun hier von Glauben reden (ich meine, im Sinne von religiösem Glauben, nicht von Vermutung)? Alle psychologischen Termini führen hier nur von der Hauptsache ab« (*ÜG* § 459; bzw. *Nachlass* 176, S. 30v). Zweifellos würde er die Frage: »Und kann man nun hier von Glauben reden?« mit: »Besser nicht« beantworten.

genstein unmöglich das eine als richtig und das andere als falsch betrachten zu können. Denn hinter jedem Wissenssystem steht immer schon ein Stück Weltbild. Zwar mag das eine Weltbild umfangreicher sein als das andere, so wie es mit umfangreicheren Möglichkeiten zu reisen verbunden sein kann. Doch wer vor dem Hintergrund *seines* Wissenssystems etwas als Fehler bezeichnet, das in dem anderen Wissenssystem *als Wissen gilt*, fordert die Frage heraus: Mit welchem Recht? Muss man sich nicht schon im jeweiligen System bewegen, um etwas darin als Fehler einzuordnen? »Auch wenn ich zu einem Volk käme, das glaubt, die Menschen würden im Traum auf den Mond versetzt, könnte ich ihnen nicht sagen: ›Ich war nie auf dem Mond. – Natürlich kann ich mich irren.‹ Und auf ihre Frage ›Kannst Du Dich nicht irren?‹ müßte ich antworten: ›Nein.‹«[72] Selbst wenn Wittgenstein akzeptierte, dass man Mondausflüge vielleicht als Teil ihres Systems von *Wissen* betrachten kann, könnte er doch seine eigene, gegenwärtige Ansicht zu ihrer Hypothese, dass auch er dort war, nicht als *Irrtum* betrachten. Handelt es sich dabei um eine persönliche Überzeugung oder um eine logische Anmerkung? Mit Sicherheit um Letzteres. Doch wenn wir dasjenige »›Irrtum‹ nennen«, was sie denken, »gehen wir [dann] nicht schon von unserm Sprachspiel aus und *bekämpfen* das ihre«?[73] Wittgenstein formuliert das als eine Frage, die er jedoch zweifellos bejaht, denn diese Stelle wird folgendermaßen wieder aufgegriffen: »Ich sagte, ich würde den Andern ›bekämpfen‹, – aber würde ich ihm denn nicht *Gründe* geben? Doch; aber wie weit reichen die? Am Ende der Gründe steht die *Überredung*.«[74]

Unser Thema hier ist also nicht der Kulturrelativismus. Hier geht es um Situationen, in denen »sich wirklich zwei Prinzipien treffen, die sich nicht miteinander aussöhnen können« und wo deshalb »jeder den Andern für einen Narren und Ketzer« erklärt.[75] Mit anderen Worten, es geht um eine Nichtübereinstimmung in der Sprache – aber im Sinne einer echten Meinungsverschiedenheit. Ein Beispiel wäre vielleicht der Konflikt zwischen westlicher Medizin und Akupunktur. Doch inwiefern hilft es uns hier weiter,

72 *ÜG* § 667; bzw. *Nachlass* 177, S. 8r.

73 *ÜG* § 609; bzw. *Nachlass* 176, S. 73v; Herv. i. O. In diesem Paragraphen geht es um Menschen, die lieber Orakel als Physiker befragen.

74 *ÜG* § 612; bzw. *Nachlass* 176, S. 74r; Herv. i. O.

75 *ÜG* § 611; bzw. *Nachlass* 176, S. 74r.

zu sagen, dass am »Ende der Gründe [...] die *Überredung*« steht? Könnte man dem nicht entgegnen: Würde eine solche Überredung nicht entweder richtig oder falsch sein, entweder ein intellektuelles Desaster oder ein aufklärerischer Fortschritt?

Haben wir es hier vielleicht nur mit einem Sonderfall des allgemeinen Phänomens zu tun, dass Regeln mitsamt ihrer Interpretation uns nie diktieren können, worin bei ihrer Anwendung der nächste Schritt bestehen muss? Weil es hier am Ende immer so ist, dass man die Regel *so* versteht, indem man entsprechend handelt, also den entsprechenden Schritt macht, nicht indem man sie so *interpretiert*? Regeln im Allgemeinen sowie auch einzelne Regeln definieren sich über eine Praxis: Wie Gründe kommen auch Regeln an ein Ende. Darin habe ich lange eine *Art* ›linguistischen Idealismus‹ gesehen.

Aber NEIN! – Die Nichtübereinstimmung, mit der wir uns hier beschäftigt haben, ist ganz anders! Der ›Zweifel‹ in den entsprechenden Gedankenexperimenten zum Regelfolgen hat keinen wirklichen Inhalt. Nebenbei bemerkt ist er ein Zweifel, den man kaum je wirklich hegt, wenn man eine Regel anwendet; hier ist das Nichtübereinstimmen nur eine Vorstellung der Philosophen. Zwar ist die kartesische Möglichkeit der beständigen Täuschung durch einen bösen Geist tatsächlich nicht ausgeschlossen: »So daß, wenn ich aus der Verhexung erwachte, ich sagen würde: ›ja war ich denn blind!‹«[76] Ganz Ähnliches gilt bezüglich des Wissens um den eigenen Namen, zu dem Wittgenstein sagt: »Wenn das falsch ist, dann bin ich verrückt.«[77] *Könnten* mir aber nicht auch in diesen Dingen »die Augen aufgetan werden« durch »eine höhere Autorität«?[78]

Dieser Zweifel ist ein leerer Zweifel: »[W]elchen Unterschied macht es, wenn ich dies[en bösen Geist] ›annehme‹? Ich könnte dann sagen: ›Ja, ja, die Rechnung ist gewiß falsch – aber so rechne ich.‹«[79] Dasselbe würde Wittgenstein auch über das Wissen um den eigenen Namen sagen. Es ist nämlich erst Moores hochtrabender Gebrauch von »wissen«, der Wittgenstein dazu bringt, ausrufen zu wollen: »Du *weißt* gar nichts!«[80] »Wenn man Moore sagen hört ›Ich

76 *BGM* I, § 136; bzw. *Nachlass* 117, S. 52.

77 *ÜG* § 572; bzw. *Nachlass* 176, S. 63v-64r.

78 *ÜG* § 578; bzw. *Nachlass* 176, S. 75r.

79 *BGM* I § 136; bzw. *Nachlass* 117, S. 52.

80 *ÜG* § 407; bzw. *Nachlass* 175, S. 70v; Herv. i. O.

weiß, daß das ein Baum ist‹, so versteht man plötzlich die, welche finden, das sei gar nicht ausgemacht. […] Es ist als ob das ›Ich weiß‹ keine metaphysische Betonung vertrüge.«[81]

Mit anderen Worten, die entsprechenden Zweifel sind unberechtigt. Laut Wittgenstein kann es sie überhaupt nur innerhalb eines falschen Bilds von berechtigter Gewissheit geben. Diese Zweifel sind eine Illusion; aber wenn das betreffende Bild richtig *wäre*, so könnten diese Zweifel berechtigterweise aufkommen. (Sie sind wie der Zweifel, ob der andere dasselbe mit »rot« meint wie man selbst – ein Zweifel, der aufgrund der Vorstellung aufkommt, es gäbe private Gegenstände.)[82]

Es gibt aber auch Fälle, die ganz anders liegen. Zum einen gibt es Fälle, in denen ein unüberwindlicher Konflikt zwischen unvereinbaren Prinzipien besteht, und zwar im echten Leben. Zum anderen gibt es Fälle, in denen jemand über einen Gegenstand, bei dem dies durchaus berechtigt ist, sagt: »[D]arin kann ich mich nicht irren«; und anschließend scheint es dennoch, als ob sich seine Aussage »als falsch erwiese«.[83] Konflikte der ersten Art werden durch Überredung, solche der zweiten durch Entscheidung gelöst. Scheint nun Wittgenstein bezüglich solcher Fälle nicht zu sagen: Hier gibt es weder richtig noch falsch, nur Konflikt, Überredung und Entscheidung?

Nehmen wir an, jemand sage: »Darin kann ich mich nicht irren« – in einer Situation, in der das durchaus angemessen ist.

> Man kann sich freilich einen Fall vorstellen, und es gibt Fälle, wo man nach dem ›Aufwachen‹ nie mehr daran zweifelt, was Einbildung und was Wirklichkeit war. Aber so ein Fall, oder seine Möglichkeit, diskreditiert den Satz »Ich kann mich darin nicht irren« nicht.
>
> Würde denn sonst nicht alle Behauptung so diskreditiert?
>
> Ich kann mich darin nicht irren, – aber ich mag wohl einmal, mit Recht oder mit Unrecht, einzusehen glauben, ich sei nicht urteilsfähig gewesen.[84]

Das »mit Recht oder Unrecht« macht die Sache so schwierig. Es wird wohl niemanden erstaunen, dass man zu dem Schluss kom-

81 *ÜG* §§ 481 f.; bzw. *Nachlass* 176, S. 36v-37r; Herv. i. O.

82 *A. d. Ü.:* Vgl. *PU* §§ 273 f.; bzw. *Nachlass* 227, S. 175.

83 *ÜG* § 641; bzw. *Nachlass* 177, S. 1r-1v.

84 *ÜG* §§ 643 f.; bzw. *Nachlass* 177, S. 2r.

men kann, sich geirrt zu haben oder nicht urteilsfähig gewesen zu sein. Aber wie sollen die Aussage, dass man *sich nicht irren kann*, und die Aussage, dass man, *mit Recht* oder Unrecht, einsehen kann, *sich geirrt zu haben*, zusammengehen? Hieße das nicht, zu sagen: »Ich kann mich nicht irren, doch ich kann mich irren«? Wenn wir hier zwischen *Irrtum* und etwas, das nicht »Irrtum« genannt werden kann, unterscheiden, so bewahrt uns das gerade noch vor einem offenen Widerspruch. Doch bringt uns das wirklich weiter? »Ich kann mich darin nicht irren« drückt eine Gewissheit aus. Lässt es sich daher nicht schlecht vereinbaren mit: »[I]ch mag wohl einmal, mit Recht oder mit Unrecht, einzusehen glauben, ich sei nicht urteilsfähig gewesen«? Sicher, man zieht diese Möglichkeit unter gewöhnlichen Umständen nicht in Betracht. Doch man kann auch nicht leugnen, dass sie existiert. Wohlgemerkt: Wittgenstein schreibt »ich mag wohl einmal« und nicht »ich könnte vielleicht«. Ein Argument, das von einer bloß theoretisch denkbaren Möglichkeit ausgeht, führt zu einem leeren, eitlen Zweifel – wie jener vermeintlichen Befürchtung, vielleicht durch einen bösen Geist getäuscht zu werden. Im gegenwärtigen Fall geht es aber darum, eine Gewissheit gegen »›berechtigte‹ Zweifel« zu verteidigen.[85]

Die sich anschließende Bemerkung betrachtet die beiden Phänomene einfach als Phänomene: sowohl das »Ich kann mich darin nicht irren« als auch den (mit Recht oder Unrecht) entstehenden Glauben, nicht urteilsfähig gewesen zu sein. Wittgenstein macht dazu folgende Beobachtung: »Wenn das immer oder oft vorkäme würde es allerdings den Charakter des Sprachspiels gänzlich verändern.«[86]

Diese Beobachtung beendet die Diskussion: Am Ende steht kein Idealismus. Denn *das Sprachspiel garantiert einem nicht, dass man etwas weiß.* Wer das Gegenteil behauptet, der ist wirklich ein linguistischer Idealist. Wittgenstein erreicht also das hochgesteckte Ziel, das er sich gesetzt hat, »Realismus, aber nicht Empirie in der Philosophie«[87] zu vertreten.

Das Sprachspiel garantiert einem nicht, dass man etwas weiß. Das gilt übrigens, obwohl es Situationen gibt, in denen wir fragen würden: »Was soll ›wissen‹ denn hier heißen?«, wenn jemand mit un-

85 *ÜG* § 375; bzw. *Nachlass* 175, S. 61r.
86 *ÜG* § 646; bzw. *Nachlass* 177, S. 2v.
87 *BGM* VI § 23; bzw. *Nachlass* 164, S. 67.

serer Art von Erziehung und Ausbildung sagte: »Ich weiß nicht, ob …« – etwa: »Ich weiß nicht, ob es die Königin Viktoria wirklich gegeben hat.« Es gilt also, obwohl es Situationen gibt, in denen man fragen würde: »Was meinen Sie denn mit ›wissen‹; wie gebrauchen Sie dieses Wort, und was würde in Ihren Augen als ein ›Wissen *von dieser Sache*‹ gelten?« Mit Blick auf (Schein-)Zweifel der genannten Art diskutiert Wittgenstein länger den Vorschlag, den Ausdruck »Ich weiß …« in entsprechenden Fällen durch »Ich glaube …« zu ersetzen oder Letzteren gar jeder Behauptung voranzustellen; und er fragt: »Welchen Unterschied macht dies […]?«[88] Doch obwohl wir das Wort »wissen« nach den Maßstäben unseres Wissenssystems mit Recht gebrauchen, gilt: »Es ist immer von Gnaden der Natur, wenn man etwas weiß.«[89] Und das gilt, obwohl das »Sprachspiel« des Behauptens – das für den sprechenden Menschen einen Kernbestandteil des Besitzes von Wissen und Gewissheit ausmacht – von der »sehr allgemeinen Naturtatsache« abhängt, dass die beiden oben besprochenen Phänomene selten vorkommen.

Die Frage, wie wir mit Konflikten umgehen sollen, bleibt bei Wittgenstein unbeantwortet.

88 *A. d. Ü.: ÜG* § 338; bzw. *Nachlass* 175, S. 46v; Anscombe bezieht sich wahrscheinlich auf diese Passage. Siehe auch: *ÜG* §§ 242, 290, 366; bzw. *Nachlass* 175, S. 46v, 16v, 32r-32v, 58r.

89 *ÜG* § 505; bzw. *Nachlass* 176, S. 42r.

IV Nachwort

Anselm W. Müller

G. E. M. Anscombe – Entdeckung einer philosophischen Entdeckerin

Wer im deutschen Sprachraum von Elizabeth Anscombe gehört hat, kennt sie in der Regel als Nachlassverwalterin, Mitherausgeberin und Übersetzerin von Werken Ludwig Wittgensteins. Dass sie auch selbst eine äußerst selbstständige Denkerin von hohem Rang und beeindruckender Originalität war und inzwischen sogar über den englischen Sprachraum hinaus als einer der führenden philosophischen Köpfe in der zweiten Hälfte des 20. Jahrhunderts gilt, ist hierzulande nach wie vor weniger bekannt.

Rezeption

Auch als man in Deutschland begann, Texte der Analytischen Philosophie zu rezipieren, erschien eine erste Übersetzung ihres Buches *Intention* (dt. *Absicht*, Freiburg 1986)[1] erst lange nach Donald Davidsons »Handlungen, Gründe und Ursachen« (dt. 1975),[2] obwohl dessen Handlungstheorie, wie er selbst anmerkt, auf Anscombes Buch aufbaut. (Anscombe veröffentlichte *Intention* 1957. Auf dem Buchumschlag einer Neuauflage[3] wird Davidson wie folgt zitiert: »Anscombe's *Intention* is the most important treatment of action since Aristotle.«) Im Übrigen hat sich die bisherige Rezeption – auch im englischsprachigen Raum – weitgehend auf Anscombes Handlungstheorie beschränkt und die wirkliche Spannbreite ihrer philosophischen Leistung kaum zur Kenntnis genommen.

Angesichts dieser Umstände muss man es als großen Gewinn für die Philosophie ansehen, dass mit diesem Buch erstmals eine Sammlung von Übersetzungen besonders wichtiger und repräsentativer Aufsätze von Anscombe erscheint, und den Übersetzern, die

1 Inzwischen gibt es eine neuere Übersetzung von Joachim Schulte: Elizabeth Anscombe, *Absicht*, Berlin 2011.

2 Donald Davidsons »Handlungen, Gründe und Ursachen«, in: J. Ritsert (Hg.), *Gründe und Ursachen gesellschaftlichen Handelns*, Frankfurt/M. 1975, S. 108-128.

3 Elizabeth Anscombe, *Intention*, Harvard 2000.

sich offenkundig hervorragend in der Materie auskennen, schulden wir Dank für das gelungene Ergebnis ihrer Mühe.

Inzwischen nimmt übrigens in vielen Ländern, insbesondere in den USA, das Interesse an Anscombe zu. Allenthalben finden Konferenzen zu Aspekten ihrer Philosophie statt, und es erscheinen Bücher und Aufsätze zu den von ihr angestoßenen Fragen.[4]

In zwei Bereichen des heutigen Geisteslebens außerhalb der akademischen Philosophie wurde Anscombes Denken ebenfalls – vielleicht unerwartet – rezipiert. Zum einen ist da die Aufmerksamkeit zu nennen, die sie, teilweise schon zu Lebzeiten, in einflussreichen kirchlichen Kreisen erfahren hat. (Anscombe war katholische Konvertitin und äußerte sich in Vorträgen und Veröffentlichungen zu einer Reihe von Themen des christlichen Glaubens und der Moral.) Zum anderen wies sie bereits als Zwanzigjährige (zu Beginn des Zweiten Weltkrieges) und verschiedentlich auch später auf die Bedeutung und die Implikationen der traditionellen *Lehre vom gerechten Krieg* hin. Durch sie begann dieses Thema das Interesse von Philosophen und anderen Autoren auf sich zu ziehen, bis schließlich sogar in einem offiziellen US Army Field Manual und im Buch eines britischen NATO-Generals die Lehre vom gerechten Krieg in Normen für die heutige Kriegführung übersetzt wurde.

Stil

Dass Anscombe auf dem europäischen Kontinent nicht so bereitwillig wie andere Vertreter der Analytischen Philosophie rezipiert wurde, mag verschiedene Gründe haben. Einer davon dürfte darin liegen, dass ihr Schreibstil eher spröde und der Gang ihrer Argumentation nicht immer leicht mitzuvollziehen ist. Wenn daher sogar geneigte Leserinnen und Leser an manchen Stellen der hier publizierten Texte zunächst einmal gestockt, tief durchgeatmet und zurückgeblättert oder einen ganzen Aufsatz erst beim zweiten Anlauf verstanden haben, so ist das vermutlich nicht den Grenzen ihrer Auffassungsgabe anzulasten. Aber auch nicht den Übersetzern, deren Verdienst es vielmehr ist, nicht durch gedankenlose »Ver-

4 Von besonderem Interesse: Anton Ford, Jennifer Hornsby, Frederick Stoutland (Hg.), *Essays on Anscombe's Intention*, Harvard 2011; Roger Teichmann, *The Philosophy of Elizabeth Anscombe*, Oxford 2008.

deutschung« Ecken und Kanten der Texte noch weiter »zugespitzt« zu haben.

Die Härten in Anscombes Stil dürften zwei Ursachen haben. Zum einen behandelt sie fast durchweg schwierige Themen; vor allem auch Themen, in denen sich unterschiedliche Probleme miteinander verbinden und eine Reihe von Gesichtspunkten zu berücksichtigen ist. Zum anderen neigt sie zum knappen und manchmal eigenwilligen Ausdruck: keine Verzierungen, keine unnötigen Anmerkungen, vor allem: keine Redundanzen. Die Folge: Der Leser darf sozusagen kein Wort überspringen. Dafür wird er dann auch belohnt. Er wird finden, dass Thesen wohlüberlegt formuliert sind; dass Erklärungsbedürftiges erklärt und nicht als Gemeingut heutiger Philosophie (oder als »herrschende Lehre«) deklariert wird; dass stichhaltige Argumente geliefert werden, wo behauptet wird; dass relevante Einwände berücksichtigt sind; und vor allem, dass ihm nichts vorgemacht wird: Es gibt bei Anscombe kein Verstecken unfertiger und nebulöser Ideen hinter Fachausdrücken oder »poetischen« Formulierungen, die den Eindruck von Tiefe und Geheimnis erwecken sollen; Grenzen des Erklärbaren werden vielmehr anerkannt.

Methode

Dass die Rezeption Analytischer Philosophie die Werke Anscombes zunächst kaum einbezog, liegt vielleicht auch daran, dass diese sich nicht so leicht in die analytische Tradition einordnen lassen. Anscombe gehört nicht zu den Philosophen, die – wie etwa Rudolf Carnap – meinen, um die Wirklichkeit wirklich zu verstehen, müsse die Philosophie eine Begrifflichkeit *konstruieren*, die den gewachsenen Begriffen des alltäglichen Denkens durch Genauigkeit, systematischen Zusammenhang, leicht überschaubare Regelmäßigkeit und – möglichst – Formalisierbarkeit überlegen sei. Sie ist jedoch auch keine Vertreterin der »Ordinary Language Philosophy«, die ihrer Meinung nach der Umgangssprache und ihren Nuancen unangemessenen Respekt entgegenbringt.

Im Großen und Ganzen folgt sie in methodologischer Hinsicht dem Vorgehen Wittgensteins in den *Philosophischen Untersuchungen*. Die Aufgabe der Philosophie sieht sie darin, Problemen nachzugehen, die eindeutig oder bei näherem Hinsehen oder zu einem gewissen Teil in einem Missverständnis unserer Begriffe oder aber in deren tatsächlicher Komplexität wurzeln. Um die Natur des jeweiligen Problems zu erkennen und Wege der Lösung zu ermitteln, benötigt man Spürsinn und gründliches Nachdenken: ein allgemein anwendbares Verfahren gibt es da nicht. Freilich hilft es immer, sich die *Manifestation des Begriffsfeldes* näher anzusehen, das vom Problem betroffen ist. Die Lern- und Verstehbarkeit eines Begriffs beruht ja unvermeidlich darauf, dass sich seine Anwendung – wenigstens potenziell – *beobachtbar* vollzieht: Begriffe äußern sich primär in einem Geflecht von *Worten und Verhaltensweisen*, mit denen Menschen nach begriffsspezifischen *Mustern* auf Situationen und aufeinander reagieren. Wer sich also Klarheit verschaffen will über einen Begriff, kommt nicht umhin, sich darauf zu besinnen, in welchen Mustern verbalen und nonverbalen Verhaltens sich dieser Begriff denn ausdrückt.

Anscombe tut das in den hier gesammelten Aufsätzen oft sehr gründlich. Am deutlichsten vielleicht im Aufsatz über die Verbindlichkeit des Versprechens (S. 61 ff.), wo sie ein »Sprachspiel« entwirft: ein regelgeleitetes Zusammenwirken von sprachlichen Äußerungen und anderen Handlungen, an dem sich Voraussetzungen und Wirkweise von Versprechen wie an einem Modell ablesen lassen. Der Leser erfährt aber auch, inwiefern es sich hier *lediglich* um ein Modell handelt: Die Institution des Versprechens selbst hat erstens eine unverzichtbare *Funktion im menschlichen Leben*, und zweitens scheint sie den Versprechenden unter einen *unbedingten Anspruch* zu stellen. Beides lässt sich im Sprachspiel – auch daher: »Spiel«! – naturgemäß nicht abbilden. Was freilich nicht ausschließt, dass auch bei der weiteren Untersuchung dieser »ernsten« Aspekte des Versprechens sprachliche und nichtsprachliche Manifestationen ebendieser Aspekte zu bedenken sind.

Eine Theorie ihres jeweiligen Gegenstandes im Sinne einer systematischen und möglichst erschöpfenden Darstellung will Anscombe nicht geben – obwohl sie derartigen Projekten nicht so ablehnend gegenübersteht wie Wittgenstein. Charakteristisch für ihr Vorgehen ist eher das Bemühen, sich einem Problem auf unterschiedlichen Wegen und in immer neuen Anläufen zu nähern: Lösungsversuchen anderer Philosophen nachzugehen, naheliegende Ideen auszuprobieren (und zu verwerfen), Erwartungen und

Einwände des Lesers zu antizipieren, der eigenen Antwort nach und nach Gestalt zu geben. Das verleiht ihren Aufsätzen etwas sehr Lebendiges und Frisches, das einem in den Arbeiten anderer Philosophen (oder Wissenschaftler) kaum je begegnet.

Den Eindruck von Frische gewinnt man übrigens häufig bereits bei den ersten Sätzen einer Anscombe-Arbeit. Es gelingt ihr nicht nur, ein Problem in höchst einprägsamer Weise und umstandslos einzuführen – so dass sich der Leser gleich mitten im Thema findet. Häufig handelt es sich vielmehr auch noch um eine Frage, die ihm zwar sofort als philosophisch bedeutsam und gewichtig einleuchtet, die aber in der ihm vielleicht vertrauten Philosophie überhaupt nicht vorkommt. Das ist es, was Anscombe zu einer philosophischen Entdeckerin macht. Ihr fällt das Stück Gold auf, das nur mit einer Ecke aus dem wertlosen Geglitzer rundherum herausschaut und an dem die Kollegen achtlos vorbeigehen. (Und sie weiß auch, was nur glitzert und besser liegen bleibt, wo es liegt.)

Einflüsse

Fragt man nach Einflüssen, so ist Wittgenstein keineswegs die einzige Antwort. Ebenso bemerkbar ist in vielen ihrer Arbeiten die Orientierung an Aristoteles. Häufig bezieht sie sich auch zustimmend auf Anselm von Canterbury, Thomas von Aquin und Frege; und Platon, Descartes und Hume sind für sie besonders anspruchsvolle Herausforderer.

Im Übrigen zeigen Anscombes Veröffentlichungen durchaus in wichtigen Punkten Dissens zu Wittgenstein. Insbesondere in ihren moralischen und religiösen Überzeugungen sowie in ihrer Philosophie der Moral und der Religion weicht sie von ihrem Freund und Lehrer deutlich ab. Dieser hat z. B. nicht viel übrig für Versuche, die Äußerung moralischer Einstellungen und Entscheidungen auf Prinzipien zurückzuführen oder religiösen Glauben unter den Maßstab von wahr und falsch zu stellen. Anscombe hingegen unterwirft konkrete moralische Fragen der Diskussion, argumentiert für die prinzipielle moralische Relevanz z. B. der Unterscheidung zwischen intendierten und lediglich vorhergesehenen Folgen einer Handlung, bedauert, dass die gegenwärtige Philosophie mit ihren Begriffen nicht in der Lage ist, einen Gottesbeweis zu führen, und sieht ein Merkmal des christlichen Glaubens in seinem Anspruch auf Wahrheit und Ausschließlichkeit.

Auch in der Wahl ihrer Themen – man denke etwa an »Über die Grundlage staatlicher Autorität« (S. 94 ff.) – geht sie eigene Wege. Was sie (ihrer eigenen Aussage nach) an Wittgenstein am meisten beeindruckte und sicher auch beeinflusste, waren der beispiellose Ernst, mit dem er sich jedem Thema widmete, das er aufgriff, und die strengen Maßstäbe, die er an eigene und fremde Argumente anlegte.

Zweifellos empfing Anscombe auch von ihrem Ehemann Peter Geach (1916-2013) bedeutende Anregungen. Geach verstand sich keineswegs in erster Linie als Logiker. Er stand seiner Frau vielleicht nach an Originalität, aber nicht in der Fähigkeit, philosophische Probleme scharfsinnig zu durchdringen und erhellend zu bearbeiten. Seine unglaubliche Belesenheit und sein hervorragendes Gedächtnis waren für Anscombes Arbeit eine große Hilfe. Zwischen den beiden gab es durchaus, soweit die Zeit dies zuließ, regen philosophischen Austausch – aber kaum Zusammenarbeit, wenn man einmal absieht von der gemeinsam veröffentlichten Übersetzung wichtiger Werke von Descartes. Der Einfluss war sicher gegenseitig. Im Allgemeinen widmeten sich Geach und Anscombe unterschiedlichen Themen (die übrigens, vor allem in ihrem Fall, häufig durch äußere Anlässe bestimmt waren). Doch überschneiden sich ihre Interessen auch an einigen Punkten, z. B. bei Fragen nach der logischen Struktur von Sätzen, der Eigenart intentionaler Kontexte, der Bedeutung von Teleologie, der Natur der menschlichen Seele, der Notwendigkeit der Tugenden. Sie teilen die besondere Wertschätzung von Aristoteles, Thomas, Frege und Wittgenstein. Und wo sie sich mit verwandten Themen befassen, finden sich – bei höchst unterschiedlicher Form der Darstellung – kaum inhaltliche Divergenzen.

Wirkung

Als Anscombe 1951 in Oxford zu unterrichten begann, hatte sie unter den etablierten Berühmtheiten – man denke an Namen wie Austin, Ayer, Berlin, Grice, Hampshire, Hare, Ryle oder Strawson – keinen leichten Stand. Zudem provozierte die junge Frau in der Philosophical Society durch selbstbewusstes Auftreten und erbarmungslos sarkastische Kommentare ihre männlichen Kollegen zu unbedachten und vor allem leichtfertigen Diskussionsbeiträgen. Auch waren ihre Tutorials (der in Oxford und Cambridge übliche Einzelunterricht einmal pro Woche) bei vielen Studierenden in den ersten Semestern eher gefürchtet als beliebt, obwohl sie erstaunliche Geduld hatte mit Beiträgen, die ohne Arroganz und mit Überlegung vorgebracht wurden.

Zweifellos jedoch war ihre Stärke der Unterricht für Fortgeschrittene in Supervisionssitzungen und Seminaren. Man wurde nicht eigentlich »unterrichtet«, sondern höchst großzügig in der Entwicklung, Formulierung, Rechtfertigung und (meist) Widerlegung eigener Ideen unterstützt und begleitet. »Miss Anscombe ermutigte uns, jedem Zweifel und jeder Meinungsverschiedenheit nach Kräften Ausdruck zu geben« (Kenny). Sie ließ sich auf jede ernsthafte Frage ein. Zu den bekannteren Philosophen, die sie auf diesem Weg oder durch anderweitigen Austausch beeinflusste, gehören u.a. Michael Dummett, Gareth Evans, Paul Feyerabend, Philippa Foot, Rosalind Hursthouse, Anthony Kenny, John McDowell, Alasdair MacIntyre, Thomas Nagel, Roger Scruton und Charles Taylor.

Vielleicht ist an dieser Stelle ein Wort über Anscombes Persönlichkeit angebracht. Die war nicht weniger eindrücklich als ihre Arbeiten und gab zu allerhand Anekdoten Anlass. Keinesfalls war sie eine bequeme Zeitgenossin. Mit oberflächlicher Denk- und Redeweise hatte sie keine Geduld, und nicht wenige ihrer Kollegen erlebten ihre Reaktionen gelegentlich als rüde oder arrogant. Mit Freunden und ernsthaft Studierenden ging sie aber liebenswürdig und außergewöhnlich großzügig um. Wer Anscombe kannte, wird sich, wenn ihr Name genannt wird, zuallererst an diese markante Persönlichkeit erinnern – mancher gewiss mit Kopfschütteln oder gemischten Gefühlen, die meisten aber wohl mit größter Hochachtung.

Sie verband in ihrem Charakter und in ihrer Lebensweise erstaunliche Gegensätze miteinander: kompromisslose Maßstäbe und strenges Urteil mit Teilnahme und Verständnis, Lebensernst mit Humor, Genügsamkeit mit Freude am Genießen, Entschiedenheit und Geistesgegenwart mit gelassener Bedächtigkeit. Man sah sie nie in Hektik, dennoch war sie unerhört produktiv. (Der bisher in drei Bänden veröffentlichte Nachlass ist damit noch lange nicht erschöpft.) Sie dachte höchst differenziert, doch äußerte sie sich schonungslos direkt – gelegentlich schockierend, vor allem wenn andere nuanciert des Kaisers neue Kleider bewunderten. Ihr Geschmack war überaus kultiviert, ihre Kleidung aber und die Einrichtung der Wohnung eher schlicht. Sie begegnete einfachen Menschen ebenso wie Respektspersonen mit echtem Respekt, doch verachtete sie bloße Form und Konvention. Man bescheinigte ihr sowohl profunde theologische Bildung als auch die »Frömmigkeit eines Bauern«. Wenn ein Problem sie beschäftigte, konnte sie ihre Umgebung völlig vergessen; zugleich jedoch hatte sie handfesten Sinn fürs Praktische – den sie als Mutter von sieben Kindern zweifellos brauchte. (In ihrer Oxforder Wohnung hatte sie einmal Besuch von Saul Kripke, der sich in Ermangelung koscherer Restaurants als völlig ausgehungert erwies. Sofort briet sie ihm fünf koschere Omeletts. Übrigens war sie eine hervorragende Köchin.) Ihre moralischen Vorstellungen würde man vermutlich konservativ nennen; sie protestierte aber gegen atomare Aufrüstung ebenso wie gegen Abtreibung, und in den USA wurde sie vorübergehend bei einer Demonstration gegen den Vietnamkrieg festgenommen.

Wenn Anscombes Persönlichkeit scheinbar gegensätzliche Züge aufwies und dennoch ganz und gar integriert und harmonisch wirkte, so war das vielleicht das Werk der von Aristoteles beschriebenen Weisheit (*phronesis*), die jederzeit ohne langes Überlegen gerade das fühlt und tut, was die Situation verlangt, und die nach ihrer Auffassung jenen Moralphilosophen abging, die sich Umstände ausdachten, unter denen die gerichtliche Verurteilung eines Unschuldigen wohl doch die »moralisch richtige« Handlung darstellte.

Bedeutung

Anscombe glaubte nicht, Philosophie solle sich darin erschöpfen, Verwirrung oder Unklarheit zu beseitigen. Zum Beispiel zeigt sie großes Interesse an den metaphysischen Themen des Aristoteles, an dessen Untersuchungen zur praktischen Rationalität, an Anselms teleologischer Auffassung der Wahrheit und vor allem an substanziellen ethischen Fragestellungen. Doch war sie gerade auch in diesen Bereichen immer – wenn auch nicht immer erfolgreich –

bemüht, so klar wie möglich zu sagen, was gesagt werden kann. Dabei konnte (davon war sie überzeugt) der an Wittgenstein orientierte Rekurs auf die Manifestation von Begriffen in Sprache und Verhalten auch für die Diskussion metaphysischer Themen wie der genannten eine wichtige Hilfe sein.

Wenn es dennoch in ihrem Werk eine ganze Reihe von Stellen gibt, die dunkel erscheinen, so liegt das nicht allein an dem bereits erwähnten allzu knappen Stil, sondern häufig an der Schwierigkeit des behandelten Themas. Anscombe gehört nicht zu den Philosophen, die nur Fragen stellen, die sie ihrer Meinung nach auch zufriedenstellend beantworten können. Nicht selten führt sie, wie schon angemerkt, ein Thema überhaupt erst ein in den Horizont philosophischer Betrachtung. So etwa in dem kurzen Beitrag »Nackte Tatsachen« (S. 9 ff.). Oder sie erweckt ein Thema der Antike zu neuem Leben – wie etwa das Thema »Praktisches Schlussfolgern« (S. 15 ff.) in dem gleichnamigen Aufsatz und zuvor schon in *Intention*. Manche ihrer Ideen sind, wie gesagt, Entdeckungen und unter den von ihr kreierten Bezeichnungen – *stopping modals, under a description, practical knowledge, practical inference, Aristotelian necessity, consequentialism* – in den philosophischen Wortschatz eingegangen. Auch avancierten einzelne Werke – insbesondere *Intention*, aber auch z. B. »Die Moralphilosophie der Moderne« (S. 142 ff.) – ebenso wie die Übersetzung von Wittgensteins *Philosophischen Untersuchungen* bald nach ihrem Erscheinen zu Klassikern.

Auf dem Hintergrund dermaßen fruchtbarer Originalität ist es nicht verwunderlich, dass man gelegentlich, auch nach wiederholter Lektüre des Arguments, dem Ergebnis widersprechen möchte. Es wird dem Leser der hier gesammelten Aufsätze nicht an Beispielen fehlen. Er sollte sich dann aber auch vergegenwärtigen, dass er ohne Anscombes Beitrag höchstwahrscheinlich gar nicht bis an den Punkt gelangt wäre, an dem sich ihm überhaupt die Frage stellte, die er nicht in ihrem Sinne beantworten zu können meint.

Vielleicht liegt Anscombes weiter reichende Bedeutung für die Entwicklung der Philosophie u. a. darin, dass sie durch ihre Veröffentlichungen viele ihrer analytischen Kollegen wieder an Fragestellungen und Argumente der philosophischen Tradition insbesondere der Antike und des Mittelalters herangeführt hat. Sie zeigt, dass dieser Verbindung keine unüberbrückbaren Gegensätze im Weg stehen – weder bezüglich der interessierenden Themen noch was den Anspruch an begriffliche und argumentative Strenge angeht.

Anscombes vorrangiges und ausdrückliches Interesse ist jedoch nie historisch orientiert; es richtet sich stets auf philosophische Themen, die ihr wichtig scheinen; und von denen hat sie eine ziemliche Menge bearbeitet. Abgesehen von Ästhetik und Philosophie der Mathematik hat sie sämtliche Gebiete ihres Faches mit gewichtigen Veröffentlichungen bedient – von der Theorie der Sinneswahrnehmung bis zur Religionsphilosophie, von der philosophischen Logik bis zur sogenannten Bioethik. (Geschichtsphilosophie hielt sie für ein Unding; vom Sinn der Geschichte, so meinte sie, können allenfalls Theologen sprechen.)

Wie schon angemerkt, wurden bisher nicht alle ihrer wichtigen Beiträge in der zeitgenössischen Philosophie gebührend wahrgenommen. Auch die hier vorgelegte Sammlung kann die Vielfalt dessen, was sie dem Leser notgedrungen vorenthält, kaum ahnen lassen. Umso mehr ist zu wünschen, dass das Buch ihm Appetit macht auf mehr.

V Anhang

Editorische Notiz

Als wir einer amerikanischen Freundin von unserem Plan erzählten, Aufsätze Elizabeth Anscombes (1919-2001) ins Deutsche zu übersetzen, scherzte sie, dass wir erst einmal eine Übersetzung ins Englische machen sollten. Anscombes Philosophie gilt als schwierig, ihr Stil als eigenwillig. Oberstes Ziel bei der Arbeit an dem vorliegenden Band war deshalb Verständlichkeit. Das Ergebnis sollte ein fließender und möglichst einfacher Text werden, der Anscombes Philosophie dem deutschen Publikum nicht nur vorstellt, sondern auch Lust auf mehr macht.

Neun der hier versammelten zwölf Aufsätze liegen zum ersten Mal in deutscher Sprache vor. Auch die restlichen drei wurden neu übersetzt.[1] Bei der Auswahl haben wir erstens versucht, einen möglichst breiten Überblick über Anscombes Werk zu geben. Sowohl Ethik, Handlungstheorie und politische Philosophie als auch Metaphysik und Erkenntnistheorie sind vertreten. Neben systematischen haben wir auch zwei exegetische Aufsätze ausgewählt, in denen sich Anscombe mit jenen Philosophen beschäftigt, die sie wohl am stärksten beeinflusst haben: Aristoteles und ihr Lehrer Ludwig Wittgenstein. Ausgespart wurde allerdings die Religionsphilosophie: Denn in den betreffenden Aufsätzen wendet sich Anscombe explizit an eine katholische Leserschaft und setzt entsprechende Grundannahmen voraus.[2] Zweitens wollten wir, dass der Band die wichtigsten Klassiker enthält. Anscombes wohl einflussreichste Aufsätze – »Die Moralphilosophie der Moderne«,

1 Eine deutsche Übersetzung existierte bereits vom ersten, sechsten und achten Aufsatz dieses Bandes: »Natürliche Tatsachen«, in: Georg Meggle, Maria Ulkan (Hg.), *Handlungsbeschreibungen (Analytische Handlungstheorie, Bd. 1)*, Frankfurt/M. 1977, S. 163-168; »Moderne Moralphilosophie«, in: Günther Grewendorf, Georg Meggle (Hg.), *Seminar: Sprache und Ethik. Zur Entwicklung der Metaethik*, Frankfurt/M. 1974, S. 217-243; »Die erste Person«, in: Peter Bieri (Hg.), *Analytische Philosophie des Geistes*, Königstein/Ts. 1981, S. 222-242. Außerdem waren schon Auszüge aus dem fünften Aufsatz veröffentlicht worden: »Ursprung und Grenzen staatlicher Autorität«, in: Elizabeth Anscombe, Peter Berglar, Colin Clark (Hg.), *Globale Gesellschaft und Zivilisation*, Köln 1975, S. 37-55.

2 Siehe ihre Einleitung zu Gertrude Elizabeth Margaret Anscombe (Hg.), *The Collected Philosophical Papers of G. E. M. Anscombe*, Bd. 3, Oxford 1981, S. viii, Absatz 1.

»Kausalität und Determination«, »Nackte Tatsachen«, »Warum Versprechen binden« und »Die erste Person« – sind hier versammelt. Drittens sollten Fragen deutlich werden, die Anscombe über lange Zeit beschäftigt haben, sowie Grundansichten, die ihr ganzes Werk durchziehen. Hierzu gehört etwa die Frage, was eine Praxis ist und welche Dinge nur im Rahmen von Praktiken existieren – »Regeln, Rechte und Versprechen« behandelt diese Frage ausführlich, doch sie wird auch in anderen Aufsätzen immer wieder aufgegriffen. Trotz unserer Bemühungen, eine repräsentative Auswahl zu treffen, können zwölf Aufsätze aber nicht mehr als einen ersten Einblick in Anscombes umfangreiches Werk geben.

Für die Textgestaltung haben wir folgende Konventionen gewählt: (1) Unsere Anmerkungen in Fußnoten sind durch den Zusatz »*A. d. Ü.:*« kenntlich gemacht. (2) Anscombes Zitierweise wurde vereinheitlicht und alle Zitate (auch) auf Deutsch angegeben. Dabei wurde wie folgt verfahren: Anscombes Übersetzungen deutscher Texte – etwa von Wittgenstein – wurden durch den Originaltext ersetzt. Bei Anscombes Übersetzungen anderer Texte wurde ihre englische Übersetzung ins Deutsche übertragen, wobei gängige deutsche Übersetzungen (manchmal mehrere) der entsprechenden Originale konsultiert wurden. Diese gängigen Übersetzungen sind in Fußnoten angegeben. Wo eine solche Angabe fehlt, stammt die Übersetzung von uns und weicht deutlich von den gängigen ab. Zitiert Anscombe ohne Quellenangabe, haben wir diese (wenn möglich) hinzugefügt. Auch diese Hinzufügungen sind mit dem Zusatz »*A. d. Ü.:*« gekennzeichnet. (3) Anscombes Verwendung von Anführungszeichen wurde ebenfalls weitgehend vereinheitlicht. Dabei folgen wir ihrer eigenen Konvention in »Die Intentionalität der Wahrnehmung« (siehe Seite 230, Fußnote 1): Doppelte Anführungszeichen werden für Zitate und zur Kennzeichnung metasprachlicher Ausdrücke verwendet. Einfache Anführungszeichen dienen der Distanzierung, dem Reden über Begriffe u. Ä., und sie kommen innerhalb doppelter Anführungszeichen vor.

Für ihre tatkräftige Unterstützung bei unserer Arbeit können wir insbesondere Anselm Müller und Michael Albrecht gar nicht genug danken: Beide haben einen Großteil des Manuskripts kommentiert und uns mehrere Jahre lang bei Fragen zur Seite gestanden. Ohne diese selbstlose Unterstützung wäre das Ergebnis deutlich weniger rund und genau. Ebenfalls ganz herzlich bedanken möchten wir uns bei Ian Blecher, Natalja Deng, Meghan Dupree, Stephan Engstrom, David Hoinski, Christian Kietzmann, Marianne Nieswandt und Christoph Pfisterer.

Katharina Nieswandt und Ulf Hlobil
Pittsburgh, im Frühjahr 2014

Katharina Nieswandt und Ulf Hlobil
Lektürehilfe

Die folgenden Erläuterungen sollen dem Leser dabei helfen, den Inhalt der einzelnen Aufsätze möglichst schnell zu strukturieren und die wichtigsten Punkte zu erfassen. Anscombes Texte sind inhaltlich sehr anspruchsvoll, und zusammen mit den ›Härten‹ ihres Stils lässt das viele Leser schnell aufgeben. Sie schreibt knapp und sehr dicht, oft ohne Zwischenüberschriften und Einordnungen. Der Leser muss eigenständig mitdenken und sich etwa fragen, wie er das gestellte Problem lösen würde, um den Status vieler Textbausteine zu verstehen.

Am besten nutzt man diese Lektürehilfe vielleicht, indem man erst den jeweiligen Aufsatz liest, dann die Lektürehilfe und dann den Aufsatz langsam ein zweites Mal durchgeht. Die Lektürehilfe ist aber auch geeignet, vor dem ersten Lesen eine Vorstellung vom Inhalt des betreffenden Aufsatzes zu geben.

1. Nackte Tatsachen

Thema dieses kurzen, aber sehr einflussreichen Aufsatzes sind Sachverhalte, die es nur vor dem Hintergrund sozialer Institutionen geben kann. Ein Beispiel wäre die Tatsache, dass man jemandem zwanzig Euro schuldet – was nur der Fall sein kann, wenn es die Institution des Vertrags und die des Geldes gibt. Die zentrale These lautet: Es gibt Tatsachen, die in anderen Tatsachen bestehen – aber nur vor dem Hintergrund einer bestimmten Institution. Dabei ist diese Institution selbst nicht Teil jener Tatsachen, in denen die erste Tatsache besteht.

Anscombe wendet sich mit dieser These gegen Philosophen wie Hume, die einen kategorialen Unterschied machen wollen zwischen etwas, was es nur vor dem Hintergrund bestimmter Institutionen geben kann, und etwas, was man als »nackte Tatsache« bezeichnen könnte. (Die Idee des ›naturalistischen Fehlschlusses‹ etwa setzt solch einen kategorialen Unterschied voraus.) Ihre Gegenposition besagt, dass Tatsachen immer nur *im Vergleich* zu anderen Tatsachen ›nackt‹ sind. So ist etwa die Tatsache, dass mein Gemüsehändler vor meinem Haus Kartoffeln abgelegt hat, eine ›nackte‹ Tatsache, verglichen mit der Tatsache, dass der Gemüsehändler mich mit Kartoffeln beliefert hat.

2. Praktisches Schlussfolgern

In diesem Aufsatz setzt sich Anscombe mit von Wrights Auffassung des praktischen Schlussfolgerns auseinander. Sie teilt von Wrights Ablehnung einer kausalen Theorie praktischen Schlussfolgerns (wie sie von Davidson vertreten wird). Sie lehnt aber von Wrights Auffassung ab, dass die Überzeugungen und Wünsche, die angeblich den Prämissen eines praktischen Schlusses entsprechen, die Handlung logisch notwendig machen. Dass diese Auffassung falsch ist, lässt sich schon daran erkennen, dass es oft mehr als ein Mittel gibt, um ein Ziel zu erreichen. Anscombe meint, dass die Prämissen eines praktischen Schlusses zeigen, inwiefern die Handlung, welche die Konklusion bildet, gut ist. Außerdem denkt sie, dass der Wille des Handelnden nicht die Rolle einer Prämisse spielt; der Wille bestimmt vielmehr das Ziel, mit dem der Schluss gezogen wird.

Da Anscombe von Wrights Auffassung ablehnt, stellt sich die Frage, inwiefern man beim praktischen Schlussfolgern überhaupt von einem Schlussfolgern reden kann, ob und inwiefern praktische Schlüsse gültig sein können. Anscombe verwirft unterschiedliche Vorschläge für eine Logik des praktischen Schließens, u. a. die von Hare und Kenny. Sie denkt, dass es keine besondere Logik des praktischen Schließens gibt; im praktischen Schließen macht man sich logische Beziehungen lediglich auf eine besondere Weise zunutze. Was praktisches und theoretisches Schließen voneinander unterscheidet, sind die jeweiligen Ausgangspunkte und Endpunkte. Der Ausgangspunkt einer praktischen Schlussfolgerung ist etwas, das man will; der Endpunkt ist eine Handlung. Anscombe betrachtet es dabei als einen Fehler (den z. B. von Wright begeht), die Prämissen praktischer Schlussfolgerungen als Aussagen über psychische Zustände zu formulieren; die Prämissen sind vielmehr die Inhalte solcher Zustände. Das gilt auch beim theoretischen Schließen.

Laut Aristoteles besteht das Ziel des praktischen Denkens in der »Wahrheit, die mit dem richtigen Streben übereinstimmt«.

Anscombe meint, dass von Wright die Forderung, dass das Streben richtig sein muss, vernachlässige. Das Streben ist richtig, wenn das Ziel gut ist. Die Güte des Ziels spielt dabei dieselbe Rolle wie die Wahrheit der Prämissen beim theoretischen Schließen. Eine praktische Schlussfolgerung ist gültig genau dann, wenn Folgendes gilt: Wenn das in der Schlussfolgerung verfolgte Ziel gut ist und die Prämissen wahr sind, dann ist auch die daraus resultierende Handlung notwendigerweise gut.

3. Warum Versprechen binden (und ob *in foro interno*)

Anscombe versucht, zwei von David Hume für Versprechen aufgeworfene Probleme zu lösen.

Das erste Problem betrifft die *Bedeutung* von Versprechen. Leitet man z. B. die Beschreibung einer zukünftigen Handlungen wie »Ich werde dies-und-das tun« mit dem Zusatz »Ich verspreche: …« ein, bedeutet diese Aussage, dass man sich verpflichtet, das Erwähnte zu tun. Doch wie kann es der Inhalt einer Aussage sein, dass man sich, indem man die Aussage macht, verpflichtet, das zu tun, wovon sie spricht? Allgemeiner formuliert: Wie kann ein Zeichen besagen, dass man sich, indem man das Zeichen gibt, verpflichtet, die Handlung auszuführen, auf die sich das Zeichen bezieht? Sämtliche Erklärungsversuche erwähnen selbst wieder Versprechen, sind also zirkulär. Am deutlichsten zeigt sich dieser Zirkel, wenn man zu erklären versucht, was jemand tut, der verspricht. Um zu versprechen, muss man schließlich wissen, dass man verspricht. Folglich muss jede Definition der Handlung des Versprechens erwähnen, dass, wer sie ausführt, weiß, dass er sie ausführt. Dann aber scheint es keine Definition dieser Handlung geben zu können, denn in jeder solchen Definition müsste ja wieder die Handlung selbst erwähnt werden. Anscombes Lösung lautet, dass ein Zeichen wie »Ich verspreche: …« seine Bedeutung nur im Rahmen einer etablierten Praxis haben kann, in die man hineinsozialisiert wird und deren Teilnehmer bestimmte, erlernte Erwartungen hegen und Reaktionen zeigen. Das Geben eines Versprechens ähnelt einem Zug in einem Spiel und kann ohne Erwähnung des ›Spiels‹ nicht erklärt werden. Das löst auch das Problem der Handlung des Versprechens: Wer verspricht, muss zwar denken, dass er verspricht, aber nicht in dem Sinne, dass er während des Vorgangs einen Gedanken entsprechenden Inhalts denken muss. Er muss sich einfach als Teilnehmer der Praxis des Versprechens verstehen (was darauf hinausläuft, dass er sich entsprechend verhalten muss.)

Humes zweites Problem betrifft die *Verpflichtung*, die ein Versprechen erzeugt. Wir haben geklärt, wie der Inhalt einer Aussage darin bestehen kann, die in der Aussage beschriebene Handlung notwendig zu machen. Doch es bleibt immer noch eine zweite Frage: Selbst wenn es Sätze geben kann, die besagen, dass es notwendig sei, das in ihnen Gesagte zu tun – wie kann das bloße Äußern eines Satzes diesen Satz wahr machen? Wie kann also das bloße Geben eines Zeichens, selbst wenn es Teil einer Praxis ist, es tatsächlich notwendig machen, etwas zu tun? Die nächstliegende Antwort lautet natürlich, dass schlecht handelt, wer sich nicht an sein Zeichen hält. Doch das ist keine Erklärung; denn unsere Frage lautet: Wie kann das Geben eines Zeichens es bewirken, dass, wer sich nicht an das Zeichen hält, (tendenziell) schlecht handelt? Anscombe skizziert die Lösung grob: Die Praxis des Versprechens ähnelt zwar einem Spiel, doch im Gegensatz zu Spielen erfüllt sie eine wichtige Funktion. Sie macht dem Menschen das Erreichen vieler Güter überhaupt erst möglich. Es ist ›notwendig‹, sich an die Regeln dieser Praxis zu halten in dem aristotelischen Sinne, dass die entsprechenden Güter nur so erreicht werden können. (Wie Anscombe zugesteht, kann diesem Argument allerdings nur zustimmen, wer bestimmte Ziele hat.)

4. Regeln, Rechte und Versprechen

Regeln, Rechten und Versprechen ist gemein, dass sie es *notwendig* machen, bestimmte Handlungen (nicht) auszuführen: Man *muss* so ziehen, wie es die Regel vorschreibt; man *kann nicht* tun, was das Recht des anderen verletzen würde; man *muss* tun, was man versprochen hat. Diese Notwendigkeit ist von ganz eigener Art; sie unterscheidet sich etwa von logischer oder physischer Notwendigkeit. Anscombe denkt, dass die beiden Probleme Humes, die sie bereits in »Warum Versprechen binden« diskutiert hat, bei allem auftreten, was diese besondere Art von Notwendigkeit erzeugt – also nicht nur bei Versprechen, sondern auch bei Regeln und Rechten. Teil I von »Regeln, Rechte und Versprechen« bespricht Humes erstes Problem, das der Bedeutung. Teil II versucht, eine allgemeine Lösung für dieses Problem zu geben.

Die Diskussion in Abschnitt I findet erneut am Beispiel des Versprechens statt; Anscombe beschreibt nicht, wie Humes erstes Problem auf Regeln und auf Rechte zu übertragen ist. Unter Berücksichtigung von Abschnitt II und anderen Aufsätzen (»Ist Wittgenstein linguistischer Idealist?« und »Über die Grundlage staatlicher Autorität«) lässt sich aber folgender Gedankengang rekonstruieren: Wer zu erklären versucht, was ein Satz besagt, der eine Regel, ein Recht oder ein Versprechen formuliert, der dreht sich im Kreis. Solche Sätze beschreiben eine mögliche Handlung; aber sie beschreiben sie weder als etwas, das geschehen wird, noch als etwas, das jemand zu tun beabsichtigt, sondern als etwas, das er tun *muss.* Beispiele sind: »Du musst mit dem König ziehen«, »Du kannst hier nicht sitzen, das ist N. N.s Platz« oder »Ich helfe dir heute«. Solche Sätze beschreiben eine Handlung als auszuführende, bedeuten also, dass die erwähnte Handlung notwendig ist – und zwar in einem ganz besonderen Sinne von »notwendig«. Der entscheidende Gedanke bei Anscombe ist wohl folgender: Man kann diesen Sinn von »notwendig« nicht angeben, ohne das zu erwähnen, was die Handlung notwendig macht – und das ist die Regel, das Recht oder das Versprechen selbst. Damit aber wird die Erklärung zirkulär, denn was wir erklären wollen, ist ja gerade der Inhalt der Regel, des Rechts oder des Versprechens. Wenn ich z. B. angeben möchte, was der Satz »Du musst mit dem König ziehen« bedeutet, muss ich sagen, dass er eine bestimmte Handlung erwähnt und von ihr sagt, dass sie notwendig sei. Nun ist es Schachspielern aber für gewöhnlich sowohl physisch als auch logisch möglich, nicht mit dem König zu ziehen; »notwendig« muss hier also etwas anderes bedeuten. Doch um zu erklären, was, scheint man erwähnen zu müssen, dass die *Regel* besagt, dass es notwendig ist. »Du musst mit dem König ziehen« bedeutet, dass es notwendig ist, mit dem König zu ziehen, und notwendig ist es in genau dem Sinne, dass die Bedeutung der Regel darin besteht, dass es notwendig ist. Nun war es aber die Bedeutung genau dieser Regel, die wir eigentlich erklären wollten. Wir drehen uns im Kreis.

Abschnitt II versucht, eine Lösung für dieses Problem zu geben. Anscombe verallgemeinert und präzisiert hier die schon in »Warum

Versprechen binden« vorgeschlagene Lösung, dass diese besondere Art von Notwendigkeit im Rahmen von Praktiken erzeugt wird. Das Kernstück solcher Praktiken bildet ein besonderer Gebrauch von Modalausdrücken, also von Worten, die Notwendigkeit oder Möglichkeit anzeigen, wie »notwendig/möglich«, »müssen/dürfen«, »können/nicht können« u. Ä. Modalausdrücke können im Zusammenhang mit logischer oder physischer Notwendigkeit gebraucht werden, aber eben auch, um auszudrücken, dass bestimmte Handlungen (nicht) notwendig sind. Modalaussagen dieser Art werden oft mit etwas versehen, das wie ein unabhängiger Grund klingt, etwa: »Das kannst du nicht tun, *denn das steht N. N. zu*« oder »Du musst mit dem König ziehen, *denn er steht im Schach*«. »Das steht N. N. zu« ist die Zuschreibung eines Rechts, »er steht im Schach« ist die verkürzte Formulierung einer Regel, und vermeintlich begründet dieses Recht bzw. diese Regel, was zu tun ist. (Anscombe bezeichnet sie als den *logos* der Modalaussage.) Tatsächlich aber erwerben wir den Begriff des Rechts, der Regel oder des Versprechens, indem wir jenen besonderen Gebrauch von Modalausdrücken verstehen lernen; und das kann auch gar nicht anders sein, denn die Bedeutung der Modalaussage und ihrer vermeintlichen Begründung hängen voneinander ab. Zu verstehen, was z. B. eine Regel ist, heißt, zu verstehen, dass man in diesem besonderen Sinne ›muss‹. Man erwirbt dieses Verständnis, indem man in die entsprechende Praxis eingeführt wird; und die Notwendigkeit, auf bestimmte Art zu handeln, existiert innerhalb dieser Praxis. Die Praxis ist also die Lösung für Humes Frage, wie es überhaupt so etwas wie Regeln, Rechte und Versprechen geben kann – d. h. Dinge, deren Bedeutung darin besteht, dass man sich an sie halten muss.

5. Über die Grundlage staatlicher Autorität

Was gibt dem Staat das Recht, Gewalt auszuüben? Anscombes Antwort lautet, dass sich das Recht, Gewalt auszuüben, aus der Notwendigkeit ableitet, Gewalt einzugrenzen. Welchen Personen diese notwendige Aufgabe als Monopol zufällt, bestimmt sich wesentlich durch Gewohnheitsrechte.

Abschnitt I formuliert das Problem wie folgt: Wir suchen ein Kriterium, das den Staat einerseits von freiwilligen Zusammenschlüssen wie Vereinen abgrenzt und andererseits von organisierten Verbrecherbanden wie der Mafia. Der Unterschied zwischen dem Staat und einem Verein ist offensichtlich: Aus dem Staat kann man nicht austreten. Die Abgrenzung zur Mafia dagegen gestaltet sich schwierig. Kennzeichen des Staates ist es nämlich, Vorschriften zu erlassen und notfalls mit Gewalt durchzusetzen. Natürlich kann der Staat *legitimerweise* Gehorsam fordern und Gewalt ausüben, die Mafia dagegen nicht. Doch warum besitzt der Staat ein solches Recht? Kern einer Antwort wird folgendes Argument sein müssen: (1) Wer eine notwendige Aufgabe erfüllt, hat ein Recht auf das, was zur Erfüllung dieser Aufgabe notwendig ist. (2) Der Staat erfüllt eine notwendige Aufgabe. (3) Für die Erfüllung seiner Aufgabe ist es notwendig, dass diejenigen, die von der Erfüllung dieser Aufgabe profitieren sollen, dem Staat gehorchen und dass der Staat mangelndem Gehorsam notfalls mit Gewalt begegnen darf. Folglich hat der Staat ein Recht darauf, dass diejenigen, die von der Erfüllung seiner Aufgabe profitieren sollen, gehorchen; und er darf mangelndem Gehorsam notfalls mit Gewalt begegnen.

Abschnitt II erläutert, warum Prämisse 1 korrekt ist. Der Inhalt ist dem von »Regeln, Rechte und Versprechen« sehr ähnlich und soll hier deshalb nicht noch einmal zusammengefasst werden. Anscombe greift zudem einen bereits in »Warum Versprechen binden« formulierten Gesichtspunkt neu auf: Während die ›Begründung‹ für das einzelne Recht sich auf etwas innerhalb einer Praxis bezieht und keine Begründung im eigentlichen Sinne darstellt, kann die Praxis als Ganzes durchaus begründet werden.

Abschnitt III fragt, wem diese Aufgabe zufällt. Dass die Erfüllung einer Aufgabe notwendig ist, berechtigt noch niemanden, sie zu erfüllen, denn man kann zur Erfüllung einer an sich notwendigen Aufgabe unbefugt sein. Der Staat erfüllt eine Reihe von Aufgaben; seine Kernaufgabe allerdings ist der Schutz vor Gewalt. Ebendiese Aufgabe könnte nicht auch von einem Verein geleistet werden, und eben sie legitimiert Gewalt durch den Staat. Die Erfüllung dieser Aufgabe erfordert ein System der Rechtspflege, also Gesetze, die bestimmte Handlungen verbieten, Gerichte, die derartiges Handeln sanktionieren, und Sicherheitskräfte, die so Handelnde aufhalten oder Gerichten übergeben. Wo es dauerhaft ein solches System gibt, gibt es einen Staat. Wer die staatliche Aufgabe korrekt erfüllt, tut, was notwendig ist, und in diesem Sinne verstößt die

Gewalt, die er ausübt, nicht gegen die Rechte der Betroffenen. Er kann allerdings in einem anderen Sinne gegen ihre Rechte verstoßen, nämlich wenn er selbst nicht das Recht hat, diese notwendige Aufgabe auszuführen. Letzteres Recht ist ein Gewohnheitsrecht: Wer die staatliche Aufgabe korrekt und ohne Gegenwehr ausführt, erlangt im Laufe der Zeit ein Recht auf ihre Ausführung. Demnach können Verbrecherbanden im Laufe der Zeit zu einer legitimen Regierung werden, nämlich wenn sie die Regierungsaufgabe lange genug korrekt erfüllen. Umgekehrt können einstmals legitime Regierungen zu einer Verbrecherbande degenerieren, nämlich wenn sie aufhören, ihre Aufgabe korrekt zu erfüllen.

6. Die Moralphilosophie der Moderne

Anscombes wohl bekanntester Aufsatz ist eine grundlegende Kritik der beiden großen Ethikfamilien der Moderne: deontologischer und konsequenzialistischer Ethiken. Den meisten Raum nimmt dabei die Kritik des Konsequenzialismus ein, der seit Henry Sidgwick in England vorherrschte – tatsächlich geht der Ausdruck »Konsequenzialismus« auf diesen Aufsatz zurück.[1]

Anscombe verteidigt drei Thesen, von denen die folgende wohl die wichtigste und einflussreichste ist: Ein Großteil unseres moralphilosophischen Vokabulars hat seinen Inhalt verloren, ohne dass uns das bewusst wäre. (Wie so oft wird Anscombe durch Überlegungen Humes auf diese Entwicklung gestoßen.) Dazu gehören insbesondere die Begriffe ›Pflicht‹, ›moralisch richtig/falsch‹ und ›sollen‹ im sogenannten moralischen Sinne. Diese Begriffe waren Teil jener Theoriefamilie, die in Europa von der Spätantike bis zur Moderne vorherrschte: die auf Gott gegründeten Gesetzesethiken. Dazu gehören u.a. die jüdische, die christliche und die stoische Ethik. Solche Ethiken fußen auf der Annahme, dass es ein von Gott erlassenes Gesetz gibt, das einem ›Pflichten‹ auferlegt, nach denen man handeln ›soll‹ – und wer das nicht tut, der handelt ›moralisch schlecht‹. »Moralisch schlecht« *bedeutet dasselbe* wie ›unerlaubt‹, und unerlaubt sind eben Handlungen, die dem Gesetz widerspre-

1 Siehe Duncan Richter, »G.E.M. Anscombe«, in: *The Internet Encyclopedia of Philosophy* (〈http://www.iep.utm.edu/anscombe/〉, letzter Zugriff 08.03.2014), § 5.

chen. Ohne die Annahme, dass es ein entsprechendes Gesetz gibt, sind die betreffenden Begriffe folglich sinnlos.

Die Ethiken der Moderne haben diese Annahme aufgegeben, die sinnentleerten Begriffe aber beibehalten. Am meisten der Gesetzeskonzeption verhaftet bleibt wohl Kant, der den Gesetzgeber einfach streicht und von jedem Einzelnen verlangt, sich selbst ein Gesetz zu geben. Anscombe hält diese Ansicht für »völlig verwirrt«, denn: »Die Idee der Gesetzgebung beinhaltet den Gedanken überlegener Macht auf Seiten des Gesetzgebers.« Man kann vielleicht Regeln für sein eigenes Verhalten aufstellen und versuchen, sich an diese Regeln zu halten; aber das ist etwas anderes, als ein Gesetz zu erlassen.

Die frühen Utilitaristen wie Bentham und Mill geben den Gedanken eines Gesetzes ganz auf, und dasselbe gilt, laut Anscombe, für alle englischen Moralphilosophen seit Sidgwick. Bentham und Mill wollen Handlungen noch nach ›Nützlichkeitsprinzipien‹ bewerten; seit Sidgwick zählen als einziges Kriterium die vom Handelnden vorhergesehenen Folgen der Einzelhandlung. Trotzdem verwenden auch all diese Philosophen weiterhin Begriffe wie ›Pflicht‹ oder ›unmoralisch‹.

Anscombes zweite These zieht die Konsequenzen aus dieser Diagnose.[2] Ihr zufolge sollten wir die entleerten Ausdrücke endgültig aus unserem Vokabular streichen und anfangen, eine neue Ethik zu entwickeln. (Laut Anscombe ein Fernziel, das viele Zwischenschritte erfordern wird.) Ausgangspunkt könnten Begriffe wie ›ungerecht‹ oder ›verlogen‹ sein, die Handlungen nicht nach einem allgemeinen Gesetz bewerten, sondern einen viel spezifischeren Maßstab anlegen. »Wir würden nicht mehr fragen, ob es ›falsch‹ war, etwas zu tun – also nicht mehr von einer Beschreibung der Handlung zu diesem Pauschalausdruck übergehen –, sondern z. B., ob es *ungerecht* war, so zu handeln. Denn dann wäre die Antwort manchmal eindeutig.« Das hätte auch den Vorteil, dass sich die Frage, »ob es manchmal ›richtig‹ wäre, ungerecht zu handeln, nicht mehr stellen« ließe. Denn wer so fragt, meint ›moralisch richtig‹, doch ›moralisch richtig‹ heißt so etwas wie nach dem Gesetz erlaubt oder gefordert – und man könnte einfach zurückfragen, wel-

2 In der Einleitung nummeriert Anscombe selbst ihre drei Thesen. Bei ihr ist die hier zuerst besprochene These die zweite These, die hier als Zweites besprochene ist die erste. Anscombes anschließende Besprechung dieser Thesen findet aber in der hier gewählten Reihenfolge statt.

ches Gesetz der Fragesteller denn überhaupt meint. Tugendethiken bieten solche spezifischen Maßstäbe. Sie müssten allerdings erst ausgearbeitet werden. Man müsste etwa klären, was Tugenden überhaupt sind oder worin menschliches Gedeihen besteht. Doch man müsste kein Gesetz mehr voraussetzen.

Dieser konstruktive Teil von Anscombes Aufsatz ist nicht sehr weit ausgearbeitet, und vielleicht ist das der Grund, warum ihr Lösungsvorschlag oft missverstanden wurde. Nicht wenige Leser denken, Anscombe schlage vor, einfach zu einer christlichen Ethik zurückzukehren, oder behaupte gar, dass es keine nichtreligiöse Ethik geben könne. Tatsächlich aber sagt Anscombe ausdrücklich: »Man muss keine Gesetzesethik vertreten, um überhaupt Ethik betreiben zu können – die aristotelische Ethik etwa ist keine Gesetzesethik.« Und sie lässt keinen Zweifel daran, dass sie dieser Ethik positiv gegenübersteht.

Laut Anscombes dritter These vertreten praktisch alle englischen Moralphilosophen seit Sidgwick dieselbe Grundansicht. Sie alle denken, dass Handlungen ausschließlich nach ihren Folgen zu beurteilen seien, wobei gilt: Man darf nur jene Folgen berücksichtigen, die der Handelnde vorhergesehen hat; und es ist gleichgültig, ob er diese Folgen auch beabsichtigt hat. All diese Philosophen sind also ›Konsequenzialisten‹. Im Rückblick erscheint Anscombes Diagnose fast trivial. Bedenkt man jedoch, dass ihr Aufsatz die Bezeichnung »Konsequenzialismus« erst aufgebracht hat, so kann man ermessen, wie überraschend und kontrovers diese dritte These ursprünglich war.

Anscombes weitere Ausführungen zu dieser These bestehen in einer grundlegenden Kritik des Konsequenzialismus. Ihr Fazit lautet, dass der Konsequenzialismus »Überlegungen, die man zuvor als Einflüsterungen gieriger Ehefrauen oder schmeichelnder Freunde betrachtet hätte, in den Stand moralischer Überlegungen« erhebe. Der entscheidende Schritt ist Anscombe zufolge die Gleichbehandlung von beabsichtigten und unbeabsichtigten Folgen.[3] Der

3 Diese Gleichbehandlung hält Anscombe auch für den entscheidenden Unterschied zwischen Konsequenzialismus und klassischem Utilitarismus – vielleicht deshalb, weil sie Letzteren als einen Regelutilitarismus versteht. Der Utilitarismus wird in ihrem Aufsatz nur sehr kurz abgehandelt. Es scheint, als ob Anscombe ihm gar nicht den Status einer gehaltvollen Theorie zugesteht (siehe Richter, »G. E. M. Anscombe« [wie Anm. 1], § 5).

Konsequenzialist behauptet, dass man auch die verwerflichsten Dinge tun müsse, falls man vorherzusehen meint, dass ansonsten etwas geschähe, das noch schlimmere Folgen hätte als diese verwerfliche Handlung selbst. Anscombes erster Einwand gegen diese Behauptung scheint zu sein, dass sie einen völlig falschen Begriff von menschlichem Handeln und von Verantwortung voraussetzt. Dieser Einwand wird allerdings nicht weiter ausgearbeitet.[4] Denn Anscombe scheint einen zweiten Einwand für entscheidender zu halten: Laut Konsequenzialismus kann absolut alles erlaubt – bzw. gar geboten sein. Wer *glaubt*, dass die guten Folgen seines Handelns überwiegen, der muss, den zeitgenössischen englischen Moralphilosophen zufolge, auch die grausigste Tat begehen.

7. Kausalität und Determination

Die Kernthesen dieses Aufsatzes sind: (1) Eine Ursache muss ihre Wirkung nicht notwendig machen. (2) Es ist falsch, dass jedes Kausalverhältnis ein Anwendungsfall einer ausnahmslosen Verallgemeinerung ist. (3) Es gibt keinen Grund zu glauben, dass der Determinismus wahr ist. Der Aufsatz ist auch ein wichtiger Beitrag zur Diskussion singulärer Verursachung und der Bedeutung der Quantenmechanik für den Kausalitätsbegriff.

Anscombe beginnt mit einer Darstellung traditioneller Auffassungen von Verursachung, in der sie darlegt, wie tief das Gegenteil von (1) und (2) in der Tradition verwurzelt ist. Darauf folgt die Präsentation ihres ersten Arguments für (1) und (2), von dem sie aber zugesteht, dass es die Frage nicht endgültig entscheiden kann: Wir wissen manchmal, dass ein Kausalverhältnis vorliegt, ohne zu wissen, ob auch eine wahre Verallgemeinerung die Verbindung zwischen Ursache und Wirkung beschreibt oder ob die Wirkung notwendig war (aufgrund der Ursache). Wenn (1) und (2) falsch wären, ließe sich nur schwer erklären, wie das möglich ist. Weitere, entscheidende Argumente für (1) bis (3) trägt Anscombe im zweiten Teil vor – etwa ein Beispiel für die Wahrheit von (1), das auf dem Indeterminismus der Quantenphysik beruht.

Als Nächstes macht Anscombe auf einen Aspekt des Kausali-

4 Für Anscombes Handlungstheorie siehe ihr Hauptwerk *Absicht* (übersetzt von Joachim Schulte), Berlin 2011.

tätsbegriffs aufmerksam, der in der Tradition vernachlässigt wird: »Kausalität besteht darin, dass sich Wirkungen aus ihren Ursachen herleiten.« Die Analyse von Kausalität anhand von Notwendigkeit und Allgemeinheit ignoriert diesen Kernaspekt der Kausalität nicht nur, sie kann ihn schlicht nicht erfassen. *A* kann von *B* kommen, sich aus *B* herleiten, ohne dass alles *B*-Ähnliche zu einem *A*-Ähnlichen führt oder dass *A* durch *B* notwendig gemacht wird. Als Reaktion auf einen Einwand gegen dieses Argument vertritt Anscombe die These, dass man Verursachung in manchen Fällen wahrnehmen kann. Außerdem argumentiert sie dafür, dass eine Kausalverbindung nicht in der Allgemeinheit eines entsprechenden Zusammenhangs bestehen kann, weil der entsprechende Zusammenhang stets durch zusätzliche Tatsachen zunichtegemacht werden kann und sich daher gar keine ausnahmslose Verallgemeinerung formulieren lässt.

Im zweiten Teil widmet sich Anscombe hauptsächlich dem Determinismus. Ein Ereignis oder Ergebnis ist determiniert genau dann, wenn es eine Menge von (zunächst als offen betrachteten) Möglichkeiten gibt und etwas (das Determinierende) alle Möglichkeiten ausschließt bis auf das genannte Ereignis oder Ergebnis. Anscombe bestreitet, dass alle Ereignisse in diesem Sinn (schon bevor sie geschehen) determiniert sind. Sie vertritt einen Indeterminismus, den sie folgendermaßen formuliert: »Nicht alle physischen Wirkungen werden durch ihre Ursachen notwendig gemacht.« Sie beginnt zunächst mit der Feststellung, dass es innerhalb der newtonschen Mechanik praktisch unmöglich ist, Ereignisse in einem komplexen System vorherzusagen; da sich Ungenauigkeiten in unserer Kenntnis der Ausgangsbedingungen potenzieren, wenn sich das System entwickelt. Sofern man aber keine Vorhersagen machen kann, liegt der einzige Grund dafür, an die Determiniertheit eines Ereignisses zu glauben, darin, dass man eine Theorie für wahr hält, die das impliziert (z. B. die newtonsche Mechanik). Seit der Entdeckung der Quantenmechanik haben wir aber keine solche Theorie mehr. Aber selbst wenn die Quantenmechanik falsch wäre und Ereignisse unter den kontrollierten und künstlichen Bedingungen eines Experiments determiniert wären, implizierte das nicht, dass alle Ereignisse determiniert sind.

Anscombe denkt, dass ethische Freiheit nicht mit dem Determinismus vereinbar ist. Und sie meint deshalb, dass der Indeterminismus der Quantenmechanik uns dabei behilflich sein kann, die Freiheit des Menschen zu verteidigen. Der Aufsatz endet mit der Diskussion zweier Einwände gegen diese These.

8. Die erste Person

Anscombe vertritt in diesem Aufsatz die These, dass das Wort »ich« kein bezugnehmender Ausdruck ist. Ein zentraler Aspekt ihres Arguments ist folgende Überlegung: (1) Wenn »ich« ein bezugnehmender Ausdruck ist, dann bezieht sich »ich« auf (jeweils) ein kartesisches Ego. (2) Wenn sich »ich« auf ein kartesisches Ego bezieht, dann muss man sein Ego bei einem neuen »Ich«-Gedanken wiedererkennen. (3) Beim Denken von »Ich«-Gedanken muss man keinen Gegenstand wiedererkennen. Anderenfalls müsste es eine Möglichkeit der Fehlidentifikation geben. (4) Also ist »ich« kein bezugnehmender Ausdruck. (Anscombes Ansicht ähnelt hier der von David Lewis, der einige Jahre nach Veröffentlichung dieses Aufsatzes die Ansicht verteidigte, dass der Inhalt von Überzeugungen über einen selbst nicht propositional ist, sondern die logische Form eines Prädikates hat.)[5]

Eine Diskussion von Descartes und Augustinus bringt Anscombe zu ihrem eigentlichen Ausgangspunkt: dem Sinn des Wortes »ich«. Sie kritisiert den Versuch, diesen Sinn von »ich« zu erklären, indem man sagt: »Ich« ist das Wort, mit dem man (wissentlich und absichtlich) über sich selbst spricht. Diese Erklärung ist nur dann richtig, wenn wir »sich (selbst)« als ein logophorisches Pronomen verstehen (Anscombe bezeichnet solche Pronomina als »indirekte Reflexivpronomina«). Das Verständnis von logophorischen Pronomina ist aber von einem Verständnis von »ich« abhängig. Daher bringt uns eine solche Erklärung nicht weiter. Wir sind also weiterhin auf der Suche nach dem Sinn von »ich« – nach der ›Art des Gegebenseins‹, die man damit ausdrückt.

Wenn man nach dem Sinn von »ich« fragt, so Anscombe, dann fasst man »ich« als eine Art Namen auf – man geht davon aus, dass der Name einen Träger hat, und fragt dann nach der Art, auf die

5 Siehe David Lewis, »Attitudes *De Dicto* and *De Se*«, in: *The Philosophical Review* 88 (1979), S. 513-543.

der Träger gegeben ist. Daher bespricht sie als Nächstes die Frage, ob man »ich« als einen Namen betrachten kann. Zu diesem Zweck stellt sich Anscombe folgenden Fall vor: In einer Gesellschaft hat jeder zwei Namen; jeder verwendet denselben Namen, »*A*« – den er von seinem Handgelenk abliest –, um über sich selbst zu sprechen. Außerdem hat jeder einen zweiten Namen, den andere verwenden, um über ihn zu sprechen. In dieser Gesellschaft hat »*A*« nicht denselben Sinn, den »ich« für uns hat. Das erkennt man beispielsweise daran, dass jemand in so einer Gesellschaft einen Fehler dabei machen kann, dasjenige zu identifizieren, was er »*A*« nennt. Daher kann »ich« nicht einfach ein Name wie »*A*« sein. Um richtigerweise »ich« sagen zu können, muss man Selbstbewusstsein haben; das gilt nicht von »*A*«.

Das motiviert Anscombe zu einer Diskussion des Selbstbewusstseins und des Selbst. Sie kritisiert die Idee, den Sinn von »ich« dadurch zu erklären, dass man einen besonderen Gegenstand einführt – ein Selbst –, auf den sich »ich« bezieht. Gemäß dieser Ansicht ließe sich fragen, ob jeder Mensch stets das gleiche Selbst hat oder ist. Das Wiedererkennen des eigenen Selbst sollte, wenn diese Ansicht wahr wäre, eine Rolle beim Gebrauch von »ich« spielen. Tatsächlich ist die Frage, wie wir unser Selbst wiedererkennen, aber für unseren Gebrauch von »ich« irrelevant. Mit »ich« bezeichnen wir also nicht unser (angeblich existierendes) Selbst.

Als Nächstes bespricht Anscombe den Vorschlag, »ich« sei als eine Art Demonstrativpronomen zu betrachten. Sie lehnt diesen Vorschlag ab, da er nicht erklären kann, warum wir (sofern wir annehmen, dass sich »ich« auf etwas bezieht) mit »ich« stets erfolgreich auf etwas Bezug nehmen. Insbesondere kann diese Ansicht nicht erklären, warum man keinen Fehler bei der Identifikation des (angeblich) mit »ich« bezeichneten Gegenstandes machen kann.

Anscombe denkt ganz allgemein: Wenn man annimmt, dass »ich« sich auf ein Einzelding bezieht, dann lässt sich die garantiert erfolgreiche Bezugnahme von »ich« (und die Unmöglichkeit einer Fehlidentifikation) nur erklären, wenn der Gegenstand, auf den man sich bezieht, ein kartesisches Ego ist. Descartes' Ansicht führt aber dazu, dass man bei unterschiedlichen »Ich«-Gedanken sein Ego wiedererkennen muss. Das ist falsch. Also bezieht sich »ich« nicht auf ein Einzelding.

Bezieht sich »ich« vielleicht auf eine Vielzahl oder eine Menge von Dingen (z. B. ein Bündel von Wahrnehmungen)? Oder ist es vielleicht eine Kennzeichnung? Anscombe lehnt beide Ansichten ab. Der Vorschlag, dass »ich« sich auf eine Menge bezieht, passt einerseits nicht zur Grammatik von »ich« und wirft außerdem die unbeantwortbare Frage auf, was denn diese Menge zu *einem* ›Ich‹ macht. Der Kennzeichnungsvorschlag wird zurückgewiesen, weil er nicht erklären kann, was gegen die Hypothese von vielen Denkern spricht, die sozusagen unisono denken. Also bezieht sich »ich« weder auf ein Einzelding noch auf eine Vielzahl von Dingen; »ich« ist kein bezugnehmender Ausdruck.

Nachdem Anscombe dieses Ergebnis erreicht hat, erklärt sie ihre eigene Ansicht etwas näher. Sie akzeptiert, dass eine Aussage, bei der »ich« als Subjekt verwendet wird, genau dann wahr ist, wenn das Prädikat auf den Sprecher zutrifft. Doch das kann nicht als eine Erklärung der Bedeutung von »ich« gelten, weil diese Regel auch auf den Namen »*A*« im oben genannten Beispiel zutrifft. Es ist eine Konsequenz der These Anscombes, dass Sätze wie »Ich bin Elizabeth Anscombe« keine Identitätsaussagen sind. Aussagen wie »Ich bin dieses Ding hier« kann man so erklären: Diese Vorstellung einer Handlung, die ich gerade habe, ist die Vorstellung einer Handlung dieser Person hier; diese Vorstellung einer Körperstellung ist die Vorstellung einer Stellung dieser Person usw. Wenn man keinerlei Sinneseindrücke empfängt, so kann das »Dies« in einem solchen Satz (oder Gedanken) auf nichts zugreifen und hat daher keinen bestimmten Sinn. »Ich«-Gedanken hingegen sind nicht daran gebunden, dass ein solches »Dies« einen Sinn hat; es sind unmittelbare Vorstellungen von Zuständen und Bewegungen dieses Dings. Die Frage nach dem Wiedererkennen stellt sich nicht.

Man kann sich Leute vorstellen, die keinen Ausdruck für »ich« haben und die ihren eigenen Namen dort gebrauchen, wo wir »ich« sagen. Diese Leute würden sich in ihrem beobachtbaren Verhalten von den »*A*«-Benutzern unterscheiden. Dass diese Leute ein Selbstbewusstsein hätten, würde sich daran zeigen, dass sie sich für gewisse Zuschreibungen, die wir mit »ich« ausdrücken würden, nicht nach einem Subjekt umsehen würden. »Ich« unterscheidet sich von »*A*« daher nicht nur für den jeweiligen Sprecher; es gibt Unterschiede im beobachtbaren Gebrauch.

9. Die Intentionalität der Wahrnehmung

Anscombe beschäftigt sich hier mit der Frage, was es heißt, etwas wahrzunehmen. Was heißt es, dass die Wahrnehmung eine Wahrnehmung *von etwas* ist? Die zentrale These des Aufsatzes ist, dass wir das Objekt der Wahrnehmung (ihr Beispiel ist das Sehen) anhand der Rolle des Akkusativobjekts in Sätzen wie »Josef gibt Maria ein Buch« verstehen sollten. Diese Einsicht führt Anscombe zur Ablehnung der beiden (zu ihrer Zeit) dominanten Theorien der Wahrnehmung: der Sinnesdatentheorie (z. B. von Russell vertreten) und des direkten Realismus (z. B. von Austin vertreten).

Im ersten Abschnitt des Aufsatzes beschäftigt sich Anscombe mit Intentionalität im Allgemeinen. Sie beginnt mit einer Erklärung dessen, was sie mit einem »intentionalen Objekt« meint. Ein solches Objekt muss kein Gegenstand, kein Ding sein. Vielmehr handelt es sich dabei beispielsweise um das Objekt einer Begierde, einer Überzeugung oder einer Wahrnehmung. Um zu verstehen, was Intentionalität ist, muss man drei Eigenschaften intentionaler Objekte beachten: (1) Ein intentionales Objekt ist immer mit einer Beschreibung verbunden, unter der es ein intentionales Objekt ist – unter anderen Beschreibungen ist es möglicherweise nicht ›gemeint‹. (2) Ein intentionales Objekt kann vage oder unbestimmt sein. So kann man beispielsweise einen gepunkteten Marienkäfer sehen, ohne einen Marienkäfer mit soundso vielen Punkten zu sehen. (3) Ein intentionales Objekt muss nicht existieren (z. B. bei einer Halluzination). Als Nächstes definiert Anscombe ein intentionales Verb als ein Verb, dessen Akkusativobjekt ein intentionales Objekt sein kann. Aber nicht jedes Akkusativobjekt eines intentionalen Verbs gibt ein intentionales Objekt an; dazu muss das Akkusativobjekt das Objekt auf eine Weise beschreiben, unter der es ›gemeint‹ ist. Falls es kein intentionales Objekt angibt, sagt Anscombe, dass es ein materiales Objekt angibt.

Damit stellt sich anscheinend die Frage, ob ein intentionales Objekt ein sprachlicher Ausdruck ist oder dasjenige, wofür dieser sprachliche Ausdruck steht. Anscombe aber denkt, dass keine der beiden Alternativen richtig ist und dass wir die Frage selbst zurückweisen sollten. Was ein intentionales Objekt ist, kann nicht durch einen Satz von der Form »Ein intentionales Objekt ist ein …« erklärt werden. Es ist Unsinn, nach dem ontologischen Status intentionaler Objekte zu fragen.

Im zweiten Abschnitt des Aufsatzes wendet sich Anscombe der Wahrnehmung zu. Sie beginnt mit einer Gegenüberstellung zweier Ansichten zur Wahrnehmungsphilosophie. Laut der ersten Ansicht sind die Objekte der Wahrnehmung Sinnesdaten oder Empfindungen (Sinnesdatentheorie); laut der zweiten Ansicht sind sie tatsächlich existierende (äußere) Gegenstände (direkter Realismus). Anscombe hält beide Ansichten für falsch und meint, dass beide Ansichten das Wesen intentionaler Objekte missverstehen. Keine der beiden Ansichten kann anerkennen, dass es intentionale Objekte der Wahrnehmung gibt, denen keine materialen Objekte entsprechen. Beide Ansätze verkennen die Intentionalität der Wahrnehmung.

Anscombe vergleicht beide Theorien miteinander und stellt deren Vorzüge und Nachteile dar. Es gibt eine Gebrauchsweise von »sehen«, der gemäß man nur dasjenige sehen kann, was es auch tatsächlich gibt – also die Gebrauchsweise, die der direkte Realist als einzige anerkennt. Doch das ist nicht die einzige Gebrauchsweise von »sehen«. Die Sinnesdatentheoretiker erkennen, dass man auch einfach beschreiben kann, was man sieht, ohne damit vorauszusetzen, dass es das Gesehene auch tatsächlich gibt. Sinnesdatentheoretiker liegen allerdings falsch mit der Annahme, dass diese Gebrauchsweise für die Erkenntnistheorie grundlegend ist. Der direkte Realist hat damit Recht, dass beispielsweise »... ist rot« nicht anhand von »... scheint rot« erklärt werden kann. Hingegen hat der Sinnesdatentheoretiker damit Recht, dass, wenn jemand etwas sieht, dieses Sehen einen Inhalt haben muss, den er zumindest durch Farb-, Form- und Helligkeitsbegriffe beschreiben kann. Jedoch bestehen nicht alle Gesichtseindrücke aus Mustern von Farben und unterschiedlicher Helligkeit. Außerdem kann man, entgegen der Meinung vieler Sinnesdatentheoretiker, keine Begriffe erwerben, einfach indem man bestimmte Sinneseindrücke hat (ohne sich in einer Praxis zu üben, die zunächst an die Realität des Gesehenen gebunden ist).

Damit wendet sich Anscombe dem Verhältnis intentionaler und materialer Objekte der Wahrnehmung zu. Sehen hat immer ein intentionales Objekt, aber nicht immer ein materiales Objekt. Es gibt ein materiales Objekt des Sehens genau dann, wenn es eine wahre

Beschreibung des intentionalen Objekts als etwas gibt, das existiert und in der richtigen Beziehung zum Sehenden steht. Also kann das bloß intentionale Objekt einer Tätigkeit nicht das materiale Objekt einer anderen Tätigkeit sein. Abschließend merkt Anscombe an, dass es nicht immer eine Antwort auf die Frage geben muss, ob man eine Aussage über etwas Wahrgenommenes in ihrer materialen oder ihrer intentionalen Gebrauchsweise meint.

10. Die Wirklichkeit des Vergangenen

In diesem Aufsatz setzt sich Anscombe primär mit folgender Frage auseinander: Wie ist es möglich, einen Begriff von der Vergangenheit zu haben? Was heißt es, eine Aussage über die Vergangenheit zu verstehen? Anscombe denkt, dass dieses Verständnis in einem gewissen Sinn fundamental ist, d.h., es kann nicht durch eine theoretische Erklärung erworben werden. Der Aufsatz ist auch eine Auseinandersetzung mit dem Antirealismus hinsichtlich der Vergangenheit – eine Position, die Michael Dummett später in einem Aufsatz mit demselben Titel verteidigte. Anscombe lehnt den Antirealismus hinsichtlich der Vergangenheit ab.

Sie beginnt mit der Feststellung, dass wir uns nicht so auf vergangene Gegenstände beziehen können, wie wir uns auf gegenwärtige Gegenstände beziehen, da vergangene Gegenstände in einem relevanten Sinn nicht (mehr) existieren – obgleich die Vergangenheit real ist. Wie können wir also von vergangenen Gegenständen und Ereignissen sprechen, uns auf sie beziehen? Vor diesem Hintergrund stellt sich Anscombe die Frage, wie man die Bedeutung von Aussagen über die Vergangenheit erfassen kann. Sie gibt ein Beispiel, in dem jemand erst lernt, die Farbnamen auf Gegenwärtiges anzuwenden, und dann lernt, sie auch auf Vergangenes anzuwenden. Was geschieht, wenn der Schüler dergestalt einen Begriff der Vergangenheit erwirbt? Wie kann der Schüler mit den Farbnamen etwas Vergangenes meinen?

Kann man erklären, was die Vergangenheitsform bedeutet, ohne schon ein Verständnis der Vergangenheitsform vorauszusetzen? Anscombe meint, dass das nicht möglich ist. Sie bespricht und verwirft den Gegenvorschlag, dass das Sich-Erinnern (das ohne ein Verständnis der Vergangenheitsform auftreten kann) die Grundlage unseres Verständnisses der Vergangenheitsform ist. Dieser Vorschlag könnte nur funktionieren, wenn das Sich-Erinnern auf Erinnerungsdaten beruhte – eine Position, die sich als unhaltbar herausstellt. Man kann auch nicht Aussagen über die Vergangenheit durch eine Aussage wie »Wir hätten dies-und-jenes beobachtet, wenn wir dort gewesen wären« erklären. Denn um solche Aussagen zu verstehen, muss man schon die Vergangenheitsform verstehen. Ganz prinzipiell kann man (entgegen der Ansicht des Antirealisten) den Sinn von Aussagen über die Vergangenheit nicht erklären, indem man lediglich von gegenwärtigen Tatsachen spricht. Denn die gegenwärtigen Tatsachen implizieren nicht, dass etwas Bestimmtes in der Vergangenheit stattgefunden hat. Man kann Aussagen über die Vergangenheit nicht durch Aussagen über die Gegenwart analysieren, wenn mit »analysieren« hier die Angabe einer bedeutungsgleichen Aussage gemeint ist. Denn das würde implizieren, dass sich die Vergangenheit verändern kann; es müsste Sinn ergeben, dass eine Aussage über die Vergangenheit erst wahr ist und anschließend nicht mehr wahr ist.

Dieses Argument gibt Anscombe Anlass zu einem ausführlichen Exkurs über den Satz »Die Vergangenheit kann sich nicht ändern«. Anscombe meint, dass nicht nur dieser Satz, sondern auch seine Negation keinen Sinn hat. Damit wendet sie sich gegen einen Antirealismus hinsichtlich der Vergangenheit, wie er etwa später von Dummett vertreten wurde. Dummett denkt (oder erwägt zumindest), dass der Satz: »Ein wahres Urteil darüber, was gerade passiert, kann später einmal richtigerweise als falsch beurteilt werden« sinnvoll und wahr ist.[6]

Anscombes Lösungsvorschlag besteht darin, die Vorstellung zurückzuweisen, dass die Erklärung der Bedeutung von Ausdrücken in der Vergangenheitsform die Form einer Analyse oder der Angabe eines bedeutungsgleichen Ausdrucks annehmen muss. Das eröffnet die Möglichkeit, die Bedeutung der Vergangenheitsform durch eine Beschreibung ihres Gebrauchs zu erklären. Eine solche Beschreibung kann nicht klarmachen, was man weiß, wenn man etwas über die Vergangenheit weiß; aber das ist auch nicht

6 Michael Dummett sagt beinahe genau das in seinem (deutlich späteren) Buch *Truth and the Past* (New York 2004): »[The antirealist] can and does say that a statement about what is happening now may be true but may later be correctly judged not to have been true« (S. 76).

ihr Zweck. Vielmehr soll die Beschreibung dazu führen, dass wir aufhören, nach Erklärungen und Rechtfertigungen zu verlangen, die über die im Alltag üblichen Erklärungen und Rechtfertigungen hinausgehen.

11. Denken und Handeln bei Aristoteles

Die zentralen Fragen dieses Aufsatzes sind: (1) Wie kann es sein, dass (laut Aristoteles) die Handlung des Willensschwachen zwar aus Überlegung geschieht, jedoch nicht auf Wahl (*prohairesis*) beruht? Das Entscheidende an einer Wahl scheint doch zu sein, dass sie das Ergebnis einer Überlegung ist. (2) Welche Implikationen hat die Antwort auf die erste Frage für die Ethik und für die Frage, was Aristoteles mit »praktischer Wahrheit« meint?

Anscombe beginnt mit einer Diskussion der ersten Frage. Sie gibt zwei Antworten: Erstens ist das Ergebnis einer Überlegung nur dann eine Wahl, wenn es eine Überlegung darüber ist, wie man einen Gegenstand seines Willens erreichen kann – nicht bloß einen Gegenstand seiner Begierde. Zweitens ist etwas keine Wahl, wenn es lediglich die Ausführung einer Entscheidung betrifft, die selbst nicht aufgrund einer Überlegung gefällt wurde. Es stellt sich heraus, dass die zweite Antwort von der ersten abhängt, da die Frage, ob die Entscheidung aufgrund einer Überlegung gefällt wurde, letzten Endes die Frage ist, ob sie mit Blick auf einen Gegenstand des Willens (nicht der Begierde) getroffen wurde. Das führt dazu, dass etwas nur dann eine Wahl ist, wenn es der Vorstellung des Handelnden von einer guten Lebensgestaltung (oder dem »Guthandeln«, *eupraxia*) entspringt; nur dann kann es um einen Gegenstand des Willens (des vernünftigen Strebens) gehen. Handeln, das aus einer Vorstellung des Guthandelns entspringt, gibt es nur bei Menschen, die einen Charakter haben. Also gibt es auch Wahl nur bei solchen Menschen.

Aristoteles kann das Handeln des Willensschwachen nicht adäquat beschreiben, weil ihm der Begriff der Absicht fehlt. Soches Handeln ist nicht nur das Resultat einer Begierde, der Willensschwache handelt auch absichtlich. Aristoteles kann nicht zugeben, dass es Willensschwache gibt, die sich völlig bewusst darüber sind, was sie tun und was sie eigentlich tun müssten. Das liegt (zumindest teilweise) daran, dass Aristoteles meint, dass eine praktische Schlussfolgerung die entsprechende Handlung notwendig mache. Wenn der Willensschwache alle Prämissen der zu ziehenden praktischen Schlussfolgerung kennte, wäre schwer zu erklären, warum er den Schluss nicht zieht; und wenn er den Schluss zöge, könnte er nicht mehr willensschwach handeln. Tatsächlich kann man praktische Schlussfolgerungen im Geiste ›durchgehen‹, ohne entsprechend zu handeln, z. B. im Philosophieunterricht. (Wir sollten diesen Teil der aristotelischen Lehre laut Anscombe also ignorieren.)

Für Aristoteles steht hinter allen Überlegungen eine einzige übergeordnete Prämisse, die das Guthandeln oder die Glückseligkeit auf eine jeweils spezielle Weise charakterisiert. Ein Wollen ist vernünftig (entgegen den Behauptungen Humes), wenn das Gewollte als etwas gewollt wird, das dem Guthandeln oder der Glückseligkeit dienlich oder ein Teil davon ist. Und jeder will (wenn auch meistens auf unbestimmte und dunkle Weise) sein eigenes Guthandeln. Damit hat Anscombe Frage (1) beantwortet.

Nun wendet sie sich der praktischen Wahrheit zu. Es gibt ein »Ja« und »Nein« des Willens, deshalb können Wille und Urteil miteinander übereinstimmen. Wie wir schon gesehen haben, kann es nur zu einer Wahl kommen, wenn jemandes Wille das erstrebt, was er als gut beurteilt. Also kann der Wille, der bei einer Wahl beteiligt ist, nicht gut sein, wenn das beteiligte Urteil falsch ist. Daher ist der bei einer Wahl beteiligte Wille notwendigerweise schlecht, wenn der Handelnde ein falsches Urteil darüber fällt, worin Guthandeln besteht. Damit eine Wahl gut ist, muss das daran beteiligte Urteil wahr sein und der daran beteiligte Wille gut. Praktische Wahrheit ist nun dasjenige, worin sich das praktische Urteilsvermögen idealerweise manifestiert. Damit jemand die praktische Wahrheit trifft, müssen die Urteile, die an seiner Wahl beteiligt sind, wahr sein. Außerdem müssen diese Urteile mit dem richtigen Streben übereinstimmen. Und schließlich muss eine entsprechende Handlung ausgeführt werden. Durch das Handeln werden die Beschreibungen der Handlung in allen beteiligten Urteilen wahr gemacht (die Handlung hat tatsächlich die entsprechenden Eigenschaften). Bei einer schlechten Handlung treffen nicht alle beteiligten Urteile auf die ausgeführte Handlung zu; der Handelnde bringt daher eine praktische Falschheit hervor. In diesem Sinn können Handlungen wahr oder falsch sein. Eine

Handlung ist wahr genau dann, wenn sie die Verwirklichung einer guten Wahl ist.

12. Ist Wittgenstein linguistischer Idealist?

Anscombe fragt, ob Wittgenstein eine linguistische Variante des Idealismus vertritt. Damit könnte zweierlei gemeint sein.[7] Erstens könnte ein ›linguistischer Idealist‹ behaupten, dass das Wesen der Gegenstände durch die Grammatik erzeugt wird und die Existenz jedes Gegenstandes von der Sprache abhängt. Eine entsprechende Interpretation Wittgensteins wird im ersten Teil des Aufsatzes zurückgewiesen. Zweitens könnte ein linguistischer Idealist behaupten, dass ›grundlegende Überzeugungen‹ (also das, was sich vielleicht in Gewissheiten, ›Angelsätzen‹ oder Weltbildern manifestiert) weder wahr noch falsch sein können, weil solche ›grundlegenden Überzeugungen‹ den Hintergrund bilden, vor dem überhaupt erst etwas als wahr oder falsch gelten kann. Eine solche Interpretation wird im zweiten Teil zurückgewiesen. Anscombe hält es für eines der grundlegenden Merkmale seines Denkens, dass Wittgenstein weder dem Idealismus noch dem empiristischen Realismus verfällt, sondern eine Mittelposition sucht. Ihre vielschichtige Diskussion kann hier nur grob skizziert werden.

Die Problemstellung des ersten Abschnitts beginnt mit folgender These Wittgensteins: »Das Wesen ist in der Grammatik ausgesprochen.«[8] Diese ›Grammatik‹ besteht in dem, was allen richtigen Übersetzungen eines Wortes in andere Sprachen gemeinsam ist. Es scheint nun zwei Möglichkeiten zu geben, diese Übereinstimmung zwischen Wesen und Grammatik zu verstehen: Entweder hängt die Grammatik vom Gegenstand ab, oder der ›Gegenstand‹ hängt irgendwie von der Sprache ab. Die erste Position lehnt Wittgenstein eindeutig ab. Er meint, dass uns die Erfahrung

7 Roger Teichmanns Interpretation dieses Aufsatzes ist sehr erhellend (vgl. *The Philosophy of Elizabeth Anscombe*, Oxford 2008, S. 215-226).

8 Ludwig Wittgenstein, *Philosophische Untersuchungen (PU)* I, in: Ludwig Wittgenstein, *Tractatus logico-philosophicus* (u. a.) (*Werkausgabe*, Band 1), Frankfurt/M. 1997, § 371; bzw. in: Georg Henrik von Wright, Universitetet i Bergen (Wittgensteinarkivet) und Oxford University Press (Hg.), *Wittgenstein's Nachlass. The Bergen Electronic Edition (Nachlass)*, Oxford 1998-2000, item 227a, S. 217.

nicht lehren könne, wie man die Begriffsanwendung richtig fortsetzt, was als ›das Gleiche‹ zu gelten hat. Und wie sollte uns die Erfahrung dann die Grammatik lehren? Außerdem gibt es keine Begriffe, die schlechthin die richtigen sind – wenn wir uns eine ganz andere Umwelt vorstellen, scheinen andere Begriffe als die unseren sehr natürlich. Damit muss Wittgenstein anscheinend die zweite Position wählen. Dazu schiene auch zu passen, dass er sagt: »›Wesentlich‹ ist nie die Eigenschaft des Gegenstandes, sondern das Merkmal des Begriffs« und »Wer über das *Wesen* spricht –, konstatiert bloß eine Übereinkunft«.[9] Hängt also das Wesen der Gegenstände von unserer Sprache ab? Und gilt das auch für ihre Existenz?

Laut Anscombe hängt die Existenz von Gegenständen wie Pferden, Schmerzen oder Farben nicht davon ab, ob Menschen über sie sprechen. Wenn wir das anerkennen, so Anscombe, verwenden wir *unsere* Begriffe. Und die werden nicht dadurch diskreditiert, dass andere Begriffssysteme als das unsere nicht fehlerhaft sein müssen. Wenn wir mit »Wesen« etwas meinen, das existieren muss, falls Gegenstände der entsprechenden Art existieren, können wir also behaupten, das Wesen von Gegenständen wie Pferden hänge nicht von unserer linguistischen Praxis ab, ohne die These, das Wesen werde in der Grammatik ausgesprochen, zurückweisen zu müssen.

Die Existenz mancher Gegenstände hängt allerdings tatsächlich von menschlichen Praktiken ab. Für Anscombe gehören dazu Regeln, Rechte und Versprechen. (Die sich nun anschließende Diskussion ist eine kürzere Fassung der oben dargestellten in »Regeln, Rechte und Versprechen«.) Logische Notwendigkeit und begriffliche Notwendigkeit gründen in Regeln; folglich hängen auch sie von unseren Praktiken ab. Genau an ihnen zeigt sich aber die Grammatik eines Worts, und genau in diesem Sinne hängt das Wesen der Gegenstände von unseren Sprachpraktiken ab. Es ist diese Abhängigkeit von unserer ›Übereinkunft‹, die dem ›logischen Muss‹ seine Härte gibt. Jedoch sind unsere ›Übereinkünfte‹ nicht beliebig, denn: »Nicht mit jeder satzartigen Bildung wissen wir etwas anzufangen, nicht jede Technik hat eine Verwendung in unserm Leben.«[10]

9 Ludwig Wittgenstein, *Bemerkungen über die Grundlagen der Mathematik* (*BGM*) (*Werkausgabe*, Band 6), Frankfurt/M. 1989, Teil I, § 73; bzw. *Nachlass* 119, S. 78; sowie *BGM* § 74; bzw. *Nachlass* 119, S. 81 f.

10 *PU* § 520; bzw. *Nachlass* 227a, S. 265 f.

Die sich aus den Überlegungen in Abschnitt I ergebende Position bezeichnet Anscombe als »partiellen Idealismus«. Abschnitt II des Aufsatzes bringt ein neues Wittgensteinsches Motiv ins Spiel, das des Weltbilds. Ging es zuvor hauptsächlich um Ansichten aus den *Philosophischen Untersuchungen* und den *Bemerkungen über die Grundlagen der Mathematik*, wendet sich Anscombe nun *Über Gewißheit* zu.

Der einzelne Begriff gehört zu einem System des Denkens, Sprechens und Handelns, das man mit anderen Menschen teilt. Laut Anscombe ist Wittgensteins ganzes Werk von dem Gedanken durchzogen, dass es ›Irrtum‹ nur innerhalb eines Weltbilds geben kann. Wer Wittgenstein für einen linguistischen Idealisten hält, könnte auch meinen: Man kann sich in seinem Weltbild nicht irren, denn das Weltbild kann man nicht an der Wirklichkeit überprüfen. Beim Weltbild stellt sich also gar nicht die Frage, ob es wahr oder falsch ist. Anscombe hält dieses Argument für ungültig: Etwas kann falsch (oder wahr) sein, auch wenn es keine Möglichkeit gibt, sich dabei zu irren.

Zunächst ist es wichtig, sich über die Unterschiede zwischen verschiedenen Fällen, die Wittgenstein bespricht, klar zu werden. Weltbilder sind in gewisser Weise ›grundlos‹, und etwas Ähnliches trifft auch auf die Interpretation von Regeln zu oder auf sehr grundlegende Gewissheiten, die man hegt. Man könnte die Grundlosigkeit von Weltbildern deshalb als einen nicht weiter beunruhigenden Aspekt des allgemeinen Phänomens auffassen, dass Begründungen immer irgendwo an ein Ende kommen müssen. Doch die Zweifel, die man im Falle von Regeln und Gewissheiten hegen kann, sind leer (etwa der Zweifel, ob man in seiner Gewissheit, den eigenen Namen zu kennen, nicht falschliegen könnte). Konflikte zwischen Weltbildern aber gibt es tatsächlich.

Ist Wittgenstein also Idealist, was Weltbilder betrifft? Anscombe verneint auch das, und zwar mit folgender Begründung: »[D]as Sprachspiel garantiert einem nicht, dass man etwas weiß.« Auch da, wo man berechtigterweise sagt, man könne sich nicht irren, ist es möglich, dass man einmal mit Recht zu der Überzeugung kommt, nicht urteilsfähig gewesen zu sein. Weltbilder können also falsch sein, selbst wenn ein solcher Fall kein Irrtum ist. Auch bei Weltbildern gibt es also ein ›Wahr oder Falsch‹. Deshalb ist Wittgenstein auch in diesem zweiten Sinne kein linguistischer Idealist.

Textnachweise

1. Nackte Tatsachen

»On Brute Facts«, in: Gertrude Elizabeth Margaret Anscombe (Hg.), *The Collected Philosophical Papers of G. E. M. Anscombe*, Bd. 3, Oxford 1981, S. 22-25. Erstveröffentlichung in: *Analysis* 18 (1958), S. 69-72. Mit freundlicher Genehmigung von Oxford University Press.

2. Praktisches Schlussfolgern

»Practical Inference«, in: Mary Geach, Luke Gormally (Hg.), *Human Life, Action and Ethics: Essays by G. E. M. Anscombe*, Exeter 2005, S. 109-148. Erstveröffentlichung unter dem Titel »Von Wright on Practical Inference«, in: Paul Arthur Schilpp, Lewis Edwin Hahn (Hg.), *The Philosophy of Georg Henrik von Wright*, La Salle 1989, S. 377-404. © Carus Publishing Company. Abdruck mit freundlicher Genehmigung.

3. Warum Versprechen binden (und ob *in foro interno*)

»On Promising and its Justice and Whether it Need be Respected *in Foro Interno*«, in: Gertrude Elizabeth Margaret Anscombe (Hg.), *The Collected Philosophical Papers of G. E. M. Anscombe*, Bd. 3, Oxford 1981, S. 10-21. Erstveröffentlichung in: *Crítica* 3 (1969), S. 61-83. © Crítica, Universidad Nacional Autónoma de México.

4. Regeln, Rechte und Versprechen

»Rules, Rights and Promises«, in: Gertrude Elizabeth Margaret Anscombe (Hg.), *The Collected Philosophical Papers of G. E. M. Anscombe*, Bd. 3, Oxford 1981, S. 97-103. Erstveröffentlichung in: *Midwest Studies in Philosophy* 3 (1978), S. 318-323. © Mary C. Gormally.

5. Über die Grundlage staatlicher Autorität

»On the Source of the Authority of the State«, in: Gertrude Elizabeth Margaret Anscombe (Hg.), *The Collected Philosophical Papers of G. E. M.*

Anscombe, Bd. 3, Oxford 1981, S. 130-155. Erstveröffentlichung in: *Ratio* 20 (1978), S. 1-28. © Mary C. Gormally.

6. Die Moralphilosophie der Moderne

»Modern Moral Philosophy«, in: Gertrude Elizabeth Margaret Anscombe (Hg.), *The Collected Philosophical Papers of G. E. M. Anscombe*, Bd. 3, Oxford 1981, S. 26-42. Erstveröffentlichung in: *Philosophy* 33 (1958), S. 1-19. © Royal Institute of Philosophy, erschienen bei Cambridge University Press. Abdruck der Übersetzung mit freundlicher Genehmigung.

7. Kausalität und Determination

»Causality and Determination«, in: Gertrude Elizabeth Margaret Anscombe (Hg.), *The Collected Philosophical Papers of G. E. M. Anscombe*, Bd. 2, Oxford 1981, S. 133-147. Erstveröffentlichung als: *Causality and Determination. An Inaugural Lecture*, Cambridge 1971. © Cambridge University Press 1971. Abdruck der Übersetzung mit freundlicher Genehmigung.

8. Die erste Person

»The First Person«, in: Gertrude Elizabeth Margaret Anscombe (Hg.), *The Collected Philosophical Papers of G. E. M. Anscombe*, Bd. 2, Oxford 1981, S. 21-36. Erstveröffentlichung in: Samuel Guttenplan (Hg.), *Mind and Language. Wolfson College Lectures 1974*, Oxford 1975, S. 45-65. Mit freundlicher Genehmigung von Oxford University Press.

9. Die Intentionalität der Wahrnehmung: Ein grammatischer Aspekt

»The Intentionality of Sensation: A Grammatical Feature«, in: Gertrude Elizabeth Margaret Anscombe (Hg.), *The Collected Philosophical Papers of G. E. M. Anscombe*, Bd. 2, Oxford 1981, S. 3-20. Erstveröffentlichung in: Roland Joseph Butler (Hg.), *Analytical Philosophy: Second Series*, Oxford 1965, S. 158-180. © Mary C. Gormally.

10. Die Wirklichkeit des Vergangenen

»The Reality of the Past«, in: Gertrude Elizabeth Margaret Anscombe (Hg.), *The Collected Philosophical Papers of G. E. M. Anscombe*, Bd. 2, Oxford 1981, S. 103-119. Erstveröffentlichung in: Max Black (Hg.), *Philosophical Analysis*, Ithaca 1950, S. 36-56. © Mary C. Gormally.

11. Denken und Handeln bei Aristoteles: Was ist »praktische Wahrheit«?

»Thought and Action in Aristotle: What is ›Practical Truth‹?«, in: Gertrude Elizabeth Margaret Anscombe (Hg.), *The Collected Philosophical Papers of G. E. M. Anscombe*, Bd. 1, Oxford 1981, S. 66-77. Erstveröffentlichung in: John Renford Bambrough (Hg.), *New Essays on Plato and Aristotle*, London 1965, S. 143-158. Abdruck mit freundlicher Genehmigung von Taylor & Francis Books UK.

12. Ist Wittgenstein linguistischer Idealist?

»The Question of Linguistic Idealism«, in: Gertrude Elizabeth Margaret Anscombe (Hg.), *The Collected Philosophical Papers of G. E. M. Anscombe*, Bd. 1, Oxford 1981, S. 112-133. Erstveröffentlichung in: *Acta Philosophica Fennica* 28 (1976), S. 188-215. © Mary C. Gormally.

Eine Bibliographie der Schriften Anscombes findet sich im Internet:

Luke Gormally, Christian Kietzmann, José María Torralba, »Bibliography of Works by *G. E. M.* Anscombe«, siebte Version, Juni 2012, ⟨http://www.unav.es/filosofia/jmtorralba/anscombe_bibliography.htm⟩, letzter Zugriff 8. 5. 2014.